金诚同达30周年——创始合伙人寄语

乘风奋楫，笃志超越！

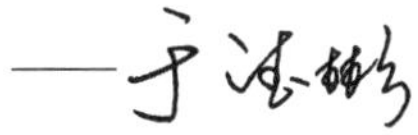

1992年邓小平南方谈话开启了“春天的故事”，那年我们创办律所。30年，须臾之间，我们也将成为律所发展史中的过客。然而，留下的“金诚同达”（JT&N）律所名称、制度、文化，将伴随律所“做久、做强、做大、做出品牌”，直到永远……

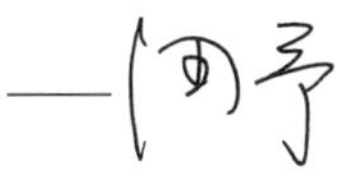

我一直坚信，人有双手，可取亦可予。从孤独前行到浩浩荡荡，从筚路蓝缕到广大海内，30载朝乾夕惕，半甲子参赞化育，成就了今天的金诚同达。我们在这里奋斗、奉献，也在这里收获、成长。愿以我们这30年的梯山航海，化作一代代金诚同达人英特迈往的灯火航标。最后我想对金诚同达说：浮世三千，吾爱有三，日月与卿，日为朝，月为暮，卿为朝朝暮暮……

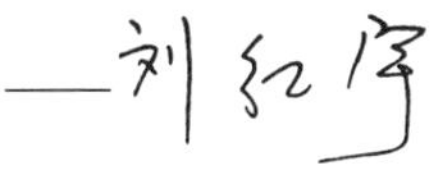

祝贺文集出版！感谢改革开放，给了法律人凭心做事、实现自我并且服务社会的机会。30年，很开心与各位金诚同达人相伴同行。祝福金诚同达！

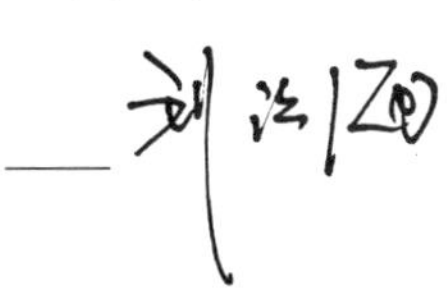

祝贺金诚同达30年！百尺竿头更进一步！

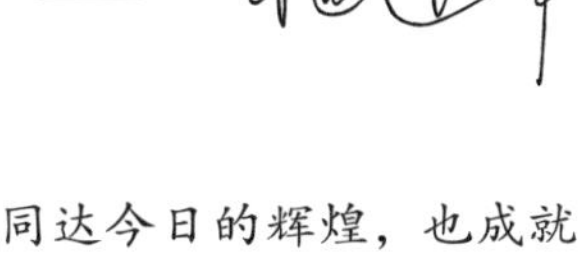

11位创始合伙人30年不离不弃的坚守，铸就了金诚同达今日的辉煌，也成就了律师业界一段传奇佳话。感恩30年风雨同舟的同仁，感恩改革开放的伟大时代，

感恩30年一路同行、共同成长的“衣食父母”！祝愿金诚同达明天会更好！

——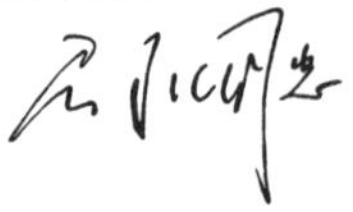

30年前，11位创始合伙人中的大部分人是大学老师；在邓小平南方谈话精神的鼓舞下，大家认为法律的更大价值在于实施，中国未来不缺大学教授，缺的是优秀律师，从而投身于律师行业。30年来，身为法律人，我们一只手擎着客户的信任委托，为维护客户权益和增进客户利益殚精竭虑，另一只手托着宪法法律，为法治中国建设不遗余力。未来日子里，希望金诚同达人仍然保持谦逊谨慎、不骄不躁的优良传统，尊崇“进取、合作、诚信、包容、创新”的核心价值观，永远有担当，永远去争先，永远都靠谱！

——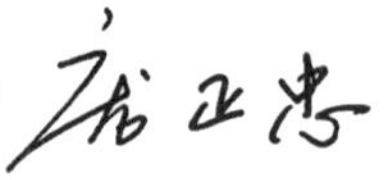

30年前，我们顺应时代召唤，放弃“铁饭碗”投身律师行业，以钻木取火之心寻安身立命之处。30年弹指一挥间，得益于众同仁拾柴添薪，得益于志同道合，当年的星星之火已呈燎原之势。希冀30年后，金诚同达能成为更多法律人愿意“以身相许”，共同砥砺前行的一座永不熄灭的灯塔。

——

30年恍如瞬间，但它是我们最好的青春创业的30年。有赖于不离不弃的11位创始合伙人和诸位同仁戮力工作，金诚同达持续发展壮大；看到年轻同仁的专业著述、重大案例不断涌现，倍感欣慰。祝愿金诚同达行稳致远！

——

三十年过往，如歌，未忘……

卅年后启程，既往，奋扬！

——

JT&N is not only 30 years old, we are also 30 years stronger, better!

We will be even better and stronger in the next 30 years!

——

JT&N 金诚同达

金诚同达30周年文集

矿业土地法律实务精解

政策解读·实务指引·案例解析

吴永高律师团队◎著

DETAILED ANALYSIS ON LEGAL PRACTICE
OF
MINING AND LAND

法律出版社 LAW PRESS · CHINA | 北京

图书在版编目(CIP)数据

矿业土地法律实务精解：政策解读·实务指引·案例解析／吴永高律师团队著. -- 北京:法律出版社，2022
ISBN 978 - 7 - 5197 - 6144 - 8

Ⅰ. ①矿… Ⅱ. ①吴… Ⅲ. ①矿山开采－工业用地－法律－研究－中国 Ⅳ. ①D922.624

中国版本图书馆 CIP 数据核字（2022）第 037988 号

矿业土地法律实务精解
——政策解读·实务指引·案例解析
KUANGYE TUDI FALÜ SHIWU JINGJIE
—ZHENGCE JIEDU · SHIWU ZHIYIN · ANLI JIEXI

吴永高律师团队 著

策划编辑 周 洁 林 蕊
责任编辑 周 洁 林 蕊
装帧设计 汪奇峰

出版发行 法律出版社
编辑统筹 司法实务出版分社
责任校对 杨锦华
责任印制 胡晓雅
经 销 新华书店

开本 710 毫米×1000 毫米 1/16
印张 27.5 字数 397 千
版本 2022 年 7 月第 1 版
印次 2022 年 7 月第 1 次印刷
印刷 固安华明印业有限公司

地址:北京市丰台区莲花池西里 7 号(100073)
网址:www.lawpress.com.cn
投稿邮箱:info@lawpress.com.cn
举报盗版邮箱:jbwq@lawpress.com.cn

销售电话:010 - 83938349
客服电话:010 - 83938350
咨询电话:010 - 63939796

书号:ISBN 978 - 7 - 5197 - 6144 - 8
定价:88.00 元

撰稿人

吴永高　冼春雷　孔得安　滕伯卿　王　琪

作者简介

吴永高，北京金诚同达律师事务所高级合伙人。吴永高律师长期从事土地和矿产等自然资源领域法律实务和理论研究工作，曾在原国土资源部法律中心工作多年，现为中国矿业联合会法律专业委员会副主任、中国政法大学国土资源法律研究中心特聘研究员、中国矿业大学法律硕士校外导师、中国地矿经济法学分会常务理事、自然资源部市县局长培训班授课讲师；参与出版专业书籍十余部，公开发表文章近百篇。

吴永高律师团队曾担任2019-2021年度自然资源部法律顾问、2017-2020年度自然资源部法律中心法律顾问，能够综合地、系统地运用法律政策解决实务问题。团队承办过众多涉及土地矿产的诉讼案件和非诉项目，在矿业投资并购、矿产资源压覆补偿、自然保护区矿业权退出、涉矿纪检审计整改和房地产投资并购、土地资产盘活、土地房屋征收补偿、确权登记以及涉矿涉地争议解决、刑事案件辩护等方面具有丰富的经验。

联系电话：13691099787，邮箱：wuyonggao@jtn.com

1992-2022
JT&N 30th ANNIVERSARY

制度为舟，文化扬帆

——30周年文集代序

2022年，金诚同达成立30周年！

金诚同达过往30年的发展可分三个阶段来概括：第一个10年谋生存，第二个10年求发展，第三个10年上台阶。这三个阶段也是中国社会经济发展脉络的真实写照。1992年，邓小平南方谈话，迎着改革大潮，金诚同达正式创立。进入21世纪，中国加入世界贸易组织，成功举办奥运会，社会经济进入高速发展期，包括金诚同达在内的诸多中国律所也进入快速发展轨道，在和世界的接触与碰撞中，不断突破自我。进入第三个10年，我国继续强化国内法治与涉外法治建设，中国律师行业亦加速变革以适应社会变化带来的机遇和挑战。在这10年间，金诚同达脚步坚实，锐意进取，不仅迈入千人大所行列，也不断夯实律所制度与文化建设，取得越来越多的成绩。

在这30年里，未曾改变的是，金诚同达一直在坚持不懈地修炼内功，其中最关键的有两件事情——一是建设完善我们的制度，二是总结弘扬我们的文化。

金诚同达的制度体系有“四梁八柱”，涵盖了合伙人会议以及管理机构批准通过的100多项规章制度。我们在制度建设和完善的过程中，始终把制度执行放在一个非常重要的位置，也就是一切以制度为准绳，没有人和事可以超越制度。

制度是硬件，文化是软件，两者相辅相成，主要调整和丰富三方面的关系：一是合伙人之间的关系；二是合伙人和律师、职能人员的关系；三是律所和社会的关系。

金诚同达最值得骄傲的事情之一，就是建所30周年了，11名创始合伙人都还在所里，没有一人离开。据我了解，这在有30年历史的综合性中国律所中，可能是唯一的一例。“人和”是合伙文化的基础，深深根植在我们的基因里。“人和”的文化也是靠制度保障的，我们有一套合理的退休制度，其中3名创始合伙人已经在事务所正式退休了。

我们在2019年做管理体制改革时，制度上明确了合伙人参与事务所管理和决策的权力主要通过合伙人会议行使，在律所日常运营中，合伙人也是律所的全职员工，要服从律所的管理，所以合伙人个体与员工个体之间不是老板和雇员的关系，合伙人、律师和职能人员，都是律所的平等一员。基于这个理念，我们倡导并特别注重建设律所平等的工作氛围，并有计划地促进员工之间的互动交流。比如，我们打造一个品牌活动——“文化周”，新冠肺炎疫情爆发前已经举办了两届。在“文化周”期间，我们会密集组织全国同仁进行专业探讨，也会举办多场文体和公益活动，得到了很多员工以及家属的热烈欢迎。我们的培训活动也是全方位、多层次的，针对初、中、高不同年级的律师，有“金石计划”“金鹰计划”“金牌律师计划”，此外还有专门针对合伙人和职能部门的培训。金诚同达研究院在近5年时间里，举办了200多场培训，还有很多线上课程。更重要的是，我们的培训会从拓展活动开始，然后再进行专业领域的互动交流，大家都非常喜欢。

作为一家在社会颇有影响力的品牌律所，我们也很注重加强律所和社会的互动交流，这也是我们文化建设的重要组成部分。比如，我们和上海辅读学校进行结对共建后，律所宣传画用了很多辅读学校孩子们的画。我们还把他们的画在律所相关活动中进行义卖，使孩子们能够感受到自己作品的价值。今年我们还和中国非物质文化遗产保护协会、敦煌研究院签署了公益法律服务合作协议，作为我们30周年庆祝活动的重要组成部分，所以今年律所的宣传画、节日海报等均以非遗文化作品作为背景进行创作。金诚同达参与的其他公益活动还有许多，我们希望金诚同达发展到30周年之际，除了在律所内部继续完善制度、弘扬文化之外，还能够更多地与社会形成互动，更多地展现一家30年律师事务所的社会责任和担当。

物有甘苦，尝之者识；道有夷险，履之者知。当前全球化与逆全球化激烈交锋、国际局势变幻莫测，中国正面临百年未有之大变局。“坚持统筹推进国内法治和涉外法治”是习近平法治思想“十一个坚持”的重要组成部分。中国在向世界展示深化改革开放、积极参与全球多边经贸治理、构建更高水平的制度型开放体系的信心和决心，中国律师行业也正加速改革以适应变化带来的机遇和挑战，沿着专业化、品牌化、规模化、国际化的方向快速推进。

历史长河中，30年转瞬即逝，生命岁月的30年也是骐骥过隙，但对于一家全国领先的综合性律所而言，三十而立，风华正茂，在磨砺中闪耀，在奋斗中升华。

金诚同达将继续遵循“进取、合作、诚信、包容、创新”的核心价值观，加快业务布局、加大人才引进，为持续高质量发展积聚能量，力求“做久、做强、做大、做出品牌”。

金诚同达也将继续坚持“行稳致远”的发展理念，以制度为舟，文化扬帆，乘风奋楫，笃志超越！

金诚同达律师事务所主任

二〇二二年八月十五日

金诚同达 30 周年文集序言

一元复始，万象更新，凡是过往，皆为序章。

守望三十载，诗文会今朝
玉筵鸿鹄至，仙音凤凰调
乘风蹈墨海，奋楫动文潮
长歌九万里，月引和青霄

2022 年，金诚同达成立 30 周年。历史长河的 30 年转瞬即逝，生命岁月的 30 年也是骐骥过隙。金诚同达，三十而立，经历了中国合伙制律师事务所求生存、谋发展、上台阶的整个历程，从蹒跚学步到意气风发，凝聚着一代人的奋斗与担当。在过去的 30 年里，金诚同达铸就了自己的文化和底蕴；在未来，文化和底蕴将滋养和成就金诚同达。

金诚同达律师素来重视专业研究和业务探讨，不少律师出版过专著、案例集、文集。为了三十周年所庆，所内专门征集了一批近期完成的新作，统一出版，作为律所知识管理的重头戏——金诚同达 30 周年文集。

金诚同达在业内有一个故事：创所初期的 11 位创始合伙人，自 1992 年至今没有一位离开，其中除了 3 位已经从所内退休，其他 8 位还在业务一线。这样一代一代的言传身教，潜移默化地吸引、影响金诚同达人。“进取、合作、诚信、包容、创新”的核心价值观，在金诚同达的文化和制度的相互支持与促进中，得到坚守、传承。

“争做法律服务行业的领航者。”这是金诚同达人的使命。在“守信金诚，励志同达”理念的坚持下，金诚同达必定会在法律服务市场上不断突破创新、稳健向前。

30 周年，是金诚同达的全新开始。

金诚同达三十周年筹备委员会

2022 年 7 月 6 日

序

随着工业化、城镇化的快速推进，土地和矿产资源领域行政复议和行政诉讼的案件数量持续高位运行，连续多年在国务院各部委中名列前茅。究其原因，一是因为土地和矿业权是当事人最重要、最有价值的财产权利。当事人一旦认为其合法权益遭到侵害，必将穷尽所有的救济渠道，以避免自己的财产损失。二是因为土地和矿业权法律政策内容复杂、专业性强，且政策调整频繁，使当事人无所适从。先说土地。土地是一种自然资源，又是一切自然资源的物质载体，人类的生产和生活都不开土地，土地是人类生存和发展的基础。改革开放以来，土地制度改革走在最前沿，引领了整个自然资源改革，为我国工业化、城镇化的快速推进奠定了坚实的基础，但同时也暴露一些突出的问题：耕地大量减少，严重影响国家粮食安全；征地规模不断扩大，因征地引发的社会矛盾凸显；土地财政制度导致地方政府多卖地多得利，土地浪费严重，等等。有人说，“土地问题起点很低但道很深”，我深以为然。虽然土地问题谁都可以说两句，但土地问题背后所蕴含的政治问题、经济问题和社会问题，都比法律问题本身更复杂、更重要。土地制度是国家的基础性制度。土地制度改革牵一发而动全身。党中央对土地问题高度关注，在充分总结试点经验的基础上审慎稳妥推进。2019 年《土地管理法》完成了第四次修改，2021 年《土地管理法实施条例》也完成了修订，以此为标志，我国土地管理制度实现了法律创新，其核心是缩小征地范围，规范征地程序，建立对被征地农民合理规范多元的保障机制，确保被征地农民原有生活水平不降低、长远生计有保障；破除城乡二元体制，允许农村集体经营性建设用地在符合规划用途管制的前提下与国有建设用地同等入市、同权同价。再说矿产资源。矿产资源是工业的“粮食”和“血液”，直接影响国家安全、经济可持续发展和社会稳定。多年来，《矿产资源法》已明显不能适应经济社会发展的需要，亟须修改和完善。而在《矿产资源法》修改滞后的背景下，大量的规范性文件应运而生，成为矿政管理的主要依据。这些文件法律效力低，内容冲突，政策导向不稳定，引发了大量的矿业权纠纷。按照党中央关于矿产资源管理改革的决策部署，自然资源部已完成了《矿产资源法》修订草案的起草工作，全国人大常委会也已明确将《矿产资源法》修改作为2022年重点立法项目。矿产资源管理的法律创新指日可待。三是随着全面依法治国的深入推进，老百姓的法律意识明显提升，更愿意选择行政复议或者行政诉讼等法律手段来维权。

土地和矿业权争议的高效化解，既需要查明事实，更需要熟练掌握法律和政策，才能对症下药，找出纠纷化解的最佳路径，保护当事人的合法权益，促进行政机关依法行政。在纠纷化解过程中，律师是非常重要的一个群体。当他们作为当事人的代表参加行政复议和行政诉讼时，他们更多的是帮助当事人找到行政机关的瑕疵，促进行政机关纠正错误做法，保护当事人的合法权益。而当他们作为行政机关的法律顾问参与行政复议审理时，则会更多地将法治理念和法治方式运用到纠纷化解中，并针对法律和政策的不足提出完善的政策建议。在全面推进依法治国的进程中，律师发挥着十分重要的作用。

本书的作者吴永高律师曾经在自然资源部下属的中国土地矿产法律事务中心工作了十余年，参与了原国土资源部土地、矿产领域众多立法项目的起草和相关课题的研究工作，具有丰富的理论和实务经验。自他投身律师行业以来，也主要是围绕土地和矿业领域提供法律服务，他所在的律所也曾经中标作为自然资源部的法律顾问，为自然资源部的行政复议和行政诉讼以及土地、矿产立法和执法提供法律顾问服务。作为律师深耕在自然资源法律实践一线，自然会接触到大量生动且复杂的相关案例，如何在以事实为依据、以法律为准绳的基础上，妥善解决实务中遇到的难点和焦点问题，成为他和他的团队必须面对的现实问题。所以，吴永高律师和他的团队在从事律师业务的同时，笔耕不辍，将法学理论、法规政策和实务结合起来，针对土地和矿业领域的热点和难点问题开展深入研究，对解决这些热点和难点问题提出有针对性的政策建议，推动法律政策的完善，推动从源头上化解自然资源争议。

本书就是他们近年来理论研究和实践成果的结晶。

本书的结构非常新颖，分为政策解读、实务指引和案例分析三部分。政策解读是作者针对律师实务中遇到的突出问题或者根据最新政策有感而发，很多问题都是当前土地和矿业领域比较重大而又容易产生争议和纠纷的问题。比如，关于矿业用地的问题，关于宅基地继承的问题，关于矿业权出让权限和出让收益的问题，关于保护区内矿业权的退出问题。政策解读部分，主要对最新的政策做深入解读，系统地梳理出相关政策的历史沿革和阶段性变化，同时结合实务做独立思考，对政策的进一步修改完善提出建议。实务指引方面，以律师实务中遇到的热点和难点问题为切入，从程序、实体和政策等多维度进行分析，探求纠纷解决的最佳路径。案例分析部分则深入浅出，在具体案件中分析法律的适用，从立法者、执法者和司法审判人员的角度分析争议的焦点，探讨运用民事、行政等多种方法来化解纠纷。在我看来，本书具有理论与实践、专业与综合、务实与创新相结合的特点，不仅对专业从事土地、矿业业务的执业律师和当事人有帮助，而且对自然资源系统的工作人员和政府从事行政复议的工作人员也很有启发和参考价值。

最后，衷心祝愿吴永高律师和他的团队在律师执业的道路上越走越好。同时，也希望在广大执业律师的推动下，自然资源法治建设能够栉风沐雨、砾研前行，在纠纷化解中彰显公平正义的价值理念，让行政权力不逾矩、不越线，为全面依法治国贡献点滴的力量。

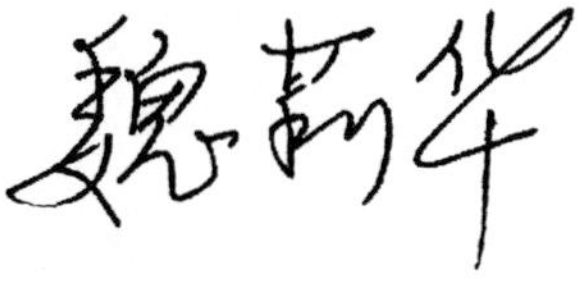

2022 年 3 月 10 日

前　言

大学毕业以后，经过短暂的检察院工作，我便调入原国土资源部法律中心工作，长期从事土地和矿产资源法律政策的理论和实务研究。或许是出于热爱，抑或是有赖于过往经验，我在2016年辞去公职投身律师行业时，很自然地选择了土地矿产领域作为法律服务的业务方向。

土地和矿产都是重要的不动产，也是权利人的重大资产，在整个社会经济运行中具有重要的基础作用。然而，我国还处于全面依法治国建设过程中，土地和矿产资源在法律制度、行政管理、权利行使等方面均存在很多问题，例如，土地矿产资源管理立法存在原则性、滞后性，不能很好地解决复杂、变化的现实问题；行政管理实践中，因法律制度供给不足，处理相关问题要依靠规范性文件，但规范性文件过多、内容变化频繁甚至个别文件出现前后矛盾的问题，又带来大量执行方面的问题；制度原因导致的违法用地现象也较为普遍，矿产资源行政管理与矿业权物权属性的矛盾较为突出等。

由于土地矿产资源赋存的特殊性、立法的滞后性、现实问题的复杂性、规范性文件的混乱性，在实践中很多具体问题的理解和认定存在较大分歧。我们在开展具体律师业务的同时，针对土地矿产领域存在的热点难点法律问题，陆续撰写了一系列文章，一方面是对这些问题进行深入研究，提高团队自身研究问题、解决问题的能力；另一方面，也希望能将我们对土地矿产领域某一问题的理解传达给读者，以期引起土地矿产领域立法、执法、司法从业人员以及相关权利人的重视，在解决具体问题时能够准确理解和适用法律政策，为自然资源法治建设贡献微薄之力。

令人欣慰的是，这些文章发表之后，我们得到了很多读者的鼓励和支持，接到了大量的咨询和交流电话，咨询人员并不限于土地矿产相关权利人、自然资源管理系统工作人员，还包括检察院、法院、纪检监察、审计机关工作人员和评估师、律师同行等，甚至有的读者将我们发表的文章逐一打印装订成册，以备随时翻阅。撰写文章是一件苦差事，特别是这些文章是我们夜以继日承办律师业务之余，在查阅大量资料、反复讨论研究、多次修改打磨之后形成的，但读者的认可给予了我们极大的鼓励，让我们愿意在这条艰苦的道路上继续坚持下去。

为了体现团队的阶段性研究成果，也进一步方便读者阅读，现将这一系列文章编辑成书进行出版。在本书出版之际，我要特别感谢自然资源部政策法规司魏莉华司长和中国政法大学原教授李显冬老师，不吝溢美之词分别为本书做序；要感谢原来工作单位的领导和同事，正是他们对我的教导、磨炼和启发，让我具备立足于土地矿产法律服务市场的能力；要感谢客户的信任和委托，让我们能深度介入一个个具体鲜活的案例，更好地理解土地矿产法律政策应有的价值取向；要感谢团队每个伙伴，今天的成绩和每个人以往的艰苦付出不可分割；最后要感谢本书编辑周洁女士，她为本书的出版做了大量的工作。

由于我们水平有限，加之文章所写时间前后跨度较长，不足之处和错误在所难免，敬请读者批评指正。

吴永高

2022 年 5 月 20 日

法律文件简称对照表

全称	简称
宪法、法律	
《中华人民共和国宪法》（1982 年 12 月 4 日，根据 1988 年 4 月 12 日通过的《中华人民共和国宪法修正案》、1993 年 3 月 29 日通过的《中华人民共和国宪法修正案》、1999 年 3 月 15 日通过的《中华人民共和国宪法修正案》、2004 年 3 月 14 日通过的《中华人民共和国宪法修正案》和 2018 年 3 月 11 日通过的《中华人民共和国宪法修正案》修正）	《宪法》
《中华人民共和国长江保护法》（2020 年 12 月 26 日通过，自 2021 年 3 月 1 日起施行）	《长江保护法》
《中华人民共和国民法典》（2020 年 5 月 28 日通过，自 2021 年 1 月 1 日起施行）	《民法典》
《中华人民共和国外商投资法》（2019 年 3 月 15 日通过，自 2020 年 1 月 1 日起施行）	《外商投资法》
《中华人民共和国监察法》（2018 年 3 月 20 日通过并施行）	《监察法》
《中华人民共和国民法总则》（2017 年 3 月 15 日通过，现予公布，自 2017 年 10 月 1 日起施行，自 2021 年 1 月 1 日起失效）	《民法总则》
《中华人民共和国资产评估法》（2016 年 7 月 2 日通过，自 2016 年 12 月 1 日起施行）	《资产评估法》
《中华人民共和国旅游法》（2013 年 4 月 25 日通过，2016 年 11 月 7 日第一次修正，2018 年 10 月 26 日第二次修正）	《旅游法》
《中华人民共和国行政强制法》（2011 年 6 月 30 日通过，自 2012 年 1 月 1 日起施行）	《行政强制法》

续表

全称	简称
《中华人民共和国石油天然气管道保护法》（2010 年 6 月 25 日通过，自 2010 年 10 月 1 日起施行）	《石油天然气管道保护法》
《中华人民共和国侵权责任法》（2009 年 12 月 26 日通过，自 2010 年 7 月 1 日起施行，自 2021 年 1 月 1 日起失效）	《侵权责任法》
《中华人民共和国城乡规划法》（2007 年 10 月 28 日通过，2015 年 4 月 24 日第一次修正，2019 年 4 月 23 日第二次修正）	《城乡规划法》
《中华人民共和国反垄断法》（2007 年 8 月 30 日通过，自 2008 年 8 月 1 日起施行）	《反垄断法》
《中华人民共和国畜牧法》（2005 年 12 月 29 日通过，2015 年 4 月 24 日修正）	《畜牧法》
《中华人民共和国可再生能源法》（2005 年 2 月 28 日通过，2009 年 12 月 26 日修正）	《可再生能源法》
《中华人民共和国行政许可法》（2003 年 8 月 27 日通过，2019 年 4 月 23 日修正）	《行政许可法》
《中华人民共和国环境影响评价法》（2002 年 10 月 28 日通过，2016 年 7 月 2 日第一次修正，2018 年 12 月 29 日第二次修正）	《环境影响评价法》
《中华人民共和国政府采购法》（2002 年 6 月 29 日通过，2014 年 8 月 31 日修正）	《政府采购法》
《中华人民共和国职业病防治法》（2001 年 10 月 27 日通过，2011 年 12 月 31 日第一次修正，2016 年 7 月 2 日第二次修正，2017 年 11 月 4 日第三次修正，2018 年 12 月 29 日第四次修正）	《职业病防治法》
《中华人民共和国行政复议法》（1999 年 4 月 29 日通过，2009 年 8 月 27 日第一次修正，2017 年 9 月 1 日第二次修正）	《行政复议法》
《中华人民共和国合同法》（1999 年 3 月 15 日通过，自 1999 年 10 月 1 日起施行，自 2021 年 1 月 1 日起失效）	《合同法》
《中华人民共和国村民委员会组织法》（1998 年 11 月 4 日通过，2010 年 10 月 28 日修订，2018 年 12 月 29 日修正）	《村民委员会组织法》

续表

全称	简称
《中华人民共和国节约能源法》（1997 年 11 月 1 日通过，2007 年 10 月 28 日修订，2016 年 7 月 2 日第一次修正，2018 年 10 月 26 日第二次修正）	《节约能源法》
《中华人民共和国公路法》（1997 年 7 月 3 日通过，1999 年 10 月 31 日第一次修正，2004 年 8 月 28 日第二次修正，2009 年 8 月 27 日第三次修正，2016 年 11 月 7 日第四次修正，2017 年 11 月 4 日第五次修正）	《公路法》
《中华人民共和国煤炭法》（1996 年 8 月 29 日通过，2009 年 8 月 27 日第一次修正，2011 年 4 月 22 日第二次修正，2013 年 6 月 29 日第三次修正，2016 年 11 月 7 日第四次修正）	《煤炭法》
《中华人民共和国电力法》（1995 年 12 月 28 日通过，2009 年 8 月 27 日第一次修正，2015 年 4 月 24 日第二次修正，2018 年 12 月 29 日第三次修正）	《电力法》
《中华人民共和国审计法》（1994 年 8 月 31 日通过，2006 年 2 月 28 日第一次修正，2021 年 10 月 23 日第二次修正）	《审计法》
《中华人民共和国城市房地产管理法》（1994 年 7 月 5 日通过，2007 年 8 月 30 日第一次修正，2009 年 8 月 27 日第二次修正，2019 年 8 月 26 日第三次修正）	《城市房地产管理法》
《中华人民共和国国家赔偿法》（1994 年 5 月 12 日，2010 年 4 月 29 日第一次修正，2012 年 10 月 26 日第二次修正）	《国家赔偿法》
《中华人民共和国公司法》（1993 年 12 月 29 日通过，1999 年 12 月 25 日第一次修正，2004 年 8 月 28 日第二次修正，2005 年 10 月 27 日修订，2013 年 12 月 28 日第三次修正，2018 年 10 月 26 日第四次修正）	《公司法》
《中华人民共和国妇女权益保障法》（1992 年 4 月 3 日，2005 年 8 月 28 日第一次修正，2018 年 10 月 26 日第二次修正）	《妇女权益保障法》

续表

全称	简称
《中华人民共和国水土保持法》（1991年6月29日通过，2010年12月25日修订）	《水土保持法》
《中华人民共和国民事诉讼法》（1991年4月9日通过，2007年10月28日第一次修正，2012年8月31日第二次修正，2017年6月27日第三次修正，2021年12月24日第四次修正）	《民事诉讼法》
《中华人民共和国行政诉讼法》（1989年4月4日通过，2014年11月1日第一次修正，2017年6月27日第二次修正）	《行政诉讼法》
《中华人民共和国水法》（1988年1月21日通过，2002年8月29日修订，2009年8月27日第一次修正，2016年7月2日第二次修正）	《水法》
《中华人民共和国土地管理法》（1986年6月25日通过，1988年12月29日第一次修正，1998年8月29日第四次会议修订，2004年8月28日第二次修正，2019年8月26日第三次修正）	《土地管理法》
《中华人民共和国矿产资源法》（1986年3月19日通过，1996年8月29日第一次修正，2009年8月27日第二次修正）	《矿产资源法》
《中华人民共和国草原法》（1985年6月18日通过，2002年12月28日修订，2009年8月27日第一次修正，2013年6月29日第二次修正，2021年4月29日第三次修正）	《草原法》
《中华人民共和国继承法》（1985年4月10日通过，自1985年10月1日起施行）	《继承法》
《中华人民共和国森林法》（1984年9月20日通过，1998年4月29日第一次修正，2009年8月27日第二次修正，2019年12月28日修订）	《森林法》
《中华人民共和国文物保护法》（1982年11月19日通过，1991年6月29日第一次修正，2002年10月28日修订，2007年12月29日第二次修正，2013年6月29日第三次修正，2015年4月24日第四次修正，2017年11月4日第五次修正）	《文物保护法》

续表

全称	简称
《中华人民共和国刑法》（1979 年 7 月 1 日通过，1997 年 3 月 14 日修订，1998 年 12 月 29 日通过的《全国人民代表大会常务委员会关于惩治骗购外汇、逃汇和非法买卖外汇犯罪的决定》、1999 年 12 月 25 日通过的《中华人民共和国刑法修正案》、2001 年 8 月 31 日通过的《中华人民共和国刑法修正案（二）》、2001 年 12 月 29 日通过的《中华人民共和国刑法修正案（三）》、2002 年 12 月 28 日通过的《中华人民共和国刑法修正案（四）》、2005 年 2 月 28 日通过的《中华人民共和国刑法修正案（五）》、2006 年 6 月 29 日通过的《中华人民共和国刑法修正案（六）》、2009 年 2 月 28 日通过的《中华人民共和国刑法修正案（七）》、2009 年 8 月 27 日通过的《全国人民代表大会常务委员会关于修改部分法律的决定》、2011 年 2 月 25 日通过的《中华人民共和国刑法修正案（八）》、2015 年 8 月 29 日通过的《中华人民共和国刑法修正案（九）》、2017 年 11 月 4 日通过的《中华人民共和国刑法修正案（十）》和 2020 年 12 月 26 日通过的《中华人民共和国刑法修正案（十一）》修正）	《刑法》（各刑法修正案分别简称为“××××年《刑法修正案（×）》”）
行政法规、部门规章	
《中华人民共和国政府采购法实施条例》（2014 年 12 月 31 日通过，自 2015 年 3 月 1 日起施行）	《政府采购法实施条例》
《中华人民共和国行政复议法实施条例》（2007 年 5 月 23 日通过，自 2007 年 8 月 1 日起施行）	《行政复议法实施条例》
《中华人民共和国土地管理法实施条例》（1998 年 12 月 27 日发布，2011 年 1 月 8 日第一次修订，2014 年 7 月 29 日第二次修订，2021 年 7 月 2 日第三次修订）	《土地管理法实施条例》
《中华人民共和国自然保护区条例》（1994 年 10 月 9 日发布，2011 年 1 月 8 日第一次修订，2017 年 10 月 7 日第二次修订）	《自然保护区条例》
《中华人民共和国公司登记管理条例》（1994 年 6 月 24 日公布，2005 年 12 月 18 日第一次修订，2014 年 2 月 19 日第二次修订，2016 年 2 月 6 日第三次修订）	《公司登记管理条例》
《中华人民共和国矿产资源法实施细则》（1994 年 3 月 26 日发布，自 1994 年 3 月 26 日起施行）	《矿产资源法实施细则》

续表

全称	简称
《中华人民共和国对外合作开采陆上石油资源条例》（1993 年 10 月 7 日发布，2001 年 9 月 23 日第一次修订，2007 年 9 月 18 日第二次修订，2011 年 9 月 30 日第三次修订，2013 年 7 月 18 日第四次修订）	《对外合作开采陆上石油资源条例》
《中华人民共和国河道管理条例》（1988 年 6 月 10 日发布，2011 年 1 月 8 日第一次修订，2017 年 3 月 1 日第二次修订，2017 年 10 月 7 日第三次修订，2018 年 3 月 19 日第四次修订）	《河道管理条例》
《中华人民共和国对外合作开采海洋石油资源条例》（1982 年 1 月 30 日发布，2001 年 9 月 23 日第一次修订，2011 年 1 月 8 日第二次修订，2011 年 9 月 30 日第三次修订，2013 年 7 月 18 日第四次修订）	《对外合作开采海洋石油资源条例》
自然资源部《对十三届全国人大三次会议第 3226 号建议的答复》（2020 年 9 月 9 日发布）	3226 号建议答复
国务院办公厅《转发国家发展改革委交通运输部关于进一步降低物流成本实施意见的通知》（国办发〔2020〕10 号，2020 年 5 月 20 日发布）	《降低物流成本意见》
自然资源部《关于贯彻落实〈国务院关于授权和委托用地审批权的决定〉的通知》（自然资规〔2020〕1 号，2020 年 3 月 6 日发布）	2020 年 1 号《通知》
国务院《关于授权和委托用地审批权的决定》（国发〔2020〕4 号，2020 年 3 月 1 日发布）	2020 年 4 号《决定》
人力资源社会保障部、全国总工会、中国企业联合会/中国企业家协会、全国工商联《关于做好新型冠状病毒感染肺炎疫情防控期间稳定劳动关系支持企业复工复产的意见》（人社部发〔2020〕8 号，2020 年 2 月 7 日发布）	人社部 8 号意见
人力资源社会保障部办公厅《关于妥善处理新型冠状病毒感染的肺炎疫情防控期间劳动关系问题的通知》（人社厅发明电〔2020〕5 号，2020 年 1 月 24 日发布）	人社厅 5 号通知

续表

全称	简称
自然资源部《关于推进矿产资源管理改革若干事项的意见（试行）》（自然资规〔2019〕7号，2019年12月31日发布，2020年5月1日起施行）	《改革意见》
自然资源部《关于探索利用市场化方式推进矿山生态修复的意见》（自然资规〔2019〕6号，2019年12月17日发布）	《市场化意见》
自然资源部《关于实施海砂采矿权和海域使用权"两权合一"招拍挂出让的通知》（自然资规〔2019〕5号，2019年12月17日发布）	5号文件
自然资源部《关于加强规划和用地保障支持养老服务发展的指导意见》（自然资规〔2019〕3号，2019年11月27日发布）	自然资源部2019年3号文
国务院办公厅《关于推进养老服务发展的意见》（国办发〔2019〕5号，2019年4月16日发布）	国办发5号文
《产业用地政策实施工作指引（2019年版）》（2019年4月24日发布）	2019年版产业用地政策
水利部、国家发展改革委、生态环境部、国家能源局《关于开展长江经济带小水电清理整改工作的意见》（水电〔2018〕312号，2018年12月6日发布）	312号文
原国土资源部、原国务院扶贫办、国家能源局《关于支持光伏扶贫和规范光伏发电产业用地的意见》（国土资规〔2017〕8号，2017年9月25日发布）	8号文件
《利用集体建设用地建设租赁住房试点方案》（2017年8月21日发布）	《方案》
财政部、原国土资源部《关于印发〈矿业权出让收益征收管理暂行办法〉的通知》（财综〔2017〕35号，2017年6月29日发布，自2017年7月1日起施行）	35号文
《矿业权出让制度改革方案》（2017年6月16日发布）	《改革方案》

续表

全称	简称
国务院《关于印发矿产资源权益金制度改革方案的通知》（国发〔2017〕29号，2017年4月13日发布）	29号文件
原国土资源部《关于改进和优化建设项目用地预审和用地审查的通知》（国土资规〔2016〕16号，2016年11月30日发布，自2017年1月1日起施行）	16号文件
原国土资源部办公厅《关于光伏发电用地事项的函》（国土资厅函〔2016〕1638号，2016年10月13日发布）	1638号函
原国土资源部、住房和城乡建设部、原国家旅游局《关于支持旅游业发展用地政策的意见》（国土资规〔2015〕10号，2015年11月25日发布，自2020年12月25日起失效）	《旅游用地意见》
《国务院办公厅转发卫生计生委等部门关于推进医疗卫生与养老服务相结合指导意见的通知》（国办发〔2015〕84号，2015年11月18日发布）	国办发84号文
原国土资源部、发展改革委、科技部、工业和信息化部、住房城乡建设部、商务部《关于支持新产业新业态发展促进大众创业 万众创新用地的意见》（国土资规〔2015〕5号，2015年9月10日发布）	2015年5号文件
环境保护部、发展改革委、财政部、原国土资源部、住房城乡建设部、水利部、原农业部、原林业局、中科院、海洋局《关于进一步加强涉及自然保护区开发建设活动监督管理的通知》（环发〔2015〕57号，2015年5月6日发布）	“十部门”57号文件
原国务院法制办公室《关于认定被征地农民“知道”征收土地决定有关问题的意见》（国法〔2014〕40号，2014年7月发布）	国务院法制办40号意见
国务院《关于加快发展养老服务业的若干意见》（国发〔2013〕35号，2013年9月6日发布）	国发35号文
原国土资源部《关于严格控制和规范矿业权协议出让管理有关问题的通知》（国土资发〔2012〕80号，2012年5月15日发布，自2015年8月24日起失效）	80号文

续表

全称	简称
原国土资源部《关于进一步做好建设项目压覆重要矿产资源审批管理工作的通知》（国土资发〔2010〕137 号，2010 年 9 月 8 日发布）	137 号文
国务院办公厅《关于规范国有土地使用权出让收支管理的通知》（国办发〔2006〕100 号，2006 年 12 月 17 日发布）	国办发 100 号文
国务院《关于同意深化煤炭资源有偿使用制度改革试点实施方案的批复》（国函〔2006〕102 号，2006 年 9 月 30 日发布）	国函 102 号
原国土资源部《关于进一步规范矿业权出让管理的通知》（国土资发〔2006〕12 号，2006 年 1 月 24 日发布）	12 号文
《矿产勘查开采分类目录》（12 号文附件）	《分类目录》
《探矿权采矿权招标拍卖挂牌管理办法（试行）》（国土资发〔2003〕197 号，2003 年 6 月 11 日发布，自 2003 年 8 月 1 日起施行）	197 号文
《矿业权出让转让管理暂行规定》（国土资发〔2000〕309 号，2000 年 10 月 31 日发布）	309 号文
《矿产资源勘查区块登记管理办法》（国务院令第 240 号，1998 年 2 月 12 日发布，2014 年 7 月 29 日修订）	240 号令
《矿产资源开采登记管理办法》（国务院令第 241 号，1998 年 2 月 12 日发布，2014 年 7 月 29 日修订）	241 号令
司法解释	
最高人民法院《关于适用〈中华人民共和国行政诉讼法〉的解释》（法释〔2018〕1 号，2018 年 2 月 6 日发布，自 2018 年 2 月 8 日起施行）	《行政诉讼法适用解释》
最高人民法院、最高人民检察院《关于办理非法采矿、破坏性采矿刑事案件适用法律若干问题的解释》（法释〔2016〕25 号，2016 年 11 月 28 日发布，自 2016 年 12 月 1 日起施行）	25 号司法解释
最高人民法院《关于当前形势下审理民商事合同纠纷案件若干问题的指导意见》（2009 年 7 月 7 日发布）	《民商事合同指导意见》

续表

全称	简称
最高人民法院《关于在防治传染性非典型肺炎期间依法做好人民法院相关审判、执行工作的通知》（法〔2003〕72 号，2003 年 6 月 11 日发布，自 2013 年 4 月 8 日起失效）	72 号通知
最高人民法院《关于执行〈中华人民共和国行政诉讼法〉若干问题的解释》（法释〔2000〕8 号，1999 年 11 月 24 日通过，自 2000 年 3 月 10 日起施行，自 2018 年 2 月 8 日起失效）	《行政诉讼法执行解释》
地方性规定	
北京市规划和国土资源管理委员会、北京市住房和城乡建设委员会《关于进一步加强利用集体土地建设租赁住房有关工作的意见》（市规国土发〔2017〕376 号，2017 年 10 月 31 日发布）	北京市 376 号文
北京市国土资源局、北京市发展和改革委员会、北京市规划委员会、北京市住房和城乡建设委员会、北京市农村工作委员会、北京市财政局、北京市地方税务局《关于印发利用北京市集体土地建设租赁住房试点实施意见的通知》（京国土耕〔2014〕467 号，2014 年 10 月 28 日发布）	北京市 467 号文

目 录

·第一部分 政策解读·

·第二部分 实务指引·

·第三部分　案例分析·

第一部分

政策解读

矿业篇

矿业权出让权限制度改革：矿业权出让分级管理再出发

如何划分不同层级政府在矿产资源领域的管理事权，始终是矿产资源管理制度改革探索的重要内容。2019 年 12 月 31 日，自然资源部发布了《改革意见》，自 2020 年 5 月 1 日起正式实施。《改革意见》确定的矿业权分级出让的事权划分，是我国矿政管理改革探索的重要阶段性成果。为帮助读者准确理解矿业权出让分级管理改革的历史背景，掌握本次分级出让改革的主要内容，笔者在系统梳理矿业权出让分级管理制度历史变革的同时，重点解读本次改革的内容及影响。

一、我国矿业权出让分级管理制度的建立

我国矿业权管理可分为出让管理和转让管理，即人们常说的矿业权一级市场管理和二级市场管理。矿业权出让的分级管理是矿业权出让管理中的一项重要内容；其与矿业权出让方式、出让程序、出让收益等共同构成了矿业权出让管理制度体系。

中华人民共和国成立后很长一段时间，我国矿产资源管理在矿业权方面几乎处于空白状态，国家对矿产资源勘查开发的管理主要依靠计划手段和行政管制。1986 年 3 月 19 日，《矿产资源法》正式颁布，明确了探矿权和采矿权的概念，实现了我国矿产资源管理的有法可依。针对 1986 年《矿产资源法》实施中存在的问题，1996 年全国人民代表大会对《矿产资源法》进行了局部修改。1998 年 2 月 12 日，240 号令、241 号令同时颁布实施。上述规定

明确了我国探矿权实行中央和省级政府地质矿产主管部门两级出让，采矿权实行中央、省级、市级、县级地质矿产主管部门四级出让的基本出让制度，确立了我国矿业权出让分级管理的基本制度。

（一）关于探矿权的出让审批权限

由国务院地质矿产主管部门审批登记，颁发勘查许可证的矿产资源包括：（1）跨省、自治区、直辖市的矿产资源；（2）领海及中国管辖的其他海域的矿产资源；（3）外商投资勘查的矿产资源；（4）240 号令附录所列的矿产资源（34 个重要矿种）；（5）石油、天然气矿产的勘查。

由省地质矿产主管部门审批登记，颁发勘查许可证的矿产资源包括：（1）国务院地质矿产主管部门发证权限以外的矿产资源；（2）国务院地质矿产主管部门授权省、自治区、直辖市人民政府地质矿产主管部门审批登记的矿产资源。

（二）关于采矿权的出让审批权限

由国务院地质矿产主管部门审批登记，颁发采矿许可证的矿产资源包括：（1）国家规划矿区和对国民经济具有重要价值的矿区内的矿产资源；（2）领海及中国管辖的其他海域的矿产资源；（3）外商投资开采的矿产资源；（4）241 号令附录所列的矿产资源（34 个重要矿种）；（5）石油、天然气矿产。

由省、自治区、直辖市人民政府地质矿产主管部门审批登记，颁发采矿许可证的矿产资源包括：（1）国务院地质矿产主管部门发证以外的矿产储量规模中型以上的矿产资源；（2）国务院地质矿产主管部门授权省、自治区、直辖市人民政府地质矿产主管部门审批登记的矿产资源。

市、县两级地质矿产主管部门，按照省、自治区、直辖市人民代表大会常务委员会制定的管理办法审批登记，颁发采矿许可证。

以《矿产资源法》和配套行政法规的颁布为标志，我国矿业权出让分级管理制度正式建立。这一制度的建立和实施，实现了矿产资源所有权与使用权的分离，有利于保护矿业权人的合法权益，成为国家维护矿产资源勘查开发秩序、进行矿产资源勘查开发管理的重要抓手。

二、1998~2017 年中央和省级矿业权出让审批权限的调整与变化

针对如何科学、合理划分不同层级政府之间矿业权出让审批的管理事权，国务院地质矿产主管部门一直在进行探索。1998 年以来，根据经济社会发展和矿产资源管理形势变化，矿业权审批权限不断调整，大体上可分为三个阶段：

（一）1998~2004 年：矿业权审批权限逐步下放

1998 年，原地质矿产部下发了《关于授权颁发勘查许可证采矿许可证的规定》（地发〔1999〕48 号）。探矿权审批方面，将 34 个重要矿产勘查投资小于 500 万元的勘查项目，授权省级地质矿产主管部门审批发证。采矿权审批方面，将 34 个重要矿产中的油页岩、地热、锰、铬、钴、铁、硫、石棉和矿泉水 9 种矿产开采项目，授权省级地质矿产主管部门审批发证；对其余 25 个重要矿产开采项目，矿山生产建设规模为中型以下的，授权省级地质矿产主管部门审批发证。

2001 年，国务院部署开展矿产资源管理秩序治理整顿工作，原国土资源部对采矿权审批权限作了进一步授权，对由原国土资源部负责审批发证的 34 个重要矿产开采项目，除石油、天然气、煤层气和放射性矿产外，其余矿产开采项目均授权省级国土资源主管部门审批发证。

为进一步扩大矿产资源领域对外开放，2000 年原国土资源部印发了《关于授权换发、颁发外商投资矿山企业采矿许可证的通知》（国土资发〔2000〕122 号），对外商投资开采的地热、矿泉水和 34 个重要矿种以外的矿产储量规模中型（含）以下的矿产资源，授权省级国土资源主管部门审批登记。此外，为落实国家西部大开发战略，原国土资源部先后于 1999 年和 2001 年出台文件，将云南、四川两省作为改善外商矿业投资环境的试点地区，对外商在其境内投资的勘查开采项目，除石油、天然气、放射性矿产外，其余矿产勘查开采项目均授权两省国土资源主管部门审批登记。

（二）2005~2008 年：矿业权审批权限逐步上收

在矿业权审批授权过程中，一些省级国土资源主管部门未能把好关、用

好权，造成了一些地区矿产资源勘查开发秩序较为混乱、矿山布局不合理、资源破坏浪费较为严重等问题。为此，国务院于2005年8月下发了《关于全面整顿和规范矿产资源开发秩序的通知》①（国发〔2005〕28号），要求原国土资源部对以往的各种授权进行清理并重新授权。

按照国务院部署，原国土资源部下发了《关于规范勘查许可证采矿许可证权限有关问题的通知》②（国土资发〔2005〕200号），对权限划分标准作了适当调整，具体规定如下：

1. 探矿权方面，上收了勘查面积大于30平方公里的煤炭勘查项目和勘查面积大于15平方公里的钨、稀土、锡、锑勘查项目审批权限；下放了二氧化碳气、地热、硫、金刚石、石棉、矿泉水6个矿种探矿权审批权限。同时按各矿种审批权限，下放了部分外商投资、国家规划矿区和对国民经济具有重要价值矿区内勘查项目审批权限。

2. 采矿权方面，按照矿床或井田储量规模划分审批权限，不再按照矿山生产建设规模划分审批权限。煤［煤井田储量1亿吨（含）以上，其中焦煤井田储量5000万吨（含）以上］、油页岩矿床储量规模为大型（含）以上的开采项目，钨、锡、锑、稀土矿床储量规模为中型（含）以上的开采项目，金、银、铂、锰、铬、钴、铁、铜、铅、锌、铝、镍、钼、磷、钾、锶、铌、钽矿床储量规模为大型（含）以上的开采项目，审批权限上收由原国土资源部审批发证。同时按各矿种审批权限，下放了部分外商投资、国家规划矿区和对国民经济具有重要价值矿区内开采项目审批权限。

2007年，原国土资源部下发了《关于调整钨和稀土矿勘查许可证采矿许可证登记权限有关问题的通知》③（国土资发〔2007〕92号），将新设和扩大勘查开采范围的钨、稀土探矿权、采矿权审批权限上收由原国土资源部审批发证。

（三）2009～2016年：矿业权审批权限部分下放

为减轻具体审批事务工作压力、加强制度建设和顶层设计，自2010年以

① 该文件自2009年10月31日起失效。
② 该文件自2015年11月27日起失效。
③ 该文件自2020年5月27日起失效。

来，原国土资源部开始探索按照“部控省批”模式，开展矿业权审批制度改革，下放审批权限，主要包括：

2010 年，原国土资源部下发了《关于开展煤炭矿业权审批管理改革试点的通知》（国土资发〔2010〕143 号），在黑龙江、贵州和陕西三省开展煤炭矿业权审批改革试点，将三省境内的煤炭勘查、开采项目，全部授权省国土资源厅审批发证。

2010 年，原国土资源部授权宁夏回族自治区原国土资源厅，办理已有探矿权、采矿权整合勘查面积大于 30 平方公里（含）勘查项目和资源储量规模为 1 亿吨（含）以上［焦煤资源储量 5000 万吨（含）以上］开采项目的审批登记。

2010 年，原国土资源部为落实党中央国务院加快青海等地藏区经济社会发展的要求，授权青海省原国土资源厅审批登记柴达木循环经济试验区内的煤炭矿业权等。

2012 年，原国土资源部对整装勘查区内探矿权审批权限进行了授权，除煤、钨、锑、稀土等国家调控矿种及放射性矿产外，其余由原国土资源部审批的探矿权项目，全部授权省级国土资源主管部门审批登记。

按照中央关于新疆工作的决策部署，2014 年原国土资源部不再对新疆维吾尔自治区境内煤炭勘查、开采项目进行审批发证，全部授权新疆维吾尔自治区原国土资源厅审批发证。

截至 2017 年《改革方案》出台之前，原国土资源部负责审批油气、放射性矿产等 7 种矿产的探矿权采矿权，22 种矿产超过一定面积或勘查投入的探矿权，以及 23 种矿产资源储量规模大中型以上的采矿权。

三、2017 年以来矿业权出让分级管理制度改革探索

随着经济社会发展形势的变化，矿业权出让分级管理制度运行过程中，部级审批权限过重、权限划分法律依据不足、制度执行刚性不够等问题日益凸显。2017 年，中共中央办公厅、国务院办公厅印发了《改革方案》，作为矿业权出让制度改革的指导性文件。

《改革方案》要求下放审批权限、强化监管服务。对中央和省级两级矿

业权审批权限划分做了调整，规定原国土资源部负责石油、烃类天然气、页岩气、放射性矿产、钨、稀土6种矿产的探矿权采矿权审批，负责资源储量规模10亿吨以上的煤以及资源储量规模大型以上的煤层气、金、铁、铜、铝、锡、锑、钼、磷、钾11种矿产的采矿权审批，其他由原国土资源部审批的下放省级国土资源主管部门审批。

为了贯彻落实《改革方案》的内容，原国土资源部（现自然资源部）按照"放管服"和合理划分中央、地方事权等原则，积极推进矿业权出让分级管理制度改革，先后进行了实践探索。

（一）开展试点工作，探索矿业权分级出让制度改革

经中央同意，2017年6月原国土资源部公布实施了《关于委托山西省等6个省级国土资源主管部门实施由原国土资源部实施的部分矿产资源勘查开采审批登记的决定》①（国土资源部令第75号）。根据该决定，原国土资源部委托山西、福建、江西、湖北、贵州、新疆6个省（区）原国土资源厅［以下简称6省（区）国土资源厅］，在本行政区域内实施由原国土资源部实施的部分矿产资源勘查、开采审批登记。具体内容包括，探矿权方面："除石油、烃类天然气、页岩气、放射性矿产、钨、稀土6种矿产资源外，其他原由国土资源部实施的矿产资源勘查审批登记委托6省（区）国土资源厅在本行政区域内实施。"采矿权方面："除石油、烃类天然气、页岩气、放射性矿产、钨、稀土、资源储量规模10亿吨以上的煤、资源储量规模大型以上的煤层气、金、铁、铜、铝、锡、锑、钼、磷、钾17种矿产资源外，其他原由国土资源部实施的矿产资源开采审批登记委托6省（区）国土资源厅在本行政区域内实施。"按照《改革方案》的要求，在总结评估的基础上，2019年要在全国推广实施试点内容。

（二）起草公布《矿业权出让管理办法》（征求意见稿），进一步落实改革要求

2019年3月，在矿业权出让制度改革试点工作开展近2年的背景下，自

① 该文件自2020年5月1日起失效。

然资源部就其起草的《矿业权出让管理办法》（征求意见稿）向社会公开征求意见。

根据该规定，自然资源部负责以下情形的探矿权采矿权审批：（1）石油、烃类天然气、页岩气、天然气水合物、放射性矿产、钨、稀土 7 种矿产的探矿权审批；（2）石油、烃类天然气、页岩气、天然气水合物、放射性矿产、钨、稀土，资源储量规模 10 亿吨以上的煤以及资源储量规模大型以上的煤层气、金、铁、铜、铝、锡、锑、钼、磷、钾 11 种矿产的采矿权审批；（3）沿海各省、自治区、直辖市管辖海域之外的中国管辖海域的探矿权采矿权审批。其他原由自然资源部负责的探矿权采矿权审批，由省级自然资源主管部门负责。

《矿业权出让管理办法》虽然至今尚未正式印发，但从其内容可以看出，自然资源部进一步落实《改革方案》要求，推进矿业权出让分级管理制度改革的思路。

（三）《矿产资源法（修订草案）》（征求意见稿）已对矿业权出让分级管理内容作出明确规定

根据矿产资源管理改革要求和实践需要，按照十三届全国人大常委会立法规划，目前《矿产资源法》正在进行全面修订。2019 年 12 月 17 日，自然资源部公布的《矿产资源法（修订草案）》（征求意见稿）第 22 条规定："国务院确定的重要矿产资源、中华人民共和国管辖的领海以外的其他海域内的矿产资源，由国务院自然资源主管部门出让矿业权。前款规定以外的矿产资源的矿业权出让权限，由省、自治区、直辖市规定。"该条规定与《改革方案》规定的内容进行衔接，为我国矿产资源管理事权划分预留了空间，有利于实现矿产资源管理权限划分的法定化。

四、《改革意见》关于矿业权出让分级管理的主要内容及影响

本次出台的《改革意见》，是自然资源部贯彻落实中央关于矿业权出让制度改革决策部署、深化"放管服"改革的重要举措，着眼于解决矿产资源管理中存在的突出问题，将经试点实践验证可行的经验上升到了制度层面，

在全国范围内进行推广，同时为修改矿产资源法再积累实践经验。《改革意见》明确划分了部省两级矿业权出让管理权限。

（一）自然资源部主要负责特定矿种矿业权出让管理

《改革意见》规定，自然资源部负责石油、烃类天然气、页岩气、天然气水合物、放射性矿产、钨、稀土、锡、锑、钼、钴、锂、钾盐、晶质石墨14种重要战略性矿产的矿业权出让、登记。这样规定主要考虑了两个方面，一是作为中央层面，应当加强政策制定和宏观管理，做好矿业权出让的事前、事中和事后监督，不能承担太多的矿业权出让具体事务，所以必须改变之前出让管理范围过大的问题；二是从改革的谨慎性和矿种重要性角度，规定重要能源、保护性开采特定矿种、新兴工业原材料等重要战略性矿产由中央一级负责较为合理。

可以预见，随着矿业权出让分级管理新政的施行，自然资源部将进一步强化对矿业权出让登记管理的宏观调控和监管。

（二）省级自然资源主管部门负责其他战略性矿产的矿业权出让管理

为保障国家经济安全、国防安全和战略性新兴产业发展需求，《全国矿产资源规划（2016—2020年）》将24种矿产列入战略性矿产目录，作为矿产资源宏观调控和监督管理的重点对象，具体包括石油、天然气、页岩气、煤炭、煤层气、铀6种能源矿产（当时尚未将天然气水合物纳入），铁、铬、铜、铝、金、镍、钨、锡、钼、锑、钴、锂、稀土、锆14种金属矿产，以及磷、钾盐、晶质石墨、萤石4种非金属矿产。

《改革意见》规定，除自然资源部负责的石油等14种重要战略性矿产的矿业权出让、登记，对于其他11种矿产（煤炭、煤层气、铁、铬、铜、铝、金、镍、锆、磷、萤石），通过矿产资源规划管控，由省级自然资源主管部门负责矿业权出让、登记。

（三）其他矿种矿业权出让权限由省级自然资源主管部门确定

现行《矿产资源法》规定，采矿权出让方面，中央和省级审批登记以外的采矿权出让管理权限，由省、自治区、直辖市人民代表大会常务委员会依法制定。

《矿产资源法（修订草案）》（征求意见稿）已将相关内容改为“前款规定以外的矿产资源的矿业权出让权限，由省、自治区、直辖市规定”，删除了“由省、自治区、直辖市人民代表大会常务委员会依法制定”的提法。

除部省两级自然资源主管部门负责出让管理之外的矿种，《改革意见》规定，其他矿种由省级及以下自然资源主管部门负责。自然资源部法规司相关负责同志在对《改革意见》的解读中阐明，《改革意见》明确了部省两级出让权限的划分，把省级以下出让权限的划分交由省级自然资源主管部门确定。省级自然资源主管部门应结合本省矿产资源勘查开发实际和行政管理能力，尽快明确省级及以下自然资源主管部门的出让登记权限。

未来，地方各级自然资源主管部门将承接更多的矿业权出让管理权限，承担更多的具体管理事务。地方各级自然资源主管部门对于重新划分的出让管理职权，如何能够接得住、管得好，可能是未来一段时间内矿业权出让分级管理改革中应当重点关注的问题。

（四）实行同一矿种探矿权采矿权出让登记同级管理

按照现行矿业权出让权限划分，探矿权实行部、省两级出让审批，采矿权实行部、省、市、县四级出让审批，具体要按照矿产资源储量规模及储量变化、面积、矿种等多种标准划分，导致同一矿种探矿权、采矿权审批权限不一致。以至于在具体探矿权和采矿权管理中，因不同层级自然资源主管部门信息沟通不畅、权限划分不清楚等原因引发互相扯皮、重复发证或者矿区重叠等问题，这既容易导致矿业权争议，也不利于提高管理效率，降低了自然资源主管部门的公信力。

针对这一问题，《改革意见》在调整矿业权出让管理权限的同时，规定矿业权出让实行同一矿种探矿权采矿权出让登记同级管理。对于自然资源部负责出让的14种战略性矿产和省级自然资源主管部门负责出让的11种战略性矿产，出让探矿权后，无论储量发生多大的变化，采矿权出让依然由原登记机关负责，不再根据储量的变化调整部省之间的出让权限。

从《改革意见》的表述来看，笔者认为，在省级自然资源主管部门确定省内不同层级自然资源主管部门矿业权出让权限时，也应当坚持探矿权采矿权出让登记同级管理的原则。

矿业权出让分级管理制度改革意义重大，不仅关系中央和地方矿政管理事权的划分，更是对整个矿产资源开发和管理秩序的重构。出让权限的重新划分，必然会导致矿业权出让主体和出让程序的调整，事关矿业权出让流程的重新设计，直接影响广大矿业权人及利害关系人的重大利益，笔者建议地方自然资源主管部门和矿业权人都要关注矿业权出让政策变化，积极做好应对准备。

矿业权出让方式制度改革：竞争性出让全面推开

矿业权出让方式是矿产资源管理制度的核心内容，矿业权市场化配置程度的高低，是市场经济发展水平在矿业领域的体现，也反映了政府部门对矿产资源的认知程度和管理理念。随着我国市场经济体制的不断完善，我国矿产资源管理经历了从计划走向市场、从行政审批到公开竞争出让的过程。2019 年 12 月 31 日，自然资源部发布了《改革意见》，自 2020 年 5 月 1 日起正式实施。《改革意见》中矿业权出让方式改革的内容，是矿业权出让制度改革的重头戏，集中体现了“充分发挥市场配置资源的决定性作用”的改革原则。为更好地理解本次矿业权出让制度改革，我们有必要回望过去走过的路，系统梳理矿业权出让方式的制度变化和历史沿革，再次站在新的起点上，去品味、理解本次矿业权出让方式改革的主要内容和重大影响。

一、矿业权出让方式制度变化历史沿革

1986 年我国颁布实施《矿产资源法》以来，我国矿业权在出让方式上大概历经了从无偿行政审批，到以有偿行政审批为主、招拍挂市场竞争方式出让为辅，再到以招拍挂市场竞争方式出让为主、协议出让和行政审批为辅的三个阶段的变化。上述三个阶段的变化贯穿了两条主线，即从行政主导到市场竞争，以及从无偿审批到有偿取得。

（一）无偿行政审批方式出让

根据 1986 年颁布实施的《矿产资源法》和 1994 年颁布实施的《矿产资源法实施细则》的规定，矿产资源勘查实行登记制度，矿产资源开采实行审批制度。其重要背景是当时矿产资源勘查开采的主体是国有企业，几乎没有

社会民营资本进入勘查开采领域。在制度设计时，矿产资源勘查开采的基本流程是，国有地勘单位依照国家统一安排开展找矿工作，向矿产资源管理部门依法进行勘查登记，勘查资金由国家统一供给，找矿成果全部上缴国家，再由国有矿业企业依法申请取得采矿许可证。

所以，在1996年修改《矿产资源法》之前，并不存在“矿产资源有偿取得”的概念，矿业权的取得全部通过申请方式获得行政机关审批。其表现形式是国有地勘单位依法登记，以及国有矿业企业申请取得采矿许可证（允许乡镇集体矿业企业开采国营矿业企业矿区范围内的边缘零星矿产），实质是地质矿产管理机关通过行政审批行为，对矿产资源进行统一配置。

必须指出的是，为体现矿产资源国家所有权益，法律规定矿产资源实行有偿开采，矿业企业开采矿产资源的，需要交纳资源税和矿产资源补偿费。事实上，在我国矿业权取得制度的演变过程中，矿产资源有偿开采制度是一以贯之的，发生变化的是矿业权的取得方式及是否支付对价。

（二）有偿行政审批出让为主，竞争性方式出让为辅

由于实行矿业权无偿取得，矿产资源完全由行政权进行配置，矿业权人在开采过程中浪费矿产资源的现象十分严重，国家作为矿产资源所有人的权益受到了极大的损害。随着市场经济体制的建立和发展，矿业权的有偿取得和以竞争方式出让制度逐步建立和完善。

1996年，全国人大常委会对《矿产资源法》进行了修正。1996年《矿产资源法》明确要求探矿权采矿权实行有偿取得制度，但对探矿权采矿权出让方式仍然规定的是按照批准申请的方式进行。

1998年出台的240号令和241号令进一步明确，探矿权采矿权有偿取得主要体现为缴纳探矿权、采矿权价款和使用费。在出让方式中，规定探矿权人和采矿权人可以通过招标投标的方式有偿取得探矿权和采矿权。但这两部行政法规中缺乏招投标的实施范围和具体有可操作性的规定，实践中绝大部分的探矿权采矿权仍然通过批准申请方式出让，鲜见招投标方式出让矿业权的案例。但行政法规关于招投标出让矿业权的规定，为以后矿产资源管理机关制定具体政策、引入市场竞争方式出让矿业权提供了依据。

随着市场经济的发展和矿业投资的升温，单纯以批准申请的方式授予矿业权，既不能体现对各类市场主体的公平原则，也不利于调动矿业投资的积极性，不少地方开始探索并开展市场竞争方式取得矿业权的尝试。根据地方的实践经验成果，2000 年原国土资源部出台 309 号文，规定矿业权出让是指登记管理机关以批准申请、招标、拍卖等方式向矿业权申请人授予矿业权的行为。这在已有招标出让方式的基础上，增加了拍卖的出让方式。

为进一步规范矿业权市场竞争出让行为，明确出让适用范围，2003 年原国土资源部出台了 197 号文，在 309 号文的基础上，又增加了挂牌出让方式。同时，该文件规定了招标拍卖挂牌适用的范围和条件，以及招标拍卖挂牌的具体操作性规定，具有较好的可操作性。

但必须指出的是，虽然 309 号文和 197 号文规定了通过市场竞争方式出让矿业权，但实践中 309 号文和 197 号文并未得到很好的执行，批准申请方式出让矿业权仍然是最常见的。

（三）竞争性出让方式为主，申请在先、协议出让为辅

针对矿业权出让领域存在的问题，在矿产资源开发秩序整顿工作的基础上，原国土资源部于 2006 年 1 月印发了 12 号文，明确了矿业权出让分为申请在先、招拍挂、协议方式三种，并且根据矿种和勘查开发风险程度，具体规定了每种出让方式适用的情形。其中需要注意的是，以协议方式出让矿业权的概念第一次出现。协议出让相比较申请在先，要求矿产资源主管部门必须通过集体会审，从严掌握。协议出让的探矿权采矿权价款不得低于类似条件下的市场价。协议出让和招拍挂方式出让相比，协议出让有严格的适用条件，目的是为特殊主体或者特殊条件的开发项目定向配置矿业权。

12 号文规定矿业权出让方式具体内容如下：

1. 以申请在先方式出让探矿权的情形：属于《分类目录》规定的第一类矿产的勘查，并在矿产勘查工作空白区或虽进行过矿产勘查但未获可供进一步勘查矿产地的区域内。

2. 以招标拍卖挂牌方式出让探矿权的情形：（1）《分类目录》规定的第二类矿产；（2）《分类目录》规定的第一类矿产，已进行过矿产勘查工作并

获可供进一步勘查的矿产地或以往采矿活动显示存在可供进一步勘查的矿产地。

3. 以招标拍卖挂牌方式直接出让采矿权的情形：（1）《分类目录》规定的第三类矿产；（2）《分类目录》规定的第一类、第二类矿产，探矿权灭失但矿产勘查工作程度已经达到详查（含）以上程度并符合开采设计要求的矿产地；（3）《分类目录》规定的第一类、第二类矿产，采矿权灭失或以往有过采矿活动，经核实存在可供开采矿产储量或有经济价值矿产资源的矿产地。

4. 以协议方式出让探矿权采矿权的情形：以招标拍卖挂牌方式出让探矿权采矿权有下列情形之一的，经批准允许以协议方式出让。（1）国务院批准的重点矿产资源开发项目和为国务院批准的重点建设项目提供配套资源的矿产地；（2）已设采矿权需要整合或利用原有生产系统扩大勘查开采范围的毗邻区域；（3）经省（区、市）人民政府同意，并正式行文报原国土资源部批准的大型矿产资源开发项目；（4）国家出资为危机矿山寻找接替资源的找矿项目。

2006 年 9 月国务院批复同意的国函 102 号明确规定：实施方案发布之日起，试点省（区）出让新设煤炭资源探矿权、采矿权，除特别规定的以外，一律以招标、拍卖、挂牌等市场竞争方式有偿取得。

2006 年 10 月财政部、原国土资源部联合印发《关于同意深化探矿权采矿权有偿取得制度改革有关问题的通知》①（财建〔2006〕694 号），规定探矿权、采矿权全面实行有偿取得制度。国家出让新设探矿权、采矿权，除按规定允许以申请在先方式或以协议方式出让的以外，一律以招标、拍卖、挂牌等市场竞争方式出让。

2012 年原国土资源部印发了 80 号文，进一步规范了协议出让探矿权采矿权的具体情形、批准权限和办理程序。准许以协议方式出让探矿权、采矿权包括下列五种情形：（1）国务院批准的重点矿产资源开发项目和为国务院批准的重点建设项目提供配套资源的矿产地；（2）省级人民政府批准的储量规模为大中型的矿产资源开发项目；（3）为列入国家专项的老矿山（危机矿

① 该文件自 2020 年 1 月 23 日起失效。

山）寻找接替资源的找矿项目；（4）已设采矿权需要整合或利用原有生产系统扩大勘查开采范围的毗邻区域；（5）已设探矿权需要整合或因整体勘查扩大勘查范围涉及周边零星资源的。可以看出，根据实践中总结的规律，80 号文对 12 号文规定的协议出让矿业权范围作了一定程度的扩张。

2015 年原国土资源部印发了《关于严格控制和规范矿业权协议出让管理有关问题的通知》①（国土资规〔2015〕3 号），其中关于协议出让矿业权的范围和 80 号文相比没有原则性变化。

自 2006 年 12 号文出台以来，以市场竞争性方式出让成为矿业权出让的主要内容，申请在先方式和协议出让方式受到严格的限制，通过市场配置矿产资源的局面基本形成。

二、2017 年以来矿业权出让方式改革探索

我国矿业权出让方式虽然经历了从单一申请在先到竞争性出让为主的深刻变化，在维护国家所有者权益、优化资源配置、促进市场公平竞争等方面发挥了重要作用。但随着经济社会发展形势的变化，矿业权出让市场竞争不充分、有偿取得制度落实不到位、制度体系不完善等问题日益凸显，进一步深化矿业权出让方式改革势在必行。

按照生态文明体制改革总体部署，2017 年中共中央办公厅、国务院办公厅印发了《改革方案》，作为矿业权出让制度改革的指导性文件。

《改革方案》提出，要坚持市场竞争取向，遵循矿业发展规律。充分发挥市场配置资源的决定性作用，进一步扩大市场竞争出让范围。从两个方面规定矿业权出让方式改革：

一是全面推进矿业权竞争性出让。针对市场竞争不充分问题，为避免人为技术判断，造成自由裁量权过大而引发各种风险，按照“竞争出让是惯例，非竞争出让是例外”思路，《改革方案》规定，除特殊情形外，矿业权一律以招标拍卖挂牌方式出让，由市场判断勘查开采风险，决定矿业权出让收益。以拍卖方式进行矿业权竞争性出让的，流拍后可以实行挂牌方式出让；

① 该文件自 2020 年 8 月 24 日起失效。

以挂牌方式出让的，应有一定的公示期，存在竞争的，以最高报价确定竞得人；以招标方式出让的，依据招标条件综合择优确定竞得人，并将报价金额确定为矿业权出让收益。

二是严格限制矿业权协议出让。《改革方案》规定，协议出让范围严格控制在国务院确定的特定勘查开采主体和批准的重点建设项目，以及大中型矿山已设采矿权深部。即将之前允许以协议方式出让矿业权的 5 种情形调整减少为 2 种情形，除此之外，其他情形一律不予协议出让。同时，对协议出让程序和事后监管做了更严格的规定：协议出让必须实行集体决策、价格评估和结果公示；以协议出让方式取得的矿业权，10 年内原则上不得转让。

严格控制协议出让范围，目的是进一步充分发挥市场在资源配置中的决定性作用，防止以协议出让行政配置资源的方式带来不公平、不平等竞争以及由此产生的相关廉政风险问题。

为了贯彻落实《改革方案》的内容，原国土资源部选取山西、福建、江西、湖北、贵州、新疆 6 个省（区），开展矿业权出让制度改革试点。6 个试点省区先后出台了矿业权出让制度改革试点工作实施方案，按照《改革方案》的精神进一步细化矿业权出让方式改革内容并付诸实施，如江西对协议出让范围方面，在《改革方案》规定的“大中型矿山已设采矿权深部”的基础上，增加了“大中型矿山已设采矿权上部”的情形，为矿业权出让方式改革积累了宝贵的经验。

三、《改革意见》关于矿业权出让方式改革的主要内容及影响

2020 年 5 月起施行的《改革意见》共 11 条内容，其中第 1 条和第 2 条都是关于矿业权出让方式改革的内容，按照《改革方案》的精神，进一步明确了不同矿业权出让方式的适用范围。

（一）明确规定全面推进矿业权竞争性出让

一是关于公开竞争出让的范围。除协议出让外，对其他矿业权以招标、拍卖、挂牌方式公开竞争出让。

二是关于招拍挂出让的结果要求。以招标方式出让的，依据招标条件，

综合择优确定中标人。以拍卖方式出让的，应价最高且不低于底价的竞买人为竞得人；以挂牌方式出让的，报价最高且不低于底价者为竞得人，只有一个竞买人报价且不低于底价的，挂牌成交。

（二）明确了矿业权协议方式出让的范围和条件

一是稀土、放射性矿产勘查开采项目或国务院批准的重点建设项目，可以协议方式向特定主体出让矿业权。这主要是从国家资源战略和经济安全的角度出发，充分考虑矿种特殊性以及项目特殊性，为实现矿业权管理的目的留有余地。

二是除普通建筑用砂石土类矿产以外，已设采矿权深部或上部的同类矿产，需要利用原有生产系统进一步勘查开采矿产资源的，可以协议方式向同一主体出让探矿权或者采矿权。这样规定主要是基于矿山安全生产和资源合理开发利用等考虑。特别需要指出的是，《改革意见》协议出让范围在“采矿权深部”基础上增加“采矿权上部”，体现了汲取试点经验和实事求是的精神。

三是除已设采矿权深部或上部需要协议出让的外，对于其他协议出让情形，地方自然资源主管部门须征求同级地方人民政府意见；需自然资源部协议出让的矿业权，应先征求省级人民政府意见。

四是协议出让矿业权，必须实行价格评估、结果公示，矿业权出让收益由自然资源主管部门根据评估价值、市场基准价确定。

关于油气矿业权竞争性出让改革的内容，笔者将单独解读，不在本文中讨论。

（三）改革的主要影响

一是矿业权出让方式改革意义重大，值得充分肯定。

全面推进矿业权竞争性出让，有利于充分实现市场在矿产资源配置中的决定性作用，有利于建立一个公开公平公正的矿业权市场，有利于切实维护国家所有者权益，有利于解决矿产资源开发领域长期存在的突出问题，有利于保护矿业权人的合法权益，有利于构建新的良性的矿产资源开发秩序，从而全面提高矿产资源对经济社会发展的保障能力。

二是申请在先出让方式将彻底退出历史舞台。

申请在先行政审批方式曾长期在我国矿业权出让中发挥重要作用，但随着时代的进步，其历史使命已经完成。《改革意见》没有关于申请在先出让方式的任何表述，证明通过申请在先审批授权矿业权的方式已经彻底结束。基础性、公益性、战略性地质矿产勘查工作由国家出资完成，商业性地质找矿项目一律设置探矿权后出让，这也符合地质找矿投资的基本规律，竞争性方式出让矿业权并不会影响矿产资源对国家经济和社会发展的保障作用。

三是协议出让范围锁定，或许给后续矿政管理带来困难。

《改革意见》取消了原来规定的已设矿业权需要整合，或者利用原有生产系统扩大勘查开采范围，或者因整体勘查需要扩大勘查范围可以协议出让的情形，这不利于解决我国矿山开发中实际存在的大矿小开、一矿多开等问题。同时，必须认识到现实是复杂多变的，未来矿产资源管理实践中可能会出现，需要在现有规定之外以协议方式出让矿业权的特殊案例，《改革意见》无法为这类问题的解决提供政策依据。

四是要求主管部门必须切实转变观念和提高管理水平。

全面推进矿业权竞争性出让，其最根本的变化就是在矿业权出让中，自然资源主管部门的角色发生根本性变化，从原来被动审批到主动出让，这就要求自然资源主管部门，一方面必须及时组织矿业权出让，保障国家经济社会发展对矿产资源的需求；另一方面必须做好出让事前准备、事中和事后监管工作，避免或者减少因出让不当带来的风险。

第一，事前充分准备。自然资源主管部门组织出让矿业权，要根据矿产资源规划和矿产品市场供需情况，充分尊重矿产资源勘查开采规律，结合基础地质调查以及区域地质矿产调查等工作成果，或者以往的矿产资源储量报告，制订科学可行的矿业权出让方案。出让方案在制订过程中，为了增加的科学性和针对性，可以事先征求社会投资主体的意见和建议。

第二，事中组织出让。矿业权出让无论采取招标、拍卖、挂牌哪种方式，均是一项复杂且严肃的政府行为。自然资源主管部门应当编制详尽的矿业权出让文件，明确标的矿权基本情况、出让方式、资质条件、风险提示、现有地质勘查资料、结果评定标准、勘查开发约束性条件、监督投诉途径以及合同示范文本等诸多内容，适时发布出让公告，明确现场探勘和答疑问题，提供资料查询服务，各个节点预留充分的时间，保证矿业权出让的公平性、科学性和严谨性。

第三，事后强化监管。矿业权招拍挂出让完成仅仅是第一步，为保证竞争性出让目的的实现，必须加强出让之后的监督管理。首先，应当签订矿业权出让合同，明确规定出让双方权利义务、后续监管要求及违约责任等内容，作为在勘查开采期间约束双方最重要的依据。其次，按照合同约定办理矿业权登记，彻底改变之前名为登记、实为审批的性质，把登记作为保障矿业权人权益的重要抓手，实施真正的物权登记。最后，要加强监督检查，确保矿业权人履行合同约定的责任和义务，在勘查或者开发中遵守相关法律政策规定，实现矿产资源开发和保护有机统一。

笔者认为，《改革意见》按照《改革方案》的原则要求，在充分吸收试点实践经验的基础上，对矿业权出让方式作出了明确的规定。《改革意见》的出台，表明矿业出让方式改革重锤落下、大局已定，并且已经与即将修改的《矿产资源法》进行了衔接，所以可能在未来相当长一段时间内成为矿业权出让管理的基础性文件。

未来已来，将至已至。矿业权全面竞争性出让终于全面落地，既让我们为多年改革探索成果而感到欣喜，同时又对市场在矿产资源配置中发挥决定作用有了更多期待。政府的归政府，市场的归市场。让我们相信科学、相信规律、相信常识，共同努力构建我国矿政管理和矿业行业的健康新秩序。

“净矿”出让制度改革：“净矿”出让正当其时

2019年12月31日，自然资源部发布了《改革意见》，自2020年5月1日起正式实施。《改革意见》明确提出“净矿”出让，强化矿业权出让前期准备工作，这属于矿业权出让制度的重大创新。“净矿”出让根本目的是保障矿业权人取得矿业权后能够按期进行勘查开采，其制度内涵不仅仅着眼于解决矿地矛盾，还扩展到矿业权设置与相关规划、采矿作业与法定要件编制评审等众多问题。“净矿”出让的具体实施，对矿产资源管理和矿业权人都将产生重要的影响。

一、“净矿”出让政策由来

“净矿”不是一个严格意义上的法律概念。鉴于土地和矿产均由自然资源主管部门管理，“净地”出让已经实施多年，取得了较好的政策效果。为较好地解决矿业权出让中存在的问题，自然资源管理部门参照“净地”出让的做法，提出“净矿”出让的思路。

近年来，各地在矿产资源管理改革中纷纷探索“净矿”出让。2010年浙江省原国土资源厅《关于进一步规范采矿权管理若干问题的通知》（浙土资发〔2010〕21号）规定，“以招拍挂方式公开出让的采矿权，应事先协调好矿山开采所涉及的有关山林、青苗、坟墓、道路使用等一系列问题的政策处理方案，并签订相关协议，确保以‘净采矿权’出让”。这是规范性文件中最早提出“净采矿权”出让的概念。2013年浙江省原国土资源厅印发的《关于推进净采矿权出让工作的指导意见》（浙土资发〔2013〕28号），将“净采矿权”界定为，“采矿权出让前期的相关政策处理到位，竞得人不再受土地、地面附着物及固定资产等权益制约，且可进场开展矿山建设的拟出让采矿权”。该意见要求在采矿权出让前，完成采矿所占用或者影响范围土地、地面附着物及固定资产的确权和补偿。

其后，湖北、贵州、福建、广西、重庆等地的自然资源管理部门也出台了关于“净矿”出让的相关规定，对“净矿”出让的内涵不断进行探索和丰富，除规定了关于采矿用地地面附着物的处理，还涉及矿业权设置和土地规划、环境生态、林地占用等多方面内容。

2019 年 12 月 17 日自然资源部印发 5 号文件，第一次从中央政策层面明确提出“净矿出让”的概念，要求将海砂采矿权与法定权限内的海域使用权“两权合一”，纳入同一招拍挂方案并组织实施；在组织实施招拍挂之前，还应当完成海域使用论证、开发利用方案、环境影响评价等法定要件的编制以及评审工作。

自然资源部在充分总结吸收各地“净矿”出让政策经验的基础上，从保障矿业权人正常进行勘查开采的角度出发，在《改革意见》中对“净矿”出让做了专门的规定。一是体现分类管理的要求，开展砂石土等直接出让采矿权的“净矿”出让，积极推进其他矿种的“净矿”出让。二是矿业权前期出让准备工作中，要重视不同规划的核实，依法依规避让生态保护红线等禁止限制勘查开采区，合理确定出让范围。三是着眼于解决“矿地”问题，做好与用地用海用林用草等审批事项的衔接。四是对“净矿”出让不利问题的处理。对属矿业权出让前期工作原因而导致的矿业权人无法如期正常开展勘查开采工作的，自然资源主管部门可以撤回矿业权，并按有关规定退还矿业权出让收益等已征收的费用。

二、“净矿”出让的主要内容

根据《改革意见》、5 号文件及各地方关于“净矿”出让的规定，结合矿产资源勘查开发中存在的主要问题，笔者认为，“净矿”出让应当包括以下几方面内容：

（一）前置审查矿业权设置与相关规划的关系，确保规划上“干净”的矿业权才组织出让

矿产资源开发和环境保护的矛盾是客观存在的。一般来讲，采矿行为对自然环境影响较大，采矿涉及矿山基建、矿石开采、选矿、矿产品运输和尾矿堆放、废水排放等多个环节，可能对自然保护区的土地、动植物、地质环境、水、空气等生态环境造成污染和破坏。

为此，我国《矿产资源法》确定了重要地区限制采矿的制度。《矿产资源法》第20条规定：“非经国务院授权的有关主管部门同意，不得在下列地区开采矿产资源：（一）港口、机场、国防工程设施圈定地区以内；（二）重要工业区、大型水利工程设施、城镇市政工程设施附近一定距离以内；（三）铁路、重要公路两侧一定距离以内；（四）重要河流、堤坝两侧一定距离以内；（五）国家划定的自然保护区、重要风景区，国家重点保护的不能移动的历史文物和名胜古迹所在地；（六）国家规定不得开采矿产资源的其他地区。”《森林法》《草原法》《水法》也对矿产资源开发涉及的森林、草原和水资源保护做出了限制性规定。《自然保护区条例》《风景名胜区条例》《地质遗迹保护管理规定》《湿地保护管理规定》等行政法规和政策文件也涉及矿产资源开发和环境保护的规定。所以矿产资源开发原则上应当避开上述区域，但由于过去对环境保护的不够重视和过分追求矿产资源开采的经济效益，上述法律法规和政策规定执行得并不严格。

党的十八大之后，生态文明建设被纳入中国特色社会主义事业“五位一体”总体布局。自2017年以来，全国范围内开展的环保督察、“绿盾”专项行动等，要求矿业权退出各类自然保护区。所以自然资源主管部门在设置矿业权时，已经普遍要求进行部门联审，避开环境敏感区域等。

例如，2017年山西省原国土资源厅、原环境保护厅、原林业厅、水利厅、住房和建设厅和山西省原文物局等六部门联合下发的《关于加强对探矿权采矿权建设项目用地与各类保护区重叠情况进行联合核查的通知》（晋国土资发〔2017〕268号）规定，为防止新立、转让、变更、延续探矿权、采矿权进入各类保护区，对探矿权、采矿权以及建设项目用地与各类保护区重

叠情况进行联合核查。具体核查范围包括地质遗迹保护、饮用水水源保护区、自然保护区、森林公园、湿地公园、国家一级公益林、永久性生态公益林、I级保护林地范围、泉域重点保护区范围、风景名胜区、不可移动文物保护范围。

2017年4月，云南省原国土资源厅联合省工信厅等8个部门下发《关于开展矿业权联勘联审依法审批工作的通知》（云国土资〔2017〕44号），提出在矿业权新立、转让、变更、延续过程中，建立健全矿业权审批事前规划控制、事中联合审查、事后有效监管新机制，明确将自然保护区、风景名胜区、国家公园、三江并流世界自然遗产地、重要饮用水源保护区、永久基本农田保护区等重要地区划定为具有生态环境保护功能的禁止开采区或限制开采（勘查）区，矿产资源规划禁止区内严禁新设矿业权。

2018年《湖北省矿业权出让制度改革工作方案》规定，“按照‘多规融合’和‘净矿业权’出让的原则，切实做好矿产资源、土地利用、环境生态和森林保护等相关规划的衔接”。

可见，矿业权设置不仅仅涉及矿产资源规划，而是和用地（林地）审批、自然保护地（国家公园、自然保护区、自然公园）、文物保护等多种保护区关系密切。

为保证矿业权出让之后，矿业权人能够依法进行勘查和开采作业，政府部门理应在矿业权出让前，先行对拟设置矿业权与上述特殊区域是否存在重叠或者交叉的问题进行审查，减少矿产资源勘查开采过程中发生矛盾的隐患，这正是政府部门从被动接受申请到主动出让矿业权的要义所在。

（二）着眼于解决“矿地”矛盾，做好勘查开采与用地事项的衔接

“矿地”矛盾由来已久，是矿产资源开发中的“老大难”问题。矿产资源开发必须要占用土地，有的露天开采的矿山占地面积还非常大。但按照我国土地用途分类的规定，采矿用地属于建设用地范畴，矿业企业申请取得采矿用地，原来必须严格按照新增建设用地“征、转、供、用”管理审批程序进行，矿业企业取得采矿用地的周期长、成本高。另外，由于土地利用总体规划或者土地利用年度计划指标的原因，很多情形下矿业企业根本无法办理

采矿用地手续，导致大量采矿用地处于“以租代征”的违法状态，被学者形容为“制度性违法”。

针对矿产资源管理和土地管理“两张皮”的问题，着眼于解决“矿地”矛盾，《改革意见》正式提出在“净矿”出让过程中，要做好与用地用海用林用草（用海用林用草本质也是用地问题）等审批事项的衔接，保证矿业企业取得采矿权后能够依法办理用地手续。

笔者认为，“净矿”出让中关于矿地衔接，主要应当做好以下几方面工作：

1. 矿业权出让之前应当核查拟出让的勘查开采区块是否符合土地利用总体规划（国土空间规划，下同）要求，将来采矿权人办理采矿用地是否会受到规划制约。例如，《改革意见》规定，“加强矿业权出让前期准备工作……并做好与用地用海用林用草等审批事项的衔接，以便矿业权出让后，矿业权人正常开展勘查开采工作”。

2. 土地利用规划存在限制条件的，如果矿业权出让成功，应当依法启动土地利用规划修编程序，保障下一步矿业权人办理采矿用地申请符合土地利用规划要求。

3. 根据矿业权出让和开发计划，地方政府应当为采矿用地办理预留相应的新增建设用地指标，将来不得以没有建设用地指标为由，拒绝采矿用地办理申请。

4. 具备相应条件的，可以将矿业权和土地使用权一并出让。例如，5 号文件规定，“将海砂采矿权与省级政府法定权限内的海域使用权出让纳入同一招拍挂方案并组织实施。海砂开采采矿权和海域使用权出让应当确定同一位置和同一期限”。《湖北省矿业权出让制度改革工作方案》规定，“探索矿业权与矿山建设用地联合出让。拟出让矿区范围或影响范围内的土地征转用事宜，以及其附着物的相关补偿事项由县级人民政府依法组织实施”。

（三）关注采矿作业相关的法定要件的审批，统筹考虑简化办理流程

矿产资源开采作业，除了取得采矿权和土地使用权外，还需要事先编制

矿产资源开发利用方案、矿山地质环境保护和土地复垦方案、水土保持方案，以及已经完成环评、安评、矿山初步设计等，取得相应评审意见或者备案证明。“净矿”出让过程中，政府部门在开展矿业权出让准备工作时，应当关注和考虑上述文件编制及评审（备案）工作，事先做好不同部门沟通协调，降低矿业权人因上述情形无法在合理期限内开采作业的风险。

如《湖北省矿业权出让制度改革工作方案》规定，“对拟出让的矿业权由县级人民政府组织发改、经济、国土、环保、水利、林业、安监等相关部门及矿山所在乡镇、村民代表进行现场踏勘，并对项目立项、环境评价、林地占用、水土保持、征地拆迁、信访维稳等进行论证和风险评估”。广西壮族自治区自然资源厅《关于印发广西推进净采矿权出让试点方案的通知》（桂自然资发〔2019〕62 号）规定，“组织开展地质勘查，编制地质报告、矿产资源开发利用方案、矿山地质环境保护和土地复垦方案并评审（市县级审批登记的露天砂石采矿权可编制‘三合一’报告），开展采矿权出让收益评估等工作”。即由采矿权出让主体组织编制矿产资源开发利用方案以及矿山地质环境保护和土地复垦方案。

5 号文件根据海砂开采的特殊性，明确规定，“海域使用论证、开发利用方案等法定要件的编制以及评审工作，由沿海省级自然资源主管部门统一组织实施；环境影响评价等其他要件以及评审工作等，由沿海省级自然资源主管部门商有关部门组织实施；上述事项及其结论应当一并纳入‘两权’招拍挂出让方案，不得要求竞买人另行开展工作”。

（四）依法依规处置原矿业权人已经形成的固定资产等历史遗留问题

矿业权因到期等原因已经灭失，自然资源主管部门按照竞争性出让的原则，必须通过招拍挂方式重新出让矿业权，但原矿业权人在原来开采作业过程形成了包括道路、水、电等基础设施以及采矿其他附属设施在内的固定资产。自然资源主管部门在重新组织出让矿业权时，应当对原矿业权人形成的固定资产一并进行处置，这本身就是“净矿”出让的应有之义。

如《湖北省矿业权出让制度改革工作方案》规定，“出让采矿权矿区范围内原采矿权主体已灭失后所遗留的固定资产（仅限不动产）净残值部分，由所在地县级人民政府进行补偿处置，经有资质的第三方评估机构评估后，将净残值部分价值列入出让公告，由竞得人按照评估值支付补偿”。浙江省原国土资源厅印发的《关于推进净采矿权出让工作的指导意见》规定，“省厅《关于进一步规范采矿权管理若干问题的通知》（浙土资发〔2010〕21号）下发之后设置的采矿权，开采结束后，其遗留的固定资产，由所有权人自行负责清场，并在采矿权有偿出让合同中予以明确。对采矿权已灭失的，其遗留的固定资产，由矿山所在地乡（镇、街道）人民政府负责清场”。

在各地矿业权出让实践中，自然资源主管机关进行矿业权出让准备工作时，将原矿山固定资产评估后纳入出让方案一并处置，是近年来矿业权招拍挂出让中常见的做法。

三、实施“净矿”出让的几点建议

“净矿”出让目前仍处于改革探索阶段，必须认识到矿业权出让和土地使用权出让的差异性，矿业权出让不可能像“净地”出让一样，一次性解决矿产资源勘查开采过程中可能面临的权利冲突或者制度管控的问题，期望一劳永逸是不现实的。

（一）“净矿”出让必须实行分类管理，切勿搞“一刀切”

不同的矿种、不同的开采方式、不同的区域，决定了“净矿”出让的实现程度，所以分类管理应当作为“净矿”出让的基本原则。

《改革意见》规定，开展砂石土等直接出让采矿权的“净矿”出让，积极推进其他矿种的“净矿”出让，这就是分类管理的直接要求。其原因主要是砂石土的开采大部分为露天开采，其采矿用地范围在矿业权出让时基本可以确定，砂石土开采过程中涉及的环保、安全生产、水土保持等问题也相对较为简单，相关法定要件编制内容和结果相对固定，所以在砂石土采矿权出让之前，可以事先做好充分的准备工作，政府组织多部门进行联合论证和评估，解决采矿权和其他相关规划的关系，最大限度实现“净矿”出让。

如果出让的是金属矿产的采矿权，其开采方式属地下开采，那么该采矿权将来要实际占用的地块位置是不确定的，需要根据矿山设计方案甚至施工设计来确定；根据其开采方法、选矿或者冶炼技术、尾矿库设计等因素不同，其面临的环境评价、安全生产管理的结果可能也具有不确定性，所以出让地下开采的金属矿产的采矿权，其“净矿”出让至多能做到规划的干净、权属上的干净、已有资产的干净，但不能要求土地使用权一并出让，不能要求环评、安评等法定要件的编写和评审工作由政府部门组织实施。

例如，5 号文件规定，海域使用权和海砂采矿权一并出让，海砂开采前置的海域使用论证等法定要件的编制以及评审工作，均由政府相关主管部门统一组织实施。5 号文件之所以能如此规定，是由海砂开采的特点决定的：一是海砂开采需要取得的海域使用权属于国家所有，其和海砂采矿权属于同一所有权主体；二是海砂开采的方式较为单一，其开发利用方案、环境影响评价以及海域使用论证的可预见性较强，无论谁来编制都是按照相关规定进行，其基本内容差异不大。所以海砂采矿权出让才能实现真正的“净矿”出让，但其他矿种因为不具备海砂开采的特点，或许无法照此复制。

（二）构建采矿用地保障机制和保护土地权利人权益不可偏废

“净矿”出让很大程度是基于解决“矿地”矛盾的需要。从各地“净矿”出让的相关规定看，有一种趋势是事先解决采矿用地可能涉及的土地以及地上附着的林、草、青苗、坟墓等补偿事宜，待矿业权人竞得矿业权后直接从政府手里获得采矿用地使用权。笔者认为，不区分具体条件，要求“净矿”出让要满足事先签订土地及地上附着物补偿协议，既不符合现行法律规定，实践中也缺乏可操作性。

1. 2019 年修改的《土地管理法》涉及采矿用地管理的规定发生了重大变化

“净矿”出让中，要求政府部门在矿业权出让前和土地及地上附着物权利人签订补偿协议，缺乏法律依据。新修改的《土地管理法》已经删除原来建设项目必须依法申请使用国有土地的规定，同时规定能源等基础设施用地属于公共利益范围，可以依法征收农民集体土地，除此之外任何矿业开发用地都不符合征地范围。采矿用地属于经营性建设用地，按照 2019 年修改的

《土地管理法》的规定，对于集体经营性建设用地，土地所有权人可以通过土地出让、出租等方式交由矿业权人使用，双方平等协商签订书面合同约定权利义务。所以，目前采矿用地管理制度已经发生重大变化，之前全部应当由政府办理征收转用手续后再出让给矿业权人的制度已经修改，变成矿业权人和土地权利人协商解决采矿用地问题。

2. 采矿权和土地使用权（海域使用权）能否一并出让需要区别对待

矿业权出让和土地使用权出让分别属于矿产资源管理和土地管理两个范畴，二者启动条件、权利主体、办理程序等均不一致，实际上无法通过一个出让程序解决两个权利主体的物权出让问题，除非像海砂采矿权那样，矿权和地权都属于国家所有。

笔者认为，采矿权和土地使用权（海域使用权）能否一并出让应当区分三种情形：

一是拟出让矿业权位于国有土地范围内，土地使用权属于国家所有，且采矿用地范围在矿业权出让前是可以确定的，如《改革意见》规定的砂石土采矿权，可以在出让时将采矿权和土地使用权“两权合一”，一并进行招拍挂。

二是能源矿产且采矿用地范围在矿业权出让前是可以确定的，如果涉及占用集体土地，政府可以根据《土地管理法》的规定，先行办理集体土地征收手续，将农民集体土地征收为国有，再行出让采矿权时，可以将土地使用权一并进行招拍挂。

三是不符合上述两种情形的，因其采矿用地具体地块无法在矿业权出让前确定，或者涉及占用农民集体土地且不属于可以征收范围，均不能将采矿权和土地使用权一并招拍挂出让。

3. 建立采矿用地行政裁决机制，避免政府部门越俎代庖

矿业权和土地使用权均属于用益物权，其权利冲突应当由当事人自行协商或者通过法定程序解决。笔者认为，按照各地关于“净矿”出让的规定，政府出面事先解决土地及地上附着物的补偿问题，无论其角色是履行行政管理职责还是一般民事主体身份，都缺乏正当理由。政府部门作为行政机关，应当恪守行政法中“法无授权不可为”的基本准则。必须指出的是，无论政

府部门签订的补偿协议的行为属于行政行为还是民事行为，土地权利人都可能认为政府部门代表的是国家利益，是在行使行政管理职权，具有一定的权威性和强制性，可能会影响土地及地上附着物权利人在协商补偿中的利益。

笔者认为，在构建采矿用地新机制方面，除了能够将采矿权与土地使用权一并招拍挂以外，对于将来采矿权人需要占用国有土地的，政府通过规划、计划管控手段保障依法出让即可；采矿权人需要占用农民集体土地的，应当由采矿权人和农民集体协商解决，根据以往实践经验，大部分采矿用地可以协商解决。当然，不能排除土地及地上附着物权利人坐地起价、漫天要价等情形，导致最终无法协商解决。为保障采矿权人最终能够取得采矿用地，笔者建议，各地应当建立采矿用地行政裁决机制，依照一定的补偿标准和程序，对采矿权人和土地及地上附着物权利人无法达成协议的，依法进行裁决。政府部门的裁决属于可以复议、可以诉讼的行政行为。

（三）法定要件编制责任划分要实事求是

在前面分类管理中谈到，因采矿作业涉及矿山开采、资源综合利用、矿山环境保护、矿山安全生产等诸多问题，在取得采矿权后，需要专业机构编制相应的法定要件，经政府相关部门评审、确认、备案等才能依照实施。

法定要件的编制，有的具有前后次序，有的有因果关系，很多时候无法同步编制。比如，环评报告，要求建立在开发利用方案、可行性研究报告、尾矿库预评价报告、水土保持方案等法定要件基础上。

另外，矿产资源开发中，法定要件编制很多时候是采矿权人对土地复垦、环境保护、安全生产、水土保持等法定义务履行的认识和实施的必然过程，这一过程中采矿权人可以对上述义务的履行方式、履行程度作出选择，如不同的开采方式可能直接决定环境影响评价的标准以及是否符合环境保护的要求。

所以，在矿业权出让环节是否要求编制完成上述方案，应当根据矿种、开采方式等多种因素，实事求是提出要求。不能为了实现“净矿”出让的目的，违背矿产资源管理客观规律，强制要求在矿业权出让之前，政府部门必须完成上述法定要件的编制和审批审查。自然资源主管部门组织出让矿业权，并不能代替政府相关主管部门对项目建设、用地、环保、安全生产、水土保持等方面的审批审查、评审备案，亦不能免除矿业权人自身上述义务。

（四）“净矿”出让应当处理好矿山原有的固定资产

实践中，因政府部门在重新组织矿业权招拍挂出让时，没有对原矿业权人已经形成的固定资产进行一并处置，新矿业权人又无法就这些固定资产和原矿业权人达成一致，致使新的矿业权人无法入场的现象多有发生，引发大量的矛盾和纠纷。所以说，处理好矿山原有的固定资产，是“净矿”出让的重要内容。笔者建议，固定资产处置可以采取以下两种模式：

1. 将固定资产纳入矿业权出让方案一并处置

第一，对矿山原有固定资产进行核查。按照是否可以移动，是否属于矿山建设必需的基础设施和配套设施等原则进行划分，仅将不可移动的基础设施和配套设施纳入要处置的固定资产范围。可移动的机械、设备的转让问题由新老矿权人自行协商解决。

第二，自然资源主管部门和原矿权人就固定资产处置达成协议，约定由评估机构对固定资产净残值进行评估。

第三，将固定资产评估价值纳入矿业权出让方案，约定投标人、竞买人中标或者竞得之后，应当向原矿业权人支付相应款项。

2. 建立矿业权出让中的固定资产处置裁决机制

第一，矿业权出让时对原矿业权人的固定资产不做处置，只是在出让文件中明确，新矿业权人要和原矿业权人协商解决固定资产补偿问题。

第二，地方政府建立矿业权出让中原来固定资产补偿的裁决机制。规定新老矿权人对固定资产补偿无法达成协议的，任何一方均有权申请政府部门进行行政裁决，对行政裁决不服的可以复议、可以诉讼。

上述两种方式，主要用于解决《改革意见》实施之前矿山建设已经形成的固定资产的问题。对于《改革意见》实施后新设置的矿业权，应当在招拍挂出让文件和出让合同中明确约定，矿业权终止之后形成固定资产的处置问题。通过合同管理的方式事先明确这类问题的处理，将来不再作为历史遗留问题进行解决。

“净矿”出让的本质是要求政府部门主动作为，尽可能在出让之前做好充分的准备，组织多部门进行联合论证和风险评估，降低或者避免因为规划、土地及地上附着物等原因导致矿业权出让后无法实际勘查开采的风险，减少矿产资源管理中的各种矛盾，构建矿产资源管理良性循环的新秩序。但必须要认识到，矿产资源开发涉及多方面法律制度管控，各项制度的实施应本着实事求是的原则，分类管理，区别对待。“净矿”出让具体实施路径需要不断探索和完善，不能用力过猛、越俎代庖。超越法律规定侵犯土地权利人的利益，或者不尊重矿产资源勘查开采规律搞“一刀切”，都不是“净矿”出让的本意。

油气管理制度改革：油气勘查开采市场全面放开

油气资源作为重要的能源矿产和战略性资源，关系国民经济和社会发展，关系国家安全。随着我国市场经济的发展和经济社会发展形势的变化，现行油气矿业权出让制度存在的问题和不足日益凸显。推进油气矿业权出让制度改革，既是实施油气行业市场化改革、发挥市场在资源配置中决定性作用的现实要求，也是构建油气安全保障体系、保障国家能源安全的迫切需要。

2019年12月31日，自然资源部发布了《改革意见》，自2020年5月1日起正式实施。《改革意见》规定全面推进油气矿业权竞争性出让，明确油气矿业权出让管理权限，全面开放油气勘查开采市场，是我国油气上游领域改革的重要阶段性成果。油气矿业权出让制度改革主要体现在出让管理机关、出让方式、矿业权申请人资格要求等方面，为了更好地了解本次改革背景，有必要系统梳理我国油气矿业权出让制度变革历程，在此基础上去理解和把握油气矿业权出让制度改革的主要内容和重大意义。

一、改革开放至2010年油气矿业权出让制度的主要情况

（一）油气矿业权出让管理的主要法律规定

中华人民共和国成立后相当长一段时间，我国石油、天然气的勘探开发按照计划经济体制运行，由地质部门负责组织勘探，勘探成果无偿提供给石油部门进行开发，后来又形成了石油部门内部勘探开发一体化。

1986年3月19日，《矿产资源法》正式颁布，明确了探矿权和采矿权的概念，将石油、天然气作为“特定矿种”进行管理。1987年国务院颁布《矿

产资源勘查登记管理暂行办法》[①] 和《全民所有制矿山企业采矿登记管理暂行办法》[②]，规定国务院石油工业主管部门负责石油、天然气勘查、开采登记发证工作，同年原石油工业部颁布《石油及天然气勘查、开采登记管理暂行办法》[③]。

1982 年国务院颁布《对外合作开采海洋石油资源条例》，1993 年国务院颁布《对外合作开采陆上石油资源条例》，对中外合作开采海上和陆上石油资源作出明确规定。

1998 年国务院颁布 240 号令，同时废止《矿产资源勘查登记管理暂行办法》《石油及天然气勘查开采登记管理暂行办法》；颁布 241 号令，同时废止《全民所有制矿山企业采矿登记管理暂行办法》。240 号令和 241 号令明确规定，国务院地质矿产主管部门负责石油、天然气的勘查、开采登记发证工作；申请勘查、开采石油、天然气的，应当提交国务院批准设立石油公司或者同意进行石油、天然气勘查、开采的批准文件，以及勘查单位、采矿企业法人资格证明。

随着上述法律法规的陆续出台，我国油气矿业权出让制度逐步建立，并随着经济社会发展和油气资源开发管理需要不断完善。

（二）油气矿业权出让管理机关几经调整

根据《矿产资源法》等法律法规的规定，我国油气矿业权出让实行中央一级审批登记管理，随着国家机构改革调整，油气矿业权出让登记管理机关经历了多轮调整变化。

1. 1988 年以前，由原石油工业部负责。中华人民共和国成立后，我国石油工业主管部门几经调整，1978 年国家重新设立石油工业部。1987 年 4 月，国务院颁布《矿产资源勘查登记管理暂行办法》和《全民所有制矿山企业采矿登记管理暂行办法》，规定国务院石油工业主管部门负责石油、天然气勘查、开采登记发证工作。

---

① 该文件自 1998 年 2 月 12 日起失效。
② 该文件均自 1998 年 2 月 12 日起失效。
③ 该文件自 1998 年 2 月 12 日起失效。

2. 1988年6月，国务院机构改革撤销石油工业部，设立能源部。能源部设立石油、天然气资源管理办公室，行使石油、天然气勘查开发登记管理的职权。

3. 1993年3月，国务院机构改革撤销能源部，油气资源登记管理工作由国家计划委员会负责。

4. 1997年5月，全国矿产资源委员会成立石油、天然气资源管理办公室，油气资源登记管理的职责由原国家计委转至全国矿产资源委员会。

5. 1998年2月12日，国务院颁布《矿产资源勘查区块登记管理办法》和《矿产资源开采登记管理办法》，规定勘查开采石油、天然气、煤成（层）气的，由国务院地质矿产主管部门登记。1998年4月，国土资源部成立，负责石油、天然气、煤成（层）气勘查开采登记管理工作。

（三）油气矿业权以行政审批方式出让

1986年《矿产资源法》及1996年修改的《矿产资源法》均规定，矿产资源勘查实行登记制度，矿产资源开采实行审批制度。油气资源与其他矿产资源一样，其矿业权的取得需通过申请方式获得行政机关审批。

随着市场经济体制的建立和发展，国家逐步推进以竞争方式出让矿业权，原国土资源部先后出台了《矿业权出让转让管理暂行规定》（国土资发〔2000〕309号）、《探矿权采矿权招标拍卖挂牌管理办法（试行）》（国土资发〔2003〕197号）、原国土资源部《关于进一步规范矿业权出让管理的通知》（国土资发〔2006〕12号），逐步明确了矿业权出让分为申请在先、招拍挂、协议方式三种，以及每种出让方式适用的情形。但上述文件均未要求以竞争方式出让油气矿业权，油气资源作为特定矿种，仍然通过行政批准方式出让。实践中，石油天然气矿业权出让均以行政审批方式进行；煤层气矿业权出让基本上以行政审批方式进行，也曾有过协议方式出让的案例。

（四）油气矿业权申请人特殊资格要求

1. 石油天然气矿业权申请人有特殊资格要求

根据《矿产资源勘查区块登记管理办法》《矿产资源开采登记管理办法》的规定，申请勘查、开采石油、天然气的，应当提交国务院批准设立石油公司或者同意进行石油、天然气勘查的批准文件以及勘查单位法人资格证明。

国务院共批准设立中国石油天然气股份有限公司（以下简称中石油）、中国石油化工集团公司（以下简称中石化）、中国海洋石油总公司（以下简称中海油）、陕西延长石油（集团）有限责任公司（以下简称延长石油）四家主体从事石油、天然气勘查开发。1996 年国务院曾批准成立中国新星石油有限责任公司从事油气勘探开发，2000 年该公司并入中石化。

2. 煤层气矿业权申请人无特殊资格要求

法律法规未对煤层气矿业权人主体资格作出特殊要求，煤层气矿业权较之石油、天然气矿业权，主体相对多元。2010 年以前，煤层气矿业权人既有中石油、中石化、中联煤层气有限责任公司（以下简称中联煤层气）等央企，也有地方国有企业及民营企业。

3. 实行油气对外合作专营制度

石油、天然气勘查开采对外合作方面，《对外合作开采陆上石油资源条例》规定，中石油、中石化拥有陆上石油天然气对外合作专营权。《对外合作开采海洋石油资源条例》规定，中海油拥有海上石油天然气对外合作专营权。

煤层气勘查开采对外合作方面，2001 年修订的《对外合作开采陆上石油资源条例》第 30 条规定，“对外合作开采煤层气资源由中联煤层气有限责任公司实施专营”。为吸引国内外有经验、有实力的企业参与煤层气开发，2007 年修订的《对外合作开采陆上石油资源条例》将上述条款修改为“对外合作开采煤层气资源由中联煤层气有限责任公司、国务院指定的其他公司实施专营”。2010 年商务部、国家发改委、原国土资源部和国家能源局发布《关于同意中国石油天然气集团公司等三家公司开展对外合作开采煤层气资源试点工作的通知》，中石油、中石化、河南省煤层气开发利用有限公司获得对外合作开采煤层气资源的资格。

二、2011 年以来油气矿业权出让制度改革探索

随着我国市场经济的发展和油气消费需求的增加，现行油气矿业权出让制度带来的竞争程度低、勘查投入不足、供需矛盾突出等问题日益显现，实

施油气矿业权出让制度改革势在必行。自2011年起，我国开始探索放开油气勘查开发市场。

（一）中央关于油气勘查开采体制改革的要求和部署

2014年6月，原中央财经领导小组第六次会议提出推动能源消费、供给、技术和体制四项革命，部署油气勘查开采体制改革，破除体制障碍，加大国内油气勘查开采力度。

2017年5月，中共中央、国务院印发《关于深化石油天然气体制改革的若干意见》，提出完善并有序放开油气勘探查开采体制，提升资源持续能力，实行勘查区块竞争出让制度和更严格的区块退出体制，允许符合准入要求并获得资质的市场主体参与常规油气勘查开采，逐步形成以大型油气公司为主导、多种经济成分共同参与的勘查开采体系。

2017年6月16日，中共中央办公厅、国务院办公厅印发《改革方案》，提出坚持试点先行，全面推进矿业权竞争性出让，建立符合市场经济要求和矿业规律的矿业权出让制度。

2018年8月30日，国务院印发《关于促进天然气协调稳定发展的若干意见》（国发〔2018〕31号），提出要加大国内勘探开发力度，深化油气勘查开采管理体制改革，严格执行油气勘查区块退出机制，全面实行区块竞争性出让。

2019年4月14日，中共中央办公厅、国务院办公厅印发《关于统筹推进自然资源资产产权制度改革的指导意见》，提出有序放开油气勘查开采市场，完善竞争出让方式和程序，制定实施更为严格的区块退出管理办法和更为便捷合理的区块流转管理办法。

（二）油气矿业权出让制度改革实践

按照中央关于油气勘查开采体制改革的要求和部署，自然资源部及有关省区在油气矿业权出让制度改革方面主要进行了以下实践探索：

1. 实施石油天然气矿业权竞争性出让改革

（1）以竞争出让方式出让16个油气探矿权

2012年，原国土资源部通过邀标的方式，邀请中石油、中石化、中海油、延长石油参与投标南黄海盆地南部盐城东和海安东两个油气勘查区块探矿权。本次竞争性出让为常规油气探矿权的首次竞争性出让。

2013 年，原国土资源部通过竞争出让的方式，对外出让位于银额、塔里木和南黄海三个盆地的 17 个常规油气区块。中石油、中石化、中海油、延长石油 4 家公司参与了本次竞争出让。

（2）组织两轮新疆油气区块竞争性出让

为推进油气勘查开采体制改革，2014 年国务院决定首先在油气资源潜力较大的新疆开展油气勘查开采改革试点工作。2015 年，原国土资源部通过公开招标出让新疆 6 个油气勘查区块，以新疆为试点的油气上游改革拉开序幕。投标人资格要求为：在中国境内注册，最终绝对控股股东或最终实际控制人为境内主体，净资产人民币 10 亿元以上的内资公司，中标企业在转入开采阶段时应在新疆注册公司。2017 年，新疆启动第二轮油气勘查区块出让工作，首次以挂牌方式出让塔里木盆地柯坪西等 5 个石油天然气勘查区块探矿权，竞买人资格要求与第一轮出让相同。

两轮新疆油气区块竞争性出让，结束了石油天然气勘查开采领域长期由四家国有石油公司专营的局面，丰富了石油天然气勘查开采市场主体，为进一步推进油气出让改革积累了实践经验。

2. 开展页岩气探矿权竞争性出让

2011 年 6 月，原国土资源部首次以招标方式，出让渝黔南川页岩气勘查等 4 个页岩气探矿权，邀请中石油、中石化、中海油、延长石油、中联煤层气、河南煤层气等国有企业参与竞标。

2011 年 12 月 31 日，国务院批准页岩气成为我国第 172 个独立矿种，原国土资源部开始按独立矿种对页岩气矿业权进行出让管理。2012 年 10 月 26 日，原国土资源部发布《关于加强页岩气资源勘查开采和监督管理有关工作的通知》[①]（国土资发〔2012〕159 号），明确规定由国土资源部负责页岩气勘查、开采登记管理，主要通过招标等竞争性方式出让探矿权。

2012 年 9 月，原国土资源部公开招标出让 20 个区块页岩气探矿权。投

① 该文件自 2017 年 11 月 29 日起失效。

标人要求为：在中华人民共和国境内注册，注册资本金在人民币3亿元以上的内资企业或中方控股的中外合资企业；具有石油天然气或气体矿产勘查资质，或与已具有资质的企事业单位建立合作关系。

2017年7月，原国土资源部委托贵州省人民政府，首次以公开拍卖方式实施贵州省正安页岩气勘查区块探矿权出让。竞买人要求为：在中华人民共和国境内注册，最终绝对控股股东或最终实际控制人为境内主体，资产人民币3亿元以上的内资公司，从事过页岩气勘查开发工作或与从事页岩气勘查开发单位合作。

3. 下放煤层气出让审批登记权限，开展煤层气矿业权竞争性出让

2016年4月，原国土资源部发布《关于委托山西省国土资源厅在山西省行政区域内实施部分煤层气勘查开采审批登记的决定》，山西省原国土资源厅取得了煤层气勘查审批登记权限，以及储量规模中型以下煤层气开采审批登记权限。

为贯彻落实《改革方案》，推进矿业权出让制度改革试点工作，2017年原国土资源部发布了《关于委托山西省等6个省级国土资源主管部门实施原由国土资源部实施的部分矿产资源勘查开采审批登记的决定》，委托山西、福建、江西、湖北、贵州、新疆6省（区）原国土资源厅，在本行政区域内实施原由国土资源部实施的部分矿产资源勘查、开采审批登记，其中包括煤层气勘查审批登记，以及储量规模中型以下煤层气开采审批登记。

2017年8月，山西省原国土资源厅首次以公开竞争方式出让柳林石西等10个煤层气勘查区块，这是矿业权出让制度改革以来全国出让的首例煤层气矿业权。资料显示，截至成文时山西省采用招标、挂牌方式累计出让了22个煤层气探矿权。

2011年以来的油气矿业权出让制度改革探索，丰富了油气勘查开采市场主体，积累了油气矿业权出让改革经验。但同时，从竞争性出让试点的实践来看，改革也存在不少问题，包括出让区块资源禀赋差、可供出让的优质区块不足，出让文件及评标规则不够完善，区块退出和流转机制不健全等，需要通过进一步改革予以解决。

三、《改革意见》关于油气矿业权出让改革的主要内容

为贯彻落实党中央国务院关于油气勘查开采体制改革和矿业权出让制度改革等决策部署，《改革意见》从深化“放管服”改革的角度出发，着眼于解决油气矿业权出让管理中突出问题，将试点实践验证可行的经验上升为制度层面，在全国范围内进行推广适用。

（一）全面推进油气矿业权竞争性出让

1. 全面推进油气矿业权竞争性出让。《改革意见》规定，除协议出让外，对其他矿业权以招标、拍卖、挂牌方式公开竞争出让。《改革意见》并未对油气矿业权出让进行特殊对待，意味着今后油气矿业权出让将全部以竞争性方式进行。至于长期以来作为油气矿业权出让主要方式的行政审批方式，随着时代的进步，其历史使命已经完成。

2. 公布油气矿业权出让收益市场基准价。《矿业权出让收益征收管理暂行办法》（财综〔2017〕35 号）规定，“对于国土资源部登记的油气等重点矿种，国土资源部可对矿业权出让收益市场基准价、出让收益基准率、分期缴纳等制定统一标准”。《改革意见》首次公布了油气矿业权出让收益市场基准价，要求在全国范围内探索以出让收益市场基准价确定的价格等作为油气探矿权竞争出让起始价，开展油气探矿权竞争出让试点，探索积累实践经验，稳步推进油气勘查开采管理改革。

（二）明确油气矿业权出让管理权限

《改革意见》规定，石油、烃类天然气、页岩气、天然气水合物（2017 年经国务院批准成为我国第 173 个独立矿种）四种油气矿产，由自然资源部负责矿业权出让和登记。这一规定沿袭了一直以来将油气矿产作为“特定矿种”由中央一级进行出让管理的做法，有利于确保国家对油气资源的有效管控。

《改革意见》规定，由省级自然资源主管部门负责煤层气矿业权出让和登记。煤层气是煤的伴生矿产资源，长期以来煤层气矿业权由自然资源部负责出让管理，而煤炭矿业权则根据勘查面积、储量规模由部省两级进行出让管理，实践中造成了同一区块煤层气矿业权和煤炭矿业权分属不同企业，不

利于实现煤层气和煤炭的统一开发利用。《改革意见》遵循煤炭和煤层气资源的赋存规律与开发利用规律，从矿业权出让管理实际出发，规定煤层气和煤炭均由省级自然资源主管部门负责出让，有利实现资源综合有效开发利用。

（三）全面开放油气勘查开采市场

1. 油气矿业权人资格全面放开。《改革意见》规定，在中华人民共和国境内注册，净资产不低于3亿元人民币的内外资公司，均有资格按规定取得油气矿业权。申请勘查开采石油、天然气的企业不再必须经国务院批准，民企、外企等各类企业都可以进入油气勘查开采领域。

2. 取消了油气对外合作专营制度。按照中共中央、国务院《关于深化石油天然气体制改革的若干意见》的要求，2019年6月国家发展改革委、商务部发布的《外商投资准入特别管理措施（负面清单）（2019年版）》①，取消了石油、天然气、煤层气的勘探、开发限于合资、合作的特别管理措施，允许外资企业直接进入油气勘查开发领域。《意见》内容与《外商投资准入特别管理措施（负面清单）（2019年版）》相衔接，从油气矿业权竞买人资格角度，明确规定外资公司有资格按规定取得油气矿业权。

3. 对竞买人从事油气勘查开采的资金和技术实力提出要求。油气资源勘查开采具有高风险、高投入、高技术、长周期等特点，要求从事油气勘查开采的企业须具有一定的资金实力、技术水平和抗风险能力，因此《改革意见》对企业净资产做了最低要求，而且规定企业应符合安全、环保等资质要求，并具有相应的油气勘查开采技术能力。

油气矿业权出让制度改革是我国油气行业上游体制改革的核心内容，《改革意见》的实施标志着我国油气勘查开采领域进入了全面开放的新时代。展望未来，我国将形成更加符合市场经济要求的油气矿业权出让管理制度，迎来国有公司、民营企业、外商投资企业共同参与和竞争的油气市场新格局，必将为保障国家能源安全、推动能源行业高质量发展奠定坚实基础。笔者建议油气勘查开采企业深入了解本次改革内容，密切关注政策变化，主动参与油气新政的实施，以积极的态度应对新变化、谋求新发展。

---

① 该文件自2020年7月23日起失效。

矿业权出让收益制度改革：从矿业权价款到矿业权出让收益

探矿权采矿权价款（以下统称矿业权价款）一直是矿产资源有偿取得制度的重要内容，在有偿取得制度的建立和完善的过程中，矿业权价款概念也不断丰富，导致矿业权价款存在如何认定、如何缴纳等诸多管理方面的难题。2017 年国务院 29 号文件，将原来的矿业权价款调整为矿业权出让权益。如何理解和界定矿业权价款？矿业权价款和最新规定的矿业权出让权益是什么关系？矿业权价款和矿业权出让收益的征收如何衔接？本文拟就上述问题进行讨论分析。

一、第一种矿业权价款——国家分享的找矿投资收益

关于矿业权价款的规定，最早见于 1998 年 2 月 12 日公布的 240 号令和 241 号令。240 号令（1998 年）第 13 条第 1 款规定，“申请国家出资勘查并已经探明矿产地的区块的探矿权的，探矿权申请人除依照本办法第十二条的规定缴纳探矿权使用费外，还应当缴纳经评估确认的国家出资勘查形成的探矿权价款；探矿权价款按照国家有关规定，可以一次缴纳，也可以分期缴纳”。国务院 241 号令（1998 年）第 10 条第 1 款规定，“申请国家出资勘查并已经探明矿产地的采矿权的，采矿权申请人除依照本办法第九条的规定缴纳采矿权使用费外，还应当缴纳经评估确认的国家出资勘查形成的采矿权价款；采矿权价款按照国家有关规定，可以一次缴纳，也可以分期缴纳”。由上述规定可以看出，只有申请人申请的矿业权是国家出资勘查并已探明矿产地，才缴纳经评估确认的国家出资勘查形成的矿业权价款，矿业权价款的实质为矿业权人对国家出资找矿有效投资的回报。之后的政策文件也反复强调

这一性质。

1999年，财政部、原国土资源部联合印发的《探矿权采矿权使用费和价款管理办法》（财综字74号）第4条规定，“探矿权采矿权价款包括（一）探矿权价款。国家将其出资勘查形成的探矿权出让给探矿权人，按规定向探矿权人收取的价款。（二）采矿权价款。国家将其出资勘查形成的采矿权出让给采矿权人，按规定向采矿权人收取的价款”。

1999年，财政部、原国土资源部印发《关于探矿权采矿权使用费和价款管理办法的补充通知》（财综字〔1999〕183号），进一步明确了国家出资的解释，“《办法》中所称‘国家出资’，是指中央财政和地方财政以地质勘探费、矿产资源补偿费，矿业权使用费和价款收入以及各种资金等安排用于矿产资源勘查、开发的拨款。中央财政、地方财政和企事业单位共同出资用于矿产资源勘查、开发的，按各自投入比例享受出资权利。中央财政和地方财政拨款形成的探矿权采矿权价款收入，按《办法》的规定进行管理”。

2000年，原国土资源部印发309号文再一次明确，矿业权价款是指国家出资勘查形成矿产地的矿业权出让时收取的，变化在于原来规定的矿业权价款按评估结果确认，改为“以批准申请方式出让经勘查形成矿产地的矿业权的，登记管理机关按照评估确认的结果收缴矿业权价款。以招标、拍卖方式出让经勘查形成矿产地的矿业权的，登记管理机关应依据评估确认的结果确定招标、拍卖的底价或保留价，成交后登记管理机关按照实际交易额收取矿业权价款”。所以309号文规定的矿业权价款仍然是国家出资勘查并探明矿产地的矿业权，在出让时国家收取的找矿投资收益。但必须指出，此处经招标拍卖方式出让形成的矿业权价款，已经不仅仅是国家出资勘查探矿形成矿业权价值的评估结果，而是该矿业权的市场价值，即国家以所有者身份出让矿业权的对价，价款的含义得到了扩展和丰富。

2002年，原国土资源部办公厅下发《关于清理国家出资勘查已探明矿产地的通知》（国土资厅发〔2000〕32号），对“国家出资”和“探明矿产地”的概念又进行了界定：“国家出资：是指中央财政和地方财政以地质勘探费、矿产资源补偿费、矿业权使用费和价款收入以及各种基金等安排用于矿产资源勘查、开发的拨款（以往其它经济类型的勘查投入且目前矿权已经灭失的，也视同国家出资处理）。”“探明矿产地：是指经地质勘查工作发现的具有工业价值或是有进一步工作价值的地段。主要要求：1. 对矿体分布和埋藏情况有一定的地质调查和必要的工程揭露、控制；2. 对矿石质量有正规取样化验资料，矿石品位、矿体厚度等指标符合现行矿产工业要求；3. 矿产地的资源量或储量规模除岩金为 1 吨、砂金为 0.5 吨以上外，其它矿种要达到现行《矿床工业要求参考手册》小型规模上限的二分之一的标准；4. 资源量或储量地质控制程度为推断的一预测的资源量及以上。”

根据2006 年财政部、原国土资源部、中国人民银行联合印发的《关于探矿权采矿权价款收入管理有关事项的通知》[①]（财建〔2006〕394 号），探矿权采矿权价款收入，是指中央和地方人民政府探矿权采矿权审批登记机关通过招标、拍卖、挂牌等市场方式或以协议方式出让国家出资（包括中央财政出资、地方财政出资和中央财政、地方财政共同出资，下同）勘查形成的探矿权采矿权时所收取的全部收入，以及国有企业补缴其无偿占有国家出资勘查形成的探矿权采矿权的价款。此时价款不但包括出让时收取的，还包括国有企业后来补缴的价款。

2010 年财政部、原国土资源部联合印发的《关于加强对国家出资勘查探明矿产地及权益管理有关事项的通知》（财建〔2010〕1018 号）在矿业权价款的认定和管理上，再一次延续了之前的政策。

梳理以上规定可以看出，矿业权价款性质是投资收益，就是国家作为投资人出资找矿，并参与形成确定价值的找矿成果的投资收益分配。收取矿业权价款必须满足以下几点条件：一是国家出资参与了找矿，国家出资包括中央财政出资、地方财政出资及二者共同出资的情形（以往其他经济类型的勘查投入且目前矿权已经灭失的，也视同国家出资处理）；二是国家出资找矿的最低成果要求是探明了矿产地，就是国家出资对形成矿业权是有贡献的；三是收取的时间节点是政府在出让探矿权采矿权环节，政府出让的方式既包括行政审批方式，也包括协议出让和通过招标、拍卖、挂牌等市场方式，均可收取矿业权价款，另外还包括无偿取得探矿权采矿权的国有企业补缴的

① 该文件自 2020 年 1 月 23 日起失效。

价款。

二、第二种矿业权价款——国家出让矿业权的对价

在矿业权价款作为国家出资勘查形成矿业权的投资收益这一性质逐渐明确的过程中，矿业权价款的另一种含义又悄然出现。

2003 年，原国土资源部印发的 197 号文从完善探矿权采矿权有偿取得制度，维护国家对矿产资源的所有权的角度出发，规定符合条件的探矿权采矿权必须通过招标拍卖挂牌的方式进行出让，招标拍卖挂牌方式确定的中标人、竞得人应当按照成交确认书缴纳价款。此时的价款已经突破原来国家出资勘查探明矿产地的限制，包括所有以招拍挂方式出让矿业权所形成的对价；矿业权价款的含义从国家分享找矿投资收益扩展为国家以所有者身份出让矿业权，矿业权人有偿取得的对价。

2004 年，原国土资源部印发的《关于进一步加强探矿权采矿权价款管理的通知》（国土资发〔2004〕97 号）规定，价款是指国家依法出让探矿权采矿权取得的收入，包括以行政审批方式出让探矿权采矿权取得的全部收入和以招标拍卖挂牌等方式出让探矿权采矿权并按照成交确认书或出让合同等取得的全部收入。该通知中价款的含义发生了重大的变化，明确将矿业权价款作为矿产资源有偿出让的对价，是国家以矿产资源所有者身份收取的所有权收益，而不再仅仅分享找矿出资收益的内容了。

2005 年，国务院《关于全面整顿和规范矿产资源开发秩序的通知》①（国发〔2005〕28 号）要求，进一步推进矿产资源有偿使用制度改革，全面实行探矿权、采矿权有偿取得制度，采取市场竞争方式出让探矿权、采矿权，研究解决探矿权、采矿权无偿和有偿取得“双轨制”问题。

2006 年，国函 102 号明确规定，“自本实施方案发布之日起，试点省（区）出让新设煤炭资源探矿权、采矿权，除特别规定的以外，一律以招标、拍卖、挂牌等市场竞争方式有偿取得。本实施方案发布之日前企业无偿占有属于国家出资探明的煤炭探矿权和无偿取得的采矿权，均应进行清理，并在严格依

① 该文件自 2015 年 11 月 27 日起失效。

据国家有关规定对剩余资源储量评估作价后，缴纳探矿权、采矿权价款。”可以看出，在该实施方案中，无论是针对方案发布之前企业无偿占有国家出资探明的煤炭探矿权和无偿取得的采矿权，还是方案发布之后新设探矿权采矿权，均要求收取价款。此价款的范畴已经不仅仅限于原来国家出资勘查形成矿产地的探矿权价款，还包括无偿取得的采矿权有偿处置需要缴纳的对价，以及新设探矿权采矿权出让的对价，矿业权价款范畴包括上述三方面的内容。

2006年，财政部、原国土资源部联合印发的《关于深化探矿权采矿权有偿取得制度改革有关问题的通知》[①]（财建〔2006〕694号），沿袭了国函〔2006〕102号文的规定，只是在矿产资源种类方面从煤炭扩展到除不能进入市场的国家专营矿种以外的所有矿产资源，使用范围上从试点到全面铺开。矿业权价款包括原来国家出资勘查形成矿产地的探矿权价款、无偿取得的采矿权有偿处置需要缴纳的对价，以及新设探矿权采矿权出让的对价。

上述价款的概念被不断沿用，2009年，原国土资源部印发的《关于进一步规范探矿权管理有关问题的通知》[②]（国土资发〔2009〕200号）规定，“协议出让的探矿权价款不得低于类似条件下的市场价”。

2011年，原国土资源部《关于进一步完善采矿权登记管理有关问题的通知》[③]（国土资发〔2011〕14号）第25条规定，“由高风险矿种变更为低风险矿种的，还应缴纳矿业权价款”。

仔细对比上述两种价款的内涵，可以发现，第二种价款的范畴已经包括第一种价款：第一种价款的含义是国家出资勘查形成成果收益的分配；第二种价款是国家出让矿业权的对价，这种对价中可能包括因国家出资勘查导致矿业权增值的收益分配，也可能不包括没有国家出资勘查形成的增值收益。为了更为形象地理解两种价款的区别，可以举土地出让金的例子来进行类比：第二种价款就是土地出让金，第一种国家出资勘查探明矿产地的矿业权价款就是土地一级开发费用，国家在出让土地时收取的土地出让金，可能包含土地一级开发费用，也可能没有土地一级开发费用。

① 该文件自2020年1月23日起失效。
② 该文件自2017年12月14日起失效。
③ 该文件自2017年12月29日起失效。

从第一种价款到第二种价款的变化，主要原因是矿产资源有偿使用制度的不断深化，从简单地参与国家出资勘查成果的收益分配，到全面收取矿业权以有偿取得的方式出让的对价，让矿业权价款的含义不断扩大和丰富（探矿权、采矿权使用费一直也是矿产资源有偿取得制度的重要内容）。只是在这种变化中，矿业权价款被赋予两种不同的含义，造成概念使用上的模糊和歧义，为矿产资源管理带来麻烦。如果当初能将第二种价款定义为“矿业权出让金”，或许这些问题就迎刃而解了。

三、矿业权价款管理中存在的主要问题

矿业权价款管理一直是矿产资源管理的重点问题，实践中也存在矿业权价款长期欠缴、混淆两种矿业权价款的界定和管理，随意扩大价款征收范围和改变征收评估方法等方面的问题。

1. 矿业权价款欠征欠缴问题比较突出

根据审计署《关于2448宗矿业权的审计结果》（审计署公告2015年第3号），矿业权人欠缴矿业权价款189.98亿元，欠缴矿业权价款滞纳金和资金占用费5.21亿元。报告表明，截至2012年年底，甘肃省原国土资源厅欠征矿业权价款、矿产资源补偿费、矿业权使用费合计高达61.60亿元；内蒙古原国土资源厅欠征的矿业权价款及采矿权价款滞纳金合计27.77亿元；陕西省原国土资源厅欠征采矿权价款达23.569亿元；湖南省原国土资源厅欠征资源税、矿产资源补偿费和矿业权价款总计77,878.00亿元。截至2013年年底，山西省原国土资源厅欠征采矿权价款高达58.0856亿元人民币，河北省原国土资源厅欠征矿业权价款4.01亿元。截至2014年4月，仅内蒙古赤峰市阿鲁科尔沁旗原国土资源局，就欠征探矿权价款1.1088亿元。

根据审计署《关于1724宗矿业权的审计结果》（审计署公告2016年第2号），截至2014年年底，6省区国土资源等主管部门欠征的矿产资源收入（不含矿山地质环境治理恢复保证金）共计29.53亿元。其中，截至2014年年底，山东省原国土资源厅欠征矿业权价款和矿产资源补偿费达17.5亿元，青海省原国土资源厅欠征矿产资源补偿费、矿业权价款和使用费3.97亿元，新疆维吾尔自治区原国土资源厅欠征采矿权价款3.55亿元，四川省原国土资

源厅欠征采矿权价款 0.748 亿元。截至 2015 年 5 月底，甘肃省原国土资源厅欠征欠缴采矿权价款和使用费 0.1518 亿元。

矿业权价款欠征欠缴的原因主要在于，在制度设定初期，明确了矿业权人价款缴纳困难的，可以申请分期缴纳。分期之后，有的矿业权人由客观或者主观的原因，一直拖欠矿业权价款。

2. 对矿业权价款的征收范围做扩大化规定

有的地方对第一种矿业权价款即国家出资勘查探明矿产地成果收益，征收的前提条件缺乏严格界定，随意扩大矿业权价款征收范围。2010 年，××省人民政府办公厅印发的《关于印发××省矿业权价款缴纳管理办法（试行）的通知》规定，“已设置的探矿权，在探矿权转采矿权时，其价款按采矿权价款处置”“以招、拍、挂方式取得或已进行有偿处置的探矿权，应当扣除原已缴纳的探矿权出让金或者探矿权价款”。2006 年，××省原国土资源厅印发的《关于规范探矿权价款评估与征收办法的通知》[①] 强调：“对于按探矿权价款评估标准已缴纳完探矿权价款的探矿权人，在申请探矿权转采矿权时，须重新按采矿权价款的评估方法进行采矿权价款的评估并补缴采矿权价款与探矿权价款的差额。”笔者认为，上述规定随意扩大了采矿权价款征收范围，对于原来已经缴纳过探矿权价款的或者以市场竞争方式取得探矿权，在转为采矿权阶段仍然征收采矿权价款，这与中央政策文件中确定的采矿权价款征收范围相冲突，侵害了矿业权人的合法利益。

在实践中，此类案例也时有发生。2017 年，原国土资源部受理的 A 矿业公司不服 B 省原国土资源厅采矿权价款收缴案就属于上述典型案例。

2006 年 7 月 27 日，A 矿业公司以申请在先方式取得某铁矿的探矿权，取得时未缴纳价款。取得探矿权后，A 矿业公司委托专业地勘队伍对该铁矿进行地质普查、详查勘查工作，所需勘查资金均由 A 矿业公司承担。2012 年 5 月，A 矿业公司向 B 省原国土资源厅提交探矿权转采矿权申请。B 省原国土资源厅批准设立某铁矿采矿权的同时，作出决定要求 A 矿业公司缴纳该铁矿采矿权价款。A 矿业公司对 B 省原国土资源厅要求补缴采矿权价款的行为不

① 该文件自 2011 年 7 月 26 日起失效。

服，向原国土资源部申请行政复议。

原国土资源部经审查认为，依据法律法规及政策规定，探矿权、采矿权人无偿占有属于国家出资探明矿产地的探矿权和无偿取得的采矿权应按规定进行有偿处置，合法取得且不涉及国家出资勘查探明矿产地的探矿权，在探转采时无须缴纳价款。矿业权价款是在探矿权、采矿权人无偿占有属于国家出资探明矿产地的探矿权和无偿取得的采矿权时才应按规定进行有偿处置并收取，对于合法取得且不涉及国家出资勘查探明矿产地的探矿权或采矿权则无须缴纳价款。据此，原国土资源部依法作出行政复议决定撤销B省原国土资源厅要求A矿业公司缴纳采矿权价款的行为，责令退还A矿业公司已缴纳的采矿权价款。

原国土资源部上述行政复议决定严格执行矿产资源管理法律政策要求，依法纠正省原国土资源厅擅自扩大矿业权价款征收范围，发挥了行政复议内部监督作用，维护了A矿业公司的合法权益。

3. 其他问题

（1）在矿业权价款确定的方法上，中央政策要求应当经过评估机构合法评估并经国土资源部门确认和备案（确认和备案制度现已取消），但在地方实际操作中，存在以下情况：简单地用询价代替评估或者用资源储量与价款缴纳标准的计算代替评估；用有关机构出具的价款计算说明代替有资质的矿业权评估机构依法作出的评估结果。如前文提到的河北省人民政府办公厅《关于印发河北省矿业权价款缴纳管理办法（试行）的通知》规定，采矿权价款计算结果为资源储量乘以价款缴纳标准，不再按照法律政策要求必须经过有资质的评估机构进行专业评估程序。

（2）有的地方政策扩大对国家出资勘查并探明矿产地认定标准的解释，认为对于新的勘查或者储量核实，只要利用原来国家出资勘查成果，新增储量都应该缴纳矿业权价款。2012年，内蒙古自治区原国土资源厅印发的《关于处置矿业权价款有关问题的通知》（内国土资发〔2012〕822号）规定，“矿业权人为满足开采等需要，进行储量核实或生产勘查，在矿业权范围内，利用原国家出资勘查地质成果，并提交了核实、勘查报告，资源储量发生变化的。属于以下情形的补充处置矿业权价款：（一）新增加煤层或原不可利用的煤层变为可利用的煤层，或煤层厚度增加，使资源储量增加的；（二）预测的资源量（334），经补充勘查提高了资源储量类型，尚未处置矿业权价款的；（三）重新进行储量核实，新增资源储量的。但资源储量总量未增加的，不再重新处置矿业权价款”。

四、矿业权出让收益

29号文件明确规定，“在矿业权出让环节，将探矿权采矿权价款调整为矿业权出让收益。将现行只对国家出资探明矿产地收取、反映国家投资收益的探矿权采矿权价款，调整为适用于所有国家出让矿业权、体现国家所有者权益的矿业权出让收益”。这一规定实际上就是上文所谈到的从第一种价款过渡第二种价款，将第二种价款即国家以所有者身份出让矿业权取得的对价正式定名为出让收益。出让收益的确定，重新界定了过去较为模糊混乱的矿产资源有偿取得的内容，厘清了收取国家投资收益和收取国家所有者权益的区别，是矿产资源有偿取得制度的新的里程碑。

（一）矿业权出让收益征收主要内容

29号文件对矿业权出让收益确定的方式和标准、中央地方分成、缴纳期限和比例等问题做了原则性规定。为了贯彻落实国务院关于矿产资源权益金制度改革的精神，2017年7月，财政部、原国土资源部《关于印发〈矿业权出让收益征收管理暂行办法〉的通知》（财综〔2017〕35号）对矿业权出让收益征收管理进行了细化。

1. 关于确定出让收益的具体形式和标准

根据政策，矿业权出让收益由矿业权出让方式决定：

第一，以拍卖、挂牌方式出让的，竞得人报价金额为矿业权出让收益；以招标方式出让的，依据招标条件，综合择优确定竞得人，并将其报价金额确定为矿业权出让收益；以协议方式出让的，矿业权出让收益按照评估价值、类似条件的市场基准价就高确定。

第二，采用招标、拍卖、挂牌等竞争性形式出让矿业权的，以出让金额为标的，矿业权出让收益底价不得低于矿业权市场基准价；以出让收益率为标的的，出让收益底价由矿业权出让收益基准率确定。矿业权市场基准价由地方矿产资源主管部门参照类似市场条件定期制定，经省级人民政府同意后公布执行。矿业权出让基准率，由省级矿产资源主管部门、财政部门确定，并根据矿产品价格变化和经济发展需要，进行适时调整，报经省级人民政府同意后公布执行。

第三，矿业权出让收益原则上通过出让金额的形式征收，特殊情况下可以通过矿业权出让收益率的形式征收。

2. 关于出让收益缴纳的方式和期限

第一，矿业权出让收益在出让时一次性确定，以货币资金方式支付，可以分期缴纳。取消了国有地勘单位探矿权采矿权价款转增国家资本金政策，矿业权出让收益都要以货币资金方式缴付，营造公平竞争的市场环境。

第二，矿业权出让收益分期缴纳的，首次缴纳金额不得低于出让收益的20%。具体一次性缴纳标准、首次缴纳比例和分期缴纳年限，由省级财政部门、矿产资源主管部门确定。原国土资源部登记发证的油气等重点矿种的矿业权出让收益的上述有关政策，由原国土资源部制定统一标准。

第三，探矿权转让的，未缴纳的探矿权出让收益由受让人承担缴纳义务；采矿权转让的，采矿权人需要缴清已到期的部分，剩余采矿权出让收益由受让人继续缴纳。

第四，探矿权转为采矿权的，不再另行缴纳采矿权出让收益。探矿权未转为采矿权的，剩余探矿权出让收益不再缴纳。采矿权人开采完毕注销采矿许可证前，应当缴清采矿权出让收益。

3. 关于矿业权出让收益的分成

国务院明确规定，矿业权出让收益中央与地方分享比例确定为4∶6。相比较财政部、原国土资源部、中国人民银行《关于探矿权采矿权价款收入管理有关事项的通知》规定的“探矿权采矿权价款收入按固定比例进行分成，其中20%归中央所有，80%归地方所有”，中央在矿业权出让收益上比重增加。这样规定的目的是，兼顾矿产资源国家所有与矿产地利益，保持现有中央和地方财力格局总体稳定，与我国矿产资源主要集中在中西部地区的国情相适应，同时有效抑制私挖乱采、贱卖资源行为。

关于矿业权出让收益的支出用途，由各级财政统筹用于地质调查和矿山生态保护修复等方面支出。

（二）矿业权出让收益征收相关问题

出让新设矿业权的，矿业权人应当按照目前的政策规定缴纳矿业权出让收益。但如何解决过去矿业权价款征收遗留下来的问题，矿业权出让收益征收涉及与原来矿业权价款的衔接，是当前矿业权出让收益征收需要重点解决的问题。具体主要有以下几个问题：

1. 过去已经确定但尚未缴纳的矿业权价款如何处理

政策规定，之前形成的探矿权采矿权价款继续缴纳，缴入矿业权出让收益科目并统一按规定比例分成。原来经国土资源主管部门批准，按规定分期缴纳探矿权、采矿权价款的矿业权人，在批准的分期缴款时间内，按矿业权出让合同或分期缴款批复缴纳剩余部分。

2. 原来通过申请在先无偿取得的探矿权后转为采矿权的如何处置

政策规定，申请在先方式取得探矿权后已转为采矿权的，如完成有偿处置，不再征收采矿权出让收益；如未完成有偿处置，应按剩余资源储量以协议出让方式征收采矿权出让收益。尚未转为采矿权的，应在采矿权新立时以协议出让方式征收采矿权出让收益。可见，原来通过申请在先审批方式获得探矿权的，只有在转化为采矿权后才收取出让收益。有偿处置，是指按照财政部、原国土资源部《关于深化探矿权采矿权有偿取得制度改革有关问题的通知》的要求，进行清理、评估并缴纳相应的采矿权价款。

3. 对于无偿占有属于国家出资探明矿产地的探矿权和无偿取得的采矿权如何处置

政策规定，对于无偿占有属于国家出资探明矿产地的探矿权和无偿取得的采矿权，应缴纳价款但尚未缴纳的，按协议出让方式征收矿业权出让收益。其中，探矿权出让收益在采矿权新立时征收；采矿权出让收益以 2006 年 9 月 30 日为剩余资源储量估算基准日征收（剩余资源储量估算的基准日，地方已有规定的从其规定）。

有人提出，如果是通过申请在先无偿取得的国家出资探明矿产地的探矿权，按照上述第 2 点的规定，应当征收采矿权出让收益；按照上述第 3 点的规定，应当征收探矿权出让收益，那么到底需要征收的是探矿权出让收益还是采矿权出让收益？笔者认为，按照政策规定，对申请在先取得的空白地的探矿权并不征收出让收益，只有探矿权转为采矿权，才征收采矿权出让收益。如果是申请在先无偿取得的国家出资探矿矿产地的探矿权，则在采矿权新设立时征收探矿权出让收益。

4. 勘查区范围内增列矿种的如何处置

政策规定，已缴清价款的探矿权，如勘查区范围内增列矿种的，应在采矿权新立时，比照协议出让方式，在采矿权阶段征收新增矿种采矿权出让收益。

5. 矿区范围内新增资源储量和新增开采矿种的如何处置

政策规定，已缴清价款的采矿权，如矿区范围内新增资源储量和新增开采矿种，应比照协议出让方式征收新增资源储量、新增开采矿种的采矿权出让收益。其中，仅涉及新增资源储量的，可在已缴纳价款对应的资源储量耗竭后征收。

《行政许可法》修改对自然资源管理的影响

2019年4月23日，第十三届全国人民代表大会常务委员会第十次会议决定对《行政许可法》作出修改，这是《行政许可法》自2003年颁布实施以来第一次修改。自然资源管理领域有很多行政许可事项，法律的修改必将对自然资源管理部门设定和实施行政许可管理，以及行政管理相对人申请和实施行政许可产生一定的影响，应当引起关注。

总体来讲，本次《行政许可法》修改幅度不大，主要增加了行政许可设定和实施的非歧视原则、行政许可申请人信息保护和行政许可不得强制技术转让以及对应罚则等内容。

一、本次修改的主要内容

（一）增加了行政许可的非歧视原则

在行政许可设定实施过程中，除法律原来规定应当遵循公开、公平、公正的原则外，本次修改增加了“非歧视原则”。笔者以为，非歧视原则包含以下三层含义：

1. 在行政许可管理中，对内外资实行同样的国民待遇

所谓“非歧视原则”，首先来讲是国际贸易中适用的基本准则，即在世界贸易组织的管辖领域内，各成员应公平、公正、平等地一视同仁地对待其他成员的包括货物、服务、服务提供者或企业、知识产权所有者或持有者等在内的与贸易有关的主体和客体。非歧视原则在国际贸易关系主要是通过最惠国待遇、国民待遇等原则来实现的。所以，本次《行政许可法》修改也是为适应我国进一步扩大对外开放、积极促进投资和保护外商投资合法权益的需要。此前颁布的《外商投资法》第4条和第31条规定，国家对外商投资

实行准入前国民待遇加负面清单管理制度。准入前国民待遇，是指在投资准入阶段给予外国投资者及其投资不低于本国投资者及其投资的待遇；外国投资者在依法需要取得许可的行业、领域进行投资的，应当依法办理相关许可手续。有关主管部门应当按照与内资一致的条件和程序，审核外国投资者的许可申请，法律、行政法规另有规定的除外。《行政许可法》修改中增加“非歧视原则”，是在行政许可管理领域和《外商投资法》的相关规定相衔接，显示了“内外一致”的国民待遇原则，彰显了我国对外商投资企业的保护力度。

2. 在行政许可中，对国有企业和其他企业实行竞争中性原则

如果将“非歧视原则”仅仅理解为对外资的国民待遇保护，笔者认为还不够全面。在行政许可领域，“非歧视原则”，除了内外资的平等对待，还包括对国企和非国企的平等对待，实行竞争中性原则。

所谓对待国有企业的竞争中性原则，是 20 世纪 90 年代澳大利亚在其《竞争原则协定》《联邦竞争中立政策声明》中明确的概念，即公共部门的商业行为不得因其国家所有权的特殊性而享受私人部门不能享受的竞争优势，目的在于确保公共企业与私人企业的平等竞争。经济合作与发展组织（OECD）对竞争中性原则的含义进一步扩展为，在国企与非国企并存的情况下，确保国有企业与政府之间的联系不给国有企业带来额外的竞争优势。

2019 年 3 月 15 日，国务院总理李克强在会见采访十三届全国人大二次会议的中外记者并答记者问指出，我们对外开放是自主的抉择，而且我们要按照竞争中性的原则，也就是对所有外资企业一视同仁地对待。同样，对中国国内各类所有制企业都应该一视同仁。《行政许可法》新增加的“非歧视原则”，就是引入竞争中性的原则，禁止出于对国有企业保护而歧视其他非国有企业，要对国内各类所有制企业一律平等对待。

3. 在行政许可中不得设置超过实际需要的标准或者资质等歧视性条件

《行政许可法》第 5 条第 2 款对非歧视性原则做了补充性解释，即符合法定条件、标准的，申请人有依法取得行政许可的平等权利，行政机关不得歧视任何人。也就是说，在行政许可的设定和实施中，不能超越行政许可事项本身，设置不合理的申请条件、要求或者资质等。

上述规定在我国其他法律中也是有迹可循的。《反垄断法》第34条规定："行政机关和法律、法规授权的具有管理公共事务职能的组织不得滥用行政权力，以设定歧视性资质要求、评审标准或者不依法发布信息等方式，排斥或者限制外地经营者参加本地的招标投标活动。"《政府采购法》规定，"采购人可以根据采购项目的特殊要求，规定供应商的特定条件，但不得以不合理的条件对供应商实行差别待遇或者歧视待遇"。《政府采购法实施条例》第20条明确列举的八项属于"歧视待遇"情形，该条强调的是政府采购当中不得规定特定要求和附加不合理的条件。

（二）明确了对行政许可申请人提交的商业秘密等保密信息的保护

修改后的《行政许可法》第5条第2款规定，未经申请人同意，行政机关及其工作人员、参与专家评审等的人员不得披露申请人提交的商业秘密、未披露信息或者保密商务信息，法律另有规定或者涉及国家安全、重大社会公共利益的除外等。

随着近年来行政机关发放许可证高效便民措施的推进，"集中许可"、"一站式审批"（政务大厅，联合办公）、"并联式审批"（统一许可）等审批形式已经成为趋势，对于申请人而言减少了时间成本，但是在这个过程中，更多的专网开放给窗口人员，申请人提交的商业秘密等信息在审批过程中，更容易被多重人员获取知悉，申请人相关信息的保密要求成为行政许可过程中面临的新挑战。此次《行政许可法》第5条第2款的修改无疑填补了行政许可工作人员保密义务的规定，对申请人而言，其商业秘密等需要保密的信息在行政许可当中多了一道"护身符"，有利于维护行政许可申请人的利益。

（三）进一步加强行政许可设定和实施过程中对知识产权的保护

修改后的《行政许可法》第31条增加的第2款规定，"行政机关及其工作人员不得以转让技术作为取得行政许可的条件；不得在实施行政许可的过程中，直接或者间接地要求转让技术"。这进一步明确行政许可过程中禁止强制技术转让的规定，表明我国政府保护知识产权的基本立场。

《行政许可法》增加上述规定，从某个角度来看，也是我国从法律层面回应美国等国家对我国在行政审批中强制技术转让的无端指责。《外商投资法》也明确规定，“行政机关及其工作人员不得利用行政手段强制转让技术”。《行政许可法》的规定与此一脉相承，表明我国在行政许可领域贯彻保护智力成果、打造国内公平的市场环境的决心，更是对申请人知识产权强有力的保护，也进一步完善了知识产权保护法律体系。

二、自然资源管理部门在行政许可过程中应当注意的事项

自然资源管理领域涉及众多行政许可，无论是自然资源管理部门还是行政许可相对人，都应该关注行政许可法律规定的修改，在设定和实施行政许可中特别注意新修改的法律规定的适用。

第一，自然资源管理部门在设定和实施行政许可过程中，应当注意遵守“非歧视原则”，即对外资企业和内资企业同等对待（法律法规有特殊规定的除外），对国有企业和非国有企业同等对待；不得超出行政许可事项本身需要设定申请和实施行政许可的条件。比如，在国有建设用地使用权招拍挂过程中，对受让人的资金、技术、资质、以往业绩要求超出实际需要的；或者在矿业权出让过程中，对受让人的企业性质有明确要求等，都是不符合《行政许可法》规定的，极易导致行政投诉或者行政诉讼。在近些年环保整治的背景下，砂石原料价格高涨，有的地方竟然要求砂石开采的企业必须是国有企业，这完全违反了《行政许可法》规定的“非歧视原则”。

第二，自然资源管理部门在设定和实施行政许可过程应当注意对申请人商业秘密等有价值的信息的保护。对行政机关工作人员和聘请的专家加强保密意识的教育，通过采取签订保密协议、限制非行政许可工作人员登录相关工作系统，最大限度减少行政许可申请人提交材料的泄露渠道等措施，强化对行政许可申请人商业秘密等有价值信息的保护。

第三，自然资源管理部门在设定和实施行政许可过程中不得直接或者间接要求转让技术。要明确行政许可的取得和实施，不得和任何技术转让要求相挂钩，否则将导致行政诉讼败诉或者被追究行政责任。

土地篇

光伏发电项目用地政策解析

光伏发电是可再生能源开发利用的重要组成部分。“十二五”以来，我国光伏发电市场逐步扩大，特别是2013年国务院出台了《关于促进光伏产业健康发展的若干意见》（国发〔2013〕24号）及其配套扶持政策后，我国光伏产业规模不断壮大。据统计，自2013年起，我国光伏发电连续3年新增装机容量超过1000万千瓦；截至2016年年底（截至笔者撰写此文时间，2017年度的全部数据暂未统计齐全），我国光伏发电新增装机容量3454万千瓦，累计装机容量达7742万千瓦，新增和累计装机容量均为全球第一。

光伏发电属于新兴产业，其用地方式与传统的发电项目相比具有一定特殊性。很多光伏项目通过占用耕地、园地、林地、草地和水面建设电池方阵，基本上不破坏原来的土地现状，对原有的土地利用功能影响也较小，甚至提出了“农光互补”“林光互补”“渔光互补”等概念。也有观点认为，光伏发电项目属于建设项目，实际占用耕地等农用地影响原来的生产业态，所谓“农光互补”只是对部分农作物而言（如蘑菇种植）的，并不具有普遍性，应当按照建设用地管理。因此，各个地方对光伏项目适用的土地管理政策也不尽相同。关于如何界定光伏发电项目用地性质，具体适用哪种用地政策等问题，业界迫切希望土地管理部门给予统一且明确的规定。

为支持光伏发电产业发展、明确用地管理政策，原国土资源部、原国家林业局等部门先后制定若干政策性文件：（1）2015年，原国土资源部等六部委联合发布的5号文件；（2）2015年11月，原国家林业局印发了《关于光伏电站建设使用林地有关问题的通知》（林资发〔2015〕153号）；（3）2015

年 12 月，原国土资源部发布《光伏发电站工程项目用地控制指标》①；（4）2016 年10 月，原国土资源部办公厅发布 1638 号函；（5）2017 年 9 月，原国土资源部、原国务院扶贫办、国家能源局联合印发的 8 号文件。

部分地方政府也出台了相关政策，对光伏项目项目用地作出规范和界定。笔者以 2015 年 5 号文件和 2017 年 8 号文件为重点，结合土地管理的法律政策，就光伏发电项目用地的具体政策和取得方式进行简要梳理。

一、2015 年 5 号文件关于光伏发电项目的用地政策

5 号文件从光伏发电项目占用地类和利用方式方面进行了区分，实行分类管理。

1. 对于占用未利用地的，区分为不压占土地用地部分和永久性建筑用地部分。一是对使用戈壁、荒漠、荒草地等未利用土地的光伏发电项目，对不占压土地、不改变地表形态的用地部分，可按原地类认定，不改变土地用途，在年度土地变更调查时作出标注，用地允许以租赁等方式取得，双方签订好补偿协议，用地报当地县级国土资源部门备案。这主要是指光伏方阵用地，可以按照未利用地原来的用途管理，不需要办理未利用地转为建设用地手续。二是对使用戈壁、荒漠、荒草地等未利用地的光伏发电项目，建设项目永久性建筑用地部分，应依法按建设用地办理手续。这主要是指变电站及运行管理中心用地和集电线路中的杆塔基础用地，对其应当依法办理未利用地转为建设用地的手续。

2. 对于占用农用地的，5 号文件规定所有用地部分均应按建设用地管理。也就是说，光伏发电项目占用农用地的，无论是光伏方阵用地，还是变电站及运行管理中心用地和集电线路用地，都需要按照现行土地管理法律法规，按照建设用地管理。其中涉及办理集体土地征收和农用地转用手续，以及国有建设用地供应手续，与传统的建设项目用地没有区别。

5 号文件为了鼓励扶持新兴产业，对光伏发电项目使用戈壁、荒漠、荒草地等未利用土地，且不占压土地、不改变地表形态的用地部分给予了政策

① 该文件自 2021 年 1 月 1 日起失效。

便利，规定可以采取租赁的方式取得用地，不需要按照建设用地管理。但5号文件对此前广泛探讨的“农光互补”“渔光互补”模式，实际上做了禁止性的规定。

2016年，原国土资源部办公厅发布1638号函，进一步明确支持光伏项目使用未利用地和存量建设用地；对于占用农用地的，包括光伏方阵在内所有用地必须按照建设用地管理，履行规划、计划、征收、转用、供应审批手续。

5号文件和1638号函公布实施之后，原来部分地方允许光伏方阵占用农用地的政策也不再实施，部分光伏项目投资无法落地。

二、2017年8号文件关于光伏发电的具体政策

5号文件和1638号函的发布实施，虽然对光伏项目用地做了政策界定，但并没有实际解决光伏发电项目占用农用地办理建设用地审批的时间成本和费用成本问题，没有回应光伏发电项目中占地面积最大的电池方阵建设施工对农用地破坏较小、不改变原来的地表状态和利用功能、不破坏原有的耕作层等现实问题。特别是近两年，随着我国西北地区“弃光限电”问题频频发生，光伏发电项目出现从西北向东南转移的现象，光伏发电项目占用农用地办理建设用地审批手续的矛盾日益突出。

为了解决光伏产业发展遇到的用地问题，特别是加大对光伏扶贫项目的用地支持，2017年9月25日，原国土资源部联合国务院原扶贫办、国家能源局下发了8号文件，对原来5号文件中的光伏发电用地政策进行了完善和规范。8号文件主要明确了光伏扶贫项目用地及利用农用地复合建设的光伏发电站项目的用地新规，其余光伏项目用地仍须严格执行5号文件的规定。

（一）关于光伏扶贫项目的用地政策

一是明确适用范围。8号文件明确规定，光伏扶贫项目包括深度贫困地区脱贫攻坚中建设的光伏发电项目，以及国家能源局、国务院原扶贫办确定下达的全国村级光伏扶贫电站建设规模范围内的光伏发电项目。

二是实行分类管理。第一，变电站及运行管理中心、集电线路杆塔基础

用地按建设用地管理，各地在编制土地利用总体规划和年度土地利用计划中应予以重点保障，并依法办理建设用地审批手续；第二，场内道路用地可按农村道路用地管理；第三，光伏方阵使用永久基本农田以外的农用地的，在不破坏农业生产条件的前提下，可不改变原用地性质；第四，采用直埋电缆方式敷设的集电线路用地，实行与项目光伏方阵用地同样的管理方式。

（二）关于光伏复合项目建设的用地政策

一是关于“光伏复合项目”的含义。8号文件并未对“利用农用地复合建设的光伏发电站项目”的具体含义作出明确界定，但可以理解为原来一直讨论的“农光互补”“渔光互补”项目，即农业生产、渔业生产等农业业态和光伏发电一体建设的项目。

二是要明确光伏复合项目建设标准。8号文件要求，省级能源局、国土资源主管部门商同级有关部门，在保障农用地可持续利用的前提下，研究提出本地区光伏复合项目建设要求（含光伏方阵架设高度）、认定标准，并明确监管措施，避免对农业生产造成影响。

三是对光伏复合项目建设实行分类管理。第一，对于符合本地区光伏复合项目建设要求和认定标准的项目，变电站及运行管理中心、集电线路塔杆基础用地按建设用地管理，依法办理建设用地审批手续；第二，场内道路用地可按农村道路用地管理；第三，利用农用地布设的光伏方阵可不改变原用地性质；第四，采用直埋电缆方式敷设的集电线路用地，实行与项目光伏方阵用地同样的管理方式。

8号文件的出台，直面长期探讨的光伏发电占用农用地中的“农光互补”“渔光互补”问题，解决了占地面积最大的光伏方阵占用除永久基本农田以外的农用地按建设用地管理的问题，对促进光伏产业发展的重要意义不言而喻。

8号文件也对保护耕地在内的农用地做了特别规定，对于使用永久基本农田以外的耕地布设光伏方阵的情形，应当从严提出要求，除桩基用地外，严禁硬化地面、破坏耕作层，严禁抛荒、撂荒。光伏方阵用地按农用地、未利用地管理的项目退出时，用地单位应恢复原状，未按规定恢复原状的，应由项目所在地能源主管部门责令整改。

特别需要强调的是，除 8 号文件确定光伏扶贫项目及光伏复合项目外，其他光伏发电站项目用地应严格执行 5 号文件的规定。

三、关于光伏发电项目用地的取得方式

根据现有的法律政策规定，光伏发电项目可以采取多种方式取得土地。

（一）未利用地或者农用地租赁方式取得

通过租赁的方式取得项目用地，能够大幅降低项目前期成本，有利于支持光伏产业发展。

使用戈壁、荒漠、荒草地等未利用土地的光伏发电项目，对不占压土地、不改变地表形态的用地部分，5 号文件明确规定可采取租赁的方式，由双方签订好补偿协议，用地报当地县级国土资源部门备案。这里可以区分两种情况：一是使用国有未利用地的，用地单位应当和县级国土资源部门签订国有土地租赁合同；二是使用农民集体所有未利用地的，用地单位应当和集体经济组织签订出租补偿协议，然后报县级国土资源部门备案。

8 号文件确定的光伏扶贫项目及光伏复合项目中的光伏方阵需要占用基本农田以外的农用地的，涉及农村承包地的，可以和村集体经济组织或者农民签订租赁合同，履行承包地出租手续；涉及国用耕地及其他农用地的，可以和国有农用地权利主体签订租赁合同，履行国有农用地租赁管理内部手续。

（二）国有建设用地租赁方式取得

使用国有建设用地的光伏发电项目，可以通过国有土地租赁的方式取得。近几年土地供应政策中最为突出的变化，就是在供地方式更为灵活，原来较少使用的国有土地租赁的方式被优先使用，“先租后让、并让并举”成为土地供应政策的最大亮点。

5 号文件明确规定，鼓励以租赁等多种方式向中小企业供应土地，积极推行先租后让、租让结合供应方式。以先租后让等方式供应土地涉及招标拍卖挂牌的，招标拍卖挂牌程序也可在租赁供应时实施，租赁期满符合条件的可转为出让土地。2016 年原国土资源部办公厅《关于印发〈产业用地政策实

施工作指引〉的通知》[①]（国土资厅发〔2016〕38号）。《产业用地政策实施工作指引》第8条也规定，“各类产业用地均可采取长期租赁、先租后让、租让结合方式使用土地”。此处的“各类产业用地”不包括房地产用地。

（三）划拨方式取得

国务院《关于促进光伏产业健康发展的若干意见》（国发〔2013〕24号）规定，光伏发电项目使用未利用土地的，依法办理用地审批手续后，可采取划拨方式供地。所以，光伏发电项目中建设永久性建筑用地部分，依法按建设用地办理审批手续后，可以通过划拨方式取得土地。

5号文件规定，新产业项目用地符合《划拨用地目录》的，可以划拨供应。《划拨用地目录》中电力设施用地部分，规定了发（变）电主厂房设施及配套库房设施，发（变）电厂（站）的专用交通设施，配套环保、安全防护设施，新能源发电工程电机，厢变、输电（含专用送出工程）、变电站设施，资源观测设施等项目可以通过划拨方式供地。

（四）出让方式取得

出让是国有建设用地供应的主要方式，出让包括协议出让和以招标拍卖挂牌方式出让。5号文件也明确规定，出让土地依法需以招标拍卖挂牌方式供应的，在公平、公正、不排除多个市场主体竞争的前提下，可将投资和产业主管部门提出的产业类型、生产技术、产业标准、产品品质要求作为土地供应前置条件。这样的规定可以为光伏发电项目取得用地提供一些便利，促进光伏产业有序竞争健康发展。

四、关于光伏发电站项目用地标准

为了促进光伏产业用地节约集约利用，完善我国的用地标准体系，2015年12月，原国土资源部发布《光伏发电站工程项目用地控制指标》，具体规定了光伏发电站工程项目用地标准。

（一）关于该指标适用的范围

该指标主要适用于新建、改建和扩建地面光伏发电站工程项目。光伏发

① 该文件自2019年4月24日起失效。

电形式可分为分布式光伏发电和集中式光伏发电，分布式光伏发电一般不占地或是占地比较有限；该指标不涉及此类项目。

（二）关于该指标的体系

该指标具体分为总体指标和分项指标。总体指标是对项目用地规模的总体控制；依据功能分区，该文件还规定了光伏方阵、变电站及运行管理中心、集电线路和场内道路4个分项指标。

（三）关于该指标设计考虑的主要因素

因为光伏发电站工程项目用地的规模大小，与光伏组件的发电效率、安装所在纬度、项目所在地形区类别、光伏方阵排列安装方式以及升压站的升压等级有直接关系，所以，该文件中的总体指标是按照这几项因素最终计算确定的。

（四）该文件设定了用地指标的上限

关于根据综合计算结果分析，确定了以100公顷作为10兆瓦光伏电站用地面积的上限。

需要注意的是，光伏发电项目如需占用河道、草地、林地，除了应遵守国家对土地管理的规定之外，还要考虑水利、草原、林业等部门的管理规定，办理相应的监管审批手续。

集体土地建设租赁住房政策解析

2018 年 1 月 16 日，原国土资源部办公厅、住房城乡建设部办公厅联合下发了《关于沈阳等 11 个城市利用集体建设用地建设租赁住房试点实施方案意见的函》（国土资厅函〔2018〕63 号），表明利用集体土地建设租赁住房已经在试点城市进入实施阶段。

为坚持“房子是用来住的，不是用来炒的”定位，通过释放土地政策红利，增加租赁住房供应，缓解住房供需矛盾，构建购租并举的住房体系，建立健全房地产平稳健康发展长效机制，2017 年 8 月原国土资源部、住房城乡建设部联合印发了《方案》，确定北京、上海、沈阳、南京、杭州、合肥、厦门、郑州、武汉、广州、佛山、肇庆、成都 13 个城市作为第一批试点，可以突破原来法律政策规定，利用集体建设用地开展租赁住房建设。

在房价高企和房地产调控机制不断强化的背景下，该政策出台对房地产市场的影响及政策如何落地等问题，引发了社会各界广泛关注。实际上，2011 年，原国土资源部就通过函复的形式批准北京、上海两个城市作为试点，开展利用集体建设用地建设租赁性住房，北京和上海也进行了多个项目的实践，取得了一定的试点经验。北京市相关主管部门先后出台了北京市 467 号文、北京市 376 号文等政策文件。笔者结合北京市的实践经验，就如何利用集体土地开展租赁住房建设进行简要分析。

一、关于集体土地供应的条件

《方案》要求，项目用地应当符合城乡规划、土地利用总体规划及村土地利用规划，以存量土地为主，不得占用耕地，增加住房有效供给。以满足新市民合理住房需求为主，强化监管责任，保障依法依规建设、平稳有序运营，做到供需匹配。

（一）集体土地权属要求

用于租赁住房建设的集体土地必须权属清晰，没有争议。

（二）集体土地规划要求

建设租赁住房占用的集体土地要符合城乡规划、土地利用总体规划及村土地利用规划；不符合规划用途的土地，不能用于集体租赁住房建设。

（三）集体土地利用现状要求

用于租赁住房建设的集体土地应当是存量建设用地，不得占用耕地。笔者认为，针对农村原有存量建设用地地块面积小、较为分散的特点，在符合规划的前提下，可以适当通过增减挂钩、土地置换等途径调整集中。

（四）土地分布区域要求

集体租赁住房建设主要目的是解决住房供需平衡，满足新市民住房需求。北京的前期试点阶段，集体租赁住房项目主要分布在海淀区和朝阳区城乡交界地区，如媒体广泛报道的海淀区唐家岭村。2017 年以来，北京已确定集体土地租赁住房项目 39 个，主要涉及朝阳区、海淀区、丰台区、顺义区、昌平区、大兴区等 12 个区。北京在确定的集体土地租赁住房项目地点方面，主要考虑要结合“三城一区”和产业功能区，坚持毗邻产业园区、毗邻交通枢纽和毗邻新城。

二、关于项目主体和权益分配

无论是《方案》还是北京市相关政策文件，都强调必须尊重农民意愿，维护农民权益，在农村集体和农民自愿基础上通过建设租赁住房、出租房屋的方式获得长期稳定收益，分享城乡统筹发展的成果。

（一）关于项目主体

《方案》对项目主体没有特殊要求，规定村镇集体经济组织可以自行开发运营，也可以通过联营、入股等方式建设运营集体租赁住房。《方案》强调通过合同管理的模式，约定建设主体合作各方的权利义务，平衡利益分配。

北京市 476 号文对集体租赁住房项目主体有严格限定，要求必须是农村集体经济组织自主进行开发建设，农村集体经济组织是唯一项目建设主体。北京市 367 号文则修改了原来的严格限制，规定集体租赁住房项目主体可以有多种形式：（1）借鉴北京市大兴区作为农村集体经营性建设用地流转试点的实施经验，要求集体租赁住房建设以镇级统筹为原则，以镇级集体经济组织作为项目建设主体。（2）有条件的村集体经济组织，也可以作为项目建设主体。（3）农村集体经济组织可以土地使用权入股，与国有企业合作开发建设集体租赁住房。项目主体可以是集体经济组织，也可以是双方合作新设立的企业。（4）限定在农村集体经营性建设用地流转试点区域内，可以将集体土地进入土地公开市场交易，土地竞得者作为项目主体。

（二）关于权益分配

《方案》规定要维护农民合法利益，根据项目具体运作模式，兼顾政府、农民和农民集体、其他参与租赁住房建设运营管理主体、租赁住房承租人等各方利益，通过合同约定各方权利义务。

北京市 476 号文，规定集体租赁住房项目村集体可以自己运营，收益当然归村集体经济组织。按照公共租赁住房政策进行出租和管理的，收益分配由村集体经济组织和住房保障机构协商约定。集体租赁住房及其附属设施归村集体所有，作为集体资产必须纳入台账，加强监管。租赁住房收益在村民内部分配，要求严格按照民主决策的程序进行。账目要定期公开，接受村集体成员监督。

北京市 367 号文，基本延续了上述思路，同时对住房租赁期限和租金水平做了规定。集体经济组织以土地使用权入股、联营的方式与国有企业联合开发建设的，集体经济组织在新成立的企业持股比例不得低于 51%，且应有保底分红。

三、关于项目审批管理

无论是《方案》还是北京市的政策文件，均强调要加强集体租赁住房建设项目的审批管理，从试点审批、项目报批、建设标准等方面提出了明确的要求。

（一）试点审批

北京市 376 号文明确规定，项目申报单位应当拟定项目实施方案，实施方案内容包括项目名称、建设地点、用地面积和四至范围、土地利用现状及规划情况、项目申报主体、资金来源、运营模式及项目推进计划。实施方案经市规土委联合其他行政主管部门审查，认为符合试点要求的，报市政府批准实施。

（二）项目报批

试点审批通过之后，项目申报单位向行政主管部门申请办理项目规划、预审、立项、用地、施工等批准手续。为加快项目实施进度，其中项目规划、预审、立项等手续可并联开展，土地农转用批复、占地批复可与项目立项同步办理。

（三）用地标准

《方案》要求，健全集体建设用地规划许可制度，推进统一规划、统筹布局、统一管理，统一相关建设标准。试点项目区域基础设施完备，医疗、教育等公共设施配套齐全，符合城镇住房规划设计有关规范。北京市 367 号文要求，集体租赁住房用地按照城镇居住用地标准进行规划和管理。统筹考虑首都城乡发展和产业布局的前提下，确定集体租赁住房的建设类型、用地规模和空间布局，优先安排在产业比较完备、居住配套相对不足的区域布局，并配置必要的教育、医疗等公共服务设施。

（四）住房建设标准

北京市 367 号文要求，集体租赁住房的套型结构和面积标准，可结合具体情况，按照市场需求进行规划、设计和建设，实施全装修成品交房。项目规划设计方案经专家审批，建设施工等工程应当按照规定公开招标。项目建设必须符合住房质量安全标准，建筑结构和附属设施设备，应当符合法规、规范要求，不得危及人身安全。

四、关于项目运营管理

（一）关于建设资金

集体租赁住房建设资金可以通过多种方式筹集，一是集体经济组织自有资金和保障房运营机构、租房企业预付的租金；二是集体经济组织以租赁住房未来收益为抵押担保，向金融机构办理的贷款或其他融资支持；三是集体经济组织和国有企业联合开发的，国有企业的自有资金或者提供担保办理的贷款及其他形式融资。

（二）关于运营模式

《方案》和北京市的政策均强调集体租赁住房“只租不售”的性质，在项目各个环节批复文件中，均应注明“该项目只能用于租赁，不得对外销售”。

（三）关于租赁管理

租赁可以采取多种模式：一是项目主体可以自行租赁，按照住房租赁市场的情况，与承租人确定出租年限、租金水平，鼓励签订长期租赁合同，但单次租期不得超过10年；除承租人另有要求外，单次租赁期限不低于3年。二是鼓励趸租集体租赁住房作为公租房房源，面向公租房备案家庭或者人才配租，或由保障家庭自行承租，依法享受公租房补贴和政府税费优惠政策。目前北京市保障房性质的国有企业已经普遍参与集体租赁住房建设项目。三是政府部门加强租赁引导，与产业布局、就业人群相结合，促进职住平衡。鼓励将集体租赁住房委托给专业化运营企业进行管理和运营，提高租赁业务和物业管理的标准化、专业化水平。北京市部分国有房地产企业已经积极参与集体租赁住房建设和运营项目。

（四）关于税费优惠

按照政策规定，集体租赁住房建设和运营可以按照规定享受相关财政扶持政策和税费优惠。

五、关于不动产产权登记管理

《方案》没有对租赁住房产权登记作出明确要求，只是按照利益分配的原则，由村集体和参与的企业通过合同约定租赁住房的产权归属。

北京市 476 号文，村集体经济组织是租赁住房建设的项目主体，土地使用权和房屋产权当然归村集体经济组织享有并办理登记。土地使用权证按项目宗地整体核发，房屋所有权证按幢核发，均不予分割登记发证。土地使用权证应注明：仅用于租赁住房建设，未经批准不得出让、转让、抵押，不得转租，不得改变土地用途。房屋所有权证应注明：不得转让和抵押。

北京市 367 号文规定，租赁住房的集体建设用地使用权和房屋所有权归属于项目主体，以集体经济组织申报的项目，权利归集体经济组织；以集体经济组织和国有企业合作成立的新企业申报的，归新成立的企业所有。不动产权利证书按项目整体核发，不予分割办理单元产权证书。在土地使用权部分注明：仅用于租赁住房建设，未经批准，不得出让、转让，不得转租，不得改变土地用途，不得出售。在房屋所有权部分注明：仅用于租赁住房运营管理，不得出售。

必须特别强调的是，集体租赁住房和所谓的“小产权房”不是一回事，切勿混为一谈。集体租赁住房用地符合城乡规划、土地利用总体规划及村土地利用规划，经依法批准建设，依法实施不动产登记。“小产权房”既涉及违法用地，又涉及违法建设和销售，产权不受法律保护。

养老服务设施用地政策解析

20 世纪 90 年代以来，中国的老龄化进程不断加快。65 岁及以上老年人口从 1990 年的 6299 万人增加到 2019 年的 17, 603 万人，占总人口的比例由 5. 57% 上升为 12. 6%。为积极应对人口老龄化，加快发展养老服务业，不断满足老年人持续增长的养老服务需求，国务院办公厅于 2013 年下发了国发 35 号文，此后又于 2019 年下发了国办发 5 号文，对深化放管服改革，促进养老服务高质量发展作出全面部署。为贯彻落实国务院精神，自然资源部（原国土资源部）先后单独或者联合其他部门下发国办发 84 号文、自然资源部 2019 年 3 号文等文件，在养老服务设施用地范围、用地空间布局、用地供应、用地服务和监管等方面作出规定，形成了系统的养老服务设施用地政策。

一、明确养老服务设施用地范围

自然资源部 2019 年 3 号文中明确规定，“养老服务设施用地是指专门为老年人提供生活照料、康复护理、托管照护、医疗卫生等服务的房屋和场地设施所使用的土地，包括敬老院、老年养护院、养老院等机构养老服务设施的用地，养老服务中心、日间照料中心等社区养老服务设施的用地等”。

根据以往实际情况，各地对养老用地的界定不够统一，不少地区将其与养老产业用地混为一谈。既有将老年酒店、宾馆、老年会所、商业、俱乐部等商业性设施占地列入养老用地的，也有将老年人旅游休闲度假服务区用地列入养老用地的，还有将部分老年人居住的商品住宅用地也视为养老用地的。必须认识到，土地政策从产业政策角度扶持养老服务设施建设，应当明确只扶持与老年人生活直接相关，专门为老年人提供生活照料、康复护理、托管等服务的房屋和场地设施，不能将其随意扩大化，老年酒店、宾馆、会所、商场、俱乐部等商业性设施和商品性住宅用地不应该纳入其中。

二、强调养老服务设施用地空间布局的统筹规划

国务院办公厅于2017年下发的《进一步激发社会领域投资活力的意见》（国办发〔2017〕21号）中就提出，各地要将养老服务用地纳入国土空间规划和年度用地计划，农用地转用指标、新增用地指标分配要适当向上述领域倾斜，有序适度扩大用地供给。自然资源部2019年3号文为落实上述要求，以新一轮国土空间规划编制为契机，就如何保障养老服务设施规划用地规模，统筹落实养老服务设施规划用地作出了明确规定：

第一，各地在落实“多规合一”，编制市、县国土空间总体规划时，应根据本地区人口结构、老龄化发展趋势，因地制宜提出养老服务设施用地的规模、标准和布局原则。老龄人口占比较高和老龄化趋势较快的地区，还应适当提高养老服务设施用地比例。要求各级自然资源主管部门在对国土空间总体规划进行审查时，要对养老服务设施用地的规模进行严格把关。

第二，各地在编制详细规划时，应落实国土空间总体规划相关要求，充分考虑养老服务设施数量、结构和布局需求，对独立占地的养老服务设施要明确位置、指标等，对非独立占地的养老服务设施要明确内容、规模等要求，为项目建设提供审核依据。新建城区和新建居住（小）区要按照相应国家标准规范，配套建设养老服务设施，并与住宅同步规划、同步建设、同步验收。已建成城区养老服务设施不足的，应结合城市功能优化和有机更新等统筹规划，支持盘活利用存量资源改造为养老服务设施，保证老年人就近养老需求。

第三，市、县自然资源主管部门应根据本地区养老服务需求，分阶段供应国土空间总体规划和详细规划确定的养老服务设施用地，并落实到年度建设用地供应计划，做到应保尽保。具备条件的地区，可在建设用地供应计划中明确拟供应养老服务设施用地的宗地位置、面积、用途等。涉及新增建设用地的，在土地利用年度计划中优先予以安排。

此外，还要求市、县自然资源主管部门严格审查新建住宅项目的建设工程设计方案等，对不符合规划条件、养老服务设施规划设计标准和规范要求的，不予核发建设工程规划许可证，不予通过规划核实。

三、完善供地政策保障养老服务设施用地供应

国办发5号文中明确提出，要完善养老服务设施供地政策，保障养老服务设施用地供应。自然资源部2019年3号文以充分保障需求、多渠道多方式供应为原则，在养老服务设施用地政策上，明确不同性质养老服务设施的供地方式，支持民间资本举办非营利性、营利性养老机构，以切实保障养老服务设施用地。

第一，非营利性养老服务设施可以通过划拨方式供地，但同时鼓励非营利性养老服务机构以租赁、出让等有偿使用方式取得国有建设用地使用权，支持政府以作价出资或者入股方式提供土地，与社会资本共同投资建设养老服务项目。《划拨用地目录》（国土资源部令第9号）中明确规定，"（十）非营利性社会福利设施用地"项下"3. 老年人社会福利设施"属于划拨用地范围。因此，自然资源部2019年3号文中明确要求市、县自然资源主管部门应结合养老服务设施用地规划布局和建设用地供应计划统筹安排，充分保障非营利性养老服务机构划拨用地需求。非营利性养老服务机构以划拨方式取得国有建设用地使用权的，可凭登记机关发给的社会服务机构登记证书和其他法定材料，向所在地的市、县自然资源主管部门提出建设用地规划许可申请，经有建设用地批准权的人民政府批准后，市、县自然资源主管部门同步核发建设用地规划许可证、国有土地划拨决定书。

第二，明确营利性养老服务设施应当通过有偿的方式取得国有建设用地使用权，但仍然属于需要给予政策扶持的范围，保障优先供应。自然资源部2019年3号文中明确规定，对单独成宗供应的营利性养老服务设施用地，应当以租赁、先租后让、出让方式供应，鼓励优先以租赁、先租后让方式供应。国有建设用地使用权出让（租赁）计划公布后，同一宗养老服务设施用地只有一个意向用地者的，市、县自然资源主管部门可按照协议方式出让（租赁）；有两个以上意向用地者的，应当采取招标、拍卖、挂牌方式出让（租赁）。其中，以出让方式供应的，出让底价可按不低于所在级别公共服务用地基准地价的70%确定；基准地价尚未覆盖的地区，出让底价不得低于当地土地取得、土地开发客观费用与相关税费之和。以租赁方式供应的，由当地

人民政府制定最低租金标准，并在土地租赁合同中明确租金调整的时间间隔和调整方式。

第三，明确养老服务设施用地的用地规模及配建养老服务设施项目的供地条件。自然资源部 2019 年 3 号文规定，敬老院、老年养护院、养老院等机构养老服务设施用地一般应单独成宗供应，用地规模原则上控制在 3 公顷以内。出让住宅用地涉及配建养老服务设施的，在土地出让公告和合同中应当明确配建、移交的养老服务设施的条件和要求。鼓励养老服务设施用地兼容建设医卫设施，用地规模原则上控制在 5 公顷以内，在土地出让时，可将项目配套建设医疗服务设施要求作为土地供应条件并明确不得分割转让。

第四，明确土地出让及租赁年限。2019 年 3 号文规定，对土地用途确定为社会福利用地，以出让方式供应的，出让年限不得超过 50 年；以租赁方式供应的，租赁年限不得超过 20 年。而对于土地用途的确定，则明确应依据详细规划，对照《土地利用现状分类》（GB/T21010—2017）确定土地用途，养老服务设施与其他功能建筑兼容使用同一宗土地的，根据主用途确定该宗地土地用途。

四、加强养老服务设施用地服务和监管

为了确保养老服务设施用地用于养老服务发展，国发 35 号文强调，严禁养老设施建设用地改变用途、容积率等土地使用条件搞房地产开发。自然资源部 2019 年 3 号文从养老服务设施不动产登记办理、养老服务设施用地用途管制、养老服务设施规划和用地监管等方面对养老服务设施用地的后期监管做了进一步规定。

第一，明确要求严格限制养老服务设施用地改变用途。自然资源部 2019 年 3 号文规定，详细规划确定的养老服务设施用地，未经履行法定修改程序不得随意改变土地用途。养老服务机构因自身原因不再使用养老服务设施用地，属于划拨用地的，由市、县政府收回国有建设用地使用权，根据其取得成本、地上建筑物价格评估结果对原土地使用权人给予补偿；属于有偿方式用地的，可以整体转让继续用于养老服务，原土地有偿使用合同中约定的义务由受让人承担，或者由政府收回国有建设用地使用权并给予合

理补偿。

第二，对土地有偿使用合同、划拨决定书等作出相应规定。要求市、县自然资源主管部门在国有建设用地使用权出让合同或划拨决定书中明确配建养老服务设施的面积、开发投资条件和开发建设周期，以及建成后交付、运营、管理、监管方式等。

第三，对养老服务设施不动产登记办理要求做了明确规定。要求不动产登记机构对于以下涉及养老服务设施不动产登记事项应当积极予以办理：(1) 新建住宅小区配套养老服务设施竣工后办理首次登记的，配套养老服务设施依据有关规定或者约定正式移交后办理转移登记的；(2) 营利性养老机构以有偿取得的土地、设施等资产进行抵押、商业银行向产权明晰的民办养老机构发放资产（设施）抵押贷款办理不动产抵押登记的；(3) 整合闲置设施改造为养老服务设施需要办理不动产登记的。同时，还明确单独成宗的养老服务设施用地应当整宗登记，不得分割登记。

此外，自然资源部 2019 年 3 号文中还规定，要将养老服务机构用地情况纳入土地市场信用体系，实施守信激励、失信惩戒。各级自然资源主管部门要积极参与跨部门养老服务综合监管制度建设，与相关部门建立养老服务设施规划和用地协同监管机制。

五、积极扩大养老服务设施供地范围

（一）鼓励盘活存量用地用于养老服务设施建设

第一，鼓励存量土地在依法改变土地用途后用于养老服务设施建设。自然资源部 2019 年 3 号文规定，土地使用权人申请改变存量土地用途用于建设养老服务设施，经审查符合详细规划的，市、县自然资源主管部门应依法依规办理土地用途改变手续。建成的养老服务设施由非营利性养老机构使用的，原划拨土地可继续划拨使用，原有偿使用的土地可不增收改变规划条件的地价款等；不符合划拨条件的，原划拨使用的土地，经市、县人民政府批准，依法办理有偿使用手续，补缴土地出让价款；原有偿使用的土地，土地使用权人可以与市、县自然资源主管部门签订国有建设用地有偿使用合同变更协议或重新签订合同，调整有偿使用价款。

第二，鼓励利用商业、办公、工业、仓储存量房屋以及社区用房等举办养老机构，适用在一定年限内不改变用地主体和规划条件的过渡期支持政策。自然资源部 2019 年 3 号文中规定，所使用存量房屋在符合详细规划且不改变用地主体的条件下，可在 5 年内实行继续按土地原用途和权利类型适用过渡期政策；过渡期满及涉及转让需办理改变用地主体手续的，新用地主体为非营利性的，原划拨土地可继续以划拨方式使用，新用地主体为营利性的，可以按新用途、新权利类型、市场价格，以协议方式办理，但有偿使用合同和划拨决定书以及法律法规等明确应当收回土地使用权的情形除外。

（二）符合条件的可以利用集体建设用地兴办养老服务设施

国务院办公厅《关于全面放开养老服务市场提升养老服务质量的若干意见》（国办发〔2016〕91 号）、国办发 5 号文等文件中均明确，养老机构可依法依规使用农村集体建设用地发展养老服务设施。据此，自然资源部 2019 年 3 号文中规定，农村集体经济组织可依法使用本集体经济组织所有的建设用地自办或以建设用地使用权入股、联营等方式与其他单位和个人共同举办养老服务设施。符合国土空间规划和用途管制要求、依法取得的集体经营性建设用地，土地所有权人可以按照集体经营性建设用地的有关规定，依法通过出让、出租等方式交由养老服务机构用于养老服务设施建设，双方签订书面合同，约定土地使用的权利义务关系。鼓励盘活利用乡村闲置校舍、厂房等建设敬老院、老年活动中心等乡村养老服务设施。

六、对医养结合项目用地给予政策支持

鉴于我国现有老龄人口中失能、部分失能老年人口比例较大并将大幅增加，老年人的医疗卫生服务需求和生活照料需求叠加的趋势越来越显著，2015 年国办发 84 号文专门对医疗卫生和养老服务相结合进行规范。

1. 医养结合机构的界定

国办发 84 号文明确规定，兼具医疗卫生和养老服务资质和能力的医疗卫生机构或养老机构统称医养结合机构。

2. 鼓励社会力量兴办医养结合机构

鼓励社会力量针对老年人健康养老需求，通过市场化运作方式，举办医养结合机构以及老年康复、老年护理等专业医疗机构。在制定医疗卫生和养老相关规划时，要给社会力量举办医养结合机构留出空间。按照“非禁即入”的原则，凡符合规划条件和准入资质的，不得以任何理由加以限制。

3. 用地保障和扶持政策

各级政府要在土地利用总体规划和城乡规划中统筹考虑医养结合机构发展需要，做好用地规划布局。对非营利性医养结合机构，可采取划拨方式，优先保障用地；对营利性医养结合机构，应当以租赁、出让等有偿方式保障用地，养老机构设置医疗机构，可将在项目中配套建设医疗服务设施相关要求作为土地出让条件，并明确不得分割转让。依法需招标拍卖挂牌出让土地的，应当采取招标拍卖挂牌出让方式。

养老服务项目属于国家鼓励发展的产业类别，除土地政策外，在金融、税费、财政、项目审批、劳动就业等多方面政府都给予了充分的政策扶持。各个地方为落实国务院文件要求，结合本地实际又出台了很多具体养老项目扶持政策。所以，具体的养老服务项目能够享受哪些包括土地政策在内的支持措施，还需要结合项目所在地的政策情况具体分析。

旅游项目用地政策解析[①]

旅游业是我国经济社会发展的综合性产业，是国民经济和现代服务业的重要组成部分。根据国家旅游数据中心发布的报告，2017 年，我国国内旅游人数 50.01 亿人次，比上年同期增长 12.8%；入出境旅游总人数 2.7 亿人次，同比增长 3.7%；全年实现旅游总收入 5.40 万亿元，旅游直接就业 2825 万人。为进一步促进旅游业改革发展，增加就业和居民收入，提升人民生活品质，国务院发布了《关于促进旅游业改革发展的若干意见》（国发〔2014〕31 号）、国务院办公厅发布了《关于进一步促进旅游投资和消费的若干意见》（国办发〔2015〕62 号），对促进旅游业改革发展和旅游投资、消费进行工作全面部署。为贯彻落实国务院文件精神，原国土资源部联合原住房城乡建设部、原国家旅游局印发了《旅游用地意见》，从保障旅游业发展用地供应、明确旅游新业态用地政策、加强旅游业用地服务监管的角度，对旅游项目、旅游设施的具体用地政策进行了明确规定。

一、旅游业用地实行分类管理制度

旅游业是综合性产业，涉及土地用途和权利类型复杂多样。从土地用途来看，土地包括建设用地、农用地、未利用地三大类型；从建设用地用途来看，有住宿、餐饮、文体娱乐、医卫、交通、公园绿地等多种类型。过去政策在旅游项目用地管理政策中，没有对旅游项目中不同用地类型进行区分，造成管理措施上较为笼统，土地取得成本较高。《旅游用地意见》针对旅游

① 本文成文于 2019 年，彼时所依据的《关于支持旅游业发展用地政策的意见》（国土资规〔2015〕10 号）现已失效，但自然资源部尚未出台新的政策接续文件，本文对于国土资规〔2015〕10 号文件的解读仍具有参考意义。

业用地类型多，生态景观涉及农用地、未利用地规模大，且一般不改变土地性质的特点，进一步提出对旅游业用地实行分类管理制度。一是对旅游项目中永久性设施建设涉及的用地，依法按建设用地管理；二是对属于自然景观用地及农牧渔业种植、养殖用地，不征收（收回）、不转用，按现用途管理。换言之，既不改变土地权利性质，仍由现有土地权利人使用和管理；也不改变土地用地用途，属于农用地的仍按农用地管理，属于未利用地的仍按未利用地管理。如果景区涉及利用第三方自然景观或者农牧渔种植、养殖景观的，由景区管理机构、经营主体和第三方景观土地权利人依法协商，明确种植、养殖、管护与旅游经营关系中权利义务。依法实行分类管理，既有利于减少建设项目用地转用征收规模与成本负担，又可确保当地群众不因旅游项目的发展而离土失地，可以参与共同经营、分享项目收益。

二、采取多方式供应旅游项目（设施）建设用地

针对旅游业建设用地涉及多种规划用途，部分用地用途不够明确的问题，《旅游用地意见》进一步明确部分旅游项目和旅游设施用地的供应政策：

1. 旅游相关建设项目用地中，用途单一且符合法定划拨范围的，可以划拨方式供应。

2. 明确混合用途旅游项目的供地方式，以及人造景观类项目用地规划分类标准。用途混合且包括经营性用途的，应当采取招标拍卖挂牌方式供应，其中影视城、仿古城等人造景观用地按《城市用地分类与规划建设用地标准》的“娱乐康体用地”办理规划手续，土地供应方式、价格、使用年限依法按旅游用地确定。

3. 明确景区内部分设施建设用地分类标准和土地供应手续。景区内建设亭、台、栈道、厕所、步道、索道缆车等设施用地，可按《城市用地分类与规划建设用地标准》“其他建设用地”办理规划手续，参照公园用途办理土地供应手续。风景名胜区的规划、建设和管理，应当遵守有关法律、行政法规和国务院规定。

4. 明确鼓励以长期租赁、先租后让、租让结合方式供应旅游项目建设用地。

三、支持旅游项目使用未利用地、废弃地、边远海岛等土地建设

国务院文件要求，进一步细化利用荒地、荒坡、荒滩、垃圾场、废弃矿山、边远海岛和石漠化土地开发旅游项目的支持措施。《旅游用地意见》进一步细化相关规定，明确符合生态环境保护要求和相关规划的前提下，重点支持利用上述土地建设旅游项目：

一是对使用荒山、荒地、荒滩及石漠化、边远海岛土地建设的旅游项目，优先安排新增建设用地计划指标，出让底价可按不低于土地取得成本、土地前期开发成本和按规定应收取相关费用之和的原则确定。

二是对使用荒山、荒地、荒滩及石漠化、边远海岛土地建设的旅游项目，出让底价可按不低于土地取得成本、土地前期开发成本和按规定应收取相关费用之和的原则确定。

三是促进开发旅游项目与土地复垦相结合，促进经济、社会与生态文明相统一。一方面，支持各地按照《土地复垦条例》的相关规定，制定支持政策，鼓励土地权利人自行复垦开发垃圾场、废弃矿山等历史遗留损毁土地建设的旅游项目；另一方面，对政府收回或征收的历史遗留损毁土地，允许通过招标拍卖挂牌方式合并确定新的土地使用权人和复垦投资主体，以吸引社会资本投资。

四、明确旅游新业态用地政策

针对旅游新业态用地特点，按照鼓励使用存量、规范使用增量的原则，目前依法明确了乡村旅游、自驾车、邮轮游艇、文化和研学的用地政策。

（一）引导乡村旅游规范发展

乡村旅游是近些年短途旅游热点，也是振兴乡村经济、旅游扶贫的关键抓手。依据《土地管理法》《旅游法》等相关法律规定，《旅游用地意见》针对乡村旅游提出以下规范措施：第一，农村集体经济组织可以依法使用建设用地自办或以土地使用权入股、联营等方式与其他单位和个人共同举办住宿、餐饮、停车场等旅游接待服务企业，但应当符合土地利用总体规划、县

域乡村建设规划、乡和村庄规划、风景名胜区规划等相关规划。第二，城镇和乡村居民可以利用自有住宅或其他条件依法从事旅游经营，但根据《旅游法》的规定，这一政策的适用以各省、自治区、直辖市制定管理办法为前提。第三，农村集体经济组织以外的单位和个人，可以依法通过承包经营流转的方式，使用农民集体所有的农用地、未利用地，从事与旅游相关的种植业、林业、畜牧业和渔业生产。第四，优化农村建设用地布局，建设旅游设施，可通过开展城乡建设用地增减挂钩试点的方式进行。

（二）促进自驾车、房车营地旅游有序发展

自驾车房车营地是旅游产业新业态、旅游消费新热点，针对自驾车房车营地主要集中城市边缘、观光景点的分布特点，《旅游用地意见》明确规定：第一，按照国务院相关规定，加快制定自驾车房车营地建设规划和建设标准要求。第二，自驾车房车营地项目土地用途按旅馆用地管理，按旅游用地确定供应底价、供应方式和使用年限。

（三）支持邮轮、游艇旅游优化发展

邮轮、游艇旅游属于新消费领域，正处于培育扩大消费市场阶段，为支持其发展，《旅游用地意见》提出两条政策措施：第一，新建邮轮、游艇码头用地实行有偿使用并可采取协议方式供应。第二，为鼓励使用现有设施扩大旅游服务范围，允许在现有码头增设邮轮、游艇停泊功能的保持现有土地权利类型不变；利用现有码头设施用地、房产增设住宿、餐饮、娱乐等商业服务设施的，经批准可以协议方式办理用地手续。

（四）促进文化、研学旅游发展

第一，《旅游用地意见》规定利用现有文化遗产、大型公共设施、知名院校、科研机构、工矿企业、大型农场开展文化、研学旅游活动，在符合规划、不改变土地用途的前提下，上述机构土地权利人利用现有房产兴办住宿、餐饮等旅游接待设施的，可保持原土地用途、权利类型不变；因规划用途变更等原因，土地权利人申请办理用地手续的，经批准可以协议方式办理。第二，为做好历史文化名城等保护工作，按照《历史文化名城名镇名村保护条例》的规定，《旅游用地意见》对历史文化街区建设控制地带内的规划管理和用地供应政策进行了协调，规定历史文化街区建设控制地带内的新建建筑物、构筑物，应当符合保护规划确定的建设控制要求。

五、积极保障旅游重点项目新增建设用地供应

为保障重点建设项目顺利落地，《旅游用地意见》从规划、计划等方面明确了保障措施，一是建立有效的规划衔接机制。强调各地按照资源和生态保护、文物安全、节约集约用地原则，加快编制旅游发展规划，并做好与土地利用总体规划、城乡规划、风景名胜区规划、环境保护规划等相关规划衔接工作。二是对符合相关规划的旅游项目，各地应按照项目建设时序，及时安排新增建设用地计划指标，依法办理土地转用、征收或收回手续，积极组织实施土地供应。三是加大旅游扶贫用地保障。四是保障旅游厕所用地，明确纳入专项用地计划指标供应。符合《划拨用地目录》的粪便处理设施，可以划拨方式供应。

六、加强旅游业用地服务监管

《旅游用地意见》在强调做好旅游业用地确权登记的同时，重点对旅游业用地提出两方面监管措施。

（一）建立部门共同监管机制

因旅游项目建设涉及多部门职能，为保证各领域政策的协调，《旅游用地意见》明确规定：一是风景名胜区、自然保护区、国家公园等旅游资源开发，建设项目用地供应和使用管理应同时符合土地利用总体规划、城乡规划、风景名胜区规划及其他相关区域保护发展建设等规划，不符合的，不得批准用地和供地。二是新供旅游项目用地，将环保设施建设、建筑材料使用、建筑风格协调等要求纳入土地供应前置条件的，提出条件的政府部门应与土地使用权取得者签订相关建设活动协议书，并依法履行监管职责。

（二）严格旅游业用地供应和利用监管

针对旅游项目用地多用途混合的特点，以及旅游项目开发中存在的问题，《旅游用地意见》提出五条管理措施。一是严格旅游相关农用地、未利用地

用途管制，未经依法批准，擅自改为建设用地的，依法追究责任。二是按照国务院相关规定，严禁以任何名义和方式出让或变相出让风景名胜区资源及其景区土地，包括建设用地，即在风景名胜区除符合规划和依法可以划拨供应土地的项目外，不得向需有偿使用土地的建设项目供应土地。三是严格执行土地出让价格政策。以协议方式供应土地的，出让金不得低于按国家规定所确定的最低价。四是严格旅游项目配套商品住宅管理，因旅游项目配套安排商品住宅要求修改土地利用总体规划、城乡规划的，不得批准。五是严格相关旅游设施用地改变用途管理，土地供应合同中应明确约定，整宗或部分改变用途，用于商品住宅等其他经营项目的，应由政府收回，重新依法供应。

旅游业属于国家鼓励发展的产业类别，除土地政策外，在金融、财政、项目审批、劳动就业等多方面政府都给予了充分的政策扶持。各个地方为落实国务院文件要求，结合本地实际又出台了很多具体旅游业扶持政策。所以关于具体的旅游项目（设施）能够享受包括土地政策在内的哪些支持措施，还需要结合项目所在地的政策情况具体分析。

陆上风电项目用地政策解析

2020年是我国风电行业爆发性增长的一年。2020年，全国风电新增并网装机7167万千瓦，其中陆上风电新增装机6861万千瓦、海上风电新增装机306万千瓦。到2020年年底，全国风电累计装机2.81亿千瓦，其中陆上风电累计装机2.71亿千瓦、海上风电累计装机约900万千瓦。为实现我国“碳达峰、碳中和”的战略目标，预计未来一段时期，风电项目仍然会得到快速增长。鉴于风能是一种清洁的、储量极为丰富的可再生资源，国家也出台了包括用地政策在内的一系列相关政策支持风电产业的发展。

陆上风电项目用地一般具有占地面积较大、范围广、类型多的特点，涉及的用地手续相对复杂。因此，投资者在进行风电项目投资建设时，要充分考虑项目选址、占地类别、用地方式、用地标准等因素。本文旨在从现行法律政策出发，对风电项目用地涉及的主要问题进行解析梳理。

一、风电项目用地的基本原则

针对陆上风电项目的用地政策，最早可见于国家发展和改革委员会等部委于2005年颁布的《风电场工程建设用地和环境保护管理暂行办法》（发改能源〔2005〕1511号）。对于风电项目的建设用地，该办法主要明确了以下几点内容：

1. 风电场工程建设用地按实际占用土地面积计算和征地。其中，非封闭管理的风电场中的风电机组用地，按照基础实际占用面积征地；风电场其他永久设施用地按照实际占地面积征地；建设施工期临时用地依法按规定办理。

2. 项目建设单位申报核准项目时，必须附省级国土资源管理部门预审意见。没有预审意见或预审未通过的，不得核准建设项目。

3. 风电场项目经核准后，项目建设单位应依法申请使用土地，涉及农用地和集体土地的，应依法办理农用地转用和土地征收手续。

2012 年，住房和城乡建设部、原国土资源部、原国家电力监管委员会批准发布了《电力工程项目建设用地指标（风电场）》。该文件按照功能分区将风电项目用地分为五大类（包括风电机组及机组变电站用地、集电线路用地、升压变电站及运行管理中心用地、交通工程用地和临时用地），对于占用永久用地的项目，应当办理建设用地审批手续。而针对使用未利用地的风电项目，对不占压土地、不改变地表形态的用地部分可不改变土地用途，以租赁等方式取得土地。

2015 年，原国土资源部等六部委联合发布了 2015 年 5 号文件，自然资源部又更新出台了 2019 年版产业用地政策，该等文件确定了“采取差别化用地政策支持新业态发展”的总体用地原则。具体而言，光伏、风力发电等项目使用戈壁、荒漠、荒草地等未利用土地的，对不占压土地、不改变地表形态的用地部分，可按原地类认定，不改变土地用途，在年度土地变更调查时作出标注，用地允许以租赁等方式取得，双方签订好补偿协议，用地报当地县级国土资源部门（现自然资源部门，下同）备案；对项目永久性建筑用地部分，应依法按建设用地办理手续。对建设占用农用地的，所有用地部分均应按建设用地管理。

据此，我国目前对于风电建设项目用地已经确立了“差别化管理、多方式取得”的整体模式。

二、关于风电项目用地的取得方式

根据现有的法律政策规定，与光伏发电项目类似，风电项目可以采取多种方式取得土地，主要为租赁集体土地以及通过租赁、划拨和出让方式取得国有建设用地。

（一）租赁集体土地方式

根据 2015 年 5 号文件，光伏、风力发电等项目使用戈壁、荒漠、荒草地等未利用土地的，对不占压土地、不改变地表形态的用地部分，可按原地类认定，不改变土地用途……用地允许以租赁等方式取得，双方签订好补偿协议，用地报当地县级国土资源部门备案。据此，对于集体土地中的未利用地，可以通过与集体经济组织签订租赁/补偿协议的方式取得土地。

在实践中，用地主体在与集体经济组织签订租赁/补偿协议时，应特别注意土地权属是否清晰、是否履行了村集体的民主决策程序、决策程序是否合法、土地是否已经被发包或者被流转等问题，以避免潜在的法律瑕疵和损失。

（二）通过国有土地租赁、划拨和出让方式取得国有建设用地

首先，可以采用国有土地租赁的方式取得风电项目建设用地。根据2015年5号文件，对于国有未利用地，用地主体可与当地国土资源局签订相关租赁协议。而对于国有非未利用地或者地方主管部门明确要求办理建设用地手续的，根据《产业用地政策实施工作指引（2019年版）》的规定，国家鼓励“产业用地可以采取长期租赁、先租后让、租让结合、弹性年期方式供应”，因此用地主体可以就风电场用地向当地市、县人民政府自然资源主管部门提出国有建设用地申请，在完成项目立项、建设用地规划许可、建设用地审批等一系列手续后，可以与市县土地主管部门签订国有土地有偿使用合同以使用国有土地。

其次，符合条件的可以划拨方式取得项目用地。2015年5号文件规定，新产业项目用地符合《划拨用地目录》的，可以划拨供应。《划拨用地目录》中关于电力设施用地的部分，规定了发（变）电主厂房设施及配套库房设施，发（变）电厂（站）的专用交通设施，配套环保、安全防护设施，新能源发电工程电机，厢变、输电（含专用送出工程）、变电站设施，资源观测设施等项目可以通过划拨方式供地。

此外，对于以出让方式取得项目用地，与光伏用地一致，2015年5号文件也明确规定了出让土地依法需以招标拍卖挂牌方式供应的，在公平、公正、不排除多个市场主体竞争的前提下，可将投资和产业主管部门提出的产业类型、生产技术、产业标准、产品品质要求作为土地供应前置条件。因此，也一定程度上为投资者取得风电项目用地提供了便利。

三、关于风电项目的用地标准

根据《电力工程项目建设用地指标（风电场）》的规定，风电项目用地可以分为五类，即风电机组用地、机组变电站用地、集电线路用地、升压变电站及运行管理中心用地以及交通工程用地。笔者整理出表1，梳理了该等五类功能分区所使用的永久用地对应的用地标准：

表1　五类功能分区使用的永久用地对应的用地标准

用地类型		性质	管理方式	计算方式	备注
风电机组用地		永久用地	按照建设用地管理	根据每台风机的风电机组基础底板外轮廓尺寸计算	风电机组拼装、安装区域可使用临时用地，因此应在施工阶段办理相应的临时用地手续，在完成施工后恢复地貌，不需要按照建设用地管理
机组变电站用地		永久用地	按照建设用地管理	用地指标按基础外轮廓尺寸计算	当风电机组变电站放置在机舱内或悬挂于塔筒上时，不再单独计算用地面积
集电线路用地	电缆线路用地（电缆沟敷设方式）	永久用地	按照建设用地管理	1.5米×电缆沟总长度	采用直埋电缆敷设方式时，用地为临时用地，不计算在用地指标范围内
集电线路用地	架空线路用地	永久用地	按照建设用地管理	只计算杆塔基础用地	—
升压变电站及运行管理中心用地		永久用地	按照建设用地管理	按围墙外1米的外轮廓尺寸计算	—

续表

<table>
<tr><th colspan="2">用地类型</th><th>性质</th><th>管理方式</th><th>计算方式</th><th>备注</th></tr>
<tr><td rowspan="2">交通工程用地</td><td>对外交通道路和检修道路</td><td>永久用地</td><td>按照建设用地管理</td><td rowspan="2">直接利用或改建内已有的道理不再计算用地面积，对扩建的道路可按增加宽度计算用地面积</td><td rowspan="2">运行期检修道路与施工期施工道路结合使用时，用地面积不重复计算</td></tr>
<tr><td>施工期施工道路</td><td>临时用地</td><td>不需要按照建设用地管理</td></tr>
</table>

四、关于风电项目使用林地、草地的特殊政策

在陆上风电场项目建设过程中，多沿地势较高的山脊、山岗布设风机，并配套建设道路和集电线路，点多线长，经常会涉及占用林地或者草地的问题。这些林地、草地既是山地生态系统重要的分水岭，也是生态最脆弱的地带；风机基础挖掘、场地平整、道路和集电线路施工等使用林地、草地，可能会大范围扰动地表、破坏地表植被，极易造成大面积水土流失，能会对森林、草原的生态整体功能发挥影响较大。因此，国家也对风电项目占用林地和草地进行了相关特殊规定。

（一）占用林地问题

国家林业和草原局于2019年2月发布了《关于规范风电场项目建设使用林地的通知》（林资发〔2019〕17号），该通知主要规定了以下内容：

1.（禁建区域）自然遗产地、国家公园、自然保护区、森林公园、湿地公园、地质公园、风景名胜区、鸟类主要迁徙通道和迁徙地等区域以及沿海基干林带和消浪林带，为风电场项目禁止建设区域。

2.（限制范围）风机基础、施工和检修道路、升压站、集电线路等，禁止占用天然乔木林（竹林）地、年降雨量400毫米以下区域的有林地、一级国家级公益林地和二级国家级公益林中的有林地。

3.（电场道路建设和临时用地管理）风电场施工和检修道路，应尽可能

利用现有森林防火道路、林区道路、乡村道路等道路，在其基础上扩建的风电场道路原则上不得改变现有道路性质。风电场新建配套道路应与风电场一同办理使用林地手续；吊装平台、施工道路、弃渣场、集电线路等临时占用林地的，应在临时占用林地期满后 1 年内恢复林业生产条件，并及时恢复植被。

此外，根据《建设项目使用林地审核审批管理办法》，风电建设项目占用林地，应当经林业主管部门审核同意（按照国家规定的标准预交森林植被恢复费，并领取使用林地审核同意书），而后建设单位应当依照法律法规办理建设用地审批手续。

（二）占用草地问题

《草原法》第 38 条规定："进行矿藏开采和工程建设，应当不占或者少占草原；确需征收、征用或者使用草原的，必须经省级以上人民政府草原行政主管部门审核同意后，依照有关土地管理的法律、行政法规办理建设用地审批手续。"第 39 条规定，"因建设征收、征用集体所有的草原的，应当依照《中华人民共和国土地管理法》的规定给予补偿；因建设使用国家所有的草原的，应当依照国务院有关规定对草原承包经营者给予补偿。因建设征收、征用或者使用草原的，应当交纳草原植被恢复费"。

据此，若风电场占用草原，应当及时报省级以上主管部门审核，且需根据当地标准支付补偿费用和草原植被恢复费。

物流项目用地政策解析

物流是畅通国民经济循环的重要环节，物流业属于支撑国民经济发展的基础性、战略性产业。近年来，随着物流行业快速发展，社会物流成本水平逐步下降。但物流行业也面临投资成本偏高、效率较低、资金回笼较慢的问题。在物流项目的投资过程中，获取土地是企业前期最为重要的投入，物流项目的用地政策对物流行业关系重大。

2020 年 5 月发布的《降低物流成本意见》，从交通运输、用地政策、减税降费和信息共享等方面明确对物流行业的扶持政策，目的是促进物流行业降低成本和提高物流效率。本文旨在从现行法律政策出发，结合笔者近些年从事物业地产项目的经验，对物流项目用地涉及的主要问题进行解析梳理。

一、物流项目用地的取得

根据《民法典》第 347 条以及《招标拍卖挂牌出让国有建设用地使用权规定》（中华人民共和国国土资源部令第 39 号）第 4 条的规定，工业、商业、旅游、娱乐和商品住宅等经营性用地以及同一土地有两个以上意向用地者的，应当采取招标、拍卖等公开竞价的方式出让。据此，一般情况下物流项目的建设单位都应当以招拍挂出让的方式取得国有建设用地使用权进行项目开发建设。

在实践中，由于物流项目一般集中在地方政府的工业园区或者经济开发区内，政府部门需要提前对未来投资的企业进行评估，确保其符合园区的整体发展要求且有能力完成相应的考核指标。因而，项目单位在通过公开招拍挂方式竞买项目用地前，政府与项目单位沟通并签订合作协议/投资协议/招商引资协议/入园协议（也经常被称为“勾地协议”）的情形较为常见。笔者认为，该类投资协议/招商引资协议本身不违反法律法规的强制性规定，但是协议签订主体为开发区管委会，应当注意协议中约定的内容不可具有国有土地使用权出让合同性质的内容（如约定企业到园区投资建厂并优惠取得园区内的土地使用权的内容），否则存在合同被认定为无效的风险。[①]

近年来，由于国家层面供地计划中用地指标的限制，物流项目用地占用新增建设用地指标的价格日益攀升，给物流企业造成了很大的成本压力。《降低物流成本意见》第 7、8 项明确指出，“对国家及有关部门、省（自治区、直辖市）确定的国家物流枢纽、铁路专用线、冷链物流设施等重大物流基础设施项目，在建设用地指标方面给予重点保障。支持利用铁路划拨用地等存量土地建设物流设施。指导地方按照有关规定利用集体经营性建设用地建设物流基础设施”“在符合规划、不改变用途的前提下，对提高自有工业用地或仓储用地利用率、容积率并用于仓储、分拨转运等物流设施建设的，不再增收土地价款”。如果上述政策可以进一步实施落地，物流用地将可以通过划拨和使用集体经营性建设用地等存量建设用地进行开发，多样化的用地取得方式和途径，可以增加土地供应量和降低用地成本，从用地层面可助力物流行业的进一步发展。

二、物流项目的土地用途

物流项目的土地用途也是实践中讨论较多的问题。由于物流地产项目的占地面积大、投资强度和税收产出不高，政府在编制规划时分配给物流仓储用地的指标数量较少，而面对大幅增长的物流设施和仓储需求，大量的工业用地甚至其他商服用地等实际也进行了物流仓储项目的开发建设，该种情形在法律合规层面存在一定的问题。

2017 年《土地利用现状分类》（GB/T21010—2017），将商服用地、工矿仓储用地并列为一级类，“工业用地”和“仓储用地”属于工业仓储用地的类别下两个并列的二级类，而“其他商服用地”属于商服用地之下的第二级

---

① 最高人民法院《关于审理涉及国有土地使用权合同纠纷案件适用法律问题的解释》第 2 条规定，开发区管理委员会作为出让方与受让方订立的土地使用权出让合同，应当认定无效。

类别；2020 年自然资源部公布的《国土空间调查、规划、用途管制用地用海分类指南（试行）》，将“商业服务业用地”“工矿用地”“仓储用地”并列为三个一级类。2012 年住房和城乡建设部发布的《城市用地分类与规划建设用地标准》（GB50137—2011）规定，城市建设用地包括城市内的居住用地、公共管理与公共服务用地、商业服务业设施用地、工业用地、物流仓储用地、道路与交通设施用地、公共设施用地、绿地与广场用地。从以上分类标准可以看出，无论是从土地规划还是城市规划的角度讲，“商业服务业设施用地”“工业用地”“物流仓储用地”属于相互独立、彼此平行、并不兼容的用途形态。

根据上述用地及规划分类标准，笔者认为，工业用地、其他商服用地与物流仓储用地/工矿仓储用地属于几种不同的用地类型，严格来说，物流项目的土地用途应为“物流仓储用地”（指物资储备、中转、配送等用地，包括附属道路、停车场以及货运公司车队的站场等用地）或者工矿仓储用地中的“仓储用地”（指用于物资储备、中转的场所用地，包括物流仓储设施、配送中心、转运中心等）。

2019 年修正的《土地管理法》第 81 条明确规定，不按照批准的用途使用国有土地的，由县级以上人民政府自然资源主管部门责令交还土地，处以罚款；《土地管理法实施条例》第 59 条规定，依照《土地管理法》第 81 条处以罚款的，罚款额为非法占用土地每平方米 100 元以上 500 元以下。因此，若在非物流仓储用地之上直接开发建设物流仓储项目，则项目公司可能存在因实际土地用途与批准用途不一致而被行政机关处罚的风险。此外，根据实践中的经验，若项目用地之上开发建设的项目与批准用途不符，则建设项目在办理竣工验收以及不动产权证书时均可能存在一定的障碍。

对于上述问题，总结近年来的实操经验，笔者认为物流企业常常采取如下几种方式对风险进行规避：

（1）变更土地用途。虽然此种方式最为严谨、合规，但是无论从法律和实操层面调整用地规划用途的难度都非常之大，因此实践中相关主体较少采取此种方式。

（2）以物流仓储项目的名义进行报批报建。即虽然土地性质并非物流仓储用地，但以仓储项目的名义在立项、工程规划及消防等建设开发手续中进行报批报建（具体而言，可以在该等报批文件中增加“物流中心”“仓储”“冷链仓库”“分拨中心”等建筑性质的描述）。需要注意的是，此种方式也需要政府多部门的协调和支持，且厂房中实际可以作为物流仓储设施的建筑物比例可能较低。

（3）直接按照工业项目建设，完工后实际作为物流仓储项目进行运营。采取此种方式，首先需要政府部门明示或一定程度的默许（最好取得政府部门出具的安慰函/豁免函），同时企业要考量未来项目投产后可以满足政府对工业用地的绩效考核指标要求。

值得注意的是，《降低物流成本意见》在描述物流项目用地时将“工业用地”和“仓储用地”并列使用，即《降低物流成本意见》第 8 项指出，“在符合规划、不改变用途的前提下，对提高自有工业用地或仓储用地利用率、容积率并用于仓储、分拨转运等物流设施建设的，不再增收土地价款”。该项政策的出台，意味着国家明确鼓励在自有的工业用地上建设仓储、分拨转运等物流设施，且在提高利用率和容积率的情况下可以不再增收土地价款。这对物流企业降低用地成本、提高土地利用效率是重大利好。

三、物流项目用地的绩效考核指标

综上所述，目前物流项目多集中在各个地方的开发区和工业园区，且不少物流项目的用地性质属于工业用地，地方政府也基本会参照对工业用地的绩效考核方式管理物流项目用地。因此，物流项目的投资强度、投入产出值和亩均税收等用地绩效考核指标也成为项目单位在取得物流项目用地时着重考量的问题。

国务院《关于深化改革严格土地管理的决定》（国发〔2004〕28 号）明确规定“对工业项目用地必须有投资强度、开发进度等控制性要求。土地使用权人不按照约定条件使用土地的，要承担相应的违约责任”之后，中央部委和地方政府相继出台了各类政策文件（见表 2），强调对工业项目的考核要求。

表 2　物流项目用地相关政策

部门/地方	日期	文件名（文号）	相关内容
国务院	2004 年 10 月	国务院《关于深化改革严格土地管理的决定》（国发〔2004〕28 号）	对工业项目用地必须有投资强度、开发进度等控制性要求。土地使用权人不按照约定条件使用土地的，要承担相应的违约责任
原国土资源部	2008 年 1 月	原国土资源部《关于发布和实施〈工业项目建设用地控制指标〉的通知》（国土资发〔2008〕24 号）	编制工业项目供地文件和签订用地合同时，必须明确约定投资强度、容积率、建筑系数、行政办公及生活服务设施用地所占比重、绿地率等土地利用控制性指标要求及相关违约责任
自然资源部	2019 年 7 月	《节约集约利用土地规定》（中华人民共和国自然资源部令第 5 号）	市、县自然资源主管部门供应工业用地，应当将投资强度、容积率、建筑系数、绿地率、非生产设施占地比例等控制性指标以及自然资源开发利用水平和生态保护要求纳入出让合同
国家发展改革委、科技部、民政部	2015 年 12 月	国家发展改革委、科技部、民政部等《关于促进具备条件的开发区向城市综合功能区转型的指导意见》（发改规划〔2015〕2832 号）	强化对开发区建设用地开发强度、土地投资强度、人均用地指标的管控和综合效益评价，鼓励对现有工业用地追加投资、转型改造
国家发展改革委、原国土资源部；原环境保护部；住房和城乡建设部	2015 年 4 月	国家发展改革委、原国土资源部、原环境保护部、住房和城乡建设部《关于促进国家级新区健康发展的指导意见》（发改地区〔2015〕778 号）	提高土地利用效率。实行最严格的耕地保护制度和节约用地制度，严控增量、盘活存量、优化结构、提高效率，严格土地用途管制，强化新区建设用地开发强度、土地投资强度、人均用地指标的整体控制

续表

部门/地方	日期	文件名（文号）	相关内容
上海市人民政府	2016年4月	上海市人民政府办公厅《转发市规划国土资源局制订的〈关于加强本市工业用地出让管理的若干规定〉的通知》（府办〔2016〕23号）	优化完善产业用地标准，定期更新本市工业用地投入强度和产出效率的最低标准。强化产业项目准入审核制度，明确工业用地项目的产业类型、投资强度、产出效率和节能、环保、本地就业等的要求，并将其纳入土地出让合同，作为土地利用绩效评估的依据
陕西省原国土资源厅、陕西省发展和改革委员会、陕西省住房和城乡建设厅	2015年1月	《陕西省节约集约用地实施细则（试行）》（陕国土资发〔2014〕56号）	提升项目入区标准和准入门槛。新建工业项目亩均投资强度需严格依据原国土资源部《工业项目建设用地控制指标》规定。 建立开发区入区项目评价制度。对项目投资强度、用地规模、土地投入产出效率、亩均税收等进行明确约定
四川省人民政府	2013年6月	四川省人民政府《关于进一步加强国土资源管理为实施“三大发展战略”提供保障服务的意见》（川府发〔2013〕27号）	提高工业用地效率。根据经济发展水平和调结构、转方式的要求，制定新建工业项目用地单位面积投资强度、产出效益标准和单独供地企业最低工业投资规模，对达不到要求的企业不得单独供地
济南市人民政府	2013年3月	济南市人民政府办公厅《关于工业建设项目节约集约利用土地的实施意见（试行）》（济政办发〔2013〕12号）	严格投入产出强度控制。新增工业项目亩均投资（投资包括建筑物、构筑物及其附属设施、设备投资和土地出让价款等）强度，国家级开发区不低于290万元、省级开发区不低于240万元、其他区域不低于200万元，低于上述标准的项目原则上不单独供地

根据上述政策法规文件，结合笔者近年来参与的工业和物流项目的实操经验，目前多数地方政府在出让物流项目用地时都会通过投资协议/入园协议或者直接在土地出让合同中与拿地企业约定项目的投资总额、投资强度、达产后的亩均税收以及环保排放指标等内容，并约定如果无法达到约定的指标，则由企业承担违约责任（包括缴纳违约金、罚金甚至收回土地等后果）。但是，由于物流项目的投入产出一般较难达到制造业等传统工业项目的体量，如果直接以工业项目的标准要求物流企业，则物流企业完成的可能性较低，因而存在较大的违约风险。为了规避该等风险，除了从商业角度评估是否能够满足相应要求，笔者还建议企业可以从以下几个角度进行尝试：

（1）如果以工业项目立项，可以结合《工业项目建设用地控制指标》（国土资发〔2008〕24 号）① 选择投资强度要求较低的子行业，如尽量避免“金属制品业”“交通运输设备制造业”等，而选择“农副食品加工业”“食品制造业”“纺织业”等投资强度要求较低的子行业进行立项。

（2）可以与政府部门进行协商，增加“缓冲期”/“考核期”的约定，避免在营运初期业务体量不足时就接受政府的考核。

（3）尽量与政府约定清楚每一项考核指标的具体计算方式，对于物流项目而言，可以沟通是否可以将未来达产后的通过二次招商引进合作伙伴（如租户）的注册资本金、项目投资、税收贡献等计入建设单位的总业绩中。

（4）由政府直接出具豁免函/安慰函，对约定的指标和罚则进行“软化”。但是，笔者认为该方案在法律上可能存在一定的瑕疵，在不发生争议的情况下，对企业和投资人可能确实可以起到一定的“安慰”作用。

对于物流项目用地的绩效考核指标问题，《降低物流成本意见》中也有所提及，即提出了“完善物流用地考核，指导地方政府合理设置物流用地绩效考核指标”的要求。由此，可以期待在不久的将来，相关主管部门会出台新的政策，针对物流项目自身的特点制定更为合理且有针对性的考核指标要求，为企业“减负”，为政府“减压”。

---

① 2021 年 3 月 15 日，自然资源部发布了关于《工业项目建设用地控制指标（征求意见稿）》公开征求意见的公告，待该文件正式实施生效后应以新文件为依据。

四、物流项目用地的转让

由于目前可供公开出让的物流项目用地资源较为稀缺，因而二级市场中项目转让（包括土地使用权转让和项目公司股权转让）成为很多企业取得物流用地的手段。实操中，基于土地使用权转让的条件的限制和缴纳税费的考量，直接转让土地使用权的案例较少，大家多采取转让项目公司股权的方式间接转让物流项目。

虽然公司股权转让属于市场主体的自主行为，一般仅涉及工商和税务等政府部门，与自然资源管理部门不存在直接关系。但是，由于近年来国家对房地产的宏观调控政策，自然资源管理等部门也对该种方式进行了关注和一定程度的管制。如国务院办公厅《关于完善建设用地使用权转让、出租、抵押二级市场的指导意见》（国办发〔2019〕34 号）也特别提到，“自然资源、住房城乡建设、税务、市场监管等主管部门应加强对涉地股权转让的联合监管”。尤其对于工业园区、经济开发区等区域内的涉地企业，会要求企业股东在转让项目公司股权时取得自然资源和规划部门和/或园区管委会的事先批准，如北京、天津等地已经出台了明确政策，且很多地方的自然资源管理部门会在土地出让合同等文件中就约定如果项目公司发生股权转让应取得相关部门的事先批准。

因此，物流项目投资主体也要特别注意土地出让合同等文件中和当地的政策中是否包含限制物流项目转让的条款，即使没有明确规定，笔者也建议与当地政府部门通过访谈等方式确认是否存在相应的限制并明确转让需要履行的手续。

五、物流项目用地的税费优惠政策

对于物流项目用地的税收方面，国家也出台了相关政策给予物流企业一定的优惠。《降低物流成本意见》第 11 项就指出，“落实物流领域税费优惠政策。落实好大宗商品仓储用地城镇土地使用税减半征收等物流减税降费政策”。2020 年 3 月，财政部、国家税务总局也发布了《关于继续实施物流企业大宗商品仓储设施用地城镇土地使用税优惠政策的公告》（财政部、税务总局公告2020年第16号），规定自2020年1月1日起至2022年12月31日止，对物流企业自有（包括自用和出租）或承租的大宗商品仓储设施用地，减按所属土地等级适用税额标准的50%计征城镇土地使用税。

随着《降低物流成本意见》的出台，我们可以看出国家对物流行业的重视和支持，未来各部委和地方政府也将进一步落实相关政策。随着各项成本的降低，物流行业还将处于继续快速发展的时期。物流企业应注意把握最新政策动向，尤其在物流项目投资成本最大的土地方面，注意防范相关法律风险，抓住发展机遇。

国务院用地审批权限改革的主要内容及影响

2020年3月1日，国务院下发了2020年4号《决定》，规定国务院授权省级人民政府负责永久基本农田以外的农用地转为建设用地审批，并确定8个省市作为试点，国务院委托试点地省级[①]人民政府批准涉及永久基本农田农用地转用和集体土地征收审批。3月6日，自然资源部发布2020年1号《通知》，对国务院授权和委托土地审批事宜进一步细化。上述两份文件引起社会较大关注，各种解读众说纷纭，笔者拟从改革主要内容、改革对行政管理相对人复议诉讼权利的影响以及后续监管等方面着手，谈谈个人理解。

一、本次土地审批权限改革的主要内容

笔者以为，本次土地审批权限改革主要内容可以从以下五方面理解：

（一）国务院将属于自己的农用地转为建设用地的审批权依法授权给省级人民政府

根据《土地管理法》第44条的规定，建设占用土地，涉及农用地转为建设用地的，应当办理农用地转用审批手续。其中，是永久基本农田转为建设用地的，由国务院批准。是永久基本农田以外的农用地的，又区分两种情况：一种是在土地利用总体规划确定的城市和村庄、集镇建设用地规模范围内，即我们土地管理中常说的“圈内”土地，为实施该规划而将农用地转为

① 本文讨论的2020年4号《规定》中的试点地涉及8个省、直辖市，且该文件对一般事项的规定表述为“省、自治区、直辖市”。为行文简洁，本文将“省、自治区、直辖市”人民政府、自然资源主管部门等称为“省级”人民政府、自然资源主管部门等。——编者注

建设用地的，按土地利用年度计划分批次按照国务院规定由原批准土地利用总体规划的机关或者其授权的机关批准；另一种是在土地利用总体规划确定的城市和村庄、集镇建设用地规模范围外，即土地管理中所谓的“圈外”土地，也叫单独选址项目用地，将农用地转为建设用地的，由国务院或者国务院授权的省、自治区、直辖市人民政府批准。

针对上述两种永久基本农田以外的农用地转为建设用地审批的情形，国务院进行了如下授权：

（1）对国务院批准土地利用总体规划的城市在“圈内”的农用地转为建设用地的，国务院授权各省、自治区、直辖市人民政府批准。依据《土地管理法》第20条的规定，国务院批准的土地利用总体规划的城市具体包括：直辖市，省、自治区人民政府所在地的市，人口在100万以上的城市以及国务院指定的城市。据笔者了解，目前共有106个城市的土地利用总体规划由国务院审批。也就是说，国务院将上述106个城市“圈内”的农用地转为建设用地的审批权，授予省级人民政府行使。

（2）对单独选址项目涉及农用地转为建设用地的审批权，国务院明确授权省级人民政府行使。2019年修正的《土地管理法》修改了之前单独选址项目的“农转用”审批权限，按照原来的法律规定，单独选址项目的农用地转用审批权限和建设项目审批权限挂钩，省、自治区、直辖市人民政府批准的道路、管线工程和大型基础设施建设项目、国务院批准的建设项目占用土地，涉及农用地转为建设用地的，由国务院批准；其他单独选址项目，由省级人民政府审批。2019年修正的《土地管理法》第44条规定，单独选址项目涉及农用地转为建设用地审批的，由国务院或者国务院授权的省级人民政府批准，也就是说原则上审批权属于国务院，不经国务院授权，省级人民政府无权批准单独选址项目的农用地转用。

（二）国务院委托试点地省级人民政府批准永久基本农田转为建设用地

如前所述，《土地管理法》第44条规定，永久基本农田转为建设用地的，由国务院批准。2020年4号《决定》规定，确定北京、天津、上海、江苏、浙江、安徽、广东、重庆为试点省市，将原本属于国务院审批权限的永久基本农田转为建设用地审批事项，委托试点省/市人民政府行使。

（三）国务院委托试点地省级人民政府批准集体土地征收事项

《土地管理法》第46条规定，永久基本农田、永久基本农田以外的耕地超过35公顷的、其他土地超过70公顷的土地征收由国务院批准；其他的集体土地征收由省、自治区、直辖市人民政府批准。2020年4号《决定》将由国务院批准的集体土地征收审批事项亦委托前述试点地省级人民政府批准，也就意味着，在试点的8个省市，所有集体土地征收均由省级人民政府批准。

（四）自然资源部对照国务院农用地转为建设用地审批授权，同步下放了建设用地预审权限

《土地管理法》第52条规定，建设项目可行性研究论证时，自然资源主管部门可以根据土地利用总体规划、土地利用年度计划和建设用地标准，对建设用地有关事项进行审查，并提出意见。这就是土地管理中的建设用地预审的法律依据。

根据《建设项目用地预审管理办法》（中华人民共和国国土资源部令第68号）的规定，建设项目用地预审实行分级管理，建设项目用地预审由项目审批、核准或者备案的人民政府国土资源管理部门或者发改部门的同级国土资源管理部门负责。所以原来由国务院或者原国家发展与改革委员会审批或者核准、备案的项目，其用地预审均由自然资源部负责。为了落实国务院关于土地审批权限的改革，2020年1号《通知》规定自然资源部将用地预审权限相应下放到省级自然资源主管部门。笔者认为，原来自然资源部负责预审的除基本农田以外的土地利用总体规划“圈内”的农用地转用建设项目和“圈外”的单独选址项目的建设用地预审，均已下放至省级人民政府。自然资源部涉及基本农田的建设项目的用地预审，仅下放至8个试点省市。

（五）自然资源部将先行用地审批权限委托给试点地省级自然资源主管部门

先行用地是自然资源主管部门基于项目建设周期考虑，针对特定项目的特定建设工程，批准项目建设主体在没有办理土地农转用审批和征收审批的

情况下，先行使用土地的权利。相关规定多次出现在原国土资源部的文件中，如《建设用地审查报批管理办法》（中华人民共和国国土资源部令第69号）规定，“国家重点建设项目中的控制工期的单体工程和因工期紧或者受季节影响急需动工建设的其他工程，可以由省、自治区、直辖市国土资源主管部门向国土资源部申请先行用地”。因为先行用地不仅涉及农用地转用审批，同时涉及集体土地征收审批，所以本次自然资源部仅是针对国务院委托行使征地批准权限的试点省市，委托省级自然资源主管部门行使先行用地审批权。

二、用地审批事项改革对行政管理相对人复议诉讼权利的影响

国务院本次用地审批事项改革既是贯彻实施新修正的《土地管理法》的重要举措，也是推进“放管服”改革、简政放权的直接体现。用地审批事项改革对简化用地审批层级、提高土地管理效率等方面具有重要意义。同时，本次用地审批事项改革对土地行政管理相对人的复议和行政诉讼权利也将产生重要影响。

1. 在土地审批的合法性认定方面，审批主体发生变化。在以往争议较多的土地征收案件中，征地合法性认定通常有三个标准，即审批主体合法、审批程序合法、征地补偿合法。2020年4号《决定》实施前按照法律规定，土地征收和农用地转用应当由国务院批准的事项，这次改为国务院授权或者委托省级人民政府审批，省级人民政府据此作出的用地批准行为，在审批主体方面应当认定是合法的。

2. 省级人民政府根据国务院授权进行的土地审批行为可以复议可以诉讼。依据《行政复议法》的规定，国务院作出的行政行为不能申请行政复议；根据《行政诉讼法》的规定，虽然没有明确排除国务院作为行政诉讼被告的全部可能性，但实践中确无国务院作为被告的行政诉讼案件。2020年4号《决定》实施后，国务院依法明确授权省级人民政府实施的土地审批行为，将视为省级人民政府的行政行为，根据相关法律规定，行政管理相对人可以针对省级人民政府的土地审批行为申请复议或者提起行政诉讼。

3. 对试点地省级人民政府根据国务院委托进行的土地审批行为，仍然不能申请复议和诉讼。试点地省级人民政府接受国务院委托，对涉及永久基本

农田的农转用审批以及集体土地征收审批，属于委托行政行为，视为国务院的审批行为。根据前述规定，行政管理相对人对该批准行为不服的，仍然不能申请行政复议或者提起行政诉讼。

4. 省级自然资源部门依据自然资源部授权或者委托作出的建设用地预审行为，可以复议和诉讼。依据目前对建设用地预审行为性质的分类，认为建设用地预审属于行政许可事项，建设项目单位对用地预审结果不服的，当然可以申请复议和诉讼。此处需要特别提醒的是，建设用地预审涉及的原土地权利人对用地预审申请复议或者诉讼的，一般得不到支持。因为建设用地预审属于过程性行政行为，不是最终的土地审批行为，原则上不对原土地权利人的利益产生实质性影响，所以不属于行政复议或者行政诉讼受案范围。但在理论上也不排除过程性行为对外发生效力，如行政机关允许依据预审意见直接占用土地的，此时用地预审意见已经对行政管理相对人的利益产生实质影响。

针对建设用地预审结果复议或者诉讼的，应当注意区分两种情形：（1）如果省级自然资源主管部门依据授权作出建设用地预审意见，针对该预审结果复议或者诉讼的，省级自然资源主管部门是被申请人或者被告，因为预审行为视为省级自然资源主管部门自身的行政行为；（2）如果省级自然资源主管部门依据委托作出建设用地预审意见，针对该预审行为复议或者诉讼的，自然资源部是被申请人或者被告，因为该预审行为属于委托行政行为，视为自然资源部的行政行为。

5. 对于省级自然资源部门依据自然资源部委托作出的批准先行用地的行为，可以复议或者诉讼。先行用地导致项目建设主体在没有依法办理土地审批手续情况下直接占用土地，对行政管理相对人的权利义务产生实质影响，当然可以通过复议或者诉讼的途径进行权利救济。笔者认为，需要强调的是，省级自然资源主管部门作出先行用地批准行为，行政管理相对人可以不用考虑该行为是否为依据自然资源部的委托作出的，也不应将其认定为自然资源部作出的行为。主要原因在于，先行用地是自然资源部考虑项目建设特殊情况，为满足项目用地的变通行为，目前并无明确法律依据。据此，省级自然资源主管部门依据该委托作出的行政行为，不应视为委托行政行为，应当直接认定为省级自然资源部门自身的行为。

同时，笔者认为，建立先行用地制度根据的是建设项目工期或者季节性施工的客观要求，仅限定对特殊项目的特定工程用地给予的政策支持，目的是解决项目用地难、周期长或者违法用地的问题，有其必要性和合理性，但应当在法律法规中予以规定。因此，建议在起草《土地管理法实施条例》时将其纳入，解决先行用地制度合法性的问题。

2020 年 4 号《决定》明确规定，“各省、自治区、直辖市人民政府不得将承接的用地审批权进一步授权或委托”。但下一步不排除省级人民政府出台文件，按照法律规定将依法属于本级政府的农用地转为建设用地批准权和集体土地征收批准权授权或者委托下级人民政府行使，相应省级自然资源主管部门对照下放建设用地预审权限。其中如果涉及行政复议或者诉讼的相关问题，可以参考上述理解处理。

三、用地审批权下放省级政府必须要做到“管得好”

2020 年 4 号《决定》引起了社会各界的强烈关注。市场对此反应迅速，普遍看法是土地放松管控有利于房地产市场；专家对此的解读为，审批标准和管控措施不变，下放审批权不会导致土地管理放松管控；政府部门对此的解释为优化层级政府事权、提高土地审批效率。

对这次用地审批权下放，各方普遍担心的是“放权”会变成放松管控，导致土地管理乱象。国务院对省级人民政府的总要求也是“放得下、接得住、管得好”；其中，关键在于“管得好”。那么问题是，省级人民政府能管得好吗?

我国土地管理审批权主要是三类，一是集体土地征收审批权，仅限于国务院和省级人民政府；二是农用地转为建设用地审批权，国务院审批 106 个城市土地规划“圈内”的农用地转为建设用地和所有永久基本农田转为建设用地，其余的农用地转用审批权由省级人民政府或者省级人民政府依法授权设区的市人民政府行使；三是以划拨方式供地的审批权，由市县人民政府行使。土地供应方式除划拨外，还有协议出让和招拍挂出让的方式。可见，即使本次国务院不下放审批权，省级人民政府仍然在土地管理中享有较大的审批权限。

在土地管理中，审批本身不是目的，审批仅仅是一种手段，通过审批的方式实现对土地资源的有效配置，平衡土地资源所承载的多重使命。笔者认为，土地资源主要承载四种使命，一是保证粮食安全。为保障14亿人吃饭的问题，确保中国人的饭碗端在自己的手里，必须要保护耕地。二是满足工业化城镇化建设的用地需求。我国作为14亿人口的大国，不可能仅仅依靠农业就实现现代化，必须通过工业化、城镇化建设才能实现现代化，工业化、城镇化都需要占用大量的建设用地。三是促进生态文明。土地是最重要的环境载体，我国土壤污染和沙漠化问题十分严重。四是保护农民利益。土地征收把农民集体所有土地和农户享有承包经营权的土地变为国家所有，农民失去了最重要的生活保障，所以必须给予农民合理的征地补偿。

不同层级政府在管理土地时，对前述几个价值目标选择顺序可能大不相同。中央对土地管理的基本要求是耕地不能减少，农民利益不能受损，在此基础上才是保障工业化、城镇化建设项目用地需求。党的十八大之后，中央又特别强调生态环境保护红线不能突破。省级以下人民政府（包括省、市、县、乡级政府，下同），在土地管理中可能优先选择保障工业化、城镇化建设项目用地需求，而将保护耕地、保护农民利益作为次优选择的价值目标，二者一旦发生冲突，次优选择的价值可会被忽略。

笔者作出上述判断，依据的是对近些年土地管理实践的总结：

1. 从近些年征地纠纷复议诉讼案件发生率来看

征地纠纷引发的行政复议、行政诉讼已经成为当前行政争议案件的一个重要类别。原国务院法制办公布的2016年全国行政复议、行政应诉案件统计数据表明，2016年全国行政复议案件按涉及领域划分，其中土地领域的20,170件，占全部行政复议案件的12.23%，排名第二。2016年全国行政应诉案件按领域划分，土地领域29,632件，占比为17.91%，排名第一；房屋征补（拆迁）领域24,213件，占比为14.64%，排名第二。2018年最高人民法院在公布第二批“征收拆迁典型案例”时表示，2015年、2016年、2017年，全国法院一审受理征收拆迁类诉讼分别约为29,000件、31,000件及39,000件，占当年行政诉讼案件总量的13%、14%和17%左右。在“无讼”案例检索系统中以“征地”为关键词进行检索，显示相关判决文书共有44

万字之多。土地征收涉及行政复议行政诉讼范围的，主要是省级政府征地批复纠纷、市县人民政府的补偿安置纠纷，以及没有审批权限的市、县、乡级人民政府非法批准土地征收纠纷，其中相当一部分案件被人民法院确认为违法或者要求政府部门履行补偿责任。可见，省级及省级以下人民政府在集体土地征收中并没有很好地履行依法征收、合理补偿的责任，在保障农民土地权益和耕地保护方面仍有较大不足，导致土地征收成为社会矛盾集中领域。

2. 从土地案件违法查处情况和意愿来看

根据原国土资源部公布的《2017 年省级国土资源主管部门立案查处、挂牌督办和公开通报违法案件情况》，2017 年 32 个省级国土资源部门立案查处和挂牌督办土地违法案件总计 184 件，平均每个省每年直接查处加上挂牌督办的案件不到 6 件。笔者检索到的资料显示，2017 年，原国土资源部直接立案查处案件 2 件，挂牌督办的土地违法案件有两批次 10 件。从土地违法案件查处相关规定和违法案件发生规律来讲，应当是越低级的国土部门查处的案件数量越多，但从上述数据来看，2017 年单个省级国土资源部门直接立案查处和挂牌督办的土地违法案件远低于原国土资源部。同时，2017 年省级国土部门立案查处和督办的案件，不排除还有一部分是原国土资源部转办或者交办的案件，省级国土部门不得不查。

那是不是 2017 年土地违法案件数量并不多，原国土资源部愿意主动作为，积极执法，而省级国土部门无案可查呢？统计数据显示并非如此。《2017 中国土地矿产海洋资源统计公报》显示，2017 年全国国土资源系统内，土地违法案件 7.52 万件，涉及土地面积 2.98 万公顷，同比分别增长 1.6% 和 10.7%。立案查处违法用地案件 4.81 万件，涉及土地面积 2.36 万公顷，同比分别增长 2.2% 和 8.9%。可见，2017 年全国土地违法案件数量并不少，仍然维持在高位。更何况，上述土地违法行为有相当一部分是市县政府以租代征、违法征地等情形，本应由省级国土资源部门去依法查处。所以，从现有数据可以得出结论，省级国土部门在查处土地违法案件上积极履行职责，主动作为的意愿和力度还有待加强。

3. 从省级以下人民政府在土地违法中的角色来看

长期以来，我国土地违法存在量大、点多、面广的基本特点。其中，除有个人、企业法律意识淡薄或者铤而走险企图获得非法占地利益原因外，政府原因导致违法占地的也不在少数。2011 年，原国土资源部在通报“12336”国土资源违法违规线索和信访受理情况时明确表示，相当比例的违法用地是由地方政府主导、支持或者默许的。自然资源部 2018 年公布的《关于 2017 年国家土地督察工作情况的公告》显示，国家土地督察机构根据领导批办、媒体曝光、群众信访举报，对涉及侵害群众合法权益问题线索的进行实地核查，督促地方政府纠正违规征地、拖欠和挪用征地补偿安置资金、社会保障制度落实不到位等问题。2017 年，自然资源部共受理群众来信来访 2795 件（次），督促地方政府发放征地补偿费 19.5 亿元、落实社保资金 39.78 亿元。可见，地方政府在违法征地或者补偿违法等方面侵害农民利益的情况比较常见。

土地违法案件查处方面还有比较明显的特点，就是地方政府支持的违法占地行为长期得不到查处，或者即使进入查处程序实际也不容易得到纠正。2019 年 8 月，自然资源部通报的 10 起违法案件中，有 7 件属于执法负面典型案件，其中 3 件在自然资源部督促下才得以纠正和追责，另外 4 件长期没有实质进展。2019 年 12 月，自然资源部又通报 31 个典型违法违规案件和问题，督促地方政府贯彻落实党中央、国务院关于耕地保护的决策部署，遏制土地违法行为，牢牢守住耕地红线。一般来讲，对个人或者企业的违法占地行为，土地执法部门通过日常巡查、卫片执法或者举报线索能够做到迅速查处。但那些长时间、大面积的违法占地行为一直没有得到查处，原因无非就是或村里，或乡里，或县里，或市里，或省里有人支持而已，土地执法部门查处面临阻力。可见省级以下人民政府不但不愿意查处土地违法，很多时候更是主导、支持、默许土地违法行为。

省级以下人民政府在土地管理中之所以有上述心态和做法，其深层次原因当然不是官员个人素质或者法律意识的问题，而是我们行政体制层级治理和区域竞争、官员提拔考核制度使然。地方政府官员面临 GDP 指标、财政收入等各项政绩考核的压力，在土地管理中价值目标选择错位在所难免，土地审批中涉及耕地保护和农民利益保障的问题不是杞人忧天。

所以，在放权的同时，还必须加强对用地审批下放事项的监管。通过

“双随机、一公开”等方式进行严格检查，根据各地土地管理水平综合评估结果，及时动态调整委托试点省份；加大自然资源部直接立案查处或者挂牌督办的力度，避免将违法举报线索全部转办或者交办省级自然资源主管部门，让裁判员和运动员的身份集于一身；最后要加大违法责任追究力度，对在违法批准征收、使用土地，造成耕地数量减少、农民利益被侵害的违法行为，必须严格追究相关人员的责任。通过上述措施，确保“放权”的目的能够实现，土地管理才不至于出现“一管就死，一放就乱”的现象。

矿山生态修复市场化机制下的土地政策解析

矿山生态修复是我国生态文明建设的重要内容。2015 年中共中央、国务院《关于加快推进生态文明建设的意见》（中发〔2015〕12 号）就明确规定，要加快治理突出生态环境问题，开展矿山地质环境恢复和综合治理。

总体来讲，我国矿山生态修复存在历史欠账多、现实矛盾多、投入不足等突出问题。矿山生态修复功在青山绿水，事关民生福祉，具有较强的公益属性。同时，矿山生态修复又需要投入巨额资金，目前仅靠财政投资无法满足矿山生态修复的客观需求。所以，做好矿山生态修复工作，必须解决“钱从哪出，利从何来”的关键问题。

目前，矿山生态修复已经成为环境产业的重要组成部分，很多社会资本也都在尝试进入矿山生态修复领域。在政府部门、矿山企业、社会资本、土地权利人之间建立一种良性的运作机制，在政府发挥主导作用的前提下，既解决了社会资本关心的投资回报问题，也切实保障了土地权利人的利益，通过合作共赢的方式，最终实现矿山生态环境得到有效修复，生态文明建设水平不断提高的局面。

有人提出，矿山生态修复可以采取“开发式治理”模式，即用矿山残留的矿产资源开发收益来平衡矿山生态修复投入资金，解决矿山生态修复资金投入问题。笔者认为，一方面，已经关闭的矿山残留的矿产资源开发收益，能够平衡矿山生态修复投入资金的，客观上应该属于少数矿山，所以该模式普遍适用性不强；另一方面，过往以矿山环境治理项目等名义变相开采矿产资源的案例比比皆是，必须对此种模式持谨慎态度，防止以矿山生态修复名义再来变相开采矿产资源，规避矿产资源管理的法律制度。

笔者一直认为，在矿山生态修复过程中，主要利益来源应当是矿山生态修复后土地资源的再开发和再利用，只有释放矿山生态修复中土地政策红利，才能建立起真正的矿山生态修复的市场化运行机制。现实中案例也多证明这一点，如上海的"深坑酒店"项目、威海华夏城矿坑修复项目等，都是对矿山生态修复后土地资源的再利用。其实，对矿山生态修复中土地开发利用的支持和激励政策已有很多规定，只是散见于不同时期不同的政策文件中，缺乏系统化和集中体现，不被大多数人所知晓。

2008年原国土资源部《关于进一步加强土地整理复垦开发工作的通知》①（国土资发〔2008〕176号）明确提出，积极探索市场化运作模式，引导公司、企业等社会资金参与土地整理复垦开发项目，增加的耕地可在省级国土资源部门统筹安排下有偿使用。

2011年《土地复垦条例》规定了土地复垦激励措施，主要包括：（1）退还耕地占用税。土地复垦义务人在规定的期限内将生产建设活动损毁的耕地、林地、牧草地等农用地复垦恢复原状的，依照国家有关税收法律法规的规定退还已经缴纳的耕地占用税。（2）确定长期使用权。社会投资复垦的历史遗留损毁土地或者自然灾害损毁土地，属于无使用权人的国有土地的，经县级以上人民政府依法批准，可以确定给投资单位或者个人长期从事种植业、林业、畜牧业或者渔业生产。如果土地属于有权利主体的，通过签订土地复垦协议，明确复垦任务要求以及复垦后的土地使用和收益分配。（3）政府给予补贴。历史遗留损毁和自然灾害损毁的土地所有权人或者使用权人，自行将损毁土地复垦为耕地的，由县级以上地方人民政府给予补贴。（4）用作补充耕地指标。县级以上地方人民政府将历史遗留损毁和自然灾害损毁的建设用地复垦为耕地的，按照国家有关规定可以作为本省级行政区域内进行非农建设占用耕地时的补充耕地指标。《土地复垦条例》更多强调的是将矿山建设用地复垦成耕地或者其他农用地。

2014年《节约集约利用土地规定》规定，县级以上地方国土资源主管部门在本级人民政府的领导下，会同有关部门建立城镇低效用地再开发、废弃地再利用的激励机制，对布局散乱、利用粗放、用途不合理、闲置浪费等低

① 该文件自2019年6月26日起失效。

效用地进行再开发，对因采矿损毁、交通改线、居民点搬迁、产业调整形成的废弃地实行复垦再利用，促进土地优化利用。鼓励社会资金参与城镇低效用地、废弃地再开发和利用。鼓励土地使用者自行开发或者合作开发。

2015 年原国土资源部下发的《历史遗留工矿废弃地复垦利用试点管理办法》[①]（国土资规〔2015〕1 号）规定了历史遗留工矿废弃地复垦利用的奖励政策。将历史遗留工矿废弃地复垦按照建设用地增减挂钩管理。纳入历史遗留工矿废弃地复垦利用试点的，工矿废弃地复垦项目验收合格后，省级国土资源主管部门按照核定的复垦面积，下达建新计划指标。新建建设项目可以使用建新计划指标，不再占用统一的新增建设用地指标。社会资本投资历史遗留工矿废弃地复垦利用试点项目的，建新计划指标可以自己使用，建新节余指标也可以进行交易，但原则上不得跨县级行政区域使用。该办法主要调整历史遗留工矿废弃地复垦利用，并且必须纳入原国土资源部的改革试点，政策适用领域较窄。

2016 年，原国土资源部联合工业和信息化部、财政部、原环境保护部、国家能源局共同发布《关于加强矿山地质环境恢复和综合治理的指导意见》（国土资发〔2016〕63 号），从土地复垦和产业发展相结合角度提出，坚持开放发展理念，将矿山地质环境恢复和综合治理与相关产业发展融合推进。鼓励引进国外矿山地质环境恢复和综合治理的新技术和新模式，积极开展国际合作。拓展绿色矿山建设模式，鼓励矿山企业参与矿山地质公园建设、经营和管理。探索矿山地质环境恢复和综合治理与地产开发、旅游、养老疗养、养殖、种植等产业的融合发展。

2017 年原国土资源部《关于改进管理方式切实落实耕地占补平衡的通知》（国土资规〔2017〕13 号）规定，历史遗留工矿废弃地复垦形成的新增耕地节余部分，均可纳入补充耕地管理，用于耕地占补平衡。

直至 2019 年年底，自然资源部出台了《市场化意见》。为加快推进矿山生态修复，吸引社会资本投入，推行市场化运作、科学化治理的模式，《市场化意见》在坚持“谁破坏，谁治理”“谁修复，谁受益”原则的前提下，

① 该文件自 2020 年 12 月 25 日起失效。

集中规定了矿山生态修复领域中的土地支持政策，充分释放了矿山生态修复领域土地政策红利，为矿山生态修复市场化机制的建立提供了政策保障。《市场化意见》中关于土地支持政策主要包括以下几方面：

第一，发挥政府主导作用。

1. 据实核定矿区土地利用现状地类。《市场化意见》规定，地方各级自然资源主管部门要据实调查矿区土地利用现状、权属、合法性。对已有因采矿塌陷确实无法恢复原用途的农用地，按照规定程序，可以变更为其他类型农用地或未利用地。实事求是变更调查矿区土地利用现状地类，是下一步开展矿山生态修复的前提，也为适用土地支持政策预留了空间。

2. 强化国土空间规划管控和引领。《市场化意见》规定，市、县级人民政府编制国土空间规划时，应充分考虑历史遗留矿山和正在开采矿山的废弃矿区土地利用现状和开发潜力等因素，结合生态功能修复和后续资源开发利用、产业发展等需求，充分尊重土地权利人的意见，按照宜农则农、宜建则建、宜水则水、宜留则留原则，合理确定矿区内各类空间用地的规模、结构、布局和时序。这要求国土空间规划编制必须考虑矿山生态修复后土地的再开发利用问题，为矿山生态修复提供规划保证。

第二，盘活矿山企业的存量建设用地。

1. 建设用地指标省内流转。矿山企业将依法取得的存量建设用地修复为耕地的，经验收合格后，可参照城乡建设用地增减挂钩政策，腾退的建设用地指标可在省域范围内流转使用。

2. 建设用地指标省内置换。正在开采的矿山将依法取得的存量建设用地修复为耕地及园地、林地、草地和其他农用地的，经验收合格后，腾退的建设用地指标可用于同一法人企业在省域范围内新采矿活动占用同地类的农用地。

3. 申请变更土地用途。在符合国土空间规划和土壤环境质量要求、不改变土地使用权人的前提下，经依法批准并按市场价补缴土地出让价款后，矿山企业可将依法取得的国有建设用地修复后用于工业、商业、服务业等经营性用途。

第三，鼓励历史遗留矿山土地综合修复利用。

1. 历史遗留废弃矿山国有建设用地修复后可以重新向市场供应。历史遗留矿山废弃国有建设用地修复后拟改为经营性建设用地的，在符合国土空间规划前提下，可由地方政府整体修复后，进行土地前期开发，以公开竞争方式分宗确定土地使用权人。

2. 历史遗留废弃矿山生态修复和土地使用权取得可以“两标并一标”公开竞争出让。也可将矿山生态修复方案、土地出让方案一并通过公开竞争方式确定同一修复主体和土地使用权人，并分别签订生态修复协议与土地出让合同。

3. 历史遗留矿山废弃地修复为农用地的，可以协议方式确定修复主体和使用权人。历史遗留矿山废弃国有建设用地修复后拟作为国有农用地的，可由市、县级人民政府或其授权部门以协议形式确定修复主体，双方签订国有农用地承包经营合同，从事种植业、林业、畜牧业或者渔业生产。

4. 集体经济组织对历史遗留矿山废弃地可以依法处置。对历史遗留矿山废弃土地中的集体建设用地，集体经济组织可自行投入修复，也可吸引社会资本参与。修复后国土空间规划确定为工业、商业等经营性用途，并经依法登记的集体经营性建设用地，土地所有权人可出让、出租用于发展相关产业。

第四，明确用地优惠政策。

1. 特殊用地可以简化用地手续。依据国土空间规划在矿山修复后的土地上发展旅游产业，建设观光台、栈道等非永久性附属设施，在不占用永久基本农田以及不破坏生态环境、自然景观和不影响地质安全的前提下，其用地可不征收（收回）、不转用，按现用途管理。

2. 实行差别化土地供应期限和供应方式。在符合国土空间规划前提下，利用矿山修复后的国有建设用地发展教育、科研、体育、公共文化、医疗卫生、社会福利等产业，符合《划拨用地目录》的，可按有关规定以划拨方式提供土地使用权，鼓励土地使用人在自愿的前提下，以出让、租赁等有偿方式取得土地使用权。矿山修复后的国有建设用地可采取弹性年期出让、长期租赁、先租后让、租让结合的方式供应。

随着《市场化意见》的贯彻实施，矿山生态修复中的土地政策红利将充分释放，矿山生态修复市场化运作的政策保障将更完善、条件将更成熟。我们有理由相信，矿山生态修复产业将迎来巨大的发展机遇和发展空间。

第二部分

实务指引

矿业篇

煤矿建设项目全流程审批合规要点

煤矿项目开发具有政策性强、涉及管理部门多、审批管理环节复杂、运作周期长等特点。一个煤矿建设项目，自取得探矿权开始至竣工验收结束取得安全生产许可证正式投产，需要办理诸多审批手续。近年来，随着行政机关简政放权、“放管服”改革的深入推进，煤矿建设项目审批管理发生了重大变革。其中，有的审批事项被削减，如取消开展项目前期工作的“路条”性文件、煤炭生产许可证；有的审批程序得到精简，如将建设项目选址意见书、建设项目用地预审意见合并；还有更多的是优化办理程序，如精减项目核准前审批要件，变串联办理为并联办理。

笔者根据煤矿建设项目管理相关法律法规政策，结合近年来行政机关简政放权、“放管服”改革实际情况，对煤矿建设项目审批管理中的合规要点进行梳理，以期为煤矿建设项目的依法依规开展提供参考。

一、煤矿建设项目核准前审批要件

（一）取得探矿权

探矿权，是指在依法取得的勘查许可证规定的范围内勘查矿产资源的权利。勘查矿产资源，必须依法申请登记，领取勘查许可证，取得探矿权。

探矿权发证权限。长期以来我国煤炭探矿权实行部、省两级审批发证，原国土资源部《关于规范勘查许可证采矿许可证权限有关问题的通知》[①]（国土资发〔2005〕200 号）按照勘查区块面积对部、省两级的发证权限进行了

① 该文件自 2020 年 5 月 27 日起失效。

划分。2010年以后，原国土资源部陆续授权黑龙江、贵州、陕西、新疆等省区国土资源主管部门负责辖区内的全部煤炭矿业权出让审批。2019年12月31日《改革意见》规定，省级自然资源主管部门负责煤炭矿业权（探矿权和采矿权）出让、登记。

探矿权取得方式。一是出让方式取得。我国矿业权在出让方式上大体经历了从无偿行政审批，到以有偿行政审批为主、招拍挂市场竞争方式出让为辅，再到以招拍挂市场竞争方式出让为主、协议出让和行政审批为辅的三个阶段的变化。2019年自然资源部《改革意见》规定，全面推进矿业权竞争性出让。二是转让方式取得。煤矿企业通过市场转让方式取得探矿权时，应当符合《探矿权采矿权转让管理办法》第5条规定的“自颁发勘查许可证之日起满2年，或者在勘查作业区内发现可供进一步勘查或者开采的矿产资源”“完成规定的最低勘查投入”“按照国家有关规定已经缴纳探矿权使用费、探矿权价款”等条件。

（二）煤炭矿区总体规划的编制审批

依据《煤炭法》等相关法律法规的规定，煤炭资源勘查开发必须编制矿区总体规划。经批准的煤炭矿区总体规划，是矿区煤炭资源开发的指导性文件，是煤炭矿业权设置、煤矿项目核准、建设、生产的基本依据。

1. 矿区总体规划的编制

规划编制主体。煤炭矿区总体规划由省级发展改革委委托具有甲级煤炭工程咨询资质的单位编制。

规划主要内容。煤炭矿区总体规划设计文件应当包括下列内容：（1）规划编制的依据、指导思想和原则；（2）矿区概况，包括矿区位置、资源条件、勘查程度等；（3）矿区开发目的和必要性，矿区开发对地区经济社会发展的作用和意义，煤炭市场前景和产品竞争力；（4）矿区开发企业基本情况，生产和在建矿区应当说明矿区生产开发现状；（5）矿区和井（矿）田范围确定依据，井田划分的技术经济比较；（6）矿井（露天矿）建设规模、服务年限、开拓方式、井口位置和工业场地；（7）矿区建设规模、均衡生产服务年限、煤炭资源补充勘查意见和矿井建设顺序；（8）煤炭洗选加工，包括煤质特征、原煤可选性、产品利用方向、煤炭洗选加工及布局等；（9）矿区与煤伴生资源、煤层气（煤矿瓦斯）、矿井水和煤矸石等资源综合开发利用方案；（10）外部建设条件，矿区铁路、公路、供电电源及供电方案、供水水源及供水方式、通信等；（11）矿区总平面布置及辅助设施，包括矿区地面布置、建设用地、防洪排涝等；（12）矿区安全生产分析与灾害防治等；（13）矿区环境保护、水土保持和节能减排等；（14）矿区劳动定员和矿区静态总投资；（15）规划矿井（露天矿）基本特征表、勘查程度图、井（矿）田划分图、矿区及井（矿）田拐点坐标表。

同步开展规划环评。根据《环境影响评价法》《规划环境影响评价条例》，生态环境部、发展改革委、能源局《关于进一步加强煤炭资源开发环境影响评价管理的通知》等规定，发展改革部门在组织编制煤炭矿区总体规划时，应根据法律法规要求，同步组织开展规划环评工作，编制环境影响报告书。负责编制规划的发展改革部门在报批煤炭矿区总体规划草案前，应将规划环评文件报送与规划审批部门同级的生态环境主管部门，并抄送负责审批规划的发展改革（能源主管）部门。生态环境主管部门会同负责审批规划的发展改革（能源主管）部门召集有关部门代表和专家组成审查小组，对环境影响报告书进行审查。负责审批规划的发展改革（能源主管）部门在审批规划草案时，应将规划环境影响报告书结论和审查意见作为矿区总体规划批准的重要依据。

2. 矿区总体规划的审批

审批权限。资源储量为中型、规划总规模300万吨/年及以上的矿区，其总体规划由矿区所在省级发展改革委会同省级煤炭行业管理等部门提出审查意见后，报国家发展改革委审批。煤炭资源储量为小型、规划总规模300万吨/年以下的矿区，其总体规划由省级发展改革委审批，报国家发展改革委备案。

审批程序。审批机关在受理矿区总体规划后，应当委托有资质的评估机构进行评估或者组织专家评审。评估机构在进行评估时，可要求规划申报单位就有关问题进行说明。对于可能会对公众利益造成重大影响的矿区，省级发展改革委在报批矿区总体规划前，应当采取适当方式征求公众意见。审批机关对同意批复的矿区总体规划，应当向规划申报单位下达批复文件，同时抄送相关行政机关。

（三）项目用地预审意见和选址意见书

用地预审申请和审查。根据《建设项目用地预审管理办法》，需核准的建设项目在项目申请报告核准前，由建设单位提出用地预审申请。预审应当审查以下内容：（1）建设项目用地是否符合国家供地政策和土地管理法律、法规规定的条件；（2）建设项目选址是否符合土地利用总体规划，属《土地管理法》第26条规定的情形，建设项目用地需修改土地利用总体规划的，规划修改方案是否符合法律、法规的规定；（3）建设项目用地规模是否符合有关土地使用标准的规定；对国家和地方尚未颁布土地使用标准和建设标准的建设项目，以及确需突破土地使用标准确定的规模和功能分区的建设项目，是否已组织建设项目节地评价并出具评审论证意见。国土资源主管部门完成审查后，出具预审意见。建设项目用地预审文件有效期为3年，已经预审的项目如需对土地用途、建设项目选址等进行重大调整的，应当重新申请预审。

划拨用地须申请核发选址意见书。根据《城乡规划法》《建设项目选址规划管理办法》，需要有关部门批准或者核准的建设项目，以划拨方式提供国有土地使用权的，建设单位在报送有关部门批准或者核准前，应当向城乡规划主管部门申请核发选址意见书。建设项目选址意见书内容应当包括建设项目的基本情况，建设项目规划选址的主要依据，建设项目选址、用地范围和具体规划要求。

自然资源部《关于以“多规合一”为基础推进规划用地“多审合一、多证合一”改革的通知》（自然资规〔2019〕2号）规定，将建设项目选址意见书、建设项目用地预审意见合并，自然资源主管部门统一核发建设项目用地预审与选址意见书，不再单独核发建设项目选址意见书、建设项目用地预审意见。

（四）产能置换方案及批复

根据国务院《关于煤炭行业化解过剩产能实现脱困发展的意见》（国发〔2016〕7号），国家发展改革委、国家能源局、国家煤矿安全监察局《关于实施减量置换严控煤炭新增产能有关事项的通知》（发改能源〔2016〕1602

号）等规定，从2016年起，3年内原则上停止审批新建煤矿项目、新增产能的技术改造项目和产能核增项目；确需新建煤矿的，一律实行减量置换。煤矿项目申请核准时，需提供产能置换方案，由项目核准机关按要求进行审核。

国家能源局《关于有序推进煤矿项目核准建设投产工作的通知》（国能发煤炭〔2018〕84号）规定，坚持产能置换长效机制，继续将产能置换作为煤炭行业基本产业政策，通过市场化手段推进产业结构调整、布局优化。2019年起，煤炭产能置换的规模比例、指标折算系数及认定情形等要求仍按现有规定执行。各级发展改革委（能源局）、煤炭行业管理部门不得核准（审批）不符合产能置换等产业政策要求的煤矿项目。

（五）社会稳定风险评估

《国家发展改革委重大固定资产投资项目社会稳定风险评估暂行办法》（发改投资〔2012〕2492号）规定，项目单位在组织开展重大项目前期工作时，应当对社会稳定风险进行调查分析，征询相关群众意见，查找并列出风险点、风险发生的可能性及影响程度，提出防范和化解风险的方案措施，提出采取相关措施后的社会稳定风险等级建议。项目申请报告的申报文件中，应当包含对该项目社会稳定风险评估报告的意见，并附社会稳定风险评估报告。社会稳定风险评估报告是核准机关核准项目的重要依据。

（六）部分省份要求取得划定矿区范围批复

国家发展和改革委员会办公厅、原国土资源部办公厅《关于做好煤炭资源开发规划管理工作的通知》规定，煤矿建设项目由国土资源主管部门划定煤矿矿区（井田）范围，发展改革主管部门核准煤矿项目后，由国土资源主管部门颁发采矿许可证。2017年3月，国家能源局印发《关于深化能源行业投融资体制改革的实施意见》（国能法改〔2017〕88号），明确指出，“精简能源投资项目核准前置许可。能源投资项目核准只保留选址意见和用地（用海）预审作为前置条件，除法律法规明确规定的，各级能源项目核准机关一律不得设置任何项目核准的前置条件”。根据国家发展改革委、国家能源局最新发布的煤矿项目核准办事指南，煤矿项目核准申请材料中不再包含划定矿区范围批复。

但是，一些省级自然资源主管部门办理建设项目用地预审手续时，要求矿山建设项目须提供划定矿区范围批复。由于建设项目用地预审意见是煤矿项目核准的前置条件，因此导致划定矿区范围批复实际上仍为煤矿项目核准的前置条件之一。

二、煤矿建设项目核准程序要点

我国对关系国家安全、涉及全国重大生产力布局、战略性资源开发和重大公共利益等企业投资项目，实行核准管理，煤矿项目属于《政府核准的投资项目目录（2016 年本）》范围。

（一）须核准的项目范围

根据国家发展改革委、国家能源局、原国家安全生产监督管理总局、国家煤矿安全监察局《关于进一步加强煤矿建设项目安全管理的通知》（发改能源〔2010〕709 号）的要求，所有新建项目、改扩建项目、生产能力提高一个标准设计档次（不含一个标准设计档次）以上的技术改造（产业升级）项目和净增生产能力 60 万吨/年及以上的资源整合（兼并重组）项目，必须履行项目核准程序。

（二）项目核准权限划分

根据《政府核准的投资项目目录（2016 年本）》，国家发展改革委负责国家规划矿区内新增年生产能力 500 万吨及以上煤炭开发项目核准，并报国务院备案；国家能源局负责国家规划矿区内新增年生产能力 120 万吨及以上、500 万吨以下煤炭开发项目核准；国家规划矿区内的其余煤炭开发项目和一般煤炭开发项目由省级政府核准。

（三）项目核准的审查和决定

委托评估。项目核准机关在正式受理项目申请报告后，需要评估的，应按照有关规定委托具有相应资质的工程咨询机构进行评估。项目核准机关在委托评估时，应当根据项目具体情况，提出评估重点，明确评估时限。接受委托的工程咨询机构应当在项目核准机关规定的时间内提出评估报告，并对评估结论承担责任。

审查内容。项目核准机关应当从以下方面对项目进行审查：（1）是否危害经济安全、社会安全、生态安全等国家安全；（2）是否符合相关发展建设规划、产业政策和技术标准；（3）是否合理开发并有效利用资源；（4）是否对重大公共利益产生不利影响。

安全核准。项目核准机关在项目核准前，应书面征求煤矿安全监察机构意见，煤矿安全监察机构负责对项目进行安全核准。

核准期限。项目核准机关应当在正式受理申报材料后20个工作日内作出是否予以核准的决定。项目情况复杂或者需要征求有关单位意见的，经本行政机关主要负责人批准，可以延长核准时限，但延长的时限不得超过40个工作日，并应当将延长期限的理由告知项目单位。项目核准机关需要委托评估或进行专家评议的，所需时间不计算在前款规定的期限内。

（四）项目核准效力及核准变更

核准效力。煤矿项目自核准机关出具项目核准文件2年内未开工建设，需要延期开工建设的，项目单位应当在2年期限届满的30个工作日前，向项目核准机关申请延期开工建设。项目核准机关应当自受理申请之日起30个工作日内，作出是否同意延期开工建设的决定。开工建设只能延期一次，期限最长不得超过1年。在2年期限内未开工建设也未按照规定向项目核准机关申请延期的，项目核准文件自动失效。

核准变更。企业拟变更已核准项目的建设地点，或者拟对建设规模、建设内容等作较大变更的，应当向核准机关提出变更申请。核准机关应当自受理申请之日起20个工作日内，作出是否同意变更的书面决定。

三、煤炭采矿权登记前置要件及程序要点

《矿产资源法》规定，探矿权人有权优先取得勘查作业区内矿产资源的采矿权。煤矿企业取得煤炭探矿权后，经过进一步地质勘查工作，具备探矿权转采矿权条件时，有权依法申请办理采矿权登记。

（一）煤炭采矿权登记前置要件

1. 矿产资源储量评审备案

煤炭探矿权转采矿权，应当编制符合相关标准规范的矿产资源储量报告，

向省级自然资源主管部门申请评审备案。

提交材料。凡申请矿产资源储量评审备案的矿业权人，应向自然资源主管部门提交矿产资源储量评审备案申请、矿产资源储量信息表、和矿产资源储量报告。大中型煤矿依据的矿产资源储量勘查程度应当达到勘探程度，小型煤矿应当达到详查及以上程度。

评审方式。评审备案原则上采取会议审查方式。应采用随机方式从专家库中选择相应专业的矿产资源储量评审专家，组成专业结构合理的专家组。矿产资源储量规模中型及以上的不少于 5 名专家，小型的不少于 3 名专家。首次申请评审备案矿产资源储量规模大型，累计查明矿产资源量达到大型规模，以及评审备案过程中存疑的，应组织现场核查。

评审备案结果。自然资源主管部门自受理之日起 60 个工作日内完成评审备案，并书面告知申请人评审备案结果。矿产资源储量评审意见书应依据评审会议及现场核查情况形成。根据评审意见书结论予以评审备案后，应填写矿产资源储量评审备案信息表，并将评审备案结果纳入矿产资源储量数据库。

2. 划定矿区范围批复

241 号令第 4 条第 1 款规定："采矿权申请人在提出采矿权申请前，应当依据经批准的地质勘查储量报告，向登记管理机关申请划定矿区范围。"划定矿区范围的批准文件是申请人开展采矿登记各项准备工作的依据。

矿区范围的确定。矿区范围，是指可供开采矿产资源范围、井巷工程设施分布范围或者露天剥离范围的立体空间区域。探矿权人申请采矿权的，矿区范围通过登记管理机关审查批准划定矿区范围申请确定。矿区范围的确定应当依据经评审备案的矿产资源储量报告，并符合矿产资源规划。

划定矿区范围预留期。探矿权人申请采矿权的，划定矿区范围预留期保持到其采矿登记申请批准并领取采矿许可证之日，预留期内，探矿权人应在勘查许可证有效期届满的 30 日前，申请保留探矿权。

3. 煤矿项目核准文件

根据国家发展和改革委员会办公厅、原国土资源部办公厅《关于做好煤炭资源开发规划管理工作的通知》，发展改革主管部门核准煤矿项目后，国土资源主管部门方可颁发采矿许可证。为深化"放管服"改革，进一步精简矿业权申请材料，自然资源部最新发布的矿业权审批登记服务指南中，取消了原采矿权登记申请材料清单中的“有关主管部门的项目核准”。

根据《改革意见》，煤矿采矿权登记工作已全部由省级自然资源主管部门负责。目前多数省份公布的采矿权登记办事指南中，仍然要求煤矿采矿权申请人提交煤矿项目核准文件。

4. 矿产资源开发利用方案及审查意见

241号令规定，采矿权申请人申请办理采矿许可证时，应当向登记管理机关提交矿产资源开发利用方案。

根据原国土资源部《关于加强对矿产资源开发利用方案审查的通知》（国土资发〔1999〕98号）、《关于完善矿产资源开采审批登记管理有关事项的通知》（国土资规〔2017〕16号）等规定，采矿权申请人可按要求自行编制或委托有关机构编制矿产资源开发利用方案。矿产资源开发利用方案的编制内容及评审须符合国土资源主管部门相关规定。承担审查工作的机构对开发利用方案审查后，应向登记管理机关报送书面审查意见。

5. 环境影响评价报告及批复

241号令等规定，采矿权申请人申请办理采矿许可证时，应当向登记管理机关提交开采矿产资源的环境影响评价报告及批复文件。为深化“放管服”改革，进一步精简矿业权申请材料，自然资源部最新发布的矿业权审批登记服务指南中，取消了原采矿权登记申请材料清单中的“环境影响评价报告及环保部门批复文件”。

根据《改革意见》，煤矿采矿权登记工作已全部由省级自然资源主管部门负责。根据各省公布的采矿权登记办事指南，采矿权申请人仍须提交环境影响评价报告及批复文件。

6. 矿山地质环境保护与土地复垦方案评审意见及公告结果

施行两方案合并编报制度。《矿山地质环境保护规定》要求，采矿权申请人申请办理采矿许可证时，应当编制矿山地质环境保护与治理恢复方案，报有批准权的国土资源行政主管部门批准。《土地复垦条例》规定，土地复垦义务人应当在办理建设用地申请或者采矿权申请手续时，随有关报批材料报送土地复垦方案。原国土资源部办公厅《关于做好矿山地质环境保护与土地复垦方案编报有关工作的通知》[①]（国土资规〔2016〕21 号）决定，施行矿山企业矿山地质环境保护与治理恢复方案和土地复垦方案合并编报制度。

方案编制审查。采矿权申请人在申请办理采矿许可证前，应当自行编制或委托有关机构编制矿山地质环境保护与土地复垦方案。采矿权申请人编制的矿山地质环境保护与土地复垦方案，应按采矿权发证权限，报具有相应审批权的国土资源主管部门组织审查。有关国土资源主管部门应将评审结果向社会公示，公示期为 7 个工作日。在公示期满无异议后，及时向社会公告审查结果。

7. 完成矿业权有偿处置

有偿处置范围由国家出资形成的矿业权扩大至所有矿业权。根据 240 号令、241 号令等规定，申请国家出资勘查并已经探明矿产地的区块的探矿权、采矿权，矿业权申请人除依照规定缴纳探矿权使用费外，还应当缴纳经评估确认的国家出资勘查形成的探矿权价款、采矿权价款。29 号文件决定，在矿业权出让环节，将探矿权采矿权价款调整为矿业权出让收益。将现行只对国家出资探明矿产地收取、反映国家投资收益的探矿权采矿权价款，调整为适用于所有国家出让矿业权、体现国家所有者权益的矿业权出让收益。35 号文件规定，申请在先方式取得探矿权后已转为采矿权的，如未完成有偿处置，应按剩余资源储量以协议出让方式征收采矿权出让收益。

出让收益金额确定和缴纳程序。通过招标、拍卖、挂牌等竞争方式出让矿业权的，矿业权出让收益按招标、拍卖、挂牌的结果确定。通过协议方式出让矿业权的，矿业权出让收益按照评估价值、市场基准价就高确定。市场基准价由地方矿产资源主管部门参照类似市场条件定期制定，经省级人民政府同意后公布执行。征收机关依据出让合同开具缴款通知书，通知矿业权人缴款。矿业权人在收到缴款通知书 7 个工作日内，按缴款通知及时缴纳矿业权出让收益。分期缴纳矿业权出让收益的矿业权人，首期出让收益按缴款通知书缴纳，剩余部分按矿业权出让合同约定的时间缴纳。

---

① 该文件自 2022 年 1 月 3 日起失效。

（二）煤炭采矿权登记程序要点

1. 审批发证机关

长期以来，我国煤炭采矿权出让实行部、省两级审批发证，按照井田储量对部、省两级的发证权限进行划分。《改革意见》规定，由省级自然资源主管部门负责煤炭采矿权出让、登记，自然资源部不再负责煤炭采矿权审批发证。

2. 采矿权申请人的条件

原国土资源部《关于完善矿产资源开采审批登记管理有关事项的通知》规定，采矿权申请人原则上应当为营利法人。241 号令规定，采矿权人被吊销采矿许可证的，自采矿许可证被吊销之日起 2 年内不得再申请采矿权。

3. 审批和发证

登记管理机关应当自收到申请之日起 40 日内，作出准予登记或者不予登记的决定，并通知采矿权申请人。需要采矿权申请人修改或者补充资料的，登记管理机关应当通知采矿权申请人限期修改或者补充。

准予采矿权新立登记后，申请人应申请注销原探矿权，并凭探矿权注销通知领取采矿许可证。采矿许可证有效期，按照矿山建设规模确定：大型以上的，采矿许可证有效期最长为 30 年；中型的，采矿许可证有效期最长为 20 年；小型的，采矿许可证有效期最长为 10 年。

四、煤矿建设项目前期其他审批要件

（一）地质灾害危险性评估

根据《地质灾害防治条例》等规定，煤矿建设项目在可行性论证阶段，应当委托具有相应资质的单位进行地质灾害危险性评估。《建设用地审查报批管理办法》规定，单独选址的建设项目位于地质灾害易发区的，建设单位提出用地申请时，应当提供地质灾害危险性评估报告。

原国土资源部《关于加强地质灾害危险性评估工作的通知》（国土资发〔2004〕69 号）规定，对地质灾害危险性评估成果实行备案制度，地质灾害危险性评估报告通过专家组审查后，评估单位应在 1 个月内到国土资源行政主管部门备案。2014 年原国土资源部发布《关于取消地质灾害危险性评估备案制度的公告》，决定取消地质灾害危险性评估备案制度，评估报告不再报送国土资源主管部门备案。

（二）建设项目压覆矿产资源审批

建设项目压覆重要矿产资源须经审批。137 号文规定，建设项目选址前，建设单位应向省级国土资源行政主管部门查询拟建项目所在地区的矿产资源规划、矿产资源分布和矿业权设置情况。不压覆重要矿产资源的，由省级国土资源行政主管部门出具未压覆重要矿产资源的证明；确需压覆重要矿产资源的，建设单位应根据有关工程建设规范确定建设项目压覆重要矿产资源的范围，委托具有相应地质勘查资质的单位编制建设项目压覆重要矿产资源评估报告，并履行压覆重要矿产资源审批程序。

建设项目压覆非重要矿产资源是否审批规定不一。对于建设项目压覆非重要矿产资源是否需要审批，《矿产资源法》和 137 号文均未作出规定，各省规定不尽相同。例如，《河南省建设项目压覆矿产资源管理办法》（豫国土资发〔2003〕135 号）规定，建设项目压覆非重要矿产资源的，由矿产所在地的县级以上国土资源主管部门提出初步审查意见，省国土资源主管部门应在 30 个工作日内组织审查并出具是否同意压覆矿产资源的批复文件。重庆市规划和自然资源局《关于规范建设项目压覆重要矿产资源审批工作的通知》（渝规资规范〔2019〕23 号）规定，建设项目确需压覆重要矿产资源，应依法按规定报批；建设项目确需压覆其他矿产资源，由项目建设单位与矿业权人参照国家规定的补偿标准协商解决补偿事宜，不再办理压覆矿产资源审批。

压覆审批手续是建设单位取得用地批复的前置条件。137 号文规定，凡申请办理土地预审或用地审批的，要按照有关规定，提交省级国土资源行政主管部门出具的未压覆重要矿产资源证明或压覆重要矿产资源储量登记有关材料。2016 年发布的 16 号文件规定，用地预审阶段，不再对单独选址的审批类建设项目是否压覆重要矿产资源进行审查。在用地报批阶段，建设项目涉及压覆重要矿产资源的，在建设单位说明已与矿业权人就压矿补偿问题进行协商、有关市县人民政府承诺做好压矿补偿协调工作的前提下，可办理用地审批手续；同时，省级国土资源主管部门应督促建设单位与矿业权人签订补偿协议，按规定办理压覆矿产资源审批和登记手续。对未签订补偿协议、未办理压覆矿产资源审批登记手续的，省级人民政府不得转发用地批复、市（县）人民政府不得供地。

（三）建设用地手续

申请用地。煤矿项目通常属于单独选址项目，建设单位应当向土地所在地的市、县自然资源主管部门提出用地申请。提出用地申请时，应提交下列材料：建设项目用地预审意见；建设项目批准、核准或者备案文件；建设项目初步设计批准或者审核文件。建设项目拟占用耕地的，还应当提出补充耕地方案；建设项目位于地质灾害易发区的，还应当提供地质灾害危险性评估报告。国家重点建设项目中的控制工期的单体工程和因工期紧或者受季节影响亟须动工建设的其他工程，可以由省、自治区、直辖市自然资源主管部门向自然资源部申请先行用地。经批准先行用地的，应当在规定期限内完成用地报批手续。

组卷报批。市、县国土资源主管部门对材料齐全、符合条件的建设用地申请，应当受理，并在收到申请之日起30日内拟订农用地转用方案、补充耕地方案、征收土地方案和供地方案，编制建设项目用地呈报说明书，经同级人民政府审核同意后，逐级上报有批准权的人民政府批准。农用地转用方案、补充耕地方案、征收土地方案和供地方案经有批准权的人民政府批准后，同级国土资源主管部门应当在收到批件后5日内将批复发出。

实施供地。经批准的农用地转用方案、补充耕地方案、征收土地方案和供地方案，由土地所在地的市、县人民政府组织实施。以有偿使用方式提供国有土地使用权的，由市、县国土资源主管部门与土地使用者签订土地有偿使用合同，并向建设单位颁发《建设用地批准书》。土地使用者缴纳土地有偿使用费后，依照规定办理土地登记。以划拨方式提供国有土地使用权的，由市、县国土资源主管部门向建设单位颁发《国有土地划拨决定书》和《建设用地批准书》，依照规定办理土地登记。

（四）建设项目安全预评价

根据《煤矿建设项目安全设施监察规定》等的规定，煤矿建设项目在可行性研究阶段，应当进行安全预评价，由承担煤矿建设项目安全评价的安全中介机构按照规定的标准和程序进行预评价，提出预评价报告。

安全预评价报告内容。煤矿建设项目安全预评价报告应当包括以下内容：（1）主要危险、有害因素和危害程度以及对公共安全影响的定性、定量评价；（2）预防和控制的可能性评价；（3）建设项目可能造成职业危害的评价；（4）安全对策措施、安全设施设计原则；（5）预评价结论；（6）其他需要说明的事项。

安全预评价报告备案问题。2003 年出台的《煤矿建设项目安全设施监察规定》要求，安全评价报告应报煤矿安全监察机构备案。2009 年国家煤矿安全监察局《关于取消煤矿建设项目安全评价报告评审备案的通知》（煤安监监察〔2009〕13 号）规定，简化相关行政许可程序，强化煤矿安全评价机构责任，煤矿建设项目安全评价报告不再评审和备案。煤矿安全评价机构应科学、公正、合法、自主地开展安全评价工作，并对所作出的评价结果负责。

（五）初步设计和安全设施设计

编制要求。煤矿建设项目核准后，建设单位要根据煤矿建设规模，委托具有相应资质的同一设计单位承担初步设计与安全设施设计。设计单位要按照《煤炭工业矿井设计规范》《煤炭工业露天矿设计规范》《煤矿安全规程》和煤矿安全标准，编制初步设计和安全设施设计。

初步设计审查。根据国家发展和改革委员会、原国土资源部、原建设部、原安全监管总局、原煤矿安监局《关于加强煤炭建设项目管理的通知》（发改能源〔2006〕1039 号），煤矿初步设计由所在地的省级政府指定的部门会同省级发展改革委审查，省级政府未指定审查部门的，由省级发展改革委会同同级煤炭行业管理部门审查。

安全设施审计审查。根据《煤矿建设项目安全设施监察规定》，煤矿建设项目安全设施的设计审查，由煤矿安全监察机构按照设计或者新增的生产能力，实行分级负责。设计或者新增的生产能力在 300 万吨/年及以上的井工煤矿建设项目和1000万吨/年及以上的露天煤矿建设项目，由国家煤矿安全监察局负责设计审查。设计或者新增的生产能力在300万吨/年以下的井工煤矿建设项目和1000万吨/年以下的露天煤矿建设项目，由省级煤矿安全监察局负责设计审查。2020年《国家矿山安全监察局职能配置、内设机构和人员编制规定》要求将煤矿安全生产许可、建设工程安全设施设计审查等事项移交给地方政府，但此项工作目前仍由煤矿安全监察局负责。

（六）节能审查

根据《节约能源法》《固定资产投资项目节能审查办法》等规定，固定资产投资项目节能审查意见是项目开工建设、竣工验收和运营管理的重要依据，建设单位需在开工建设前取得节能审查机关出具的节能审查意见。

节能审查权限。固定资产投资项目节能审查由地方节能审查机关负责。国家发展改革委核报国务院核准以及国家发展改革委核准的企业投资项目，建设单位需在开工建设前取得省级节能审查机关出具的节能审查意见。关于年综合能源消费量5000吨标准煤以上的固定资产投资项目，其节能审查由省级节能审查机关负责。关于其他固定资产投资项目，其节能审查管理权限由省级节能审查机关依据实际情况自行决定。

节能审查程序。建设单位应编制固定资产投资项目节能报告。节能审查机关受理节能报告后，应委托有关机构进行评审，形成评审意见，作为节能审查的重要依据。节能审查机关应在法律规定的时限内出具节能审查意见，节能审查意见自印发之日起2年内有效。通过节能审查的固定资产投资项目，建设内容、能效水平等发生重大变动的，建设单位应向节能审查机关提出变更申请。

（七）取水许可审批

1. 2016年以前，煤矿建设项目前期涉水行政审批包括取水许可和水资源论证报告书审批两项

取水许可。根据《水法》《取水许可管理办法》等规定，国家对水资源依法实行取水许可制度，申请取水的单位或者个人，应当向具有审批权限的审批机关提出申请。审批机关受理取水申请后，应当对取水申请材料进行全

面审查，并综合考虑取水可能对水资源的节约保护和经济社会发展带来的影响，决定是否批准取水申请。建设项目取得取水许可申请批准文件，申请人方可兴建取水工程或者设施。

水资源论证报告书审批。2002 年水利部、原国家发展计划委员会制定的《建设项目水资源论证管理办法》规定，对于直接从江河、湖泊或地下取水并需申请取水许可证的新建、改建、扩建的建设项目，建设项目业主单位应当进行建设项目水资源论证，编制建设项目水资源论证报告书。建设项目水资源论证报告书，由具有审查权限的水行政主管部门或流域管理机构组织有关专家和单位进行审查，并根据取水的急需程度适时提出审查意见。建设项目水资源论证报告书的审查意见是审批取水许可（预）申请的技术依据。

2. 2016 年以后，取水许可和水资源论证报告书审批整合为取水许可审批

2016 年《水利部简化整合投资项目涉水行政审批实施办法（试行）》（水规计〔2016〕22 号）、水利部办公厅《关于做好取水许可和建设项目水资源论证报告书审批整合工作的通知》（办资源〔2016〕221 号）规定，对投资项目涉水行政审批内容相近事项进行分类整合，将取水许可和建设项目水资源论证报告书审批 2 项整合为取水许可审批。在取水许可申请受理阶段需一并提交建设项目水资源论证报告书，作为取水许可审批的重要依据。

（八）水土保持方案审批

根据《水土保持法》《开发建设项目水土保持方案编报审批管理规定》等规定，煤矿建设项目应编制水土保持方案，并报水行政主管部门审批。

方案编制。水土保持方案的编报工作由建设单位负责。建设单位可按要求自行编制水土保持方案，也可委托有关机构编制。具体编制水土保持方案的单位和人员，应当具有相应的技术能力和业务水平。

方案审批。水土保持方案编制完成后，建设单位应当向有审批权的水行政主管部门提交书面申请和水土保持方案报告书。有审批权的水行政主管部门受理申请后，应当依据有关法律、法规和技术规范组织审查，或者委托有关机构进行技术评审。水行政主管部门应当自受理水土保持方案报告书审批申请之日起 20 日内，作出审查决定。经审批的项目，如性质、规模、建设地

点等发生变化时，项目单位应及时修改水土保持方案，并按照程序报原批准单位审批。

（九）文物勘探

《文物保护法》规定，进行大型基本建设工程，建设单位应当事先报请省、自治区、直辖市人民政府文物行政部门组织从事考古发掘的单位在工程范围内有可能埋藏文物的地方进行考古调查、勘探。考古调查、勘探中发现文物的，由省、自治区、直辖市人民政府文物行政部门根据文物保护的要求会同建设单位共同商定保护措施。

煤矿项目开工建设前，建设单位按照上述规定向文物管理部门申请进行地下文物勘探。勘探结束后，文物管理部门应出具文物勘探竣工的通知。

（十）职业病危害预评价

根据《职业病防治法》《煤矿作业场所职业病危害防治规定》等规定，煤矿建设项目在可行性论证阶段，建设单位应当委托具有资质的职业卫生技术服务机构进行职业病危害预评价，编制预评价报告。

2001 年颁布的《职业病防治法》规定，由卫生行政部门对职业病危害预评价报告进行审核。2016 年修订的《职业病防治法》，取消了建设项目职业病危害预评价报告审核程序。根据《建设项目职业病防护设施“三同时”监督管理办法》《建设项目职业病危害风险分类管理目录（2021 修订）》，煤矿项目建设单位主要负责人或其指定的负责人应当组织外单位职业卫生专业技术人员参加评审工作，并形成评审意见。建设单位应当按照评审意见对职业病危害预评价报告进行修改完善。职业病危害预评价工作过程应当形成书面报告备查。建设项目职业病危害预评价报告通过评审后，建设项目的生产规模、工艺等发生变更导致职业病危害风险发生重大变化的，建设单位应当对变更内容重新进行职业病危害预评价和评审。

五、煤矿建设项目开工及竣工投产前审批要件

（一）煤矿项目开工备案

国家发展和改革委员会、原国土资源部、原建设部、原安全监管总局、

原煤矿安监局《关于加强煤炭建设项目管理的通知》规定，煤矿建设项目开工前，建设单位应将项目核准、初步设计和安全设施设计批复文件，采矿许可证，设计、施工和监理单位资质证，施工企业安全生产许可证，中标文件，工程质量监督手续，保证安全施工的措施，以及拟开工日期等，向省级发展改革委、煤炭行业管理部门、煤矿安全监管部门和煤矿安全监察机构告知备案，有关部门应出具备案回执。

近年来，各地为了加强煤矿建设项目管理，对煤矿项目开工备案所需提供材料做了进一步明确，增加了建设用地批复、环境影响评价批复、文物考古勘探竣工通知书等材料。

（二）煤矿项目联合试运转

联合试运转实行备案管理。煤矿建设项目建成后竣工验收前，应当进行联合试运转。联合试运转开始前，项目建设单位应当编制联合试运转方案，并报省级煤炭行业管理部门备案。相关部门收到内容完整的联合试运转方案即为备案。联合试运转的期限一般为1～6个月；特殊情况下，在规定期限内未完成联合试运转工作的可以延期，但联合试运转总时间最长不得超过12个月。联合试运转期间，项目建设单位可按规定向有关部门申请专项验收。

编制联合试运转报告。联合试运转完成后，项目建设单位应编制联合试运转报告。联合试运转报告应当包含以下主要内容：（1）各主要系统运行情况；（2）主要生产设备故障处理记录与分析；（3）提升、运输、排水、通风、供电、采掘等主要设施与装备的检测、检验报告；（4）联合试运转的效果分析；（5）有关安全生产的建议；（6）其他应说明的事项。

（三）煤矿项目竣工验收

竣工验收主体。《煤矿建设项目竣工验收管理办法》（国能发煤炭〔2019〕1号）规定，煤矿项目建设单位负责组织煤矿建设项目竣工验收，项目单位实行多级管理的，可由项目单位上一级具有独立法人资格的单位负责组织验收。

竣工验收条件。煤矿建设项目竣工验收应当具备以下条件：（1）已按批准的建设规模、标准、投资和内容建成，满足设计和生产要求；有剩余工程的，剩余工程不得是主体工程，不得影响煤矿正常生产；（2）工程质量合格；（3）安全设施、环境保护设施、水土保持设施、职业病防护设施、消防设施等按要求建成，并通过专项验收；（4）项目建设单位已按要求落实煤炭产能置换等相关产业政策；（5）项目竣工档案资料齐全，符合档案管理要求；（6）煤矿组织机构设置符合有关要求，建立健全规章制度；职工经过培训合格，特种作业人员取得上岗操作资格证书；矿长安全生产知识和管理能力按规定考核合格；（7）联合试运转达到预期效果，试运转中出现的问题已妥善解决，联合试运转报告已编制完成。

竣工验收程序。煤矿建设项目竣工验收前，项目建设单位应当编制竣工验收报告。项目建设单位应当根据煤矿建设项目的具体情况，组成竣工验收委员会，负责开展项目竣工验收工作。竣工验收委员会通过听取汇报、查阅档案资料、现场检查等方式，全面检查工程建设情况，对建设项目进行综合评价，讨论通过并签署《煤矿建设项目竣工验收鉴定书》。煤矿建设项目竣工验收合格后，项目建设单位应当通过全国投资项目在线审批监管平台报送项目竣工信息，并将《煤矿建设项目竣工验收鉴定书》报送省级煤炭行业管理部门。

（四）安全生产许可证

颁证权限。《煤矿企业安全生产许可证实施办法》规定，国家煤矿安全监察局负责中央管理的煤矿企业总部（总公司、集团公司）安全生产许可证的颁发和管理。省级煤矿安全监察局负责其他煤矿企业安全生产许可证的颁发和管理。国家矿山安全监察局综合司《关于开展煤矿安全生产许可事项移交工作的通知》（矿安综〔2021〕33 号）要求，将煤矿安全监察机构承担的煤矿生产企业安全生产许可证颁发管理工作，移交至各省级煤矿安全监管部门承担。

申请主体。《煤矿企业安全生产许可证实施办法》规定，煤矿企业除本企业申请办理安全生产许可证外，其所属矿（井、露天坑）也应当申请办理安全生产许可证，一矿（井、露天坑）一证。煤矿企业实行多级管理的，其上级煤矿企业也应当申请办理安全生产许可证。

提交材料。煤矿企业申请领取安全生产许可证，应当提供：(1) 安全生产许可证申请书；(2) 主要负责人安全生产责任制材料（复制件），各分管负责人、安全生产管理人员以及职能部门负责人安全生产责任制目录清单；(3) 安全生产规章制度目录清单；(4) 设置安全生产管理机构、配备专职安全生产管理人员的文件；(5) 主要负责人、安全生产管理人员安全生产知识和管理能力考核合格的证明材料；(6) 特种作业人员培训计划，从业人员安全生产教育培训计划；(7) 为从业人员缴纳工伤保险费的有关证明材料；(8) 重大危险源检测、评估和监控措施；(9) 事故应急救援预案，设立矿山救护队的文件或者与专业救护队签订的救护协议。煤矿申请领取安全生产许可证，还应当提供采矿许可证、特种作业人员操作资格证书的证明材料、从业人员安全生产教育培训计划和考试合格的证明材料、具备资质的中介机构出具的安全评价报告等材料。

综上所述，煤矿建设项目前期手续齐全，项目建设完成、竣工验收合格并取得安全生产许可证等证照后，方可正式投入生产，转入生产煤矿管理。

煤炭资源配置历史遗留问题合法性分析和解决建议

内蒙古自治区煤炭资源丰富，为发挥资源优势带动经济发展，自治区自2004年开始出台了一系列煤炭资源配置政策，向符合规定条件的项目配置煤炭资源，以煤炭资源配置为抓手带动项目建设。直至2018年内蒙古自治区全面实施煤炭资源市场化出让，煤炭资源配置政策先后历时十余年。如何把握不同阶段的煤炭资源配置政策，如何界定煤炭资源配置项目的合法性，如何处理和解决煤炭资源配置遗留的问题，是相关行政管理机关及矿业企业在煤炭资源专项整治中必须要面对的问题。

一、内蒙古自治区煤炭资源配置政策历史演变

（一）2004年至2011年：煤炭资源配置管理的探索阶段

2004年8月19日，内蒙古自治区政府印发了《关于进一步加强煤炭资源矿业权设置及重点转化项目资源配置管理工作的意见》① （内政字〔2004〕281号），对煤炭资源配置原则、配置权限、配置程序、配置条件进行了初步规范，强调煤炭资源配置主要倾向煤化工、煤液化、煤电化等重大的煤炭转化项目，促进煤炭资源在内蒙古自治区的深度开发利用。

2004年12月31日，内蒙古自治区政府印发了《关于加快发展能源重化工业进一步推进煤炭资源优化配置的意见》（内政发〔2004〕436号），进一步从煤炭资源配置条件、配置程序、矿业权的设置和取得、矿业权价款处置等方面，较为全面地阐述了资源配置政策内容。

---

① 该文件自2020年5月20日起失效。

2009年6月12日，内蒙古自治区政府发布了《关于进一步完善煤炭资源管理的意见》（内政发〔2009〕50号），从煤炭资源配置基本原则、配置条件、标准与要求、审批程序、有偿使用和监管等方面又作出了系统的规范。但内政发〔2009〕50号文件相比内政字〔2004〕281号、内政发〔2004〕436号文件而言，最主要变化是扩大了煤炭资源配置项目的范围，将原来向煤炭转化项目配置煤炭资源，扩大到包括装备制造、高新技术等项目，采取简单的资源换项目的思路，偏离了煤炭资源管理的正确轨道。

这一时期，煤炭资源配置管理处于探索和规范阶段，煤炭资源配置管理的行政色彩较为浓厚，煤炭资源配置的条件较为宽松。

（二）2012年至2017年：煤炭资源配置政策进一步调整完善阶段

2012年11月15日，内蒙古自治区人民政府出台《关于印发自治区完善煤炭资源配置管理若干规定的通知》（内政发〔2012〕126号），该文件针对煤炭资源配置中出现的新情况、新问题和历史遗留问题，从煤炭资源配置条件、价款缴纳、配置量计算、已配置资源管理、风险探矿权处理等方面，对内政发〔2009〕50号文件内容进行了调整。其中最为重要的是取消了原来向装备制造项目、高新技术项目等煤炭转化项目配置资源的规定，重新明确“行政配置煤炭资源必须符合国家产业政策，配置给直接转化煤炭资源的电力、煤炭深加工等项目”。

2013年8月27日，内蒙古自治区政府办公厅发布了《关于执行内政发〔2012〕126号文件有关事宜的通知》[①]（内政办发〔2013〕74号），在内政发〔2012〕126号文件基础上，对煤炭资源配置的程序、配置量计算等内容进行了细化。

2014年7月16日，内蒙古自治区人民政府办公厅《关于印发自治区煤炭资源配置清理工作方案的通知》（内政办发〔2014〕79号）出台，该文件首次要求对以往配置的煤炭资源进行全面清理，具体从清理范围、清理目标、清理步骤、资源回收方式等方面进行了规定。

2015年12月31日，内蒙古自治区政府发布了《关于深化煤炭资源市场

① 该文件自2020年5月20日起失效。

化配置的意见》[①]（内政办发〔2015〕147号），围绕深化煤炭资源市场化配置，从煤炭矿业权出让方式、矿业权出让准入申请、市场化配置程序等方面对煤炭资源配置工作进行了完善。

这一时期，煤炭资源配置政策在原有基础上进行调整和完善，煤炭资源市场化配置程度不断提高。

（三）2018年：对煤炭资源配置历史遗留问题进行清理处置阶段

2018年6月20日，内蒙古自治区政府发布了《关于全面实施煤炭资源市场化出让的意见》[②]（内政发〔2018〕22号），规定除协议出让情形外的新设煤炭矿业权全面实行招标、拍卖、挂牌等竞争性方式出让，自治区人民政府从2019年1月1日起不再研究新设井田的煤炭资源配置事宜。同时，该文件从时间阶段、工作程序、价款（出让收益）缴纳等方面对矿业权清理处置工作进行了规定。

2018年8月13日，内蒙古自治区人民政府办公厅《关于印发自治区煤炭资源清理处置实施方案的通知》（内政办发〔2018〕52号）出台，该文件着眼于推进已配置煤炭资源的清理处置，以及妥善解决煤炭资源配置政策执行中的遗留问题，对煤炭资源清理处置工作进行了部署。

2018年以来，随着煤炭资源配置政策的落幕，对已配置煤炭资源进行清理、对尚未完成配置项目依法依规分类处置，成为内蒙古煤炭资源管理的重要内容。

二、煤炭资源配置的合法性分析

对煤炭资源配置的合法性进行审查，既是评价煤炭资源配置领域行政管理行为是否合法的标准，也是依法保护企业煤炭资源配置权益的依据。笔者认为，根据内蒙古自治区煤炭资源配置政策，可以从煤炭资源配置条件、配置权限、配置程序、清理处置等方面进行分析，综合评判煤炭资源配置的合法性。

---

① 该文件自2020年5月20日起失效。

② 该文件已被内政发〔2020〕12号修改。

（一）煤炭资源配置条件

内蒙古自治区煤炭资源配置政策明确规定，煤炭资源配置必须符合相应条件。在煤炭资源配置政策实施过程中，煤炭资源配置的条件也进行了多次调整。

1. 内政字〔2004〕281 号和内政发〔2004〕436 号文件规定向符合条件的煤炭转化项目配置资源

内政字〔2004〕281 号和内政发〔2004〕436 号文件规定，对具备下列条件的投资项目和拟办企业，可以按照转化规模需求量，优先优惠配置和预留资源量：一是项目年消耗动力煤、原料煤 500 万吨以上的煤化工、煤液化和电力装机 240 万千瓦以上的电厂及其他重化工等项目；二是拟建企业的技术等级高、设备优良，具有先进采掘、煤矿安全、资源综合利用和清洁煤炭等技术，配套煤炭洗选、机械化综采、煤炭液化、循环流化床等设备；三是一次性投资较大，除保证项目使用资金外，能提供项目配套的基础设施建设资金；四是对自治区重化工业发展有重大影响和直接拉动作用；五是规模较大的深加工项目，煤炭综合利用水平高、煤转化产业链长的项目。

2. 内政发〔2009〕50 号文件扩大了煤炭资源配置范围

内政发〔2009〕50 号文件在原有政策基础上，扩大了煤炭资源配置范围，规定向符合条件的 7 类项目配置煤炭资源。值得注意的是，内政发〔2009〕50 号文件将煤炭资源配置范围扩大到了煤炭转化和综合利用项目以外的装备制造、高新技术等项目，属于跨行业配置煤炭资源，在政策执行过程中一度被诟病为“以资源换项目”。

3. 内政发〔2012〕126 号文件提高了资源配置门槛

为了纠正“以资源换项目”的招商模式，内政发〔2009〕126 号文件提高了煤炭资源配置门槛，要求配置煤炭资源必须符合国家产业政策，配置给直接转化煤炭资源的电力、煤炭深加工等项目，并公布了煤炭资源配置管理目录。对于技术含量高、带动性大的大型装备制造和高新技术产业化等项目，内政发〔2012〕126 号文件规定政府通过资源性收益建立产业发展资金，采取风险投资、资本金补贴、贴息等方式给予支持，不再配置煤炭资源。

根据上述政策的梳理，可见内蒙古自治区煤炭资源配置条件是不断变化的，煤炭资源配置条件的变化反映了煤炭资源配置政策的导向。作为合法的煤炭资源配置项目，必须符合当时政策规定的配置条件。

（二）煤炭资源配置权限

根据政策规定，内蒙古自治区政府拥有煤炭资源配置审批权，无论是作为矿业权出让管理部门的国土资源厅（自然资源厅），还是盟行政公署、市人民政府，均不具有配置煤炭资源的最终审批权。

内政发〔2004〕436号文件规定，对符合条件的投资项目和拟办企业，依据业主申请，经自治区人民政府批准，可以按照转化规模需求量，优先优惠配置和预留资源量。

内政发〔2009〕50号文件规定，自治区人民政府统一调控全区煤炭资源的一级市场勘查和管理。资源配置可以通过盟市之间相互协商提出意见，报自治区人民政府审批；个别项目的资源配置，也可以由自治区人民政府根据产业布局研究确定。申请配置煤炭资源的项目，由各盟行政公署、市人民政府初审，自治区有关部门提出审核意见后，由内蒙古自治区人民政府研究审批。

所以，只有内蒙古自治区政府享有煤炭资源配置审批权限，未经自治区政府批准的煤炭资源配置项目，均不符合政策规定。

（三）煤炭资源配置程序

根据政策规定，煤炭资源配置权益的取得，需要符合条件的企业提出申请，经过政府及有关部门按照审批权限和流程进行一系列行政审批行为，才能最终完成煤炭资源配置。

1. 先立项，后配置资源

内政发〔2004〕436号文件规定，在煤炭资源采矿权的供给上，遵循“先立项目、后配资源”的原则，在国家规划区内的新上煤炭项目，应具有国家发展和改革委员会的批准文件；在国家规划区外的煤炭项目，由自治区发展和改革委员会按规划核准和审批。

内政发〔2012〕126号文件对煤炭转换项目的落实作出了规定。应当由国家核准的煤炭转化项目，在取得国家投资主管部门同意开展前期工作的文件后，才具备配置煤炭资源的条件。自治区权限内核准的煤炭深加工项目，工程进度应当达到主设备全部订货且实际投资额完成批准投资总额的50%以上，才可配置煤炭资源。对于褐煤提质项目，其单套装置的规模和能效必须达到国家能源局颁布的煤炭深加工产业发展政策规定的标准，产业化的生产线能够实现稳定运行，才可配置煤炭资源。

2. 资源配置要按照层级和部门审查程序报批

内政字〔2004〕281号文件规定，矿业权受理申请需经盟行政公署、市人民政府签署意见，由企业报自治区矿业主管部门审查，经自治区人民政府检查符合整体发展规划后，由国土资源部门办理相关审批手续。对需要国家审批的大型矿产地矿业权设置，由自治区原国土资源厅报原国土资源部。

内政发〔2009〕50号文件对煤炭资源配置审批程序做了进一步规范：一是申请配置煤炭资源的项目由各盟行政公署、市人民政府根据国家产业政策和自治区有关规定进行初审，符合产业政策、进入产业目录、具备条件的投资项目，由项目所在地盟行政公署、市人民政府报自治区人民政府审批。二是申报项目由自治区发展和改革委员会、经济委员会（煤炭工业局）、原环境保护局、原国土资源厅等有关部门根据职能职责提出审核意见。自治区发展和改革委员会、经济委员会（煤炭工业局）、环境保护局要将审核意见及时报送自治区人民政府并抄送自治区原国土资源厅，由自治区原国土资源厅负责汇总相关部门的意见后，报请自治区人民政府研究审批。

（四）煤炭资源清理处置

针对煤炭资源配置过程中存在的问题，为规范煤炭资源配置清理工作，内政办发〔2014〕79号文件决定对以往配置的煤炭资源进行核查和清理。经过盟市自查和自治区核查两个程序后，对于不符合配置条件或者超出配置资源量的，应当依法收回配置的煤炭资源或者补缴相应价款。

内政发〔2018〕22号文件及内政办发〔2018〕52号文件，要求继续全面清理资源配置中存在的问题，并就如何清理处置作了具体规定：

1. 对未落实转化项目对应的资源量，由资源所在地盟行政公署、市人民政府负责收回。

2. 对2018年年底前符合煤炭资源配置条件的，有关盟行政公署、市人民政府要督促企业加快项目建设，及时上报自治区人民政府履行配置程序。

3. 2019年1月1日起，自治区人民政府不再研究政府配置煤炭资源事宜。

笔者认为，分析内蒙古自治区煤炭资源配置的合法性，应当从上述配置条件、配置权限、配置程序及清理处置四个维度综合衡量，只有四个方面全部符合当时的配置政策，才能认定其具有合法性。

三、解决煤炭资源配置历史遗留问题的几点建议

虽然内蒙古煤炭资源配置政策已成为过去时，但因政策执行时间长，影响范围广，加之矿产资源管理改革、新旧政策交替等因素，煤炭资源配置政策所产生的历史遗留问题至今尚未完全解决。近年来，围绕煤炭资源配置出现了一系列民事、行政和刑事领域的矛盾和纠纷，目前开展的专项整治活动，更使煤炭资源配置问题成为备受关注的焦点问题。对于煤炭资源配置历史遗留问题的解决，笔者提出以下几点建议：

（一）坚持将合法性作为评判煤炭资源配置的标尺

合法行政原则是行政机关作出行政行为时应遵循的一项基本原则。煤炭资源配置作为政府对煤炭资源管理的行政行为，应严格遵循合法行政原则。涉及煤炭资源配置的相关企业，判断政府机关具体煤炭资源配置行为时，也应当以合法性为标准。对于符合矿产资源法律法规和内蒙古煤炭资源配置政策的配置行为，相关企业应与政府及有关部门积极沟通，将政策落实到位，保障煤矿企业依法应当获得的权益；对于违反矿产资源法律法规和内蒙古煤炭资源配置政策的配置行为，相关企业可以主张政府资源配置行为违法；企业基于对政府煤炭资源配置政策或者承诺信赖而进行的项目投资，但最终并未实际获得煤炭资源配置利益的，可以根据信赖利益保护原则，要求政府给予投资损失合理补偿，或者根据具体情况，向其他责任主体主张赔偿。

（二）坚持政府在解决煤炭资源配置历史遗留问题中发挥主导作用

内蒙古自治区煤炭资源配置政策执行时间长，政策前后变化大，涉及情况复杂，影响众多煤炭井田开发和煤炭矿业权设立。目前历史遗留问题涉及各种复杂因素，有的属于井田规划原因，有的涉及环保因素，有的是同一井田配置多个企业，有的配置主体和配置程序存在问题等。解铃还须系铃人。自治区政府作为煤炭资源配置政策的制定者和执行者，对于历史遗留问题的解决，其同样必须发挥主导重要。只有政府发挥主导作用，才能够在综合判断的基础上，依据现有政策和路径，为解决历史遗留问题提出切实合理可行的方案；同时政府也能够调动各种资源，协调相关利益主体协商一致，通过资源置换、合作开发、利益补偿等方式最终解决问题。

（三）坚持将企业之间平等协商作为解决历史遗留问题的重要路径

煤炭资源配置历史遗留问题产生的原因是多方面的。有的是不同层级政府将同一煤炭资源分别承诺配置给不同企业，或者同一政府在不同时期将同一煤炭资源分别配置给不同企业等情形，导致企业之间因煤炭资源配置问题产生纠纷；有的是基于煤田储量、项目规模等原因，政府将多家企业煤炭资源配置同一井田，各家企业共同开发存在协调困难；有的是由于矿区规划、环境保护等原因，导致政府原来给企业配置的煤炭资源无法落实；有的是政府违规将已经设置矿权的井田资源再次配置给其他企业等情形。

平等协商有利于使各方主体的权益都得到落实。上述历史遗留问题原因复杂，周期长，干扰因素多，解决难度非常大。利益相关企业必须认识到，由于煤炭资源配置是政府主导进行的，其政策依据较为简单，审批的事实材料和程序文件可能存在瑕疵。有的历史遗留问题要区分绝对的谁是谁非难度较大，寸土必争、分毫不让必然导致纠纷无期限拖延下去，最终损害的还是企业自身利益。只有平等协商、相互妥协、互有退让的方式才是解决问题的最佳路径，在各方协商一致的基础上，采取利益补偿、资源置换、转让资源配置权益、共同开发等方式，尽快使各方的煤炭资源配置权益得到落实。

（四）坚持将司法救济作为解决历史遗留问题的最后手段

在政府协调和企业协商不能解决问题的情况下，通过诉讼寻求司法救济成为解决问题的最后手段。对于因行政机关不履行职责或违法行政导致问题无法解决的，企业可依法提起行政复议、行政诉讼。对于企业之间因煤炭资源配置引发的矿业权侵权、投资补偿、股权合作等方面的纠纷，可通过民事诉讼的方式予以解决。对于煤炭资源配置中出现的非法采矿、国有资产流失等违法犯罪行为，企业可依法向有关机关进行控告和举报。

对申请在先方式取得探矿权征收出让收益之异议

为落实国务院关于矿产资源权益金制度改革的决策部署，2017 年财政部、原国土资源部联合印发了 35 号文，对矿业权出让收益征收进行了具体规定。

一、问题的提出

35 号文规定，申请在先方式取得探矿权后已转为采矿权的，如果没有经过有偿处置，应按剩余资源储量以协议出让方式征收采矿权出让收益。尚未转为采矿权的，应在采矿权新立时以协议出让方式征收采矿权出让收益。

根据以往政策和实践情况，通过申请在先方式取得的探矿权分为两类：一类是通过申请在先方式取得国家出资勘查探明矿产地的探矿权，另一类不是国家出资勘查探明矿产地的探矿权，即通常所说在空白区范围进行的风险勘查。因为 35 号文“对于无偿占有属于国家出资探明矿产地的探矿权和无偿取得的采矿权”如何征收矿业权出让收益，已进行明确规定，所以此处所说申请在先方式取得的探矿权不是国家出资勘查探矿矿产地的探矿权，而是探矿权人在勘查空白区范围内进行的风险勘查。为了表述上的方便，下文所说的申请在先方式取得的探矿权，均不包括应当缴纳价款的国家出资勘查探明矿产地的探矿权。

申请在先方式取得探矿权采矿权的政策是如何规定的？如何界定申请在先方式取得探矿权或者采矿权是否完成有偿处置？申请在先方式取得的探矿权是否应当征收矿业权出让收益？这些问题关系申请在先探矿权人的重大利益，也成为矿业权出让收益征收必须要厘清和解决的问题。

二、申请在先方式是以往探矿权取得的重要方式

1996 年修正后颁布实施的《矿产资源法》明确规定，勘查开采矿产资源，必须依法分别申请，经批准取得探矿权、采矿权，并办理登记。1998 年公布的 240 号令规定，探矿权申请人申请探矿权时，应当按照规定向登记管理机关提交资料。登记管理机关应当在规定期限内，按照申请在先的原则作出准予登记或者不予登记的决定。

2006 年，原国土资源部印发《关于进一步规范矿业权出让管理的通知》（国土资发〔2006〕12 号），对矿业权出让方式进行了全面的设计，按照分类管理的原则，以矿种风险高低为标准，规定了以申请在先、招拍挂、协议等方式出让探矿权采矿权的具体条件；明确高风险矿种可以通过申请在先方式出让探矿权，即属于《分类目录》规定的第一类矿产的勘查，并在矿产勘查工作空白区或虽进行过矿产勘查但未获可供进一步勘查矿产地的区域内，以申请在先即先申请者先依法登记的方式出让探矿权。

通过申请在先的方式设立探矿权，一方面是因为当时我国矿产资源管理的制度设计，延续了我国计划经济管理体制下地质找矿的管理理念和手段；另一方面也和我国矿产资源开发中鼓励勘查的政策相吻合。众所周知，矿产资源勘查一般来说属于高风险项目。以申请在先的方式设立探矿权，可以降低矿产资源勘查市场的门槛，吸引更多的市场主体和资金进入矿产资源风险勘查领域，推动我国矿产资源勘查开采秩序良性发展。据研究结果统计，金属矿产找矿的成功率最高不超过 10% 甚至更低。正因为矿产勘查项目具有高风险、高投入、长周期的特点，也应当允许探矿权人获得高回报的收益，才能激励更多的市场主体进入高风险矿种的勘查领域，探明更多的资源储量，为社会贡献财富。

2017 年 2 月，中共中央办公厅、国务院办公厅印发了《改革方案》，规定全面推进矿业权竞争性出让，除协议出让等特殊情形外，其他矿业权一律以招标拍卖挂牌方式出让。随着改革方案的全面贯彻实施，申请在先方式出让探矿权采矿权将成为历史。

三、矿业权有偿处置政策梳理

按照35号文的规定，以申请在先方式取得探矿权后转为采矿权的，应当进行有偿处置；没有进行有偿处置的，应当按照新的矿业权出让收益征收的规定，征收采矿权出让收益。那么，申请在先方式设定的探矿权转为采矿权的，以往政策对其有偿处置是如何规定呢？这种有偿处置的具体形式是什么？

追溯我国矿业权管理制度可以知道，1996年修正的《矿产资源法》及240号令、241号令规定，我国实行探矿权采矿权有偿取得制度，有偿取得的主要形式是缴纳探矿权采矿权使用费和探矿权采矿权价款。缴纳探矿权采矿权价款的前提条件是申请的属于国家出资勘查并已经探明矿产地的探矿权采矿权；如果申请的不是国家出资勘查并已经探明矿产地区块内的，而是矿产勘查工作空白区或虽进行过矿产勘查但未获可供进一步勘查矿产地的区域内探矿权采矿权的，则不需要缴纳探矿权采矿权价款。

为落实矿产资源有偿取得制度，2006年9月国函102号，规定山西省等8个煤炭主产省（区）进行煤炭资源有偿使用制度改革试点。改革的主要内容是：（1）实施方案发布之日起，试点省（区）出让新设煤炭资源探矿权、采矿权，除特别规定的之外，一律以招标、拍卖、挂牌等市场竞争方式有偿取得。（2）实施方案发布之日前企业无偿占有属于国家出资探明的煤炭探矿权和无偿取得的采矿权，均应进行清理，并在严格依据国家有关规定对剩余资源储量评估作价后，缴纳探矿权、采矿权价款。同时对探矿权、采矿权价款转增国家资本金作了具体规定。这是从中央政策层面，第一次规定原来企业无偿占有属于国家出资探明的煤炭探矿权和无偿取得的采矿权要进行清理并补缴价款，实际上就是煤炭探矿权采矿权有偿处置的内容。

2006年10月财政部、原国土资源部联合印发的《关于深化探矿权采矿权有偿取得制度改革有关问题的通知》[①]（财建〔2006〕694号），延续了2006年国函102号的规定，只是在矿产资源种类方面从煤炭扩展到除不能进入市场的国家专营矿种以外的所有矿产资源，适用范围上从试点到全面铺开。

① 该文件已自2020年1月23日起失效。

该通知发布之后新设探矿权采矿权，应当按照规定以现金方式缴纳探矿权采矿权价款。对通知发布之前探矿权、采矿权人无偿占有属于国家出资（包括中央财政出资、地方财政出资或中央财政和地方财政共同出资，下同）探明矿产地的探矿权和无偿取得的采矿权，由国土资源管理部门会同财政部门进行清理，并对清理后的探矿权、采矿权进行评估，探矿权人、采矿权人按照评估结果缴纳探矿权采矿权价款。694 号文规定，除不能进入市场的国家专营矿种以外的所有矿产资源，之前探矿权、采矿权人无偿占有属于国家出资探明矿产地的探矿权和无偿取得的采矿权，都要进行清理、评估，补缴探矿权、采矿权价款，进行资本化处置，即有偿处置。

2008 年财政部、原国土资源部《关于探矿权采矿权有偿取得制度改革有关问题的补充通知》①（财建〔2008〕22 号）中，第一次明确提出有偿处置的概念，“十、关于矿业权有偿处置相关费用的列支问题。各级国土资源管理部门在矿业权有偿处置过程中发生的资源储量核实、矿业权价款评估及其他相关费用，由同级财政部门核定，纳入财政预算管理，不得从矿业权价款收入中坐支”。

2008 年，原国土资源部办公厅发布《关于做好部登记的采矿权有偿处置工作的通知》（国土资厅发〔2008〕72 号），要求各地清理无偿取得的探矿权进行清理，按要求进行储量核实评审备案和价款评估工作。

2010 年财政部、原国土资源部《关于加强对国家出资勘查探明矿产地及权益管理有关事项的通知》（财建〔2010〕1018 号）要求，各地应按照财建〔2006〕694 号文件和财建〔2008〕22 号文件的规定，抓紧对无偿占有国家出资探明矿产地的探矿权和无偿取得的采矿权进行有偿处置。对属于企业自行出资勘查探明矿产地的，不得收取矿业权价款。

根据上述政策规定，我们可以就探矿权采矿权有偿处置得出以下结论：

一是关于时间节点。需要进行有偿处置的探矿权采矿权是上述文件下发前已经存在的，新设定的矿业权根据要求采取有偿方式进行出让，不存在有偿处置的问题。

① 该文件自 2020 年 1 月 23 日起失效。

二是关于适用范围。需要进行有偿处置的是探矿权、采矿权人无偿占有属于国家出资探明矿产地的探矿权和无偿取得的采矿权，之前通过申请在先取得空白区的探矿权及其探矿权转为采矿权的不属于有偿处置的范围。

三是关于有偿处置方式。有偿处置就是补缴探矿权采矿权价款。价款缴纳的标准需经依法评估，价款缴纳的形式是现金缴纳，严格限制价款分期和以折股形式缴纳矿业权价款，不再允许价款转增国家资本金。

由此我们可以看出，以申请在先方式取得探矿权后转为采矿权的，根据以往政策，根本不属于有偿处置的范围。如果严格执行矿产资源管理法律政策，申请在先方式取得的探矿权无论是否已经转为采矿权，均不存在已经完成有偿处置的问题。

四、对申请在先取得探矿权征收出让收益是不合理的

根据前文所述，以申请在先方式取得的空白区的探矿权后转为采矿权的，均不属于有偿处置的范围，正常来讲不存在完成有偿处置的情形，但按照35号文的规定，目前所有以申请在先方式取得探矿权已经转为采矿权或者将来转为采矿权，均应在采矿权阶段缴纳采矿权出让收益。35号文规定申请在先方式取得的探矿权转为采矿权征收采矿权出让收益，于理不合，于法无据。

（一）导致矿产资源管理秩序混乱

“法不溯及既往”是一项基本的法治原则。通俗地讲，就是不能用今天的规定去约束昨天的行为。在我国以往的矿业权有偿取得和有偿处置政策中，规定收取价款或者有偿处置的范围均是“无偿占有国家出资探明矿产地的探矿权和无偿取得的采矿权”，申请在先方式取得的探矿权及转为采矿权的，均不属于补缴价款或者有偿处置的范围。35号文的规定，把是否完成有偿处置作为判断标准，实际上会导致以前申请在先方式取得的探矿权及其转为采矿权的都要征收采矿权出让收益，这是用新制定的政策去约束原来的矿业权人并且加重了矿业权人的负担，与“法不溯及既往”的基本原则相矛盾。

探矿权人当时以申请在先的方式取得探矿权，一方面明知需要投入资金进行勘查，承担勘查无果的高风险；另一方面也知道对勘查探明的矿产资源

有权进行转让或者合理开发，其中并没有缴纳矿业权价款的负担。35 号文的规定改变了矿业权人当初的预期，增加了矿业权人的负担，损害了矿业权人期待的信赖利益。遵循诚信原则是政府依法行政的基本要求，政府部门不能随意改变既定的管理政策，增加矿业权人原来并不存在的负担。矿业权出让收益征收也应当按照“老的按老规矩办，新的按新规矩办”的原则，否则将导致矿业管理秩序的混乱，最终损害的是我国矿产资源开发整体投资环境。

（二）有违公平原则

我国过去在矿业权有偿处置的政策中规定，探矿权、采矿权人无偿占有属于国家出资探明矿产地的探矿权和无偿取得的采矿权应当进行清理、评估，缴纳矿业权价款，而不要求申请在先方式取得的探矿权及其转为采矿权的缴纳价款；这是根据矿业权人面临的风险高低决定的，具有较强的合理性。

探矿权人申请在先方式取得的探矿权属于高风险，探矿权人在承担高风险、高投入的代价下，应当允许其分享找矿投资收益的高回报。毕竟按照地质找矿规律而言，大部分申请在先方式取得的探矿权，能探明矿产资源储量并具有经济价值的比例很低，探矿权人更多面临的是找矿投资失败的结局。为了降低风险勘查的门槛、鼓励更多的勘查资金进入风险勘查领域、实现矿产资源“从无到有”，允许申请在先取得的探矿权分享找矿投资收益的高回报是合理的。

探矿权人无偿占有国家出资探明矿产地的探矿权应当进行有偿处置，收取价款，是因为国家对该勘查区块进行了勘查投资，对探矿权的形成做了贡献，应当分享找矿投资收益。探矿权人在国家已经出资探明矿产地的前提下取得的探矿权，相对于申请在先空白区取得探矿权，风险降低了很多。

采矿权人无偿取得采矿权的应当进行有偿处置，收取价款，是因为采矿权的设置需要符合一定前提条件，如已经探明储量或者以往已经设置过采矿权并有进一步开采价值的矿产地，以及风险较低的砂石黏土类矿产等，采矿权人取得采矿权时一般来讲不需要再投入巨额资金进行勘查，而是直接进入矿产资源开采阶段，风险相对探矿权是较低的。

35 号文将高风险类型的申请在先取得探矿权后转为采矿权的，以及风险较低的无偿占有国家出资探明矿产地的探矿权和无偿占有的采矿权，规定一并征收矿业权出让收益（矿业权价款），没有将不同风险程度的矿业权人区别对待，没有将矿产资源勘查风险的高低和矿业权人预期收益高低相挂钩，违反基本的公平原则，缺乏可说服的理论依据。

（三）实践操作中存在矛盾

35号文规定的申请在先取得探矿权后转为采矿权的要征收采矿权出让收益，因为和以往矿业权价款缴纳政策不衔接，造成实践中无法执行。2016年，原国土资源部受理的A矿业公司不服B省原国土资源厅采矿权价款收缴的行政复议案件，对于矿业权价款和矿业权出让收益征收的衔接具有典型意义。

案件基本情况如下：2006年7月，A矿业有限公司以申请在先方式取得某铁矿的探矿权，因属于空白区的探矿权，取得时并未缴纳价款。取得探矿权后，A矿业公司委托专业地勘队伍对该铁矿进行普查、详查阶段的勘查工作，所需勘查资金均由A矿业公司承担。2012年5月，A矿业公司向B省原国土资源厅提交探矿权转采矿权申请。B省原国土资源厅批准设立某铁矿采矿权的同时，要求A矿业公司缴纳该铁矿采矿权价款。A矿业公司对B省原国土资源厅要求其补缴采矿权价款的行为不服，向原国土资源部申请行政复议。

原国土资源部经审查认为，依据法律法规及政策规定，探矿权、采矿权人无偿占有属于国家出资探明矿产地的探矿权和无偿取得的采矿权应按规定进行有偿处置，合法取得且不涉及国家出资勘查探明矿产地的探矿权，在探转采时无须缴纳价款。矿业权价款是在探矿权、采矿权人无偿占有属于国家出资探明矿产地的探矿权和无偿取得的采矿权时才应按规定进行有偿处置并收取，对于合法取得且不涉及国家出资勘查探明矿产地的探矿权或采矿权则无须缴纳价款。据此，原国土资源部依法作出行政复议决定：撤销B省原国土资源厅要求缴纳采矿权价款的行为，责令退还A矿业公司已缴纳的采矿权价款。

原国土资源部上述行政复议决定严格执行了矿产资源管理法律政策要求，

依法纠正省原国土资源厅擅自扩大矿业权价款征收范围的行为，发挥了行政复议内部监督作用，维护了A矿业公司的合法权益。

但问题是，按照35号文的规定，A矿业公司属于申请在先取得探矿权后转为采矿权的，并且没有经过有偿处置，还应当缴纳采矿权出让收益。一方面，原国土资源部通过行政复议决定明确A矿业公司不需要缴纳采矿权价款；另一方面，按照35号文的规定，A矿业公司还要缴纳采矿权出让收益，甚至当前要征收的采矿权出让收益金额远高于当初要求缴纳的采矿权价款，如此前后矛盾的规定，A矿业公司如何能够认可，具体在实践中如何执行?

基于上述分析，笔者认为，对申请在先方式取得探矿权后转为采矿权的征收采矿权出让收益，既没有法律依据，也没有合理性支持。该规定割裂了我国矿产资源管理政策的前后一致性，不合理地增加了矿业权人的负担，造成实践中执行的困难，建议行政主管部门对此予以修改完善，为我国矿产资源开发秩序提供良好的政策环境。

自然保护区内探矿权、采矿权的退出及补偿

自然保护区内探矿权、采矿权退出有着重要的时代背景。特别是党的十八大确立“五位一体”总体布局，把生态文明建设放在突出地位以来，矿产资源开发和环境保护的矛盾渐渐凸显。在生态优先的新形势下，对自然保护区的矿产资源开发进行严格的限制、弥补矿产资源开发的历史欠账，符合当前形势下资源开发与环境治理的要求。按照目前的政策要求，探矿和采矿行为是否必须全面退出自然保护区，以及自然保护区内原有合法的探矿权人和采矿权人的利益如何保护，已经成为当前矿产资源管理和矿业权人头痛的难题。

一、矿产资源开发和环境保护的政策规定

矿产资源开发和环境保护的矛盾由来已久，也是客观存在的。矿产资源开发一般分为探矿行为和采矿行为。相对来说，探矿行为对土地表层以及生态环境破坏较小，对保护区内动植物和自然生态造成的影响十分有限；探矿又属于“找宝”活动，从政策上来说应当是鼓励的。当然，不能排除特殊矿种或者特殊的勘探方式对环境造成一定影响。采矿行为可能对自然保护区的环境影响较大，采矿涉及矿山基建、矿石开采、选矿、矿产品运输和尾矿堆放、废水排放等多个环节，可能对自然保护区的土地、动植物、地质环境、水、空气等生态环境造成污染和破坏。

为此，我国《矿产资源法》确定了重要地区限制采矿的制度，《森林法》《草原法》《水法》也对矿产资源开发涉及森林、草原和资源保护走出了限制性规定。《自然保护区条例》《风景名胜区条例》《地质遗迹保护管理规定》《湿地保护管理规定》等行政法规和政策文件也涉及矿产资源开发和环境保

护的规定。

自然保护区内的探矿权采矿权必须依法退出，其法律依据主要是《自然保护区条例》和2015年“十部门”57号文件。

二、明确自然保护区的边界范围和功能区划是探矿权采矿权退出的前提

世界上第一个自然保护区是1872年美国建立的黄石国家公园；中国第一个自然保护区是1956年建立的鼎湖山自然保护区。经过60多年的发展，特别是20世纪90年代以后，我国自然保护区的建设取得了长足进步，自然保护区的数量迅速增加，类型日益丰富，面积显著扩大。截至2015年年底，我国现有各类自然保护区共计2740个。自然保护区面积14,702.8万公顷，约占国土面积的14.8%。

自然保护区建设取得成效显著的同时，也存在很多问题，有的保护区划定得不够科学，一些地方为争取上级财政补贴，在没有经过科学论证的情况下，随意申请划定自然保护区；有的因为各种创建活动，过分追求保护区面积的增加；等等。这些问题的存在，导致部分自然保护区目前仍然存在保护区边界范围不清楚和功能规划分区不明确的问题，这和探矿权采矿权退出自然保护区息息相关。因为探矿权、采矿权退出自然保护区必须要界定两个问题，一是要界定探矿权、采矿权是不是在自然保护区范围内，二是要界定探矿权、采矿权是不是在自然保护区的核心区和缓冲区范围内。

（一）关于自然保护区的边界范围不清楚的问题

根据《自然保护区条例》第14条第1款的规定，“自然保护区的范围和界线由批准建立自然保护区的人民政府确定，并标明区界，予以公告”。但实践中，基于当时申请划定自然保护区的不科学，管理上的粗放和混乱特别是土地权属的矛盾，相当一部分自然保护区在建立时没有明确的坐标，自然保护区的边界范围并不清楚。

以祁连山自然保护区为例：1987年10月，甘肃省政府就批准成立了祁连山省级自然保护区；1988年5月，国务院批准其为国家级自然保护区，但保护区面积一直不明确。直至2014年10月，祁连山自然保护区才有了明确

的面积、范围和功能区划，完成实地立标。保护区建立30余年，面积和功能区划一直模糊，保护区边界不清楚，实地勘测落界更是无从谈起。

如果自然保护区的边界范围不清楚，如何认定探矿权和采矿权是否在自然保护区范围内？如果不能确认探矿权采矿权在自然保护区范围内，就不能适用自然保护区的相关规定，要求探矿权采矿权退出就缺乏充足的法律依据。

（二）关于自然保护区的功能分区不明确的问题

按照《自然保护区条例》的规定，自然保护区可以分为核心区、缓冲区和实验区。不同的功能分区保护力度是不一样的。其中，核心区和缓冲区范围内不允许建设任何生产设施，严格控制人类活动；实验区范围内则允许有一定的生产设施和建设项目。但实践中我国已有的自然保护区中还有相当比例没有明确划分功能区。有学者研究发现，我国有20%以上保护区没有划定功能区。根据“十部门”57号文件的要求，探矿权、采矿权必须退出的是自然保护区的核心区和缓冲区。所以判断探矿权、采矿权是否处于核心区和缓冲区就非常关键，如果自然保护区没有划定核心区和缓冲区，那么认定探矿权、采矿权必须退出也是存在争议的。

三、探矿权、采矿权退出自然保护区应当区别对待

无论是根据目前自然保护区的法律政策还是矿产开发的实际需要，对探矿权、采矿权退出自然保护区都应该区别对待，切不可搞“一刀切”的政策。无数次历史经验证明，“一刀切”“层层加码”的政策往往矫枉过正、用力过头，无法达到自然保护区和矿产资源开发的利益平衡，无法实现保护生态环境的初衷。

（一）关于探矿权是否必须退出自然保护区的问题

根据《自然保护区条例》的规定，禁止在自然保护区内的开矿、采石、挖沙等行为。从矿产资源开发利用的角度，可以看出禁止的是采矿行为，并没有禁止进行探矿行为。如前所述，探矿行为属于“找宝”活动，且对自然保护区环境和动植物资源造成的扰动较小，应该获得支持。

根据《自然保护区条例》第27条的规定，进入自然保护区核心区的科

学研究观测、调查活动应当事先向自然保护区管理机构提交申请和活动计划，并经自然保护区管理机构批准，所以进入自然保护区的核心区的探矿行为，也应当得到自然保护区行政主管部门的批准。在办理审批手续时，应当通过环境影响评价的程序，来评估探矿行为对环境造成的影响，如果确实对所保护的动植物资源、环境资源以及整个生态环境造成重大影响甚至不可逆的环境损害，那么环境部门应当否决在保护区内进行的探矿行为。将是否允许在自然保护区内探矿作为“一事一议”来进行评估，更符合探矿和自然保护之间价值保护的平衡。

《自然保护区条例》第32条规定，“在自然保护区的核心区和缓冲区内，不得建设任何生产设施”。探矿行为不属于生产性项目，不建设任何生产设施。虽然“十部门”57号文件明确规定，“对自然保护区内已设置的商业探矿权、采矿权和取水权，要限期退出”，但要求探矿权必须退出自然保护区既没有法律和行政法规的依据，从探矿权所产生的价值以及对自然环境扰动造成危害的实际情况来说也没有必要。

（二）关于采矿权是否必须全部退出自然保护区的实验区的问题

《自然保护区条例》规定，自然保护区内禁止采矿行为；“十部门”57号文件要求，探矿权采矿权要退出自然保护区的核心区和缓冲区。所以采矿权退出自然保护区的核心区和缓冲区的法律和政策规定是十分明确的。但就自然保护的实验区而言，其保护力度和核心区、缓冲区并不相同。

《自然保护区条例》第32条第1款规定，“在自然保护区的核心区和缓冲区内，不得建设任何生产设施。在自然保护区的实验区内，不得建设污染环境、破坏资源或者景观的生产设施；建设其他项目，其污染物排放不得超过国家和地方规定的污染物排放标准。在自然保护区的实验区内已经建成的设施，其污染物排放超过国家和地方规定的排放标准的，应当限期治理；造成损害的，必须采取补救措施”。可以看出，在自然保护区的实验区，是允许有建设项目存在的，但这种建设项目生产不得造成环境污染，不得破坏自然保护区保护的资源和景观，污染物排放要符合规定的标准。

如前所述，采矿行为很多时候会对环境造成明显损害，但也有个别的矿产开发，如矿泉水、地热资源的开采并不会造成环境破坏，应当允许这样的采矿行为在自然保护区的实验区内存在。同样，随着科技手段的进步，矿产资源开采并不必然带来对生态环境的损害和污染，国内外存在诸多采矿和环境保护共同和谐发展、实现“双赢”的案例，即使是世界上第一个设立自然保护区的美国，一百多年内通过不断采取法律和市场的手段，也没有让历史形成的矿业活动完全退出保护区，仍有部分国家公园存在合法的矿业权。我国也应当通过提高环保标准和加强环境执法力度，要求试验区的矿产开采行为符合环境保护要求，而不是采取简单的强制退出的办法。

（三）通过调整自然保护区范围的方式使部分采矿权合法化

前文提到，我国自然保护区目前保护面积达到 14, 702. 8 万公顷，约占整个国土面积的 14. 8%。矿产资源的赋存地也多在崇山峻岭、奇峰险川之间，和设定的自然保护区的范围多有重叠。那么，是否自然保护区内的开采资源开发就是完全禁止的？能否通过调整自然保护区的范围，让渡出一部分矿产资源赋存地，使矿产资源的勘查开采行为合法化呢？

环境保护属于公共利益，“环保优先”是一个普遍的原则，任何以牺牲环境保护为代价的经济发展都是不可取的。但我们也必须认识到，矿产资源开发利用不仅仅是探矿权人、采矿权人的个体利益，矿产资源包括能源已是关系国家社会经济发展的重要战略资源，关系一国的经济安全和社会稳定。中华人民共和国成立 70 多年来，我国工业现代化和城镇化所取得的伟大成就，与矿产资源的有力保障是分不开的。特别是最近 20 年左右，随着我国经济的高速发展和工业化、城镇化步伐的加快，矿产资源供需矛盾日益紧张，矿产品进口成为保障我国矿产资源需求的重要来源之一，这也导致多年国际上大宗矿产品价格的持续上涨，引发了中国“买什么、什么贵”的现象。矿产资源以及能源安全是国家安全的重要组成部分，目前世界上很多国家都将保障矿产资源安全作为国家资源战略的首要目标。我国也明确提出，到 2020 年，基本形成比较完善的能源安全保障体系，能源自给能力保持在 85% 左右。

所以，涉及自然保护区内矿产资源开发利用的问题时，应当采取“两害相权取其轻”的基本思路，合理评估自然环境生态系统保护和矿产资源开发的利益平衡。特别是针对原来自然保护区设定不科学，保护对象、保护等级和保护区划定范围没有经过科学论证的，应当经过重新科学论证、合理划定；对涉及战略性矿产资源勘查开采的，保护区能够缩小范围或者异地补划面积的，应当调整保护区的范围，为矿产资源开发做好铺垫。

自然保护区的调整是有法律和政策依据的，《自然保护区条例》第 15 条第 1 款规定：“自然保护区的撤销及其性质、范围、界线的调整或者改变，应当经原批准建立自然保护区的人民政府批准。”2013 年国务院印发的《国家级自然保护区调整管理规定》明确，国家级自然保护区调整包括的范围调整、功能区调整及更改名称，并规定了自然保护区调整的条件、程序和审批等内容。北京、青海、陕西等多个省份也出台了相关规定。

（四）自然保护区核心区和缓冲区内的采矿权必须退出

在前述情形均排除的情况下，自然保护区的核心区和缓冲区的采矿权，必须要关停退出；涉及政府补偿的，对相关权利人应当给予公平合理的补偿。

四、探矿权采矿权退出自然保护区的补偿

（一）关于补偿的依据

探矿权采矿权退出自然保护区的补偿问题，既有理论依据支撑，也有法律政策的保护。

“信赖保护原则”是自然保护区内合法探矿权采矿权退出获得补偿的重要理论依据。信赖保护原则是行政法中的最为重要的原则之一，属于行政法领域的“帝王条款”。该原则具体是指行政相对人基于对行政主体的授益性、合意性、指导性等行政行为的信赖而产生的值得保护的利益，这种行为不得随意撤销或者变更，否则应对行政相对人的合法利益给予补偿。信赖保护原则的基础是公众对自己国家及国家权力的信任，因为行政行为具有确定力和公信力。所以政府要遵循基本的诚信原则，不得随意撤销或者变更原来生效的行政行为；确需撤销或改变行政行为的，对于由此给相对人造成的损失应当给予补偿。

从现有的法律政策来看，我国已经在较为广泛的领域建立了行政补偿制度，如土地管理、防沙治沙、消防、防洪、水资源利用等方面都有行政补偿的法律制度。

《宪法》第 13 条规定："公民的合法的私有财产不受侵犯。国家依照法律规定保护公民的私有财产权和继承权。国家为了公共利益的需要，可以依照法律规定对公民的私有财产实行征收或者征用并给予补偿。"《民法典》第 327 条规定："因不动产或者动产被征收、征用致使用益物权消灭或者影响用益物权行使的，用益物权人有权依据本法第二百四十三条、第二百四十五条的规定获得相应补偿。"第 329 条规定："依法取得的探矿权、采矿权、取水权和使用水域、滩涂从事养殖、捕捞的权利受法律保护。"《行政许可法》第 8 条规定："公民、法人或者其他组织依法取得的行政许可受法律保护，行政机关不得擅自改变已经生效的行政许可。行政许可所依据的法律、法规、规章修改或者废止，或者准予行政许可所依据的客观情况发生重大变化的，为了公共利益的需要，行政机关可以依法变更或者撤回已经生效的行政许可。由此给公民、法人或者其他组织造成财产损失的，行政机关应当依法给予补偿。"这条规定是行政信赖利益保护原则的重要体现，也是探矿权采矿权退出自然保护区应当给予补偿的直接法律依据。

"十部门"57 号文件也明确提出，"对自然保护区设立之前已存在的合法探矿权、采矿权和取水权，以及自然保护区设立之后各项手续完备且已征得保护区主管部门同意设立的探矿权、采矿权和取水权，要分类提出差别化的补偿和退出方案，在保障探矿权、采矿权和取水权人合法权益的前提下，依法退出自然保护区核心区和缓冲区"。可以看出，中央层面政策文件对合法探矿权采矿权退出也明确是要给予补偿的。

无论是保护区成立之前还是保护区成立之后设立的矿业权，只要是矿业权人经过合法程序取得的探矿权、采矿权，都是基于对政府信赖形成的值得保护的利益，属于《民法典》《行政许可法》等法律法规规定的信赖保护利益，因政府原因导致利益受损的，应当对权利人给予补偿。

（二）关于补偿的原则

国际上行政补偿的原则虽然表述有所不同或者不同时期有所变化，但目前主流的补偿原则是公平补偿原则。我国对行政补偿原则没有统一法律规定，不同法律中对补偿原则表述不一，存在“一定补偿”“合理补偿”“适当补偿”等多种叫法。从适应依法行政和建设法治政府的要求来看，公平补偿原则应当作为探矿权采矿权退出自然保护区行政补偿的基本原则。所谓的公平补偿原则，又有人称为“公正补偿原则”或者“正当补偿原则”，是一个比较抽象，内涵难以界定的概念。笔者认为，对探矿权人采矿权的公平补偿原则，主要内涵，是指政府及其相关部门出于保护自然保护区生态环境的需要，而使探矿权人采矿权人的合法权益遭受了特别损害，能够依据社会上公认的公平理念对探矿权人采矿权人进行补偿，在补偿的范围、标准、方式和程序上做到公平合理，较好地体现了社会公共利益和矿业权人合法利益的平衡的补偿原则。

（三）关于补偿的范围

探矿权采矿权退出自然保护区的情形比较复杂，对每种情况的具体补偿标准和补偿范围应当单独考量。

1. 对没有完成出让的探矿权采矿权的补偿

对于没有完成出让的探矿权、采矿权而言，探矿权采矿权正在出让过程中，意向探矿权人、采矿权人实际上未真正获得行政审批，也不应该产生勘查开采实际投入，补偿主要体现在退还其在取得探矿权、采矿权过程中已经缴纳的相关费用，如探矿权价款、采矿权价款、探矿权使用费、采矿权使用费等。

2. 对探矿权的补偿

（1）对到期探矿权的补偿。

探矿权到期，探矿权人不申请延续或者转为采矿权的，探矿权自然终止。如果探矿权人申请延续或者转为采矿权，按照法律政策规定，符合相关条件的，国土资源部门应当予以延续或者设定采矿权；这是探矿权人的合法权利。因自然保护区原因不予办理相关登记的，应当给予探矿权人公平合理的补偿。对探矿权具体补偿的方法和标准包括：①成本补偿的方法。具体标准包括补偿取得探矿权过程中已经缴纳的相关费用，如探矿权价款、探矿权使用费等，探矿实际勘查投入，资金占用的成本。②价值评估的方法。即对探矿权的价值进行评估，根据评估结果给予补偿。

其中，处于勘查阶段的探矿权到期的，如果其勘查结果没有探明资源量，经储量评审认为不应该转为下一勘查阶段或者继续进行投入，此时探矿权人申请办理延续登记，因自然保护区的原因不予办理延续登记的，探矿权自然终止，不需要给探矿权人补偿。这是因为探矿本身属于高风险的投资行为，特别是在普查阶段的探矿行为，如果探矿权人因为没有探明资源量而遭受投资损失，应当由其自己承担损失。要杜绝那些本来计划主动放弃探矿权，不再打算进行勘查投入，现在因为自然保护区退出有补偿政策而不再主动放弃，要求政府给予补偿的情形。

（2）对未到期探矿权的补偿。

未到期的探矿权被要求强制退出自然保护区的，应当给予探矿权人补偿。补偿的具体标准同上。

3. 对采矿权的补偿

（1）采矿权到期的，如果采矿许可证年限和矿产资源开发利用方案确定的服务年限一致，到期依法办理注销登记手续，不需要给予采矿权人补偿。

（2）采矿权到期的，如果采矿许可证年限短于矿产资源开发利用方案确定的服务年限，采矿权人申请延续，因自然保护区原因不予办理延续登记的，需要给予采矿权人补偿。对采矿权具体补偿的方法和标准包括：①成本补偿的方法。具体标准包括补偿剩余储量对应的价款、矿山基本建设投入剩余年限的折旧费用、资金占用的成本。②价值评估的方法。即对目前的采矿权价值进行评估，根据评估结果给予补偿。

（3）未到期的采矿权，被要求强制退出自然保护区的，应当给予采矿权人补偿。具体的补偿的方法和标准同上。

需要指出的是，关于上述勘查投入和矿山开发基本建设投入，由于勘查技术水平、勘查手段和开发设计方案、实际建设水平有差异等情况，可能投入经费数额差距巨大。具体数额应当经政府相关部门核定或者专业的机构进行审计、评估，充分考虑投资的折旧和摊销性费用。另外，具体的补偿额度应当考虑矿业权退出自然保护区的公益性以及当地政府的财政承受能力，在公平补偿的原则下综合平衡统筹考虑。

要特别强调的是，探矿权人采矿权人退出自然保护区获得政府补偿，并不能因此免责应当履行的其他义务，如造成地质环境损害应当履行恢复治理的义务，矿山闭坑中的相关义务。

五、自然保护区内探矿权人、采矿权人权益的维护

探矿权、采矿权被要求退出自然保护区时，其权利人可以通过协商、行政复议、行政诉讼等途径来主张和维护自身的合法利益。

按照“十部门”57号文件的规定，要求政府有关部门对合法的探矿权、采矿权退出自然保护区的，要分类提出差别化的补偿和退出方案。提出补偿方案的过程也是政府部门和矿业权人协商解决的过程。虽然目前没有行政补偿的具体程序性规定，但这一过程应当遵循行政行为的基本程序规定，如政府部门应当履行公开、告知的义务，应当保障矿业权人提出意见、申请听证等权利。如果政府部门和矿业权人没有就补偿达成一致，政府部门单方面作出补偿方案的，矿业权人可以采取行政复议和行政诉讼的手段维护自己的合法权益。

行政复议和行政诉讼都是法律赋予行政管理相对人的权利救济手段。目前尚未检索到因探矿权采矿权退出自然保护区引发的行政复议或者行政诉讼案例。但关于对行政机关进行环境管理活动中，应当依法维护权利人的合法权益，以往案例是有据可查的。2014年，最高人民法院公布的环境保护行政案件十大案例中，“苏某华诉广东省博罗县人民政府划定禁养区范围通告案”为我们提供了很好的借鉴。在这一案例中，被告以划定禁养区公告的方式关闭原告合法设立的畜禽养殖场，并从土地和规划的角度对原告进行处罚。原告提起行政诉讼后经两级法院审判，虽然法院认定政府划定禁养区的公告合法，但通过释明的方式指出原告有获得政府行政补偿的权利。

最高人民法院在公布上述案例作为典型案例时，也明确指出该案例的典型意义在于：人民法院在维护行政机关环境保护监管行为的同时，也注重利益的平衡，较好地诠释了环境行政管理活动中的信赖保护原则。虽然县级以上人民政府有权根据环境保护的需要，划定畜禽禁养区，严禁在畜禽禁养区内从事畜禽养殖业，也可要求已有的畜禽养殖场（点）自行搬迁或清理，即

变更或撤回养殖户的生产经营许可。但与此同时，其也应当考虑在此之前合法经营的畜禽养殖户的利益保护问题，应根据《行政许可法》第 8 条体现的信赖保护原则精神，对行政许可因环境公共利益需要被变更或撤回而遭受损失的合法养殖户依法给予补偿。在环境行政管理活动中，政府及环保部门需注重公共利益与私人利益的平衡，不能只考虑环境保护的需要，忽视合法经营者的信赖利益。尤其要防止为了逃避补偿责任，有意找各种理由将合法的生产经营活动认定为“违法”的现象。

该案例的判决及最高人民法院总结的典型意义，对自然保护区内探矿权人、采矿权人通过行政复议和行政诉讼方式维护自己的权益，具有较强的参考价值。

自然保护区内矿业权退出应当遵循正当程序

自然保护区清理关闭探矿权和采矿权，是矿产资源开发和环境保护领域的共同关注的重点问题。实践中，在矿业权退出自然保护区的方式和程序上，很多地方行政机关仅仅下发一个“退出通知”甚至是“责令停产通知”，并没有依照法定的行政程序作出适当的行政行为。

“退出”这一概念不是法律术语，只是一个形象的说法。查询行政机关以往的政策文件，如工业和信息化部等十六部门《关于利用综合标准依法依规推动落后产能退出的指导意见》《保险公司城乡居民大病保险市场退出管理暂行办法》《中国传统村落警示和退出暂行规定（试行）》，“退出”大致意思是丧失某种资格资质，或者不得在某个领域存在或经营。自然保护区内探矿权采矿权退出的含义，是指终止自然保护区内矿产资源勘查、开采行为，注销已经取得的探矿权证和采矿权证，探矿权采矿权灭失。

建设法治政府，推进依法行政是推进政府治理体系现代化的基本方式和重要抓手。中共中央《关于全面推进依法治国若干重大问题的决定》和《法治政府建设实施纲要（2015—2020年）》，都明确要求深入推进依法行政，加快建设法治政府，要完善执法程序，建立执法全过程记录制度。明确具体操作流程，重点规范行政许可、行政处罚、行政强制、行政征收、行政收费、行政检查等执法行为。行政机关要求自然保护区内矿业权退出，属于重大的行政行为，应当坚持依法行政，履行合法的行政程序。

一、探矿权采矿权灭失的条件

众所周知，探矿权采矿权虽然是通过国土资源部门行政审批或出让的方式取得的，但探矿权采矿权属于物权，受我国《民法典》的调整和保护。我国《民法典》第329条规定："依法取得的探矿权、采矿权、取水权和使用水域、滩涂从事养殖、捕捞的权利受法律保护。"

一般来讲，物权的灭失有以下几种可能：

1. 物权到期的。《民法典》规定的用益物权和担保物权中，大部分物权具有一定期限，这种期限既可以是法定的也可以是意定的，如《民法典》就规定耕地的承包期限是30年、地役权的期限由当事人约定等。那么这种法定或意定的权利到期的，原则上权利灭失，原来的物权人不再享有物权。

2. 物权标的物自然灭失的。比如，因自然灾害导致土地或房屋损毁的，原来的土地权利人或者房屋所有权人也就丧失了土地权利或者房屋所有权。《民法典》就规定，"宅基地因自然灾害等原因灭失的，宅基地使用权消灭"。

3. 物权的标的物被征收的。比如，集体土地被征为国家所有，个人的房屋被国家征收，此时原来的土地权利人和房屋所有权人丧失了原来的物权。

4. 设定物权的行为被变更或撤销的。比如，原来通过出让取得的建设用地使用权，出让行为被认定为无效的，原有的土地权利登记将被注销，土地权利人丧失土地权利。

5. 权利人放弃或者抛弃物权的。行政机关强制要求矿业权退出自然保护区，实质上导致矿业权人丧失探矿权和采矿权。根据上述分析，探矿权和采矿权既没有到期，也没有因自然灾害等原因损毁的，矿业权人通常是不愿意放弃权利的，这就导致这种权利灭失原因不外乎是国家对矿业权人的财产进行征收，或者政府撤销原来设定矿业权的行政许可。无论以哪种方式，政府部门的行为都应当按照依法行政的原则，履行法定的行政程序。

笔者以下就政府征收矿业权或者撤销矿业权行政许可的程序做简要分析。

二、征收矿业权的合理行政程序

（一）对矿业权征收概念的理解

征收的概念在世界各国立法实践中有不同的界定。如在英美法系中，征收的对象并不局限于不动产，征收的标的也不局限于所有权的转移；征收是个扩张的概念，包含对各种财产权利造成的其他不利损害和限制。征收权的客体也突破了单一的土地所有权，涵盖了各项财产权利，具体还包括地上附属物所有权及土地所有权以外的其他财产权利，即土地上负担的物权（用益物权和担保物权）、土地上负担的特权（如采矿权、渔业权）都属于征收的范围。

但在我国法律中，目前对征收概念的一般理解仅限于改变所有权的行为，如征收农民集体所有土地，转变为国有土地；征收个人房屋；等等。矿业权属于用益物权；对征收矿业权在我国目前的法律语境下似乎难以解释。笔者认为，对于这类问题，可以参考国有土地使用权收回的概念，将其明确为矿业权收回似乎更为合理。矿业权收回的程序，同样应当参考集体土地征收和房屋征收程序。为便于理解和论证，本文使用征收矿业权的概念。

《宪法》第 13 条第 3 款规定，“国家为了公共利益的需要，可以依照法律规定对公民的私有财产实行征收或者征用并给予补偿”。《民法典》第 243 条第 1 款规定：“为了公共利益的需要，依照法律规定的权限和程序可以征收集体所有的土地和组织、个人的房屋以及其他不动产。”第 327 条规定：“因不动产或者动产被征收、征用致使用益物权消灭或者影响用益物权行使的，用益物权人有权依据本法第二百四十三条、第二百四十五条的规定获得相应补偿。”可见，矿业权作为用益物权，国家出于公共利益需要对其进行征收，是有法律依据的。

虽然法律没有规定征收动产和不动产的一般程序，更没有征收矿业权的相关规定，但在农民集体土地征收和房屋征收等方面有详细的规定，这为矿业权征收程序提供了充分的借鉴。

（二）集体所有土地征收程序

按照《土地管理法》、《土地管理法实施条例》以及国务院《关于深化改革严格土地管理的决定》（国发〔2004〕28 号）等法律法规和政策文件的规定，集体土地征收的程序主要包括：

1. 征前程序

集体土地征收的征前程序包括告知、确认、听证三个环节。

（1）告知：告知征地情况。在征地依法报批前，当地国土资源部门应将拟征地的用途、位置、补偿标准、安置途径等，以书面形式告知被征地农村集体经济组织和农户。

（2）确认：确认征地调查结果。国土资源部门应对拟征土地的权属、地类、面积以及地上附着物权属、种类、数量等现状进行调查，调查结果应与被征地农村集体经济组织、农户和地上附着物产权人共同确认。

（3）听证：组织征地听证。在征地依法报批前，国土资源部门应告知被征地农村集体经济组织和农户，对拟征土地的补偿标准、安置途径有申请听证的权利。当事人申请听证的，应按照规定的程序和有关要求组织听证。

2. 批后实施程序

集体土地征收的批后实施程序，主要包括“两公告、一登记”，即征收土地方案公告、征地补偿安置方案公告和征地补偿登记。

（1）征收土地方案公告：征收土地方案经依法批准后，由被征收土地所在地的市、县人民政府组织实施，并将批准征地机关、批准文号、征用土地的用途、范围、面积以及征地补偿标准、农业人员安置办法和办理征地补偿的期限等，在被征用土地所在地的乡（镇）、村予以公告。

（2）征地补偿安置方案公告：市、县人民政府土地行政主管部门根据经批准的征收土地方案，会同有关部门拟订征地补偿、安置方案，在被征收土地所在地的乡（镇）、村予以公告，听取被征收土地的农村集体经济组织和农民的意见。根据《国土资源听证规定》的规定，被征地农村集体和农民可以对补偿标准和安置方案申请听证，国土资源行政主管部门应当组织听证。

（3）征地补偿登记：被征收土地的所有权人、使用权人应当在公告规定的期限内，持土地权属证书到公告指定的人民政府土地行政主管部门办理征地补偿登记。

3. 批后监督程序

（1）公开征地补偿费用：被征地的农村集体经济组织应当将征地补偿费用的收支和分配情况，向本集体经济组织成员公布，接受监督。

（2）政府部门监督：国土资源部门应配合农业、民政等有关部门对被征地集体经济组织内部征地补偿安置费用的分配和使用情况进行监督。

（3）行政和司法救济：被征地农村集体和农民对征地补偿安置有异议

的，可以通过征地补偿安置争议的协调裁决机制以及行政复议、行政诉讼等途径寻求法律救济，维护合法权益。

（三）房屋征收程序

按照《国有土地上房屋征收与补偿条例》等法律法规及政策的规定，房屋征收的程序主要包括：

1. 拟定征收补偿方案。房屋征收补偿方案由房屋征收部门组织拟订。

2. 论证并公开征求意见。市、县级政府组织有关部门对征收补偿方案进行论证，并向社会公开征求意见。政府根据征求意见情况对方案进行修改。

3. 听证。因旧城区改建需要征收房屋，多数被征收人认为征收补偿方案不符合本条例规定的，市、县级人民政府应当组织由被征收人和公众代表参加的听证会，并根据听证会情况修改方案。

4. 社会稳定风险评估。市、县级人民政府作出房屋征收决定前，应当按照有关规定进行社会稳定风险评估；房屋征收决定涉及被征收人数量较多的，应当经政府常务会议讨论决定。

5. 作出征收决定并公告。市、县级人民政府作出房屋征收决定后应当及时公告。公告应当载明征收补偿方案和行政复议、行政诉讼权利等事项。

6. 对被征收房屋调查登记并公布结果。房屋征收部门应当对房屋征收范围内房屋的权属、区位、用途、建筑面积等情况组织调查登记，被征收人应当予以配合。调查结果应当在房屋征收范围内向被征收人公布。

7. 依法评估被征收房屋价值。被征收房屋的价值，由具有相应资质的房地产价格评估机构按照房屋征收评估办法评估确定。对评估确定的被征收房屋价值有异议的，可以向房地产价格评估机构申请复核评估。对复核结果有异议的，可以向房地产价格评估专家委员会申请鉴定。

8. 签订补偿协议。房屋征收部门与被征收人依照本条例的规定，就补偿方式、补偿金额和支付期限、用于产权调换房屋的地点和面积、搬迁费、临时安置费或者周转用房、停产停业损失、搬迁期限、过渡方式和过渡期限等事项，订立补偿协议。

9. 作出补偿决定并予以公告。房屋征收部门与被征收人在征收补偿方案确定的签约期限内达不成补偿协议，或者被征收房屋所有权人不明确的，由房屋征收部门报请作出房屋征收决定的市、县级人民政府依照《国有土地上房屋征收与补偿条例》的规定，按照征收补偿方案作出补偿决定，并在房屋征收范围内予以公告。

10. 房屋征收的实施。实施房屋征收应当先补偿、后搬迁。作出房屋征收决定的市、县级人民政府对被征收人给予补偿后，被征收人应当在补偿协议约定或者补偿决定确定的搬迁期限内完成搬迁。

11. 对征收决定和补偿决定不服的，被征收人可以通过行政复议和行政诉讼依法维护自己的权益。

（四）矿业权征收的合理程序

结合上述集体土地和房屋征收程序，笔者认为，矿业权征收程序应当遵循以下步骤：

1. 征收目的的合法性。无论是集体土地征收还是房屋征收，法律都明确规定，征收必须出于公共利益的目的。矿业权征收亦应遵循这一原则。自然保护区内矿业权退出，应当符合公共利益的需要。不可否认的是，环境保护属于公共利益的范畴，应当予以优先保护。但必须认识到，矿产资源开发同样属于公共利益，涉及具体的自然保护区和具体矿业权之间，应当采取“两害相权取其轻”基本思路，合理评估自然保护区内自然环境生态系统保护和矿产资源开发的利益平衡。

2. 制订征收补偿方案。应当针对拟征收的一定区域的采矿权，制订征收补偿方案，充分考虑矿权种类、矿权期限、矿权价值等多种因素。制订的补偿方案应当经过充分论证并争取矿业权人的意见，矿业权人申请听证的，行政机关应当组织听证。

3. 作出征收决定。行政机关在符合征收范围和制定合理补偿方案的基础上，可以作出征收决定。征收决定应当及时公告，公告应当载明征收补偿方案和行政复议、行政诉讼权利等事项。

4. 合理评估矿业权价值。政府机关和矿业权应当共同聘请中介机构，对矿业权价值依法进行合理评估，评估结果作为征收补偿的参考依据。

5. 签订征收补偿协议。政府机关可以和矿业权人经过协商，签订补偿协议。双方通过协商确定的补偿价格，既可以是评估价格，也可以高于或者低于评估价格。

6. 无法达成补偿协议的，行政机关作出补偿决定。补偿决定确定的补偿价格应当不低于评估价格。补偿决定作出后，应当将补偿决定进行公告，并且告知行政复议、行政诉讼权利等事项。

7. 征收的实施。矿业权征收的实施应当按照“先补偿，后退出”的原则，行政机关对矿业权人给予补偿后，矿业权人应当在补偿协议约定或者补偿决定确定的退出期限内完成退出。

8. 对矿业权征收决定和补偿决定不服的，矿业权人可以通过行政复议和行政诉讼依法维护自己的权益。

三、撤销已设定矿业权的行政程序

如前所述，我国矿业权是政府通过行政许可或者出让的方式设定的，政府亦可以通过改变或者撤销行政许可或出让行为的方式，确定已设定的矿业权无效，从而注销矿业权。无论是依据行政许可的基本原则，还是我国《行政许可法》的规定，行政许可的设定和撤销都有着严格的条件和理由，不能用简单的“退出决定”，就代替行政许可撤销的法定程序。

（一）撤销行政许可的条件

我国《行政许可法》明确规定，公民、法人或者其他组织依法取得的行政许可受法律保护，行政机关不得擅自改变已经生效的行政许可。但法律也明确规定了可以撤销行政许可的情形：

1. 《行政许可法》第 8 条第 2 款规定，行政许可所依据的法律、法规、规章修改或者废止，或者准予行政许可所依据的客观情况发生重大变化的，为了公共利益的需要，行政机关可以依法变更或者撤回已经生效的行政许可。由此给公民、法人或者其他组织造成财产损失的，行政机关应当依法给予补偿。

2. 《行政许可法》第 69 条规定，有下列情形之一的，作出行政许可决定的行政机关或者其上级行政机关，根据利害关系人的请求或者依据职权，可以撤销行政许可：行政机关工作人员滥用职权、玩忽职守作出准予行政许可决定的；超越法定职权作出准予行政许可决定的；违反法定程序作出准予行政许可决定的；对不具备申请资格或者不符合法定条件的申请人准予行政许可的；依法可以撤销行政许可的其他情形。被许可人以欺骗、贿赂等不正当手段取得行政许可的，应当予以撤销。但上述情形撤销行政许可，可能对公共利益造成重大损害的，不予撤销。依照法律规定撤销行政许可，被许可人的合法权益受到损害的，行政机关应当依法给予赔偿。

（二）撤销行政许可的程序

目前《行政许可法》虽然没有规定撤销行政许可具体程序，但明确规定"设定和实施行政许可，应当遵循公开、公平、公正的原则"。根据行政许可基本理论，撤销行政许可应当比照设定行政许可程序，重点要体现权利保护、程序公正、有效参与等原则。笔者认为，撤销行政许可应当包括以下环节：

1. 告知。行政机关拟撤销行政许可的，应当通过书面方式明确告知被许可人，列明撤销的理由及被许可人的相关权利，包括陈述、申辩、要求听证、主张赔偿损失等。

2. 听取被许可人的意见。行政机关告知被许可人后，应当专门听取被许可人的意见。被许可人对行政机关拟撤销行政许可行为有不同意见的，可以当面进行陈述或者提交书面的意见。对行政机关撤销行政许可的理由，可以进行申辩。

3. 听证。涉及被许可人重大利益，被许可人要求听证的，行政机关应当在法定期限内依法组织听证。听证应当公开举行，并由中立的第三人主持，保障被许可人在听证上的权利。听证笔录是行政机关撤销行政许可的重要依据。

4. 作出撤销行政许可决定。行政机关根据法律和听证笔录，认为应当撤销行政许可的，必须作出书面决定，并且依法送达被许可人。撤销决定应当列明撤销原有行政许可的理由和法律依据，并且明确告知被许可人享有行政复议、行政诉讼的权利。合理评估被许可人损失价值。撤销行政许可给被许可人造成财产损失涉及赔偿或者补偿的，行政机关应当要求被许可人列明补偿的额度和相关证据，由行政机关确认。或者，行政机关和被许可人应当共同聘请中介机构，对被许可人因撤销行政许可收到的损失依法进行合理评估，评估结果作为行政机关对被许可人赔偿或者补偿的依据。

5. 签订赔偿或者补偿协议。行政机关可以和被许可人经过协商，签订补偿协议。双方通过协商确定的补偿价格，既可以是评估价格，也可以高于或者低于评估价格。

6. 作出赔偿或者补偿决定。双方无法达成补偿协议的，行政机关作出补偿决定。补偿决定确定的补偿价格应当是行政机关确定的价格；经过评估的，应当不低于评估价格。补偿决定作出后，应当将补偿决定书面送达被许可人，并且告知行政复议、行政诉讼权利等事项。

7. 撤销决定的实施。撤销行政决定的实施应当按照“先补偿，后退出”的原则，行政机关对被许可人给予赔偿或者补偿后，被许可人应当在补偿协议约定或者补偿决定确定的退出期限内，终止原行政许可行为，申请注销行政许可登记。负有后续法定义务的，应当履行相应义务。

8. 对撤销行政许可决定或者补偿决定不服的，被许可人人可以通过行政复议和行政诉讼依法维护自己的权益。

（三）撤销矿业权行政许可的条件和程序

根据现行法律规定，我国矿产资源的勘查开采行政许可由国土资源部门（现自然资源部门，下同）行使，探矿权实行原国土资源部和省级国土资源部两级发证，采矿权实行原国土资源部和省、市、县级国土资源部门四级发证。根据行政许可法律规定，撤销行政许可的，应当由当初作出行政许可的机关或其上级机关作出，所以撤销探矿权、采矿权行政许可的，应当由当初审批探矿权采矿权的国土资源部门或者其上一级国土资源部门作出。除非根据法律和政策规定，原来作出行政许可的行政机关授权下级机关代为行使其行政许可权限，被授权的行政机关才有权作出撤销设定矿业权的行政许可，否则属于越权行政。

行政机关拟撤销在自然保护区内已设定的矿业权，应当明确是基于何种理由作出撤销决定的，是因为原来在自然保护内审批探矿权采矿权的行政许可决定违法，还是基于探矿权采矿权审批之后，自然保护区管理的客观情况发生重大变化，为了公共利益的需要而撤销的。撤销矿业权行政许可的理由，决定了矿业权人提起损失赔偿或者补偿的后续程序。

因自然保护区的原因，行政机关通过撤销矿业权行政许可的方式，要求矿业权退出自然保护区的，也应当符合上述撤销行政许可的一般程序，才符合依法行政、程序正当的基本原则和法律规定：

1. 告知。行政机关拟撤销设定合法矿业权行政许可的，应当通过书面方式明确告知矿业权人，列明撤销已生效行政许可的理由及矿业权人的合法权利，包括陈述、申辩、要求听证、主张赔偿损失的权利等。

2. 听取矿业权人的意见。行政机关告知矿业权人后，应当专门听取矿业权人的意见。矿业权人对行政机关拟撤销行政许可行为有不同意见的，可以当面进行陈述或者提交书面的意见。对行政机关撤销设定矿业权行政许可的理由，可以进行申辩。

3. 听证。涉及矿业权人重大利益，矿业权人要求听证的，行政机关应当在法定期限内依法组织听证。听证应当公开举行，并由中立的第三人主持，保障矿业权人在听证上的权利。听证笔录是国土资源部门撤销行政许可的重要依据。

4. 作出撤销行政许可决定。行政机关根据法律和听证笔录，认为应当撤销设定矿业权行政许可的，必须作出书面决定，并且依法送达矿业权人。撤销决定应当列明撤销原有矿业权行政许可的理由和法律依据，并且明确告知矿业权人享有行政复议、行政诉讼的权利。

5. 合理评估矿业权人损失价值。撤销行政许可给矿业权人造成财产损失涉及赔偿或者补偿的，行政机关应当要求矿业权人列明赔偿或者补偿的额度和相关证据，由行政机关确认。或者，行政机关和矿业权应当共同聘请中介机构，对矿业权人因撤销行政许可收到的损失依法进行合理评估，评估结果作为行政机关对矿业权人赔偿或者补偿的依据。

6. 签订赔偿或者补偿协议。行政机关可以和矿业权人经过协商，签订补偿协议。双方通过协商确定的补偿价格，既可以是评估价格，也可以高于或者低于评估价格。

7. 作出赔偿或者补偿决定。行政机关和矿业权人就自然保护区内矿业权退出无法达成补偿协议的，行政机关应当作出赔偿或者补偿决定。赔偿或者补偿决定确定的补偿价格应当是国土资源部门确定的价格；经过评估的，应当不低于评估价格。赔偿或者补偿决定作出后，应当将赔偿或者补偿决定书面送达矿业权人，并且告知行政复议、行政诉讼权利等事项。作出赔偿或者补偿决定的主体，应当和作出撤销设定矿业权行政许可决定的是同一行政机关。不能将赔偿责任推卸给下一级机关或者其他部门，自然保护区内矿业权退出应当坚持“谁发证，谁作出撤销决定，谁承担赔偿责任”的原则。

8. 撤销行政决定的实施应当按照“先补偿，后退出”的原则，行政机关对矿业权人给予赔偿或者补偿后，矿业权人应当在补偿协议约定或者补偿决定确定的退出期限内，终止原行政许可行为，申请注销行政许可登记。矿业权负有矿山环境恢复治理后续法定义务的，应当履行相应义务。

9. 对撤销矿业权行政许可决定或者补偿决定不服的，矿业权人可以通过行政复议和行政诉讼依法维护自己的权益。

党的十九大报告明确提出要“建设法治政府，推进依法行政，严格规范公正文明执法”。习近平总书记也曾强调，“推进严格执法，重点是解决执法不规范、不严格、不透明、不文明以及不作为、乱作为等突出问题”。正当程序是对政府依法行政的基本要求，程序正义理论告诉我们，程序代表最基本的正义，程序正义是实体正义的必要条件。实体正义通过程序正义方能充分展现出来，因为后者是看得见的正义。未经正当的法律程序，不能剥夺任何人的生命、自由和财产，已经成为现代文明社会的基本准则。行政机关要求矿业权退出自然保护区，关系矿业权人的重大利益，应当遵循行政公开、权利保护、有效参与等行政法的基本原则，履行合法的行政程序。

建设项目压覆矿产资源审批及补偿问题实务

矿产资源压覆补偿纠纷是最常见的矿业权纠纷之一，一方面是因为建设项目压覆矿产资源较为普遍，另一方面是因为法律对压覆补偿标准规定不够明确，导致压覆双方认识不一、争议不断。所谓的建设项目压覆矿产资源，是指在进行铁路、公路、工厂、水库、输电线路、油气管道、大型建筑物等工程建设时，压覆一定规模的矿产资源，并导致其无法开发而失去利用价值。对于已设立探矿权或采矿权（以下统称矿业权）的矿产资源，压覆的后果通常是导致矿产资源开发价值降低甚至消失，所以建设单位应当对矿业权人进行补偿。笔者从矿产资源压覆审批、压覆补偿范围、压覆补偿标准以及压覆纠纷性质等方面，根据法律规定和司法判例，系统梳理相关问题，为矿产资源压覆补偿相关各方提供借鉴。

一、建设项目压覆重要矿产资源应当依法办理审批手续

《矿产资源法》第33条规定："在建设铁路、工厂、水库、输油管道、输电线路和各种大型建筑物或者建筑群之前，建设单位必须向所在省、自治区、直辖市地质矿产主管部门了解拟建工程所在地区的矿产资源分布和开采情况。非经国务院授权的部门批准，不得压覆重要矿床。"由此可见，建设项目压覆矿产资源必须要依法办理压覆审批手续。

（一）压覆重要矿产资源审批的意义

压覆矿产资源审批是《矿产资源法》确定的一项重要管理工作。根据《矿产资源法》、137号文等规定，建设项目压覆矿产资源，导致其压覆区内已查明的重要矿产资源不能开发利用的，应由省级以上矿政管理部门进行审

批，批复文件作为建设单位取得建设用地使用权的前置条件。

重要矿产资源，是指 240 号令附录所列 34 个矿种和省级国土资源行政主管部门确定的本行政区优势矿产、紧缺矿产。炼焦用煤、富铁矿、铬铁矿、富铜矿、钨、锡、锑、稀土、钼、铌钽、钾盐、金刚石矿产资源储量规模在中型以上的矿区原则上不得压覆，但国务院批准的或国务院组成部门按照国家产业政策批准的国家重大建设项目除外。

笔者认为，压覆重要矿产资源审批目的有二：一是尽量避免或减少压覆重要矿产资源，提高我国矿产资源安全保障能力；二是压覆审批和压覆矿产资源储量登记能够使矿政管理部门及时准确掌握矿产资源储量变化情况，摸清矿产资源家底，为做好矿产资源管理提供支撑服务。

（二）建设项目压覆矿产资源审批程序

根据 137 号文及 16 号文等相关规定，矿产资源压覆需要履行下列程序：

1. 申请查询压覆矿产资源情况

建设项目选址前，建设单位应向省级自然资源管理部门查询拟建项目所在地区的矿产资源规划、矿产资源分布和矿业权设置情况，不压覆重要矿产资源的，由省级自然资源管理部门出具未压覆重要矿产资源的证明；确需压覆重要矿产资源的，履行压覆审批程序。

2. 编制评估报告及评审备案

建设单位应根据有关工程建设规范确定建设项目压覆重要矿产资源的范围，委托专业机构编制建设项目压覆重要矿产资源评估报告。评估报告编制完成后，建设单位应提交矿产资源储量评审备案申请、矿产资源储量信息表和建设项目压覆重要矿产资源评估报告，办理压覆资源储量的评审备案程序，取得储量评审意见书及备案证明。自然资源部办公厅《关于做好建设项目压覆重要矿产资源审批服务的通知》（自然资办函〔2020〕710 号）规定，经国务院或省级人民政府已批准设立的各类开发区、国务院已批准的自由贸易试验区等特定区域内的建设项目，不再对区域内的市场主体单独提出评估要求。

3. 履行压覆报批程序

压覆石油、天然气、放射性矿产，或压覆240号令附录所列矿种（石油、天然气、放射性矿产除外）累计查明资源储量数量达大型矿区规模以上的，或矿区查明资源储量规模达到大型并且压覆占1/3以上的，由自然资源部审批，压覆其他重要矿产资源由省级自然资源管理部门审批。经自然资源管理部门审查，符合审批条件的，出具建设项目压覆重要矿床（矿产资源）批复文件。

根据137号文的规定，在矿产资源压覆报批中，如果建设项目压覆已设置矿业权矿产资源，建设单位还应同时与矿业权人签订补偿协议，作为报批材料之一。这样规定，虽然有利于保护矿业权人合法权益，但也容易出现因矿业权人不签订协议导致建设单位无法办理压覆审批的情况，进而无法办理项目用地报批，导致建设项目长时间无法取得建设用地手续。

2012年原国土资源部《关于进一步改进建设用地审查报批工作提高审批效率有关问题的通知》①（国土资发〔2012〕77号）规定，建设项目用地压覆已设置矿业权重要矿产资源时，对于建设单位与矿业权人在短期内难以签订补偿协议的，建设单位与矿业权人可先签订意向性协议，协议应包括建设单位承诺按有关规定给予矿业权人合理补偿、矿业权人同意压覆等内容。在省级国土资源主管部门承诺负责按有关规定协调解决压覆矿产补偿等相关事宜后，可以按照137号文的规定履行压矿审批手续，经批准后可组卷报批用地。用地报批期间，建设单位应与矿业权人具体协商补偿标准并签订协议，按规定办理压覆登记手续。用地批准后，尚未完成补偿协议、办理压覆登记手续的，省级国土资源主管部门不得转发用地批复，市、县国土资源主管部门不得办理供地手续。

2016年原国土资源部《关于改进和优化建设项目用地预审和用地审查的通知》②（国土资规〔2016〕16号）规定，进一步简化改进审查内容，改进压覆重要矿产资源的审查，切实提高建设用地审批效率。用地预审阶段，不

---

① 该文件自2017年11月29日起失效。
② 该文件自2022年1月1日起失效。

再对单独选址的审批类建设项目是否压覆重要矿产资源进行审查。在用地报批阶段，建设项目涉及压覆重要矿产资源的，在建设单位说明已与矿业权人就压矿补偿问题进行协商、有关市县人民政府承诺做好压矿补偿协调工作的前提下，可办理用地审批手续；同时，省级国土资源主管部门应督促建设单位与矿业权人签订补偿协议，按规定办理压覆矿产资源审批和登记手续。对未签订补偿协议、未办理压覆矿产资源审批登记手续的，省级人民政府不得转发用地批复、市（县）人民政府不得供地。

上述政策从提高用地审批效率出发，简化了矿产资源压覆审批的要求，在矿产资源压覆实践中时常出现建设单位漠视矿业权人意愿，不主动与矿业权人签订补偿协议的情况，实质上可能侵害矿业权人的合法权益。

4. 勘查区块或矿区范围变更登记

根据 137 号文的规定，建设单位收到同意压覆重要矿产资源的批复文件后 45 个工作日内，应到建设项目所在地省级自然资源管理部门办理压覆重要矿产资源储量登记手续。省自然资源管理部门办理储量登记时，应通知相应矿业权人在 45 个工作日内到原发证机关办理相应的勘查区块或者矿区范围变更手续。逾期不办理的，由原发证机关直接进行勘查区块或矿区范围调整，并告知矿业权人。需要注意的是，《改革意见》规定，自 2020 年 5 月 1 日起取消矿产资源储量登记事项。

二、建设项目主体和矿业权人系平等民事主体，矿产资源压覆纠纷属于民事法律关系

项目建设主体开展铁路、公路、工厂、水库、输电线路、油气管道、大型建筑物等工程项目压覆矿产资源，通常体现为矿业权人先设的矿业权与项目建设主体后取得的建设用地使用权之间，在一定空间和时间范围上形成的冲突。此时项目建设主体与矿业权人之间属于平等民事主体，双方形成的矿产资源压覆纠纷属于民事法律关系。特别需要指出的是，即使是政府部门或者其成立的项目指挥部、办公室等作为项目建设主体，此时政府部门及其临时机构作为项目建设主体的角色是民事主体，并非履行行政管理职责，其实施的行为当然是民事行为，不属于行政行为。所以，政府部门作为项目建设

主体与矿业权人之间的矿产资源压覆纠纷亦属于民事法律关系。

建设项目是否压覆矿业权取决于双方意思自治。对于铁路、公路、管道等建设项目压覆矿业权的情形，我国现行矿产资源压覆行政管理制度中不涉及对矿业权的征收征用，建设项目能否压覆矿业权，取决于矿政管理部门的压覆审批和矿业权人是否同意压覆。同时，在矿业权人同意压覆的情况下，关于建设项目是否会选择压覆某一矿业权，项目建设主体也会根据补偿成本等各种因素综合衡量。当项目建设主体与矿业权人就压覆事宜达成一致，签订补偿协议后，即形成项目建设主体对矿业权人的民事义务。未经矿业权人同意的压覆行为则构成事实上的侵权行为，项目建设主体同样需要承担民事义务。

司法实践中，人民法院将建设项目压覆矿业权纠纷作为民事案件进行审理，案由通常确定为用益物权纠纷（探矿权纠纷、采矿权纠纷），或侵权纠纷（财产损害赔偿纠纷）。2016 年最高人民法院公布了 10 起矿业权民事纠纷典型案例，其中“云和县土岩岗头庵叶腊石矿与国网浙江省电力公司矿产压覆侵权纠纷案”即建设项目压覆矿业权纠纷。

笔者也注意到，实务中个别判例将行政机关作为项目建设主体时产生的矿产资源压覆纠纷，作为行政诉讼案件进行审理和判决，这实质上混淆了行政机关履行行政管理职责和作为项目建设单位实施民事法律行为的关系，错误认定事实和适用法律，不利于平等保护矿业权人的合法权益。

三、如何确定压覆区域范围和补偿评估范围

建设项目压覆矿产资源补偿中，确定压覆区域范围是认定压覆事实的重要环节，也是计算压覆补偿金额的基础。压覆区域范围，一般是指为确保工程建设和探矿、采矿活动互不影响，在实际压覆区域周围外推一定的保护距离。关于如何确定压覆区域范围，需要根据建设项目行业的法律政策规定、技术规范等，同时要结合被压覆矿业权的矿产资源开发方式，来确定该建设项目的安全保护距离。

（一）确定压覆区域范围的主要参考依据

1. 相关行业法律法规关于安全范围的规定

《铁路安全管理条例》第 34 条规定：“在铁路线路两侧从事采矿、采石

或者爆破作业，应当遵守有关采矿和民用爆破的法律法规，符合国家标准、行业标准和铁路安全保护要求。在铁路线路路堤坡脚、路堑坡顶、铁路桥梁外侧起向外各1000米范围内，以及在铁路隧道上方中心线两侧各1000米范围内，确需从事露天采矿、采石或者爆破作业的，应当与铁路运输企业协商一致，依照有关法律法规的规定报县级以上地方人民政府有关部门批准，采取安全防护措施后方可进行。"

《公路法》第47条第1款规定："在大中型公路桥梁和渡口周围二百米、公路隧道上方和洞口外一百米范围内，以及在公路两侧一定距离内，不得挖砂、采石、取土、倾倒废弃物，不得进行爆破作业及其他危及公路、公路桥梁、公路隧道、公路渡口安全的活动。"《公路安全保护条例》第17条第1款规定："禁止在下列范围内从事采矿、采石、取土、爆破作业等危及公路、公路桥梁、公路隧道、公路渡口安全的活动：（一）国道、省道、县道的公路用地外缘起向外100米，乡道的公路用地外缘起向外50米；（二）公路渡口和中型以上公路桥梁周围200米；（三）公路隧道上方和洞口外100米。"

《石油天然气管道保护法》第32条规定，在穿越河流的管道线路中心线两侧各500米地域范围内，禁止抛锚、拖锚、挖砂、挖泥、采石、水下爆破。第33条规定，在管道专用隧道中心线两侧各一千米地域范围内，除修建铁路、公路、水利工程等公共工程需要外，禁止采石、采矿、爆破。

《电力设施保护条例实施细则》第10条第1款规定："任何单位和个人不得在距电力设施周围五百米范围内（指水平距离）进行爆破作业。因工作需要必须进行爆破作业时，应当按国家颁发的有关爆破作业的法律法规，采取可靠的安全防范措施，确保电力设施安全，并征得当地电力设施产权单位或管理部门的书面同意，报经政府有关管理部门批准。"

2. 自然资源管理部门关于压覆矿产资源评估范围的规定

自然资源管理部门作为建设项目压覆矿产资源的审批部门，对建设项目压覆矿产资源的评估范围作出了相应规定。例如，《河北省国土资源厅建设项目压覆矿产资源管理办法》（冀国土发〔2011〕41号）规定，建设项目压覆矿产资源的评估范围应不小于用地边界外推300米，行业规定保护范围大于300米的，按行业规定评估。《浙江省自然资源厅关于进一步规范建设项目压覆矿产资源管理的通知》（浙自然资规〔2019〕9号）规定："安全范围依据有关工程建设规范和灌溉用水库项目最高洪水位以内等规定确定，无规定或规定不明确的，建设单位可委托工程设计单位论证确定，不论证的，按照建设用地红线范围外推300米确定。"

3. 相关技术规范

从科学的角度，进行压覆矿产资源评估时，应对压覆范围进行科学、严格论证，不能简单、机械地以规定距离确定压覆范围。实际工作中，评估单位根据工程类型、压覆的矿种和开采方式等具体情形，在确定压覆范围时需要参考《建筑物、水体、铁路及主要井巷煤柱留设与压煤开采规范》《爆破安全规程》等技术规范。

（二）压覆区域范围与补偿评估范围的区别

一般来讲，矿产资源压覆补偿中，压覆区域范围就是补偿评估范围，但有时二者并不一致。在建设项目压覆矿产资源时，存在多种情形，比如，铁路或者公路这样的线性工程中，如果是对矿业权矿区范围的边缘压覆，一般并不会给矿业权人造成太大的损失，但如果工程选址穿越矿产资源赋存的核心区域，虽然没有压覆全部资源，但从技术或者经济角度来看，可能导致该矿业权开发技术上不可行或者价值上不经济，此时评估补偿范围应当是整个矿业权的价值，评估补偿范围当然大于压覆区域范围。所以在矿产资源压覆补偿中，应当正确区分压覆范围和补偿范围。一般情况下压覆范围即补偿范围，但也经常存在补偿范围大于压覆范围的特殊情形。

（三）确定压覆区域范围的几种方式

实践中，根据压覆矿产资源补偿问题解决方式的不同，确定压覆区域范围的方式也不尽相同。

1. 通过协商确定压覆区域范围。项目建设单位（或者接受其委托的地方政府）和矿业权人之间，参照相关行业法律法规、自然资源管理部门关于压覆矿产资源评估范围的规定等，通过协商一致确定压覆区域范围，以此为依据评估计算矿业权补偿金额。

2. 共同委托专业机构确定压覆区域范围。鉴于矿产资源压覆问题具有较强的专业性和复杂性，合理确定压覆区域范围往往需要专业机构对压覆范围进行科学、严格论证。项目建设单位与矿业权人共同委托专业评估机构确定压覆区域范围，是实践中常见的方式。专业评估机构接受委托后，经过评估，向委托人出具压覆影响评估报告（安全影响评估报告、相互影响评估报告），形成对压覆区域范围的结论意见。

3. 法院审理认定压覆区域范围。如果项目建设单位与矿业权人不能就确定压覆区域范围、压覆补偿金额达成一致，进入诉讼程序后，需要通过法院审理认定压覆区域范围，进而认定压覆补偿金额。法院认定压覆区域范围的方式通常有三种：一是诉讼前项目建设单位与矿业权人已委托专业机构出具压覆影响评估报告，一方在诉讼中作为证据向法院提交，法院基于评估机构系双方共同委托、评估机构具备法定资质等事实，对压覆影响评估报告的结论予以采信。二是诉讼过程中，法院委托专业鉴定机构对压覆区域范围进行鉴定，根据鉴定意见认定压覆区域范围。三是法院根据相关法律法规政策规定，基于案件事实情况，行使自由裁量权，自行认定压覆区域范围。

四、司法实践中矿产资源压覆纠纷存在不同的补偿标准

因为对矿业权性质以及矿产资源压覆纠纷认识不一，压覆补偿又缺乏明确的标准，所以在以往司法判例中对压覆补偿存在不同的裁判标准。

（一）按照矿业权人的直接损失进行补偿

137 号文规定对矿业权人进行补偿的范围原则上包括矿业权价款及其他直接损失。江西、山东、河南、新疆等省、自治区，按照 137 号文确定的补偿直接损失的原则，对建设项目压覆矿业权的补偿范围进行了进一步规定。例如，江西省人民政府办公厅《关于进一步规范省重点建设项目压覆矿产资源评估补偿工作的通知》（赣府厅字〔2013〕15 号）规定：“省重点建设项目压覆矿产资源的补偿内容，包括探矿权补偿和采矿权补偿两个方面：（一）探矿权以被压覆的矿区范围内探矿权价款、实际投入的勘查投资及其他相关投入为依据补偿；整个矿区或核心区域被压覆的，应按照取得该矿业权的全部投资为依据补偿。（二）采矿权补偿由直接损失、出让合同已缴价

款组成。1. 直接损失的补偿。含所压覆矿产资源分担的勘察投资、已建的开采设施投入和搬迁相应设施等直接损失。矿山开采、加工开发等专用设备按市场评估价减去设备出让价给予补偿，通用设备按搬迁所产生费用给予补偿。2. 已缴价款补偿。按矿业权人被压覆资源储量在当前市场条件下所应缴的价款（无偿取得的除外）给予补偿。”

司法实践中，最高人民法院在“丰宁长阁矿业有限公司、北京铁路局物权保护纠纷上诉案”民事判决书［(2017) 最高法民终724号］中认定，“压覆矿产资源的补偿范围，应限于矿业权人被压覆资源储量在当前市场条件下所应缴的价款，以及所压覆的矿区分担的勘查投资、已建的开采设施投入和搬迁相应设施等直接损失”。最高人民法院在“山西交通控股集团有限公司忻州北高速公路分公司、神池县向阳石料购销有限公司物权保护纠纷再审案”民事裁定书［(2019) 最高法民申1285号］中认定，“参照137号文的规定，按照压覆矿产赔偿直接损失的原则进行处理，将向阳公司应获得赔偿损失的范围认定为直接损失，扣除司法鉴定意见书中超出直接损失的评估价值”。

（二）按照矿业权人的直接损失加预期利润进行赔偿

按直接损失加预期利润计算的赔偿方式，是以矿业权人的实际投入为基础的，同时考虑了勘查投资和采矿投资的行业利润，但从性质上依然属于基于矿业权人直接损失进行的补偿。

湖南省原国土资源厅《关于建设项目压覆矿产资源补偿有关问题的通知》第4条规定，补偿内容和标准分以下两种情形：“1. 压覆国家出资并正在进行的地质勘查的探矿权或已探明资源储量矿产地的，原则上按经核实的工作量及现行预算标准计算的工作成本进行补偿。2. 压覆非国家出资矿业权的，原则上按以下补偿范围和标准进行补偿，具体补偿由双方协商确定。①被压覆范围矿业权的取得成本；②被压覆范围探矿权的勘查投资和行业投资平均利润；③被压覆采矿权开采投资加同类开采矿山行业投资平均利润减已获投资回报。”

最高人民法院在“唐山不锈钢有限责任公司与唐山市宏文卑家店煤炭有

限公司侵权损害赔偿纠纷申请再审案”民事裁定书［（2014）民申字第690号］中认定：“评估公司作出的鉴定意见为，不锈钢公司共造成卑家店煤炭公司损失4159.2251万元，已经过双方当事人当庭质证。评估公司出具《解释说明》，确定《鉴定意见》中4159.2251万元停产损失，系《停产通知》所述的储水池、运料铁路及大规模储料压覆造成卑家店煤炭公司2007年10月18日至2008年8月31日期间全部的正常经济利润和非正常生产的维护费用。上述《解释说明》也已经双方当事人质证，其程序符合法律规定。故一、二审法院采信《鉴定意见》作为对卑家店煤炭公司停产损失的定案依据并无不妥。”

（三）按照矿业权价值进行赔偿

在市场经济条件下，矿业权价指的是矿业权的市场价值，即由具有法定资质的矿业权评估机构独立评定估算形成的矿业权公允价值。按照矿业权价值进行赔偿，是指经过矿业权评估机构评估得出被压覆矿业权的价值，并以此作为确定压覆赔偿金额的依据。

《民事审判指导与参考》（2013年第3辑）收录的《侵害探矿权的损害赔偿问题》一文中，最高人民法院民一庭认为，“根据《侵权责任法》的相关规定，侵害探矿权的，应承担相应的侵权责任。对侵害探矿权的损害赔偿，应是对探矿权作为一种独立的用益物权财产价值的赔偿，而不是仅指对探矿实际投入直接损失赔偿。”最高人民法院在“大唐阿鲁科尔沁旗新能源有限公司与赤峰市中金矿业有限公司财产损害赔偿纠纷案”民事判决书［（2019）内04民终455号］中认定：“探矿权和采矿权均实行有偿取得制度，均属于用益物权。依法取得的探矿权受法律保护，探矿权作为一种用益物权，其具有自身的价值，不仅包括探矿权人对其取得《矿产资源勘查许可证》范围内矿产资源的占有、使用权，还应包括探矿权人对矿产资源的物权收益权。因此，对于探矿权这种用益物权的损害赔偿责任，应基于该种用益物权的财产价值来确定，即根据侵害探矿权的财产损失应按照损失发生时的市场价格或者其他方式计算。”

五、矿产资源压覆补偿应当以矿业权价值作为补偿标准

笔者认为，矿业权属于用益物权，矿产资源压覆实际上造成矿业权人财产权益的损失，应当按照矿业权的市场价值进行补偿。

（一）以矿业权价值作为补偿标准符合物权保护的法律规定

在我国的法律框架体系中，矿业权（包括探矿权和采矿权）是由矿产资源所有权派生出来的用益物权，矿业权人依法对其权利范围的矿产资源享有占有、使用、收益和处分的权利。《民法典》第329条规定：“依法取得的探矿权、采矿权、取水权和使用水域、滩涂从事养殖、捕捞的权利受法律保护。”

《矿产资源法》第3条规定，国家保护探矿权和采矿权不受侵犯，保障矿区和勘查作业区的生产秩序、工作秩序不受影响和破坏。309号文第3条规定：“探矿权、采矿权为财产权，统称为矿业权，适用于不动产法律法规的调整原则。依法取得矿业权的自然人、法人或其他经济组织称为矿业权人。矿业权人依法对其矿业权享有占有、使用、收益和处分权。”

可见，矿业权作为用益物权，是矿业权人重要的财产权益，矿业权人的合法权益应该得到尊重和保护。

《民法典》第238条规定：“侵害物权，造成权利人损害的，权利人可以请求损害赔偿，也可以请求承担其他民事责任。”第1184条规定：“侵害他人财产的，财产损失按照损失发生时的市场价格或者其他合理方式计算。”最高人民法院民法典贯彻实施工作领导小组在《中华人民共和国民法典理解与适用》一书中，针对上述条款指出，“财产损害赔偿应当以全部赔偿为原则，计算财产损害，就是计算财产的直接损失和间接损失，然后实行全部赔偿。由于损失通常体现为侵害发生后被侵权人财产的市场价格的减少，因此，此处的按照市场价格计算应为根据财产的市场价值的减少来计算。”

建设项目压覆矿产资源，无论建设项目本身程序是否合法，无论压覆行为是否经过了行政审批，其压覆的结果都是造成矿业权人物权权益受到损害。按照物权保护法律原则和法律规定，对于矿业权人用益物权因此受到的损害，

项目建设主体应按照损失发生时的市场价格向矿业权人补偿损失。

（二）137 号文规定的压覆补偿范围不应作为压覆矿业权补偿的法律依据

在矿产资源压覆补偿中，有一种观点认为应当以 137 号文规定的补偿范围作为补偿标准，在司法实践中也不乏这样的判例。137 号文规定，项目建设单位对矿业权人补偿的范围原则上应包括：“1. 矿业权人被压覆资源储量在当前市场条件下所应缴的价款（无偿取得的除外）；2. 所压覆的矿产资源分担的勘查投资、已建的开采设施投入和搬迁相应设施等直接损失。”上述补偿范围通常属于矿业权人直接损失，即矿业权人取得矿业权成本，进行勘查、矿山开发建设投资以及搬迁费用。

笔者认为，137 号文不应作为矿产资源压覆补偿的标准，理由有二：

第一，矿产资源压覆补偿纠纷属于民事法律关系，原国土资源部作为矿政管理部门系行政机关，无权对压覆矿产资源赔偿纠纷这一民事法律问题作出规定。137 号文的上述内容，对处理压覆矿业权赔偿问题不具有强制性，不应作为处理压覆矿业权赔偿问题的依据。如最高人民法院在“广元市茂成商贸有限责任公司、兰渝铁路有限责任公司探矿权纠纷案”民事判决书［（2017）最高法民终 494 号］中认定，“关于 137 号文，是由国土资源部印发的关于进一步做好建设项目压覆重要矿产资源审批管理工作的管理性文件，强调的是相关行政管理部门的审批管理职责，不能直接作为处理民事主体之间民事权益纠纷的依据。且从该文件内容看，并没有排斥民事主体之间以签订协议的方式解决补偿问题。”

第二，137 号文仅是规范性文件，法律位阶较低。建设项目压覆矿产资源补偿纠纷，性质属于物权损害赔偿问题。损害赔偿作为民事基本制度之一，唯立法机关通过法律形式方可予以设定。《民法典》第 238 条规定：“侵害物权，造成权利人损害的，权利人可以请求损害赔偿，也可以请求承担其他民事责任。”第 1184 条规定：“侵害他人财产的，财产损失按照损失发生时的市场价格或者其他合理方式计算。”而 137 号文为原国土资源部作出的规范性文件，其位阶远低于法律，故其与法律规定相冲突时，不能作为矿产资源压覆补偿的法律依据。

综上所述，笔者认为，在建设项目压覆矿产资源的补偿问题上，应正确认识其法律关系性质，准确把握矿业权的用益物权属性，严格遵循物权保护原则和财产损害赔偿原则。对于矿业权这种用益物权的损害赔偿责任，应基于用益物权的财产价值来确定，而不能简单地将赔偿金额等同于权利人对该种用益物权的实际投入。因此，关于建设项目压覆矿产资源中的补偿问题应当以矿业权财产价值为标准，给予矿业权人公平合理的补偿。

建设项目压覆矿产资源范围和补偿评估范围如何确定

建设项目压覆矿产资源时，确定压覆范围是建设项目选址的重要依据，是项目建设单位履行压覆矿产资源审批手续的重要条件。项目建设单位对矿业权人进行压覆补偿时，确定补偿评估范围是认定压覆事实的重要环节，是计算压覆补偿金额的基础。自然资源管理部门批准同意的压覆范围，是确定压覆补偿评估范围的重要参考，但并非唯一依据。实践中需要根据建设项目压覆矿产资源的具体情况，通过协商、委托评估、司法认定等方式确定补偿评估范围。

一、确定建设项目压覆矿产资源范围的相关依据

建设项目压覆矿产资源时，为确保工程建设和探矿、采矿活动互不影响，需要根据建设项目行业的法律政策规定、自然资源管理部门关于压覆矿产资源评估范围的规定，参考相关技术规范，并结合被压覆矿产资源的开采方式、开采条件等，确定压覆范围。

（一）相关行业法律法规关于安全距离的规定

为保障工程项目安全，铁路、公路等相关行业法律法规规定了工程项目和矿山开采活动之间的安全距离。

《铁路安全管理条例》第 34 条规定："在铁路线路两侧从事采矿、采石或者爆破作业，应当遵守有关采矿和民用爆破的法律法规，符合国家标准、行业标准和铁路安全保护要求。在铁路线路路堤坡脚、路堑坡顶、铁路桥梁外侧起向外各 1000 米范围内，以及在铁路隧道上方中心线两侧各 1000 米范围内，确需从事露天采矿、采石或者爆破作业的，应当与铁路运输企业协商

一致，依照有关法律法规的规定报县级以上地方人民政府有关部门批准，采取安全防护措施后方可进行。”

《公路法》第 47 条第 1 款规定：“在大中型公路桥梁和渡口周围二百米、公路隧道上方和洞口外一百米范围内，以及在公路两侧一定距离内，不得挖砂、采石、取土、倾倒废弃物，不得进行爆破作业及其他危及公路、公路桥梁、公路隧道、公路渡口安全的活动。”《公路安全保护条例》第 17 条第 1 款规定：“禁止在下列范围内从事采矿、采石、取土、爆破作业等危及公路、公路桥梁、公路隧道、公路渡口安全的活动：（一）国道、省道、县道的公路用地外缘起向外 100 米，乡道的公路用地外缘起向外 50 米；（二）公路渡口和中型以上公路桥梁周围 200 米；（三）公路隧道上方和洞口外 100 米。”

《石油天然气管道保护法》第 32 条规定，在穿越河流的管道线路中心线两侧各五百米地域范围内，禁止抛锚、拖锚、挖砂、挖泥、采石、水下爆破。第 33 条规定，在管道专用隧道中心线两侧各一千米地域范围内，除修建铁路、公路、水利工程等公共工程需要外，禁止采石、采矿、爆破。

《电力设施保护条例实施细则》第 10 条第 1 款规定：“任何单位和个人不得在距电力设施周围五百米范围内（指水平距离）进行爆破作业。因工作需要必须进行爆破作业时，应当按国家颁发的有关爆破作业的法律法规，采取可靠的安全防范措施，确保电力设施安全，并征得当地电力设施产权单位或管理部门的书面同意，报经政府有关管理部门批准。”

（二）自然资源管理部门关于压覆矿产资源评估范围的规定

自然资源管理部门作为建设项目压覆矿产资源的审批部门，对建设项目压覆矿产资源的评估范围作出了相应规定。

例如，《河北省国土资源厅建设项目压覆矿产资源管理办法》（冀国土发〔2011〕41 号）规定，建设项目压覆矿产资源的评估范围应不小于用地边界外推 300 米，行业规定保护范围大于 300 米的，按行业规定评估。《浙江省自然资源厅关于进一步规范建设项目压覆矿产资源管理的通知》（浙自然资规〔2019〕9 号）规定：“安全范围依据有关工程建设规范和灌溉用水库项目最高洪水位以内等规定确定，无规定或规定不明确的，建设单位可委托工程设计单位论证确定，不论证的，按照建设用地红线范围外推300米确定。”

（三）相关技术规范和矿山开采方式、开采条件

从科学的角度，确定压覆范围时，应进行科学、严格论证，不能简单、机械地以相关规定距离确定压覆范围。实际工作中，在确定压覆范围时应参考《建筑物、水体、铁路及主要井巷煤柱留设与压煤开采规范》《爆破安全规程》等技术规范，并充分考虑工程项目类型、压覆的矿种和开采方式、开采条件等具体情况。

二、经自然资源管理部门批准的压覆范围是确定补偿评估范围的重要参考，但并非唯一依据

原国土资源部《关于进一步做好建设项目压覆重要矿产资源审批管理工作的通知》（国土资发〔2010〕137号）规定，建设项目压覆重要矿产资源的，建设单位应根据有关工程建设规范确定建设项目压覆重要矿产资源的范围，委托具有相应地质勘查资质的单位编制建设项目压覆重要矿产资源评估报告。评估报告应明确压覆区边界拐点坐标及边界、标高及面积，并估算出压覆的资源储量。建设单位编制完成压覆重要矿产资源评估报告后，应报自然资源部门进行审批。经自然资源管理部门审查，符合审批条件的，出具建设项目压覆重要矿产资源批复文件。

一般来讲，自然资源管理部门批准同意的压覆范围，是矿产资源压覆补偿中确定压覆补偿评估范围的重要参考，但有时二者并不一致，压覆范围并非确定补偿评估范围的唯一依据。理由如下：

一是建设项目压覆矿产资源评估的目的，是避免建设项目压覆或尽量减少压覆矿产资源，统筹兼顾矿产资源保护和项目建设，为建设项目选址提供资料依据，其直接目的并非为压覆矿产资源补偿提供依据。

二是矿产资源压覆补偿属于民事法律关系，须由项目建设单位和矿业权人双方协商一致。建设项目压覆矿产资源评估报告系由项目建设单位单方委托完成的，对矿业权人没有法律约束力，除非得到矿业权人的认可，否则不能直接作为补偿依据。

三是判断建设项目压覆后剩余矿产资源的开发利用价值时，需要从经济、

技术、安全等角度综合分析，所考虑的因素相较压覆矿产资源评估时更为全面。例如，如果建设项目是对矿业权矿区范围的边缘压覆，一般并不会给矿业权人造成太大的损失，但如果工程选址穿越矿产资源赋存的核心区域，虽然没有压覆全部资源，但从技术或者经济角度来看，可能导致该矿产资源开发技术上不可行或者价值上不经济，此时补偿评估范围应当是整个矿业权的价值，补偿评估范围当然大于压覆范围。

三、建设项目压覆矿产资源中确定补偿评估范围的几种方式

建设项目压覆矿产资源过程中，有的自然资源管理部门审批同意的压覆范围能够准确反映压覆导致矿产资源不能开发利用的范围，此时压覆范围就是补偿评估范围；有的矿业权人并不认可自然资源管理部门审批同意的压覆范围，认为压覆范围并非导致矿产资源不能开发利用的全部范围；有的项目建设单位未依法开展压覆矿产资源评估工作，未依法履行压覆矿产资源审批手续。针对实践中不同建设项目压覆矿产资源的不同情形，通常根据实际情况采取以下确定补偿评估范围的方式。

一是通过协商确定补偿评估范围。项目建设单位（或者接受其委托的地方政府）和矿业权人之间，参照相关行业法律法规、自然资源管理部门关于压覆矿产资源评估范围的规定、相关技术规范等，通过协商一致确定补偿评估范围，以此为依据评估计算压覆矿产资源补偿金额。

二是共同委托专业机构确定补偿评估范围。鉴于矿产资源压覆问题具有较强的专业性和复杂性，合理确定补偿评估范围往往需要专业机构进行科学、严格论证。项目建设单位与矿业权人共同委托专业评估机构确定补偿评估范围，是实践中常见的方式。专业评估机构接受委托后，经过评估向委托人出具压覆影响评估报告（安全影响评估报告、相互影响评估报告等），形成对补偿评估范围的结论意见。

三是法院审理认定补偿评估范围。如果项目建设单位与矿业权人不能就如何确定补偿评估范围、压覆补偿金额达成一致，进入诉讼程序后，需要通过法院审理认定补偿评估范围，进而认定压覆补偿金额。法院认定补偿评估范围的方式通常有三种：一是诉讼前项目建设单位与矿业权人已委托专业机

构出具压覆影响评估报告，一方在诉讼中作为证据向法院提交，法院基于评估机构系双方共同委托、评估机构具备法定资质等事实，对压覆影响评估报告的结论予以采信。二是诉讼过程中，法院委托专业鉴定机构对补偿评估范围进行鉴定，根据鉴定意见认定补偿评估范围。三是法院根据相关法律法规政策规定，基于案件事实情况，行使自由裁量权，自行认定补偿评估范围。

萤石矿项目投资开发重点法律问题解析

萤石作为现代工业的重要矿物原料，是宝贵的不可再生的稀缺性资源，已被国家列入战略性矿产目录，属于矿产资源宏观调控和监督管理的重点对象。笔者根据萤石矿产开发相关法律法规政策，从矿业权取得、行业准入、项目管理、开发利用要求、出口管理、外商投资等方面进行简要梳理解析，以期为萤石矿产投资项目的依法依规开展提供参考。

一、萤石矿业权出让管理发生重大变化

（一）萤石矿业权的出让权限

探矿权方面，根据《矿产资源法》、240号令，我国探矿权实行中央和省级矿产资源主管部门两级出让。240号令附录所列的34个重要矿种，由国务院矿产资源主管部门负责出让审批；其他矿种由省级矿产资源主管部门负责出让审批。萤石不在上述34个矿种之列，应由省级矿产资源主管部门负责出让审批。

采矿权方面，根据《矿产资源法》、241号令，萤石矿产采矿权出让由省级及以下矿产资源主管部门进行出让审批。其中，萤石矿产储量规模中型以上的，由省、自治区、直辖市人民政府矿产资源主管部门审批登记，颁发采矿许可证；储量规模为小型的，按照省、自治区、直辖市人民代表大会常务委员会的规定，由县级矿产资源主管部门审批登记，颁发采矿许可证。

2019年12月31日，自然资源部印发《改革意见》，规定实行同一矿种探矿权采矿权出让登记同级管理。自然资源部负责石油、烃类天然气、页岩气、天然气水合物、放射性矿产等14种重要战略性矿产的矿业权出让、登记；战略性矿产中大宗矿产（包括萤石）通过矿产资源规划管控，由省级自

然资源主管部门负责矿业权出让、登记。至此，萤石矿业权（采矿权、探矿权）全部由省级自然资源主管部门负责出让登记。

（二）萤石矿业权的出让方式

《矿产资源法》颁布以来，我国矿业权在出让方式上大体经历了从无偿行政审批，到以有偿行政审批为主、招拍挂市场竞争方式出让为辅，再到以招拍挂市场竞争方式出让为主、协议出让和行政审批为辅的三个阶段的变化。2019 年自然资源部《改革意见》规定，全面推进矿业权竞争性出让，除协议出让外，对其他矿业权以招标、拍卖、挂牌方式公开竞争出让。

目前，对于萤石采矿权，可以协议出让的情形有两种：一是国务院批准的重点建设项目，自然资源主管部门可以协议方式向特定主体出让矿业权；二是基于矿山安全生产和资源合理开发利用等考虑，已设采矿权深部或上部的同类矿产，需要利用原有生产系统进一步勘查开采矿产资源的，可以协议方式向同一主体出让采矿权。

二、萤石行业准入标准随着监管需要不断调整

2010 年国务院办公厅《关于采取综合措施对耐火粘土萤石的开采和生产进行控制的通知》[①]（国办发〔2010〕1 号）要求，工业和信息化部要会同有关部门制定出台耐火粘土、萤石行业的准入标准，严格规模、技术、节能降耗、环保等方面的要求，淘汰落后生产能力；各地区要严格按照准入条件加强准入管理，防止盲目投资，并按照规定期限淘汰工艺水平低、污染严重的落后生产能力。2010 年 2 月 24 日，工业和信息化部、国家发展和改革委员会、原国土资源部、原环境保护部、商务部、原国家质量监督检验检疫总局、原国家安全生产监督管理总局七部门联合发布《萤石行业准入标准》（工联原〔2010〕87 号），从生产布局、生产规模、工艺和装备、资源综合利用、能源消耗、环境保护、产品质量、安全生产、职业卫生、社会责任等方面，对萤石采选生产企业设定了准入条件，要求各有关部门在对萤石建设项目核准（备案）管理、国土资源管理、环境影响评价、信贷融资、产品生产和出

① 该文件自 2016 年 6 月 25 日起失效。

口、质量认证、工商注册登记、安全监管等工作中要以准入标准为依据。

2011年9月26日，工业和信息化部印发《耐火粘土（高铝粘土）萤石行业准入公告管理暂行办法》[①]（工信部原〔2011〕439号）规定，“申请准入公告的企业应当具备以下基本条件：（一）具有独立法人资格；（二）符合国家有关法律法规、土地利用总体规划、矿产资源规划、环境保护规划和地方产业发展规划；（三）具有符合国家产业政策、标准规范的生产装置；（四）具有采矿权和土地使用权；（五）符合准入标准的规定；（六）具有健全的安全生产、环境保护设施和管理制度；（七）具有完善的质量管理体系；（八）按生产指令性计划组织生产；（九）无重大违法违规行为；（十）法律、行政法规规定的其他条件”。符合上述条件的萤石生产经营企业可向省级工业主管部门提出申请，按规定提交《萤石行业准入公告申请书》及相关材料；省级工业主管部门负责会同有关部门对申请材料进行审核，并及时将审核意见和申请材料报工业和信息化部，工业和信息化部对符合准入标准的萤石生产经营企业进行公告并实行动态管理。

2017年，工业和信息化部印发《建材行业规范公告管理办法》，同时废止了《耐火粘土（高铝粘土）萤石行业准入公告管理暂行办法》。《建材行业规范公告管理办法》规定，建材工业中实施规范管理的水泥、平板玻璃、建筑卫生陶瓷、耐火材料、石墨、萤石、石棉、岩棉、防水卷材、玻璃纤维等行业，符合规范条件的企业可以自愿申请建材行业规范公告，企业也可以对照规范条件，自行核实本单位执行规范条件的情况后，在工业和信息化部门户网站“建材行业符合规范条件自我声明平台”自我声明符合规范条件。

三、国家对萤石投资项目实行备案管理

我国对企业投资项目实行核准和备案管理。《企业投资项目核准和备案管理条例》（国务院令第673号）规定，对关系国家安全、涉及全国重大生产力布局、战略性资源开发和重大公共利益等企业投资项目，实行核准管理；对其他企业投资项目实行备案管理。实行核准管理的具体项目范围，由国务

---

① 该文件自2018年1月1日起失效。

院颁布的《政府核准的投资项目目录》确定。萤石项目不在《政府核准的投资项目目录》范围内，属于实行备案管理的项目。

（一）萤石投资项目备案机关的确定

根据《企业投资项目核准和备案管理办法》的相关规定，实行备案管理的项目按照属地原则备案，各省级政府负责制定本行政区域内的项目备案管理办法。行政管理实践中，各省对项目备案机关的规定不尽一致。

例如，《湖南省企业投资项目核准和备案管理办法》第6条规定："按国家和省规定负责项目备案工作的行政机关为项目备案机关。除国务院另有规定外，实行备案管理的项目按照属地原则备案。其中中央在湘企业、省属国有企业投资项目由省发改委负责备案，市州直属管理企业及其控股企业投资项目由市州发改部门备案，其他项目由县市区发改部门备案。"《浙江省企业投资项目核准和备案暂行办法》第20条规定："企业投资项目备案实行属地管理。省级企业投资项目主管部门主要负责跨市域、跨流域的企业投资项目的备案；其他企业投资项目的备案由项目所在地的企业投资项目主管部门负责。"《内蒙古自治区企业投资项目核准和备案管理办法》第6条规定："实行备案管理的项目按照属地原则备案。跨盟市项目由自治区人民政府投资主管部门备案，跨旗县（市、区）项目由所在地的盟行政公署、市人民政府投资主管部门备案，其余项目由所在地的旗县（市、区）人民政府投资主管部门备案，具体备案机关及权限由同级人民政府明确。"

（二）萤石投资项目备案程序

根据《企业投资项目核准和备案管理条例》第13条的规定，萤石投资企业应当在开工建设前通过在线平台将下列信息告知备案机关：（1）企业基本情况；（2）项目名称、建设地点、建设规模、建设内容；（3）项目总投资额；（4）项目符合产业政策的声明。备案机关收到上述全部信息即为备案；企业告知的信息不齐全的，备案机关应当指导企业补正。企业需要备案证明的，可以要求备案机关出具或者通过在线平台自行打印。

已备案项目信息发生较大变更的，企业应当及时告知备案机关。企业应当通过在线平台如实报送项目开工建设、建设进度、竣工的基本信息。

四、国家对萤石矿产的开发利用设定了有关要求

（一）国家对萤石开采设定最低规模要求

《全国矿产资源规划（2016－2020年）》要求，坚持矿山设计开采规模与矿区资源储量规模相适应的原则，严格执行矿山最低开采规模设计标准，严禁大矿小开、一矿多开。对于萤石矿，大型矿山最低开采规模为10万吨/年，中型矿山最低开采规模为8万吨/年，小型矿山最低开采规模为3万吨/年。

（二）国家对萤石开发利用设定"三率"最低指标要求

为强化萤石矿产资源合理开发利用的监督管理，促进矿山企业节约与综合利用矿产资源，2013年，原国土资源部发布《萤石资源合理开发利用"三率"最低指标要求（试行）》，规定：（1）开采回采率。露天开采的矿山企业不低于90%。地下开采：对于岩体稳定矿体，其开采回采率不低于80%；对于岩体不稳定矿体，其开采回采率不低于73%。（2）选矿回收率。易选矿石不低于83%，难选矿石不低于75%。（3）综合利用率。矿山企业开发利用萤石矿产时，鼓励综合回收共伴生的有用矿物、利用矿山开采废石及选矿尾矿制作建筑材料或矿山采空区回填。考虑到受地域条件影响较大，目前暂不做指标要求。

上述指标要求是编制和审查萤石矿产资源开发利用方案、矿山设计的依据，也是矿产资源主管部门监督管理萤石矿山企业合理开发利用矿产资源的重要依据。达不到本指标要求的，省级矿产资源主管部门应组织督促其限期整改，整改后仍未达标的矿山企业，不予通过矿产资源开发利用年度检查。

（三）关于萤石开采和生产的总量控制

2010年国务院办公厅《关于采取综合措施对耐火粘土萤石的开采和生产进行控制的通知》要求，对耐火粘土、萤石实行开采和生产双重总量控制，使开采量和生产量逐年有所减少。原国土资源部下达耐火粘土（高铝粘土矿产）、萤石年度开采总量控制指标和分地区年度开采总量控制指标，各省

（区、市）国土资源管理部门负责将相关开采总量控制指标分解下达到相应的矿山开采企业；国家发展改革委研究提出年度生产总量指令性计划，工业和信息化部下达分地区年度生产指令性计划，各省（区、市）工业和信息化主管部门负责将相关生产指令性计划下达到相应的生产企业。

2016年，国务院发文废止国务院办公厅《关于采取综合措施对耐火粘土萤石的开采和生产进行控制的通知》，取消了萤石开采和生产总量控制的政策要求。

五、萤石出口经历了由配额招标到许可证管理的变化过程

（一）出口配额招标管理阶段

1992年，原对外经济贸易部制定《出口商品管理暂行办法》[①]，规定从1993年1月1日起，国家实行配额许可证管理的出口商品品种共138种，并公布《国家实行配额许可证管理的出口商品目录》，氟石（萤石）被列入上述商品目录。1994年，原对外贸易经济合作部印发《出口商品配额招标办法（试行）》[②] 原外贸部印发《关于出口商品配额招标有关事项的公告》，决定对部分出口商品配额试行有偿招标分配，并将氟石（粉）列入第一批试行出口配额招标的商品。同年出台的《氟石块（粉）出口配额招标实施细则（试行）》，详细规定了氟石块（粉）出口配额招标的具体操作事宜。

2001年，国务院制定了《货物进出口管理条例》规定，原对外贸易经济合作部据此制定了《2002年出口许可证管理商品目录》[③]，将实行出口许可证管理的商品划分为实行出口配额许可证、出口配额招标、出口配额有偿使用、出口配额无偿招标和出口许可证管理五种类型，氟石块（粉）被列入实行出口配额招标的商品。

根据《货物出口许可证管理办法》的规定，萤石作为实行配额招标的出口货物，需凭商务部发布的中标经营者名单、中标数量、《申领配额招标货

① 该文件自2002年1月1日起失效。
② 该文件自1995年4月17日起失效。
③ 该文件自2003年1月1日起失效。

物出口许可证证明书》或者《配额招标货物转受让证明书》，以及中标经营者的出口合同，申请签发出口许可证。

（二）出口许可证管理阶段

2012 年 12 月 31 日，商务部、海关总署发布 2012 年第 97 号公告，规定 2013 年实行出口许可证管理的 48 种货物，分别实行出口配额许可证、出口配额招标和出口许可证管理，氟石被列入实行出口许可证管理的货物范围。根据《货物出口许可证管理办法》的规定，氟石出口需凭商务部批准文件及经营者的出口合同签发出口许可证。该项萤石出口管理政策一直延续至今。2020 年 12 月 30 日，商务部、海关总署发布的 2020 年第 71 号公告显示，国家对萤石出口继续实行出口许可证管理。

六、萤石勘查开采的外商投资政策经历了多次调整

1995 年，原国家计委、原国家经贸委、原对外贸易经济合作部首次发布《指导外商投资方向暂行规定》①，将外商投资项目分为鼓励、允许、限制和禁止四类，并将鼓励类、限制类和禁止类的外商投资项目列入《外商投资产业指导目录》②。萤石作为允许类外商投资项目，未列入《外商投资产业指导目录》。之后，1997 年修改的《外商投资产业指导目录》延续了这一政策。

2002 年，原国家计委、原国家经贸委、原对外贸易经济合作部发布了修订后的《外商投资产业指导目录》，将萤石矿产勘查、开采列入限制外商投资产业目录，仅允许中外合资经营、中外合作经营。之后，2004 年修改的《外商投资产业指导目录》延续了这一政策。

2007 年，国家发展和改革委员会、商务部发布的《外商投资产业指导目录》将萤石的勘查、开采由限制外商投资产业目录转入禁止外商投资产业目录，从而禁止了外商投资萤石勘查、开采。之后，2011 年、2015 年、2017

---

① 该文件自 2002 年 4 月 30 日起失效。

② 该文件共经历 1997 年、2002 年、2004 年、2007 年、2011 年、2015 年、2017 年七次修改、修订，自 2018 年 7 月 28 日起失效。

年《外商投资产业指导目录》及2018年《外商投资准入特别管理措施（负面清单）》都延续了这一禁止性规定。

2019年，国家发展和改革委员会、商务部发布的《外商投资准入特别管理措施（负面清单）》，取消了实施十余年的禁止外商投资萤石勘查开采的规定。

企业参与砂石采矿权出让的法律风险与防范

砂石作为常见的矿产资源，是基础设施建设中不可或缺、用量最大的材料，在经济社会发展中发挥着重要的基础和支撑作用。企业竞买自然资源主管部门出让的砂石采矿权，是砂石矿产资源开发利用的第一步，是项目手续办理、投资建设、生产运营的前提和基础。笔者根据矿产资源管理相关法律法规政策，结合砂石矿产（本文指普通建筑用砂石土）的具体特点，着眼于砂石矿产开发利用整体视角，对砂石采矿权出让竞买中的重点法律问题进行梳理，以期为企业投资竞买砂石采矿权提供参考。

一、砂石矿业权出让管理政策要点

（一）砂石矿业权出让权限

根据《矿产资源法》、240 号令、241 号令的规定，我国探矿权实行中央和省级政府矿产资源主管部门两级出让管理，采矿权实行中央、省级、市级、县级矿产资源主管部门四级出让管理。实践中，砂石矿产以市、县两级主管部门审批登记为主，少数为省级主管部门审批登记；由于历史原因，还有个别外资企业投资的砂石矿产为部级审批登记。

2017 年中共中央办公厅、国务院办公厅印发《改革方案》，要求下放矿业权审批权限。2019 年的《改革意见》规定，实行同一矿种探矿权采矿权出让登记同级管理，自然资源部负责石油等 14 种重要战略性矿产的矿业权出让、登记；战略性矿产中大宗矿产通过矿产资源规划管控，由省级自然资源主管部门负责矿业权出让、登记；其他矿种（包括砂石在内）由省级及以下自然资源主管部门负责。

为落实《改革意见》规定，已有 20 余个省级自然资源主管部门出台了本省矿产资源管理改革的规范性文件。绝大多数省份规定砂石矿业权出让登记由县级自然资源主管部门负责，广西壮族自治区、内蒙古自治区规定砂石矿业权出让登记由市级自然资源主管部门负责，湖北省规定砂石矿业权出让登记由市级及以下自然资源主管部门负责。

（二）砂石矿业权出让方式

1. 砂石是最早实行竞争性出让的矿产，长期以来以招拍挂出让为原则、协议出让为例外

1986 年及 1996 年《矿产资源法》均规定，矿业权以行政审批方式进行出让。197 号文规定，主管部门规定无须勘查即可直接开采的矿产，应当以招标拍卖挂牌的方式授予。12 号文进一步明确规定，石灰岩（建筑石料用）、砂岩（砖瓦用）、天然石英砂（建筑、砖瓦用）、粘土（砖瓦用）、页岩（砖瓦用），不再设探矿权，以招标拍卖挂牌方式直接出让采矿权。

作为招标拍卖挂牌方式出让的例外情形，《关于进一步规范矿业权出让管理的通知》规定“已设采矿权需要整合或利用原有生产系统扩大勘查开采范围的毗邻区域”等四种情形下，经批准允许以协议方式出让矿业权。2012 年 80 号文进一步明确了“已设采矿权需要整合或利用原有生产系统扩大勘查开采范围的毗邻区域”等五种情形可以采用协议方式出让探矿权、采矿权。2017 年中共中央办公厅、国务院办公厅印发《改革方案》，提出严格限制矿业权协议出让，将协议出让范围限定为“国务院确定的特定勘查开采主体和批准的重点建设项目”“大中型矿山已设采矿权深部”两种情形。

2. 《改革意见》要求全面推进矿业权竞争性出让，不再允许协议出让砂石矿业权

《改革意见》规定，全面推进矿业权竞争性出让，允许矿业权协议方式出让的范围，一是稀土、放射性矿产勘查开采项目或国务院批准的重点建设项目；二是已设采矿权深部或上部的同类矿产，需要利用原有生产系统进一步勘查开采矿产资源的，但不包含普通建筑用砂石土类矿产。

由于矿产资源开发的复杂性，矿业权一律竞争性出让，不允许协议方式出让，不利于解决矿产开发中实际存在的大矿小开、一矿多开等现实问题，

给矿产资源整体规划、整合开发造成了障碍。在省级自然资源管理部门出台的矿产资源管理改革规范性文件中，有的省份根据地方实际情况提出了解决方案。例如，山东省自然资源厅《关于推进矿产资源管理改革若干事项的通知》（鲁自然资规〔2020〕2号）规定，除《改革意见》规定的协议出让情形外，同一采矿权人实施整合、利用不宜单独设立矿业权的夹缝资源，整合方案经专家论证和所在地县级人民政府同意后，可以协议方式出让。

（三）砂石“净矿”出让

近年来，各地在矿产资源管理改革中不断探索实施“净矿”出让。2019年12月17日自然资源部印发《关于实施海砂采矿权和海域使用权“两权合一”招拍挂出让的通知》（自然资规〔2019〕5号），第一次从中央政策层面明确提出“净矿出让”的概念，要求将海砂采矿权与法定权限内的海域使用权“两权合一”，纳入同一招拍挂方案并组织实施。

自然资源部在总结吸收“净矿”出让政策经验的基础上，在《改革意见》中对“净矿”出让做了专门的规定。一是要求率先开展砂石土等直接出让采矿权的“净矿”出让，积极推进其他矿种的“净矿”出让。二是矿业权前期出让准备工作中，要重视不同规划的核实，依法依规避让生态保护红线等禁止限制勘查开采区，合理确定出让范围。三是着眼于解决“矿地”问题，做好与用地用海用林用草等审批事项的衔接。四是对“净矿”出让不利问题的处理。对属矿业权出让前期工作原因而导致的矿业权人无法如期正常开展勘查开采工作的，自然资源主管部门可以撤回矿业权，并按有关规定退还矿业权出让收益等已征收的费用。

各省出台的矿产资源管理改革规范性文件中，也都对“净矿”出让事宜作出了专门规定。

二、砂石采矿权出让竞买中应注意的法律问题

（一）矿业权设置是否符合相关规划

一是国土空间规划。2019年中共中央、国务院下发《关于建立国土空间规划体系并监督实施的若干意见》，要求将主体功能区规划、土地利用规划、

城乡规划等空间规划融合为统一的国土空间规划，实现“多规合一”，同时确立了2020～2035年的国土空间规划工作目标。国土空间规划划定的生态保护红线、永久基本农田、生态屏障等区域，对划定砂石的禁采区、可采区具有重大影响。实践中，由于有的地方自然资源主管部门在设置矿业权时未充分考虑国土空间规划（土地利用规划）要求，导致企业竞得砂石采矿权后无法办理采矿权登记，或者获得矿权后无法正常开采。

二是矿产资源规划。矿产资源规划是自然资源主管部门依法审批和监督管理地质勘查、矿产资源开发利用和保护活动的重要依据。矿产资源规划包括矿产资源总体规划和矿产资源专项规划，自然资源部及地方各级自然资源主管部门分别负责组织编制相应层级的矿产资源规划。根据《矿产资源规划编制实施办法》等规定，自然资源主管部门进行矿业权审批登记时，对不符合矿产资源规划要求的，不得审批发证，不得办理用地手续；违反矿产资源规划颁发勘查许可证、采矿许可证的，应当及时予以纠正。如果自然资源主管部门出让的砂石采矿权不符合矿产资源规划的，企业未来办理采矿权延续、办理用地等手续将面临风险和障碍。实践中，由于各级矿产资源规划衔接、矿产资源规划实施管理等方面还存在诸多问题，企业在参与竞买砂石采矿权之前，有必要充分了解有关矿产资源总体规划和砂石资源专项规划的编制审批情况。

（二）矿产资源储量的问题

资源储量是判断矿产资源开发利用价值的核心要素。自然资源主管部门组织出让砂石采矿权时，需要委托专业机构对拟出让区块进行地质勘查、编制矿产资源储量报告，并进行储量评审备案。经过评审备案的矿产资源储量报告，是进行矿业权出让收益评估的依据材料，是办理采矿权登记的要件材料。实践中，需要关注以下几个方面：

一是资源储量的可靠性。原国土资源部《关于完善矿产资源开采审批登记管理有关事项的通知》（国土资规〔2017〕16号）规定，砂石土等以招标拍卖挂牌方式直接出让采矿权的勘查程度的具体要求按照各省（区、市）有关规定执行。从各省的规定来看，有的省份未对砂石勘查程度作出统一要求，由出让机关自主决定；有的省份规定只需编制地质检测报告。实践中，出让机关对拟出让砂石矿进行委托勘查时，往往未严格按照《固体矿产勘查工作规范》《固体矿产勘查/矿山闭坑地质报告编写规范》等要求开展勘查工作和编制储量报告，其结果是导致报告不能真实反映砂石资源储量的实际情况。

二是资源储量风险的承担问题。一些地方的砂石采矿权出让文件中，存在诸如“竞买人应充分考虑资源储量风险并自担风险”等资源储量风险承担方面的规定。这种不考虑出让矿权的实际情况，“一刀切”地免除出让机关责任、加重竞买人合同风险的做法，不利于依法保护砂石竞买企业的合法权益，不利于砂石行业的良性健康发展。同时，笔者也注意到，一些地方的政策文件对于如何解决出让砂石矿产储量不实问题作出了规定，如宁夏回族自治区自然资源厅《关于印发〈关于贯彻落实自然资源部推进矿产资源管理改革意见的若干政策〉的通知》（宁自然资规发〔2020〕4号）规定，砂石土矿投入生产初期，经第三方地质勘查单位核实，确实存在实际资源储量与出让资源储量差距较大或矿种不一致的，报同级人民政府同意后，出让登记机关可为原采矿权人就近补划同矿种资源。

（三）采矿用地问题

矿山用地属于建设用地，企业竞得采矿权后进行矿山开采前，还要依法办理建设用地手续。根据《土地管理法》的规定，砂石采矿用地不属于土地征收的范围，采矿用地由以往政府办理征收转用手续后再出让给企业的制度已经修改，变成土地所有权人向企业出让、出租集体经营性建设用地的方式解决采矿用地问题。实践中，企业需要关注以下几个方面可能存在的风险：

第一，拟出让的开采区块是否符合土地利用总体规划（国土空间规划）要求，企业未来办理采矿用地手续是否会受到规划制约。

第二，根据矿业权出让和开发计划，地方政府能否为采矿用地办理预留相应的新增建设用地指标。

第三，出让机关是否事先协调了拟出让矿业权与土地使用权、林（草）地使用权之间的关系，矿业权人取得矿业权后能否办理采矿用地手续，正常开展开采工作。

（四）矿山环保问题

采矿行为涉及矿山基建、矿石开采、选矿、矿产品运输和尾矿堆放、废水排放等多个环节，可能对生态环境造成污染和破坏，因此环保问题是矿山开发中的重要问题。为防范生态环保方面的风险，矿业企业应重点关注以下问题：

一是拟出让采矿权是否符合生态环境准入要求。2017 年中共中央办公厅、国务院办公厅《关于划定并严守生态保护红线的若干意见》规定，生态保护红线原则上按禁止开发区域的要求进行管理，严禁不符合主体功能定位的各类开发活动，严禁任意改变用途。2021 年 8 月 26 日，生态环境部发布的《关于实施“三线一单”生态环境分区管控的指导意见（征求意见稿）》指出，落实“三线一单”（生态保护红线、环境质量底线、资源利用上线和生态环境准入清单）生态环境分区管控硬约束，坚决制止违反生态环境准入清单规定进行生产建设活动的行为。企业竞买砂石采矿权前，应了解当地生态保护红线划定和生态环境分区管控实施情况。

二是环保合规风险。环保合规问题贯穿矿山建设项目审批、建设和生产的全生命周期。近年来随着环保政策日趋严格和矿山环境整治力度的加大，砂石企业因环保问题被行政处罚、刑事处罚的案例时有发生。为此，企业应充分了解砂石矿山开发中须达到的环保合规要求，包括环境影响评价、建设项目环境保护“三同时”、排污许可、重点污染物排放总量控制、固体废物污染防治、大气污染防治、水污染防治等，以及为达到环保要求而需要投入的资金等成本。

（五）矿山历史遗留问题导致的新老矿业权人之间的矛盾

本轮矿产资源管理改革之前，对于“已设采矿权需要整合或利用原有生产系统扩大勘查开采范围的毗邻区域”，矿产资源主管部门可以通过协议出让方式为原采矿权人办理采矿权扩界手续。基于这一政策预期，在过去一段时间里，即便有的砂石采矿权出让年限不长，或者采矿许可证临近到期，矿业企业仍然投入巨额资金进行矿山建设。然而，按照 7 号文件关于砂石矿业权全面竞争性出让的要求，原采矿权人无法再通过协议出让方式取得原矿区周边及深部资源，采矿权到期后能否继续开采面临不确定性。

一些地方政府在组织出让砂石采矿权时，未按照“净矿”出让原则考虑解决原采矿权人已经形成的固定资产等历史遗留问题，仅在出让公告中提示了相关风险。实践中，一旦采矿权被原采矿权人以外的其他企业竞得，在新采矿权人和原采矿权人无法就解决历史遗留问题达成一致的情况下，往往会形成原采矿权人投资形成的固定资产无法收回、新采矿权人无法顺利进场开采的僵持局面，给原采矿权人、新采矿权人均造成了投资损失。

企业在参与竞买砂石采矿权前，应通过多种途径充分了解拟出让采矿权矿区及周边的历史情况，对于存在原采矿权人投资形成固定资产等历史遗留问题的，在竞买前形成解决方案后方可参与竞买。

（六）资源储量、生产规模及出让年限的对应问题

在砂石采矿权出让文件中，资源储量、生产规模及出让年限是事关矿山开发利用价值的三个重要信息。通常，出让文件记载的可利用资源储量乘以回采率得到的可采储量，大体等于生产规模乘以出让年限。但是，从各地对外公布的砂石采矿权出让文件内容来看，有的出让文件中三者之间的数据关系是不对应的。

企业在研读砂石采矿权出让文件时，如果发现拟出让采矿权矿区范围内的可采储量明显大于生产规模乘以出让年限，需要关注出让年限届满后采矿权延续的风险问题。根据 241 号令等规定，采矿许可证有效期满，需要继续采矿的，采矿权人有权到登记管理机关办理延续登记手续。但是，有的地方的自然资源主管部门设定的砂石采矿权出让条件中，规定出让年限届满后出让合同终止、矿山关闭，不再给予延续。

笔者建议，企业在参与竞买砂石采矿权之前，充分研究出让公告、矿产资源储量报告、开发利用方案等文件，针对有关疑问及时向出让机关进行询问。

（七）出让机关为竞买人设定额外义务的问题

根据国务院《关于印发矿产资源权益金制度改革方案的通知》（国发〔2017〕29 号），财政部、原国土资源部《关于印发〈矿业权出让收益征收

管理暂行办法〉的通知》（财综〔2017〕35 号）等规定，在矿业权出让环节中，出让机关有权收取的税费仅为矿业权出让收益。

但是，一些自然资源主管部门在出让砂石采矿权过程中，在法定条件之外为竞买人设定了额外义务。例如，西南某市一宗砂石采矿权出让公告文件规定：采矿权竞得人须根据出让资源量，按照 30 元/吨的标准支付基础设施及公益设施建设资金 152, 145 万元，用于独立工矿区转型升级 PPP 项目实施方案中的建设项目。江苏省某市一宗砂石采矿权出让公告文件规定：矿山开采石料（含加工制品）必须用于本市范围内工程建设，一律不得外运。西南某省规定，竞得人必须在县域内建设规模不低于 200 万平方米的装配式建筑材料（或其他同等建设规模新基建项目）生产线，并在规定的时间内投运，亩均税收不低于 25 万元（亩·年），否则，出让方有权收回该采矿权。

出让机关为竞买人设定的额外义务，有的造成竞买人投资成本支出增大，有的导致办理采矿权登记的不确定性增加，有的给矿山未来生产经营带来风险。企业应充分重视上述额外义务中蕴含的投资风险，参与竞买前应充分了解自然资源主管部门在出让文件中为竞买人设定的有关义务，进行充分的投资可行性研究后作出竞买决策。

（八）采矿权登记前置条件问题

企业竞得砂石采矿权后，还需要按照《矿产资源法》等法律法规规定，取得法定前置要件，才能申请办理采矿权登记。

综观各地矿产资源管理政策，对采矿权登记的前置审查要求不尽一致。有的省份已将矿业权审批登记制改革为矿业权出让合同约定登记制，矿业权人与自然资源主管部门签订矿业权出让合同，按规定缴纳矿业权出让收益（价款）后，即可登记颁发采矿许可证。也有的地方自然资源主管部门认为企业竞得矿业权后，仅获得了申请矿业权的资格，仍需履行审批程序，才能确定是否能够取得矿业权。有的地方甚至在法定条件之外将完成当地绿色矿山建设等要求作为办理砂石采矿权的前置条件。

企业在参与竞买砂石采矿权前，应充分了解当地矿产资源管理政策，知悉当地采矿权办理流程及具体前置要件。

（九）砂石矿产开发项目审批手续问题

一个砂石矿产开发项目，自取得采矿权开始至项目审批建设完成正式投产，需要办理诸多行政审批手续。在立项方面，砂石生产建设项目通常属于实行备案管理的项目，需要按照企业投资项目备案管理程序履行项目备案手续。在安全方面，砂石项目需要履行建设项目安全预评价、安全设施设计审查等手续。此外，企业还需根据项目情况依法办理用地、环保、社会稳定风险评估、地质灾害危险性评估、取水许可、节能审查、水土保持等审批审查手续。

企业在参与竞买砂石采矿权前，应知悉相关行政审批手续的办理程序、办理时限、办理风险。

三、企业竞买前应充分开展调查研究，切实做好法律风险的识别和防范工作

一是充分做好专业尽职调查。为防范砂石采矿权投资竞买中的法律风险，企业应组织地质、采矿、法律等方面的专业人员开展专业尽职调查。尽职调查应立足砂石矿产开发利用的全流程，重点关注当地矿产资源管理政策、国土空间规划及矿产资源规划、砂石产业政策、环保政策、资源储量、采矿用地、出让文件要求、采矿权登记、项目审批等方面，形成书面尽职调查报告，为企业进行投资决策提供基础保障。

二是统筹考虑各项行政审批事宜。矿产资源开发项目具有政策性强、管理部门多、审批管理环节复杂、运作周期长等特点。企业竞买采矿权只是项目开发的第一步，后续还需要办理一系列行政审批事项。企业在参与竞买砂石采矿权前，应统筹考虑各项行政审批事宜，在项目尽职调查的基础上，对行政审批手续的办理程序、办理时间期限、办理风险等进行评估和论证，作为项目决策的重要依据。

三是准确识别项目中的法律风险并有针对性地采取防范措施。企业应根据拟出让采矿权的有关实际情况，在尽职调查的基础上进行充分的分析论证，准确识别项目中的法律风险，并提出防范法律风险的思路和措施。例如，针对建设用地取得的风险，应事先和土地所有权人进行沟通协商土地出让、租

赁事宜，并确保地方政府能够为采矿用地办理预留相应的新增建设用地指标。针对项目投资收益风险，企业应围绕矿山建设投入、生产经营成本、矿产品价格等进行调研，充分考虑各种可能发生的资金投入和矿产品价格的市场变化情况，在此基础上确定企业所能承受的竞买采矿权的成交价格。如果拟出让采矿权存在原采矿权人投资形成的固定资产，应首先争取由出让机关采取固定资产一并评估处置的方式予以解决；在出让机关未予解决的情况下，企业应和原采矿权人事先沟通并达成相关协议，在确保历史遗留问题妥善解决的情况下方可参与竞买。

综上所述，企业竞买砂石采矿权过程中，应充分认识砂石矿产开发的专业性、复杂性，通过专业尽职调查、分析论证等方式，准确识别项目中的法律风险并有针对性采取防范措施，在全面考虑投资风险基础上科学决策。

审计和纪检监察工作中涉矿问题探析

党的十八大以来，中央和地方通过审计、纪检监察、巡视等多种方式，发现和查处了矿产资源开发领域存在的大量违法违纪案件，受到社会各界的高度肯定。这对于保护国家矿产资源所有者权益，惩治矿产资源领域腐败行为，促进矿业权市场的规范化和法治化，维护矿产资源管理和开发秩序，都具有十分重要的意义。

由于地质矿产行业的专业性、复杂性、特殊性，以及特定历史背景下矿产资源管理政策的演变等原因，在审计和纪检监察机关调查处理的涉矿案件中，个别涉矿案件在事实认定、案件定性和法律适用方面存在可商榷之处。

一、审计和纪检监察工作中涉矿案件主要争议点

根据笔者以往接触和关注的案例，审计和纪检监察机关在办理涉矿案件时主要容易在国有资产流失数额认定、矿业权委托评估和矿业权交易违规性质认定等方面出现争议。这些争议具体体现在以下几个方面：

（一）在国有资产流失具体数额认定方面

审计和纪检监察机关在审计和查处涉矿案件过程中，经常会涉及认定国家机关工作人员或者国有地勘单位、国有矿业企业在矿业权出让转让过程中，造成国有资产流失的问题。其中关于国有资产流失具体数额认定方面，有以下两种情况需要注意：

一是混淆了不同阶段矿业权的价值。

案例一

A 单位（国有地勘单位）将其拥有的某金矿普查探矿权（仅为矿化点），按照双方约定的价格转让给了 B 公司。B 公司取得探矿权后，又投资进行勘

查并提交了符合规定的矿产资源储量报告，后B公司依法申请探转采取得了采矿权。纪检机关对该案进行调查时，认为A单位向B公司转让探矿权时存在违法违规情形，A单位的行为导致了国有资产流失。为了对国有资产流失的数额进行认定，纪检监察机关委托价格认证中心（评估资质问题下文探讨）对涉案的矿业权价值进行认定。令人费解的是，A单位转让给B公司的明明是勘查工作程度较低的普查探矿权，但价格认证中心却将B公司经过自行投资勘查后取得的采矿权作为价格认定对象；因B公司采矿权价值远远高于双方交易时的探矿权价格，导致最后纪检部门认定A单位造成巨额国有资产流失。

本案中，认定A单位探矿权转让是否造成国有资产流失，显然应当以A单位探矿权转让时的探矿权评估价值和交易价格进行比较，如果评估价值明显高于当时交易价格，则可以结合其他法律规定认定国有资产流失；反之，则不能认定A单位的探矿权转让行为造成国有资产流失。本案中，价格认证中心的价格认定对象是B公司的采矿权，该采矿权与A单位转让的探矿权是两个矿权，无论该采矿权价值高低，都与A单位是否造成国有资产流失没有直接关系。

本案中，有关办案人员忽视了矿产勘查的客观规律。矿产资源大都埋藏在地下深部，看不见、摸不着，矿床的形成过程错综复杂，具有很大隐蔽性和潜藏性，因而矿产勘查工作带有很强的探索性、风险性，其勘查成果也具有不确定性。固体矿产勘查划分为预查、普查、详查、勘探四个阶段，随着勘查投入的增多和勘查工作阶段程度的提高，人们对找矿靶区的地质条件、矿体特征和矿石质量、开采技术条件、矿产资源资源量或者储量、可开发利用评价的认识会逐步提高。即使都是探矿权，依据不同勘查阶段的地质勘查报告进行的矿业权评估，得出的评估价值也可能有天壤之别。更何况本案中原来的探矿权已经转为采矿权，这两个矿权所体现的矿产资源认知程度、风险等级、开发前景和市场价值是完全不同的，不能相互混淆、随意替代。

二是混淆了矿业权和矿业公司股权，将公司股权交易价格作为认定矿业权价值的依据。

案例二

C公司（国有企业）以其拥有的铁矿采矿权作为合作条件与D公司进行合作经营，约定将采矿权转移到双方成立的项目公司名下进行生产经营，合作期满将采矿权退还给C公司。几年后，第三人收购了项目公司部分股权。后审计机关经审计认为C公司与D公司开展合作时涉嫌违规处置采矿权，造成了国有资产流失。在计算国有资产流失数额时，审计机关的计算方式为：根据后来第三人收购项目公司股权时的股权交易价格折算出项目公司100%股权价值，扣除项目公司的账面净资产，得出采矿权价值；再扣除合作期满后采矿权剩余价值，计算得出国有资产损失金额。

公司股权和公司采矿权是两种完全不同的财产，二者的权利主体、权利客体、价值内涵、表现形式、登记部门、适用法律均不相同。公司股权系虚拟资本，属于公司股东，公司采矿权系用益物权，属于公司；公司股权表现为公司股份和股东的权利义务，其价值对应的公司资产和负债总和，其中资产部分包括采矿权但并不限于采矿权，公司采矿权是实物资产，仅限于采矿权自身价值；公司股权主要受《公司法》调整，采矿权主要受矿产资源管理法律法规调整。

可见公司股权价值和公司采矿权价值完全是两个概念，不能相互混淆，更不能等同视之。案例二中，项目公司除了拥有铁矿采矿权外，还有土地、房产、机器设备等资产，同时在生产经营中还形成了收入、负债、产品库存等。将公司股权价值作为认定采矿权价值的依据，把股权价值与采矿权价值画等号，显然是错误的，以此来计算采矿权转让造成国有资产流失的具体数额，可能要谬之远矣。

（二）矿业权价值委托评估方面

审计和纪检监察机关在审计和查处涉矿案件过程中，经常会委托第三方对涉案矿业权价值进行评估，作为认定违法违纪性质及具体数额的依据。但实践中委托评估中存在以下几方面问题：

一是委托评估的机构不具备矿业权评估资质。

审计和纪检监察机关在对涉案矿业权价值进行评估时，有时会委托价格认证中心、司法鉴定中心进行，并根据价格认证中心出具的价格认定报告、司法鉴定中心出具的司法鉴定意见确定矿业权价值。但根据我国相关法律政策的规定，矿业权评估机构和矿业权评估师均需具有相应资质才能开展评估工作。2016 年颁布的《资产评估法》确认了现行评估行业分专业管理的管理体制，明确规定，“国务院有关评估行政管理部门按照各自职责分工，对评估行业进行监督管理”。矿业权评估属于自然资源行政主管部门管理，原国土资源部 2016 年出台的《关于贯彻实施〈中华人民共和国资产评估法〉的通知》（国土资发〔2016〕181 号）规定，“对于涉及国有资产或者公共利益以及依据法律法规规定应当进行土地估价或者矿业权评估的，要依法委托评估机构进行评估，由取得土地估价或者矿业权评估资质的人员具体承办，确保评估质量和公信力。”2008 年原国土资源部制定的《矿业权评估管理办法（试行）》也明确规定，矿业权评估是指具有矿业权评估师执业资格的人员和矿业权评估资质的机构基于委托关系，对约定矿业权的价值进行评价、估算，并通过评估报告的形式提供咨询意见的市场服务行为。

实行矿业权评估资质管理的目的和意义在于让真正懂矿、具备矿业权评估能力的机构和人员对矿业权价值作出准确评估。例如，根据《矿业权评估指南》的要求，探矿权评估必须有具备野外工作经验的地质工程师参加，采矿权评估必须有地质、采矿权、选矿、财会专业人员参加。这些不仅仅是形式上的要求，更是评估工作的实际需要。只有通过这样的要求和约束，才能对矿业权的价值作出最接近客观事实的评价和估算。

一般来讲，价格认定中心、司法鉴定中心并不具有矿业权评估机构资质，其具体评估人员也没有矿业权评估师资格，按照规定不能从事矿业权价值评估工作。因其评估师不具有矿业权评估的专业知识和能力，往往得出的价格认定或者鉴定数额与专业矿业权评估师做的评估价值相去甚远。

二是矿业权评估中价值计算方法错误。

根据《矿业权评估指南》《矿业权评估技术基本准则》等的要求，探矿权评估存在收益途径评估、市场途径评估和成本途径评估三大类评估方法。收益途径评估又可以细分为折现现金流法、风险系数调整法等，成本途径又包括勘查成本效用法、地质要素评序法。每一种评估方法都有严格的适用条件和评估程序。可以说，矿业权评估是一个非常复杂而专业的问题。

案例三

在一起纪检监察机关查处探矿权转让案例中，价格认证中心在对煤矿探矿权价值进行评估时，将煤炭资源储量作为基数，以该地区煤炭资源配置政策中有偿出让、转让矿业权的价格标准为单价，资源量乘以单价得出了案涉探矿权的价值。事实上，价格认证中心混淆了价值评估和政府定价的区别。价值评估是对矿业权价值进行分析、估算，目的是尽可能获得矿业权的公允价值。政府定价则是一种政策性的行政行为，并非以公允价值为依据来确定价格。因此，用政府定价的标准计算出的数额，与矿业权评估价值是两个不同的概念。

三是确定的矿业权评估基准日错误。

如前所述，不同阶段、不同时点的矿业权的价值并不相同。评估基准日是判断矿业权价值的基准时点，矿业权评估结论反映的是矿业权在评估基准日这一时点的价值。关于审计和纪检监察机关对涉案矿业权价值进行委托评估时，能否得出准确的评估结论，除了受评估机构资质能力、评估方法等影响外，评估基准日的确定也是重要因素。在以往案例中，评估基准日选择上往往存在一种倾向，就是把已知矿业权价值最高的时点作为评估基准日（包括以勘探阶段的基准日代替普查阶段基准日、以采矿权阶段基准日代替探矿权阶段基准日等），这样最后得出的评估价值和实际交易价格可能差异巨大。关于这一问题，案例一已做了分析，在此不再赘述。

（三）对合作勘查的认识和定性有偏差

在审计和查处涉矿案件过程中，涉及国有地勘单位引入社会资本进行风险合作勘查的，审计和纪检监察机关有时会将合作勘查认定为矿业权转让，进而引申出国有资产流失的问题。

1. 要充分了解合作勘查的历史背景和政策

实际上，国有地勘单位对外合作勘查有其特殊的历史背景和政策支持。国务院办公厅1999年出台的《关于印发地质勘查队伍管理体制改革方案的通知》（国办发〔1999〕37号）拉开了地勘队伍改革的序幕，要求地勘队伍按照属地化和市场化的原则，逐步改组成按照市场规则运行和管理的经济实体，即实行企业化经营。但地勘单位改革是一个艰苦的过程，基于多种原因，绝大部分地勘单位生产经营困难，改革和发展遇到了一系列的难题。为了支持地勘单位的改革和发展，中央层面先后出台了一系列政策，明确规定给予地勘单位矿业权合法权益。国务院办公厅《关于深化地质勘查队伍改革有关问题的通知》[①]（国办发〔2003〕76 号）规定，“二、维护企业化经营的国有地质勘查单位的合法权益。国有地质勘查单位转让国家出资勘查形成矿产地的探矿权、采矿权，符合规定并经批准，其价款的部分或全部转增为国有地质勘查单位的国家资本金”。国务院《关于加强地质工作的决定》（国发〔2006〕4 号）规定：“鼓励各类社会资本参与矿产资源勘查，培育壮大商业性勘查市场主体，确立企业在商业性矿产资源勘查中的主体地位。”“鼓励国有地质勘查单位与社会资本合资、合作，组建矿业公司或地质技术服务公司。鼓励发展多种所有制的商业性矿产资源勘查公司和机制灵活的找矿企业。”原国土资源部《关于促进国有地勘单位改革发展的指导意见》[②]（国土资发〔2010〕61 号）规定：“国有地勘单位可以按照国家有关法规的规定以知识、技术、管理等要素折股参与地质找矿风险投资，分享找矿成果收益。”“国有地勘单位转企的，申请转让国家出资勘查形成矿产地矿业权，经财政部、国土资源部批准，其价款可部分或全部转增为企业的国家资本金。”原国土资源部、全国工商联《关于进一步鼓励和引导民间资本投资国土资源领域的意见》（国土资发〔2012〕100 号）也明确规定，“除国家政策有特殊规定的矿种外，鼓励民间资本、地方财政资金参与地质勘查基金项目的投资合作，民间资本与地质勘查基金合作投资形成的勘查成果按照投资比例和合同约定转让，民间资本方有优先购买权。鼓励民间资本按照‘三优先’原则，积极参与整装勘查区找矿突破工作，即大投入进行深部钻探验证的优先、与国有地勘单位联合成立企业实行资本与技术结合的优先、与勘查单位联合成立企业实行探采一体化的优先”。各省也分别出台了鼓励国有地勘单位引入社会资

① 该文件自 2016 年 6 月 25 日起失效。

② 该文件自 2016 年 5 月 27 日起失效。

本进行风险勘查的政策规定。

可见，国家一方面扶持地勘单位改革发展，允许地勘单位分享地质找矿收益；另一方面大力支持和鼓励社会资本参与风险勘查。在这种背景下，部分地勘单位因为自己持有矿权的勘查项目已经没有资金继续投入，经上级主管单位和矿主管理部门批准，以持有的探矿权引入社会资本合作，共同进行风险勘查。

2. 合作勘查不是矿业权转让

这种合作勘查一般有两个特点：一是双方合作之时，地勘单位的探矿权前期勘查投入较少，勘查工作程度很低，有的甚至仅为矿化点或登记的空白地；二是合作勘查的资金全部或大部分来自社会资本。

地勘单位和社会资本开展合作勘查的目标在于分享探矿权的潜在价值，双方通常会约定找矿收益的分成比例。在合作勘查中，矿业权登记并没有发生转移，所有合作勘查并不涉及矿业权转让的行为。一般都是待合作勘查结果明确后，在探明了一定资源量或者储量的情况下，双方协商将矿业权转让给第三方，或者直接作价转让给社会资本一方或合作成立的项目公司，然后按照双方约定的分成比例进行利益分配，此时矿业权才发生转让。所以，将合作勘查认定为矿业权转让，定性上是有待商榷的。

矿产勘查投资属于高风险、高投入的行为，这是行业公认的常识。必须强调的是，社会资本进入后，并不是每个合作勘查项目都能找到可供开发的矿床或者矿体。根据我国及世界普遍经验，平均找矿成功率根据不同矿种，大概在1‰～3%的水平。所以，在个别合作勘查项目中社会资本因为找到可供开发的大型矿床，分享了找矿收益，这是由地质找矿高风险和高收益性质决定的。绝不能因此就认为地勘单位和社会资本的合作具有不正当性，造成了国有资产流失。合作勘查收益分配和矿业权转让更不能直接等同视之。

3. 认定合作勘查时探矿权价值未经评估属于违规的理由并不充分

实践中，审计和纪检监察机关有时认为，国有地勘单位引入社会资本合作勘查时，没有对探矿权价值进行评估，造成了国有资产流失，属于违规行为。笔者认为，这种观点并不准确：

第一，合作勘查不属于矿业权转让，法律政策没有规定必须要进行评估，所以未经评估并不违反规定。

第二，如前所述，地勘单位的矿业权在引入社会资本合作勘查时，往往勘查程度很低，这时候评估的价值会非常小，空白区探矿权甚至无法评估出价值。如果以探矿权评估结果作为确定双方分配比例的依据，对比社会资本后期需要投入的巨额资金，地勘单位的权益比例将会非常低。现实中的合作勘查项目，地勘单位因为持有探矿权，社会资本关注和看重的是探矿权不确定的潜在价值，所以愿意通过协商的方式来确定权益比例，通常分配比例在10%～50%，通过协商方式确定双方权益比例相对来说是公平的。

案例四

E 单位（国有地勘单位）拥有某金矿普查探矿权，已投入 30 余万元进行勘查，尚未探得资源量。现 E 单位与 F 公司准备进行合作勘查，双方约定 E 单位出探矿权，F 公司出资金，勘查成果按照 3∶7 比例进行分配。假设如果通过评估作价方式确定权益比例，E 单位的探矿权只能按照成本法进行评估，价值不过几十万元，F 公司后期将要投入的勘查资金预计 1500 万元。如果按照探矿权评估价值和后续勘查投入金额比例计算的话，E 单位所占权益比例很可能不超过 5%，远远低于现在协商确定的 30% 的比例。

关于评估与否、以哪种方式对国有地勘单位更为有利，需要根据具体情况区别对待，不能笼统认为合作勘查中对探矿权价值没有评估就造成国有资产流失，属于违规情形。

二、问题的原因分析及主要影响

（一）问题的原因分析

笔者认为，出现上述的问题的原因是多方面的，但主要是地质矿产行业的特殊性以及特定历史背景下法律政策的演变造成的。

1. 地质矿产行业的专业性和复杂性给事实认定带来难度

地质找矿属于探索地球的找宝活动，其科学性、专业性、技术性特别强，现任地学部院士占中国科学院院士的 17%，由此可见地球科学的重要性。矿产资源勘查开发可大体划分为勘查和开采两个阶段。矿产勘查工作一般分为预查、普查、详查和勘探四个阶段。探矿权和采矿权是完全不同的矿业权。即使都是探矿权，不同勘查阶段的探矿权由于勘查工作程度不同，对地质条件、开发技术条件、探明的资源量和储量的认识和结论也是不同的，处在不同时点和不同阶段的探矿权价值可能存在天壤之别。

但由于一般人不具备地质找矿的专业知识，无法理解不同阶段的探矿权和采矿权价值的差异性，很容易朴素地理解为都是同一个矿权，最后把矿权价值最高的节点作为标准，判断是否造成国有资产流失，这种理解是完全不对的。

2. 矿产资源管理政策演变容易导致性质认定错误

地质矿产管理和其他行业一样，都经历了从计划经济到市场经济的转变，其法律政策在不同历史时期有较大的差异。判断一个行为是否合规合理，应当放到当时的历史条件下去衡量，不能用今天的标准去评判昨天的行为，"法不溯及既往"是法治社会的基本要求。

如前面所介绍的，地勘单位在市场化改革的过程中，国家出台相应扶持政策，明确地勘单位可以参与地质找矿的收益，鼓励地勘单位与社会资本合作进行风险勘查。在这个大背景下，地勘单位以探矿权为对象引入社会资本合作勘查，在经过上级单位同意和矿产资源主管部门批准的情况下，除非能证明当时地勘单位有关人员故意压低探矿权价值以至于减少分配比例，或者在合作勘查中有贪污受贿等行为，否则不应被认定合作勘查是违规行为，更不能以合作勘查未经评估就认定为国有资产流失。

（二）问题的主要影响

涉矿案件审计和违法违纪查处中存在上述问题虽然是个别案例，但其对矿产资源管理秩序和矿业权交易当事人造成的影响不容小觑。

1. 影响了矿产资源管理中正常的登记发证行为

实践中，由于合作勘查、矿业权出让等行为被审计或者纪检监察机关认为存在违法违规行为，导致经过矿产资源主管部门审批的矿业权出让、转让最后无法登记发证，矿产资源主管部门的权威性和公信力受到质疑。

案例五

G单位（国有地勘单位）拥有普查铁矿探矿权，中央及省级财政资金已经投资200余万元，其与H公司（民营企业）达成合作勘查协议，约定H公司继续投资1亿余元的资金，进行详查并扩展到外围普查，待查明储量符合办理采矿权条件时，以双方出资成立的项目公司名义申请采矿权。该合作勘查行为和约定由项目公司受让采矿权的行为均得到G单位上级部门、原国土资源厅及省政府的同意。后H公司继续投入1亿余元资金进行详查，在申请办理采矿权阶段，审计部门专项审计认为合作勘查属于矿业权转让，当初没有经过评估，属于违规转让行为。矿产资源主管部门以审计意见为理由，迟迟不给项目公司办理采矿权登记。H公司投资的巨额勘查资金颗粒无收，造成重大损失。该探明储量可以转为采矿权的铁矿资源也无法进一步开发，矿产资源管理和开发秩序都受到影响。

2. 引发诸多矿业权交易纠纷

实践中合作勘查、矿业权出让转让等交易行为，因审计和纪检监察机关认定为违法违规，除已经追究相关人员违法违纪责任外，有时还被要求追回损失或者流失的国有资产。这就导致原来合作勘查或者矿业权交易主体不断提起合同无效、损害赔偿诉讼以及由此带来的信访、控告等，这既影响了矿业权交易安全和市场主体的信心，也激化了社会矛盾，为解决这些矛盾又要占用大量的社会资源。

案例六

I单位（国有地勘单位）拥有某金矿普查探矿权，与J单位（也是国有地勘单位）进行合作勘查，后双方约定将探明一定储量的探矿权转让给第三方，I单位、J单位双方按照约定分配了探矿权转让收益。后纪检监察机关认为，I单位与J单位合作勘查属于探矿权转让，I单位因合作勘查造成巨额资产流失，责成I单位追回损失。I单位被迫违心提起诉讼，要求J单位返还探矿权转让收益分成。较为滑稽的是，I单位在案件诉讼过程中，一再表示自己是合法合规进行合作勘查，既无论述造成损害相关事实或者理由，也不提交造成损害的证据，仅是表示根据纪检机关的要求追回损失。

另外，还存在社会资本因为最终无法取得矿业权或者投资收益，起诉要求国有地勘单位赔偿勘查投入损失等案件。有的案件甚至波及合作勘查行为以外的第三方，连环诉讼，此起彼伏。

法院在对上述案件进行审查时，也存在一定困难。一方面，合作勘查协议符合法律政策规定，已经得到矿产资源主管部门审批，理应认定为合同有效，继续履行或者赔偿损失（现有民事诉讼司法判例主流观点认为：涉及国有企业、地勘单位矿业权交易中，未经评估不是合同无效的理由）；另一方面，审计或者纪检监察机关已经作出结论，如果作出认定合同有效的判决似乎与前述结论相冲突，左右为难。现实情况是，无论这类案件判决结果如何，很多时候最终受到损害的都是社会资本一方。

三、解决问题的几点建议

基于上述问题及原因分析，笔者提出以下几点建议：

一是建议审计和纪检监察机关在办理涉矿案件中，能够主动去熟悉和尊重地质勘查行业的特点和规律，了解矿政管理法律法规政策及其历史沿革，尽量听取矿产资源主管部门和地质矿产领域专家的意见。特别是在认定合作勘查、矿业权交易违法违规的时候，要充分考虑行为发生的历史阶段和政策背景，不能要求政府官员和企业对法律政策的认知水平超越当时历史局限。

笔者一直认为，在作出罪与非罪、合法与违法的性质认定时，一般来讲，天理、国法、人情三者不可偏废。不应该仅仅以某一条规定、某一个政策作为得出结论的唯一依据，毕竟我们的法律是系统的、综合的，有的时候不同法律政策之间甚至相互矛盾和冲突。只有在综合各种因素、系统考量各种利害关系、充分调动人的能动性和尊重法律规定的客观性的前提下，在天理、国法和人情三者之间找到平衡点，此时作出的结论才最接近我们要到达的目的。人和法二者必须都要发挥作用，任何一方不可偏废。正如古人云：“人胜法，则法为虚器；法胜人，则人为备位；人与法并行而不胜，则天下安。”

二是国有地勘单位或者社会资本方等相关各方，要主动与审计和纪检监察机关沟通，积极配合调查、充分提供资料、全面汇报情况，争取得到审计和纪检监察机关对交易行为的理解和肯定，避免因为信息交流不通畅、事实了解不清楚等原因影响案件的性质认定。

三是国有地勘单位或者社会资本方等相关各方，要注重利用审计和纪检监察程序中的纠错机制，维护自身合法权益。例如，《中国共产党纪律处分条例》规定了申诉机制；《中国共产党纪律检查机关监督执纪工作规则》规定了对申诉复议复查的机制；《中国共产党党内监督条例》规定了信访举报机制；《监察法》中规定了申请复查制度；《审计法》中规定了行政复议、行政诉讼或者行政裁决制度等。

四是国有地勘单位或者社会资本方，要认识到审计机关主要是对政府财政收支或者国有单位财务收支作出审计结论，发现违法违纪线索移交有权机关；纪检监察机关主要对党组织、党员领导干部或者国家公职人员作出处理或者处分决定。关于合作勘查或者矿业权交易等行为性质是否合乎法律政策规定，属于矿产资源管理范畴内的事情，最终应当由矿产资源主管部门作出决定。所以矿产资源主管部门仅以审计或者纪检监察机关的结论作为理由，拒绝办理矿业权审批和登记的，其理由并不充分，可以认定属于行政不作为。

五是国有地勘单位或者社会资本方，要及时通过提起民事诉讼、行政复议或者行政诉讼方式维护自身合法权益。司法判例中已有审计机关认为合作勘查违规，但法院判决结果认为合作勘查协议有效，各方应当继续履行合作勘查协议。

无证开采与非法采矿罪的界限辨析

矿产资源属于不可再生的自然资源，是国民经济发展所必需的能源、工业原料、建筑材料的主要来源。由于矿产资源具有不可再生性和稀缺性，为保护和合理开发利用矿产资源，我国制定了一系列矿产资源管理制度，严禁无证开采等非法采矿行为。我国《刑法》也明确规定了无证采矿符合法定条件的构成非法采矿罪，对犯罪主体处以刑罚，追究其刑事责任。但无证开采行为在现实中情形非常复杂，造成无证开采的原因可能是多方面的，不能简单地认为只要没有取得采矿许可证进行采矿，都构成非法采矿罪。

一、非法采矿罪成立的基本要件

《刑法》第343条第1款规定："违反矿产资源法的规定，未取得采矿许可证擅自采矿，擅自进入国家规划矿区、对国民经济具有重要价值的矿区和他人矿区范围采矿，或者擅自开采国家规定实行保护性开采的特定矿种，情节严重的，处三年以下有期徒刑、拘役或者管制，并处或者单处罚金；情节特别严重的，处三年以上七年以下有期徒刑，并处罚金。"2016年11月28日公布的2016年25号司法解释，又对非法采矿罪的具体认定和定罪量刑进行了细化。

从我国传统的犯罪构成要件理论分析，认定构成非法采矿罪必须同时满足以下几方面要求：

1. 犯罪客体是国家对矿产资源开采的管理制度及对矿产资源的保护制度。

2. 犯罪客观方面，客观上实施了法律规定的非法采矿行为。包括未取得采矿许可证擅自采矿；未取得采矿许可证擅自进入国家规划矿区采矿；未取得采矿许可证擅自进入对国民经济具有重要价值的矿区采矿；未取得采矿许可证擅自进入他人矿区范围采矿；未取得采矿许可证擅自开采国家规定实行保护性开采的特定矿种。对于如何认定“未取得采矿许可证”，根据2016年25号司法解释，“未取得采矿许可证”包括以下五种情形：（1）无许可证的；（2）许可证被注、吊销、撤销的；（3）超越许可证规定的矿区范围或者开采范围的；（4）超出许可证规定的矿种的（共生、伴生矿种除外）；（5）其他未取得许可证的情形。

3. 犯罪主体方面，单位和个人均可以成为非法采矿罪主体。

4. 犯罪主观方面，非法采矿罪主观方面只能是故意，即行为人明知自己的行为违反法律规定，为追求非法牟利的目的无证擅自开采；过失不构成犯罪。

近年来，较为流行的犯罪成立三阶层论认为，成立犯罪需要具备三个要件：构成要件符合性、违法性与有责性。如果运用三阶层论来分析非法采矿罪，行为人需实施法律规定的非法采矿行为，还需要判断该行为的违法性以及行为人对该违法行为应当承担责任。

笔者认为，无论按照犯罪构成四要件论还是犯罪成立的三阶层论，非法采矿罪都不是简单只要有无证开采行为就可以认定为犯罪，而是必须对《刑法》规定的非法采矿罪进行实质理解，根据刑法的基本原则、《刑法》条文的具体规定与目的、刑法的补充性原理等，进行系统的、综合的判断，才能正确判断非法采矿的罪与非罪。

二、非法采矿争议案件要点分析

非法采矿罪在司法实践中，有的案情较为简单，属于典型的私挖滥采、盗采、越界开采的违法采矿行为，这类案件在达到法定情节的条件下认定构成非法采矿罪，符合罪刑法定的基本原则；但有的无证采矿行为是在政府监管下进行的，其原因、责任、动机等较为复杂，认定构成非法采矿罪可能存在较大争议。

案例一：昨日招商引资座上宾，今日非法采矿阶下囚

某县政府为开发辖区内一处芒硝矿，通过招商引资与A公司签订协议，约定待A公司完成项目建设投资后，县政府负责为A公司办理采矿许可证。A公司按照招商引资协议投资进行了矿山和加工厂建设，并办理了项目各项审批手续，除未取得采矿许可证外，具备了矿山开发其他条件。但由于矿区重叠等原因，县政府未能如期为企业办理采矿许可证，但承诺协调上级行政机关为企业办理采矿许可证，要求A公司先行进行矿山开采并加工生产。此后数年间，A公司一边申请办理采矿许可证，一边进行矿山开采经营，依法缴纳税费，并获得了市县两级政府给予的多项奖励和荣誉。为取得采矿许可证，企业先后多次向矿政管理部门提出申请办理采矿许可证，但一直未能办理。后司法机关认为，A公司的无证开采行为构成非法采矿罪，A公司及A公司相关责任人员被追究刑事责任。

本案中，A公司确实存在无证采矿行为，该行为违反我国矿产资源管理法律规定；但是，该案需要进一步分析的问题是，该无证开采行为的责任（或者是主要责任）是否应该由A公司承担。

考量A公司对无证采矿是否承担责任需要注意以下情形：

第一，A县政府多次向A公司承诺协助办理采矿许可证，并且要求A公司先行进行矿山开采和矿石加工生产，A公司基于对政府的信任并且按照政府的指令才进行了无证采矿行为。

第二，除采矿许可证外，A公司的矿山建设和矿石加工项目均取得项目建设所需的合法审批手续。

第三，A公司在开发过程中，多次申请办理采矿权审批，多次催促A县政府协调办理采矿权审批登记。在多次沟通协调努力下，矿政管理机关也确定了可以合法办理该矿山采矿许可证的方案，但尚未实际颁发采矿许可证。

第四，A公司在矿山开发过程中，依法缴纳了包括采矿权价款、矿产资源补偿费、资源税等矿产资源开发的全部税费，并且一直接受矿政管理部门的监管。

笔者认为，根据上述分析，虽然A公司有无证开采行为，但该无证采矿行为的主要责任在于政府。从犯罪成立三阶层理论分析，A公司不符合犯罪成立的有责性要件；从传统的犯罪构成四要件理论分析，A公司没有非法采矿的主观故意。所以本案中，A公司基于政府对办理采矿许可证承诺，并根据政府要求进行的无证采矿行为，被认定A公司构成非法采矿罪似有不妥。

案例二：政策变化致使延续延期，政府违规企业被追刑责

B矿山原为个体工商户，拥有合法采矿许可证，已对矿山开采经营多年。在采矿许可证到期之前，B矿山依照规定向矿政管理机关申请采矿权延续登记，但根据新的政策要求，采矿权人应具有独立法人资格，B矿山无法继续以自身名义办理采矿权延续登记。为此，B矿山投资人注册成立了C公司，C公司通过延续审批取得了新的采矿许可证，但新的采矿许可证的颁发日期与原采矿许可证到期日相差1年之久。在办理采矿权延续期间，B矿山一直在进行开采作业。几年后司法机关认为，在B矿山采矿许可证已到期、C公司尚未取得新的采矿许可证期间，矿山处于无证开采状态，依法追究C公司及直接责任人员非法采矿罪的法律责任。

本案中，不宜认定C公司构成非法采矿罪，理由如下：

第一，采矿权延续属于法定权利，C公司取得的采矿许可证属于B矿山的采矿权延续，所以C公司是否存在非法采矿行为，都应当基于采矿权延续这一事实来判断。

第二，采矿许可证没有在法定期限内办理延续登记是因为政策变化，并不是C公司的过错，其责任不应由C公司来承担。

第三，根据采矿权延续的相关政策规定，延续后的采矿许可证有效期起始期限与原采矿许可证到期日相衔接。矿政管理部门颁发的新的采矿许可证没有按照上述规定属于违反政策行为，应当视为C公司取得采矿许可证期限自原采矿许可证到期之日起算。

第四，C公司在采矿权延续期间的采矿作业，不属于法律和司法解释规定的“未取得采矿许可证”情形；且C公司在自己的矿山内进行开采作业，没有牟取非法利益的目的。

笔者认为，根据上述分析，C公司在采矿权申请延续期间进行采矿，不属于法律规定的“未取得采矿许可证擅自采矿”的情形，其既没有非法采矿行为，也没有侵害《刑法》所保护的矿产资源管理秩序，不应当被认定构成非法采矿罪。

案例三：多种资源共伴生，综合利用惹官司

D公司持有高岭土采矿许可证，采取露天方式开采高岭土矿。该高岭土系煤系高岭土，高岭土矿和煤炭资源伴生，因该地区煤炭资源埋藏浅、煤层较薄，并且存在多年私挖滥采情形，煤炭资源储量底数不清，所以矿政管理部门无法设定煤炭采矿权。但在D公司储量报告和开发利用方案中，都有煤炭资源作为共伴生资源的记载，要求D公司综合开发利用，尽可能回收煤炭资源。后当地矿政管理部门通过会议纪要形式，明确D公司如果开采残留煤炭资源，要按照实际动用储量缴纳采矿权价款。D公司在开采高岭土矿的同时，开采矿区范围内残留煤炭资源，并且按照政府部门要求缴纳煤炭采矿权价款、煤炭资源补偿费、资源税、煤管费等税费。后司法机关认为D公司开采高岭土同时开采煤炭资源，涉嫌构成非法采矿罪。

笔者认为，本案中D公司不构成非法采矿罪，主要理由如下：

第一，D公司拥有合法的采矿许可证，2016年25号司法解释明确规定共生、伴生矿种不属于“超出采矿许可证规定的矿种”的情形，所以D公司不存在无证采矿行为。

第二，D公司开采的煤炭资源位于采矿许可证规定的矿区范围内，不存在越界开采行为。

第三，D公司开采的煤炭资源系主矿种高岭土伴生资源，矿产资源储量报告及开发利用方案均确认该伴生资源，并且要求综合开发利用。

第四，D公司开采高岭土矿的同时开采伴生残煤资源，符合法律法规对资源综合开发利用的规定。

第五，当地矿政管理部门要求D公司开采高岭土矿同时开采残留煤炭资源，并且要缴纳煤炭采矿权价款。

第六，D公司按照规定缴纳了开采煤炭资源的采矿权价款、资源补偿费、资源税、煤管费等。

案例四：支持政府河道整治，获得煤炭补偿被立案

某县政府组织实施某河道整治工程，通过招标方式选择E公司作为项目实施主体。在河道整治过程中，E公司持续采挖河道一侧的煤炭资源；其间，占用农民集体土地、拆迁农民房屋等都是县政府组织实施的。E公司在采挖河道一侧的煤炭资源时，拆除了H公司合法矿山的矿井和生产办公用房，并且进入H公司矿区范围，越界开采煤炭资源。县政府领导出面和H公司协调要求其支持河道整治工程，并承诺对H公司的损失给予补偿。后县政府要求H公司自行销售E公司已经剥离表土的部分煤炭资源，作为给予的损失补偿。H公司按照政府要求将上述煤炭销售，获得的补偿款还低于E公司应补偿的金额。几年后，公安机关认定E公司河道整治过程中采煤构成非法采矿罪；同时认为H公司开采了其中部分煤炭资源，同样涉嫌构成犯罪，应当追究H公司刑事责任。

笔者认为，H公司不构成非法采矿罪，本案中判断其是否构成犯罪，应重点考虑以下因素：

第一，H公司没有非法采矿行为。虽然H公司将E公司非法开采的煤炭资源进行销售，但H公司并没有直接实施采矿行为，不应被认定为非法采矿罪。

第二，H公司将E公司剥离好的煤炭资源运走销售，是基于县政府领导的协调，出于对政府行为的信任以及对政府工程的支持。假使H公司运输销售案涉煤炭不符合法律规定，其主要责任应由县政府及E公司承担，H公司不应为该违法行为承担责任。

第三，H公司没有非法采矿的故意，过失不能构成非法采矿罪。因E公司河道整治过程中几年来一直在开采煤炭资源，得到了政府的支持，并没有政府相关部门出面阻止，因此H公司无法判断该采煤行为是违法的；H公司作为合法的矿业公司，其销售E公司剥采的煤炭资源是为了补偿自己所受的损失，并不是牟取非法利益。

案例五：受托销售尾矿石，出人意料吃官司

J公司拖欠某甲工程款，一直无钱归还。一日J公司领导对某甲说，其开采石材矿山有一些尾矿石，可以作为建筑材料用，某甲可以将这些为矿石运走销售，抵偿工程款。某甲遂将上述尾矿石运走销售，获得部分钱款。后司法机关认为，甲涉嫌非法采矿罪，应当追究刑事责任。

笔者认为，本案中，甲既没有采矿行为，也没有违法采矿故意，甲只是按照J公司领导的指使，将已经开采出来的尾矿运输销售，其行为与法律规定的非法采矿罪相去甚远。

案例六：废弃矿山治理项目，依约销售矿石被认定违法

某县政府为对辖区内某废弃矿区进行生态环境治理，通过政府采购方式确定K公司为矿山环境治理施工单位。县政府授权国土资源局与K公司签订了施工合同，约定K公司承担矿山环境治理工作，同时对施工产生的矿石进行销售处理，用于抵顶工程款，政府不再支付工程款。K公司在县国土资源局监督下完成了矿山治理工程，并通过了县国土资源局组织的验收。后司法机关以K公司没有采矿许可证，擅自对外销售的工程施工产生的矿石为由，认定K公司的行为构成非法采矿罪。

笔者认为，认定K公司是否构成非法采矿罪时，不能忽视下列事实：

第一，K公司施工中开采矿石获得了准许。K公司与县政府通过协议方式约定，K公司可以销售矿山环境治理施工过程中以动用的矿石，销售款抵作工程款。所以K公司虽然没有办理采矿许可证，但矿石资源属于矿山环境治理工程的衍生品，其对外销售的行为是经过政府允许的。

第二，K公司施工中动用的矿石量符合施工方案规定的范围。K公司并没有超出施工范围开采矿石资源，而是在国土资源局监督下，在约定范围内，按照施工方案进行矿山环境治理，并且工程通过了验收。

第三，K公司没有非法采矿的故意。本案中，K公司动用的矿石系正常施工中产生的，并且销售矿石资源的价款折抵工程施工款，属于K公司合法获取的利益，不存在非法销售矿石牟利的情形，不应追究其刑事责任。

三、认定非法采矿罪应综合系统地适用法律

笔者之所以不厌其烦地罗列上述案例并进行分析，是想最大限度呈现实践中无证采矿行为的复杂性。在认定非法采矿罪过程中，无证采矿行为只是非法采矿罪的构成要件之一。所以在认定非法采矿罪与非罪时，还应当从罪刑法定、罪责相当、侵害法益、主观过错等多个方面进行分析，综合地、系统地判断某个非法采矿行为是否构成犯罪。

1. 认定非法采矿罪应当坚持罪刑法定原则。我国《刑法》第3条规定："法律明文规定为犯罪行为的，依照法律定罪处刑；法律没有明文规定为犯

罪行为的，不得定罪处刑。”罪刑法定原则是我国刑法的基本原则，在认定非法采矿罪过程中，对于法律和司法解释没有明文规定为犯罪行为的，不能定罪处刑。如案例三中，D公司开采伴生矿产资源，符合矿产资源法律法规的规定，并且在2016年25号司法解释中明确规定开采共、伴生矿种的不属于未取得采矿许可证的情形，根本不能认定D公司存在“未取得采矿许可证擅自采矿”的行为。根据罪刑法定的原则，不能认定D公司构成非法采矿罪。

2. 认定非法采矿罪应坚持“有责性”标准。“没有责任就没有刑罚”，这是现代刑法的一项基本原则。刑法中的责任要素，包括故意、过失、目的与动机、责任能力、期待可能性、违法性认识的可能性等。《刑法》第16条规定：“行为在客观上虽然造成了损害结果，但是不是出于故意或者过失，而是由于不能抗拒或者不能预见的原因所引起的，不是犯罪。”这体现了刑法的有责性理论。犯罪成立三阶层论也明确把“有责性”作为犯罪成立要件之一。

如上所述，实践中确实存在无证采矿现象，但是无证采矿的原因是多方面的，既可能是行为人为牟取不法利益私挖滥采，也可能是矿政管理部门违法行政的结果，还可能是采矿许可证管理存在问题等。在认定非法采矿罪的过程中，如果只看到企业客观实施了无证采矿行为，不考虑企业对于无证开采行为是否有责任、责任大小，那么最终认定的结果的客观性、公平性是难以令人信服的。在案例一中，A公司没有非法采矿的故意，在十多年的开采和加工生产过程中，一直依法缴纳各种税费；A公司实施无证采矿行为是基于政府的要求和对政府的信任，政府亦多次承诺为其办理采矿许可证。在A公司非法采矿案件中，无证采矿行为的主要责任应由政府承担，所以A公司并不符合犯罪成立“有责任”要件，不构成非法采矿罪。案例二、案例三、案例四、案例六中相关企业的无证采矿行为主要责任亦应由政府承担。

3. 认定非法采矿罪应坚持把握立法原意。我国1979年《刑法》并未规定矿产资源犯罪，1986年颁布、1996年修改的《矿产资源法》规定非法采矿的刑事责任，作为《刑法》的补充。1997年《刑法》修订时，基于对矿产资源保护和开发秩序认识的深化，专门规定了非法采矿罪和破坏性采矿罪。

为了进一步保护矿产资源管理秩序，加强对非法采矿活动犯罪的打击力度，2011 年《刑法修正案（八）》修改了非法采矿罪的具体规定，将非法采矿罪从结果犯变更为情节犯，删除了原来“经责令停止开采后拒不停止开采”的规定。非法采矿罪的立法目的，是惩罚行为人为了谋取非法利益，逃避矿政管理部门监管，私挖滥采、盗采、恶意越界开采行为，同时对一般社会公众具有教育意义。但对于在矿政管理部门监管下的无证开采行为，其无证的原因可能是多方面的，行为人虽然是无证开采，但其并不是私挖滥采、盗采、恶意越界开采，主观上更没有谋取非法利益的目的，如案例一、案例二、案例三、案例四均是合法的矿业企业，其所实施的采矿行为均没有规避政府监管、获取非法利益的目的，所以将这样的行为认定为非法采矿罪并不符合立法原意，属于人为扩大了非法采矿罪的适用范围。

4. 认定非法采矿罪应当考虑期待可能性。“法律不强人所难。”刑法中的期待可能性理论，是指根据行为时的具体情况，可以期待行为人不实施违法行为，而实施其他适法行为。只有当一个人具有期待可能性时，才有可能对其予以谴责；如果不能期待行为人实施妥当的行为，也就不存在对其加以追责的可能性。

矿产资源开发属于政府强监管行业，矿业企业的日常生产经营除需要办理采矿许可证外，还涉及合理开发利用、矿山安全、环境保护、水土保持、土地复垦、环境恢复治理、排污管理，乃至开工批复等行政监管，所以矿业企业对政府管理具有相当大的依赖和信任，对政府的指令性行为一般不可能拒绝。

案例一中，A 公司已经投入大量资金进行矿山建设和矿石加工厂建设，在政府承诺办理采矿证前提下，A 公司选择暂时无证开采合情合理，此时不能要求 A 公司置巨额投资成本于不顾，选择拒绝进行无证采矿行为。案例四系政府要求 H 公司将其他人已经剥采完毕的煤炭进行销售，作为在河道治理过程中对 H 公司造成损失的补偿，H 公司从支持政府组织实施的河道治理工程的角度，不可能拒绝政府的这种要求。案例六中，K 公司基于和政府签订的矿山环境治理合同施工而动用矿石资源亦符合期待可能性，不能要求此时 K 公司仍然认为动用矿石资源是违法的。虽然期待可能性理论在我国犯罪构成一般理论中存在较大争议，但对于判断个案的公平性仍然具有很强的指导意义。

5. 认定非法采矿罪应当坚持刑法谦抑性原则。刑法具有补充性的特点，对于具有社会违法性的行为，只有运用道德的、民事的、行政的手段不足以抑制或者打击某种违法行为，不足以保护某种合法权益时，才能在《刑法》中加以规定，对行为人进行定罪量刑处以刑罚。毕竟刑罚是对行为人最为严厉的否定性评价，剥夺的是人的自由甚至生命。过分依赖《刑法》，简单地将“依法治国”理解为“以刑治国”不是正确的社会治理观念。李斯特曾言：“刑罚犹如一把‘双刃剑’，用之得当，则个人与社会两受其益；用之不当，则个人与社会两受其害。”

在上述案例中，如果不区分矿业企业无证开采行为的背景、原因及责任因素，简单粗暴地认定其构成非法采矿罪，一方面企业被判处罚金，导致企业无法正常经营；另一方面企业负责人被判处徒刑，四处控告申冤，这对企业发展、员工就业都将造成重大影响，也不利于当地经济社会发展。

6. 认定非法采矿罪应当发挥司法人员的主观能动性。不可否认的是，刑事司法活动需要较强的专业性，但《刑法》的适用不是简单机械的适用，在适用《刑法》时需考虑其是否符合一般人的认知，努力做到法理情的统一。令社会公众哗然的内蒙古农民王力军农闲时收购玉米被判处非法经营罪案以及山东“辱母杀人案”一审判决等案例，就是简单机械地适用《刑法》的典型案例，刑事司法实务不应从专业走向专横。

笔者一直认为，在作出罪与非罪的性质认定时，一般来讲，天理、国法、人情三者不可偏废。在非法采矿罪认定过程中，同样需要发挥司法人员的主观能动性。实事求是分析无证开采的原因，准确把握犯罪成立的“有责任”要件，坚持无证采矿行为只是非法采矿罪的必要且非充分条件。只有在综合各种因素、系统考量各种利害关系、充分调动人的能动性和尊重法律规定的客观性的前提下，在天理、国法和人情三者之间找到平衡点，才能对无证开采行为是否构成犯罪作出公正的裁判。

认定非法采矿罪时应充分考虑“有责性”

一、非法采矿罪中的“有责性”

根据《刑法》第343条的规定，非法采矿罪是指违反《矿产资源法》的规定，未取得采矿许可证擅自采矿，擅自进入国家规划矿区、对国民经济具有重要价值的矿区和他人矿区范围采矿，或者擅自开采国家规定实行保护性开采的特定矿种，达到情节严重的行为。按照三阶层犯罪论体系，构成犯罪应具备构成要件符合性、违法性、有责性三个条件。认定行为人是否构成非法采矿罪，首先要看行为人的行为是否违反了《刑法》第343条规定的入罪条件；如果行为符合该条规定的入罪条件，则需要进一步分析该行为是否存在违法性阻却事由；如果行为不存在违法性阻却事由，则需要进一步分析行为人是否有责。

有责性，是指对符合犯罪构成要件的不法行为的非难可能性。具体地讲，即使某种行为符合《刑法》条文规定的构成要件，给法益造成了侵害或危险，但仅依此并不能科处刑罚，科处刑罚还要求对行为人具有非难可能性。《刑法》第16条规定，“行为在客观上虽然造成了损害结果，但是不是出于故意或者过失，而是由于不能抗拒或者不能预见的原因所引起的，不是犯罪”，体现了刑法的有责性理论。

刑法中的责任要素，包括故意、过失、目的与动机、责任能力、期待可能性、违法性认识的可能性等。判断非法采矿罪中的“有责性”，需要综合考察行为人是否有非法采矿的故意，行为人无证开采行为的目的与动机是什么，是否具有要求行为人不实施无证开采行为的期待可能性，行为人是否意识到无证开采行为的违法性等。

二、涉及“有责性”问题的非法采矿典型案例

案例一：政府承诺落空，导致采矿许可证无法办理

A县政府为开发建设辖区内一处矿山，对外开展项目招商引资。B公司响应号召，与A县政府签订招商引资协议，约定待B公司完成项目投资后，县政府负责为B公司办理采矿许可证。B公司按照约定投资进行了矿山建设，并办理了项目各项审批手续，具备了开采矿产资源各项条件。但由于矿区重叠等原因，县政府未能如期为企业办理采矿许可证，但承诺协调上级行政机关为企业办理采矿许可证，要求B公司先行投入生产运营。此后数年间，B公司一边等待办理采矿许可证，一边进行矿山开采经营，依法缴纳税费，并获得了市县两级政府给予的多项奖励和荣誉。为取得采矿许可证，企业多次提出申请，但一致未能顺利办理。后来，司法机关认为，B公司的无证开采行为违法，应以非法采矿罪追究B公司的法律责任。

本案中，B公司基于对A县政府招商引资行为的信赖，基于政府关于办理采矿许可证的多次承诺，才到A县投资开发矿产资源。对于未能办理采矿许可证这一事实，B公司不存在过错和责任。B公司已投资矿山数亿元，取得了项目合法手续，在政府承诺办证、鼓励企业生产的情况下，B公司边生产经营边等待办证，是企业出于生存需要的正当行为。司法机关在认定B公司的法律责任时，应充分考虑过错主体和责任主体，B公司不应为行政机关的过错承担责任。

案例二：矿业政策变化，导致采矿权延续出现瑕疵

C企业为个人独资企业，拥有某矿山采矿许可证，已对矿山开采经营多年。采矿许可证临近到期之际，C企业依法向发证机关申请办理采矿权延续登记。根据矿产资源管理新的政策要求，采矿权人应具有法人资格，C企业无法继续以自身名义办理采矿权登记。为此，C企业投资人注册成立了D公司（有限责任公司），D公司依法取得了新的采矿许可证，由于原采矿许可证与新的采矿许可证主体发生了变化，采矿权发证机关认为采矿许可证有效期无法衔接，因此新采矿许可证的有效期自颁发之日起计算。在办理采矿权延续期间，矿山继续进行开采。后来，司法机关认为，在C企业采矿许可证

已到期、D公司尚未取得新的采矿许可证期间，矿山处于无证开采状态，应追究D公司非法采矿的法律责任。

本案中，办理采矿权延续属于C企业的法定权利。通常，延续后的采矿许可证有效期起始期限与原采矿许可证到期日相衔接。由于政策规定及行政机关政策落实原因，出现采矿许可证有效期“断档”这一结果。这一事实的形成并非D公司原因所致，而是矿产资源管理政策变化，以及采矿权发证机关对政策的理解和执行所导致的，不应以非法采矿为由追究D公司的法律责任。

案例三：企业具备申请采矿权法定条件，行政机关违法行政导致无法办理采矿许可证

E公司是某矿山采矿权申请人，已经与采矿权出让机关签订了《矿业权出让合同》，依法缴纳了矿业权价款，并已准备齐全办理采矿许可证所需的各项手续。为进行矿山开发，E公司通过银行贷款等方式进行了融资，投资完成了矿山基础设施建设，取得了项目建设各项审批手续。在办理采矿许可证过程中，采矿权登记机关在法定条件之外，对E公司提出了附加条件要求，由于E公司无法满足该项附加要求，采矿权登记机关拒绝为E公司办理采矿许可证。为此，E公司一边协调办理采矿许可证，一边进行开采经营。后来，司法机关认为，E公司的无证开采行为违法，应以非法采矿罪追究E公司的法律责任。

本案中，E公司已经具备办理采矿许可证的全部法定要件，由于采矿权登记机关为其附加办证条件，导致其无法取得采矿许可证。E公司已经为矿山建设投入巨额资金，如果搁置项目无限期等待采矿权登记机关审批，或者放弃项目，将给公司及股东带来无法承受的巨大损失。因此，E公司边生产经营边等待办证，是出于生存需要的正当行为，不应追究E公司的法律责任。

案例四：政府授权企业治理废弃矿山，因销售残矿被认定非法采矿

F县政府为对辖区内某废弃矿区进行生态环境治理，通过政府采购方式确定G公司为矿山环境治理施工单位。县政府授权国土资源局与G公司签订了施工合同，约定G公司承担矿山环境治理工作，同时对施工产生的残渣进行销售处理，用于抵顶工程款。G公司在县国土资源局监督下完成了矿山治理工程，并通过了县国土资源局组织的验收。后来，司法机关以G公司对外销售的残渣中含有矿石为由，认定G公司的行为构成非法采矿罪。

本案中，F公司在县政府的授权下，在国土资源局的监督下开展环境治理工程，且工程已经通过了政府部门组织的验收。矿山环境治理过程中产生矿石残渣，属于矿山治理工程的衍生品，对于矿石残渣销售收入的权益归属，双方已进行了事先约定。因此，G公司不存在非法采矿的目的和动机，不应追究其刑事责任。

上述案例内容，从不同角度反映了实践中一些刑事案件认定非法采矿罪时，未能从有责性角度考虑犯罪成立的条件。有的是片面考虑企业的责任，未考虑导致无证开采的外部责任；有的是机械适用法律，没有考虑矿产资源管理政策变化的客观情况；有的是对企业过于苛责，没有考虑企业在现实情况下行为的可选择性。总之，在企业对无证开采行为不应承担责任或不应承担全部责任的情况下，由于司法机关未能充分考虑责任要素，导致企业被认定构成非法采矿罪。

“无责任即无刑罚”，这是现代刑法的一项基本原则。尽管无证开采的行为客观存在，但是在认定非法采矿罪的过程中，如果只考虑客观构成要件，不考虑企业对于无证开采事实形成是否有责任、责任大小，那么作出的事实认定难免失之偏颇甚至背离基本事实，判决结果的公平性、客观性是难以令人信服的。

三、关于在认定非法采矿罪中考虑“责任性”的几点建议

刑法作为国家治理的最后一道环节，必须遵循谦抑的基本准则，强调主客观相一致原则，充分考虑“有责性”，防止客观归罪。在认定非法采矿罪过程中，必须重视行为人的主观要素，避免片面强调客观违法结果。对此，笔者提出以下几点建议：

（一）充分考虑内外部因素，合理划分责任

首先，要看企业自身是否存在过错，以及过错大小。需要考察的事实包

括：企业是否做了申请办理采矿许可证的行为，是否具备办理采矿许可证的条件，是否按照法律规定准备和提交了办理采矿许可证所需的要件，是否为矿山开发建设进行了投入，是否办理了项目审批手续等。需要强调的是，实践中公开报道的非法采矿案例，以盗采砂石粘土等矿产的案例为主；本文所探讨的无证开采情形，与盗采砂石粘土等行为不同，其主要区别在于本案讨论的案例中企业通常投入巨额资金进行矿山建设，目的在于长期进行生产经营；而盗采砂石粘土等行为，属于短期牟利行为，具有逃避监管、追求暴利的显著特征。两种情形的出发点不同，相应的责任认定也应有所区别。

其次，要看行政机关等外部主体是否存在责任，以及责任大小。办理采矿权需要经过复杂严格的行政审批程序，涉及矿产资源储量管理、地质资料管理、规划管理、生态环保、军事安全等诸多方面，需要经过多个部门的多个审批环节。需要考察的事实包括：行政机关是否做过为企业办理采矿许可证的承诺，是否存在为采矿权登记附件条件等违反行政行为，是否存在拖延办理等不作为等。通常情况下，往往越是投资巨大的矿山开发项目，企业合法经营、依法办证的主观愿望越大，尽最大努力取得采矿许可证是企业的正常心理。因此，很多矿山无证开采问题的形成，往往具有不同程度的外部原因。

最后，要考虑矿产资源管理政策变化这一客观因素。矿产资源管理和其他行业一样，都经历了从计划经济到市场经济的转变，其法律政策在不同历史时期有较大的差异。在矿业权出让方式上，经历了行政审批出让，到行政审批为主、竞争性出让为辅，再到竞争性出让为主、行政审批及协议出让为辅，直至全面实行竞争性出让的变化历程。在矿业权出让分级管理上，从中央到地方，不同层级矿产资源管理部门之间的管理权限划分处于不断变化调整的过程。在办理采矿许可证的条件方面，需要提交的要件材料范围、审批部门、前置条件等也一直处于变化状态。因此，判断无证开采行为的原因，认定无证开采行为的法律责任，应当放到当时的历史条件下去衡量，充分考虑矿产资源管理政策的变化因素，不能不顾客观情况进行“一刀切”判断。

（二）考虑犯罪动机与目的

犯罪动机，是指刺激、促使行为人实施犯罪的内心起因或思想活动，既包括内心的需要和愿望，也包括外界的诱因和刺激。对于企业的无证开采行为，判断是否构成非法采矿罪、罪责轻重时，要考虑促使其无证开采的内心需要是什么，考虑促使其无证开采的外界诱因是什么。如果企业是由于追逐暴利的内心欲望和外界刺激导致实施无证开采，则更有可能具备非法采矿的犯罪动机；如果企业是由于资金投入带来的巨大压力、行政机关违法行政导致的矿证难办等原因，迫不得已实施的无证开采行为，则更有可能不具备非法采矿的犯罪动机。

犯罪目的，是指行为人主观上通过犯罪行为所希望达到的结果。对于企业的无证开采行为，判断是否构成非法采矿罪、罪责轻重时，要考虑企业实施无证开采的目的是什么，考虑企业实施无证开采所追求的结果是什么。如果企业无证开采的目的是逃避行政监管，逃避缴纳矿业权价款，逃避缴纳税费，追求自身暴利，则更有可能具备非法采矿的犯罪目的；如果企业在无证开采的同时，接受行政监管，依法缴纳了矿业权价款和税费，其所追求的目标是成本投入所带来的合理回报，则更有可能不具备非法采矿的犯罪目的。

（三）考虑期待可能性

期待可能性，是指根据行为时的具体情况，可以期待行为人不实施违法行为，而实施其他适法行为。只有当一个人具有期待可能性时，才有可能对其予以谴责；如果不能期待行为人实施妥当的行为，也就不存在对其加以追责的可能性。

具体到非法采矿罪的认定，不应单纯在概念上、逻辑上做演算，而应设身处地考虑案件实际情况，判断主客观条件、内外部环境是否允许企业不进行无证开采行为。同样是无证开采行为，对于盗采砂石的行为人来说，停止无证开采对其来说很容易做到；对于投资数亿、已经具备开采准备工作的矿业企业，不允许其开采，可能意味着巨额亏损，意味着企业资金链断裂，意味着股东倾家荡产。显然，对于不同状况的行为人，期待可能性的标准是不同的。

期待可能性理论产生的目的就是要把一些身陷恶境之中的行为人从刑事责任的追究中解脱出来，其动机是为了体现法律对人类普遍的脆弱人性的一种人文关怀。法律不强人所难，对于企业的无证开采行为，应该以行为人的具体状况为标准来判断期待可能性的有无及程度的大小。

（四）考虑国民的预测可能性

国民的预测可能性，是指国民对自己的行为具有预测可能性，即对自己将来发生的行为会产生怎样的法律后果有一定的预期，让大家知道自己的行为在什么范围是合法的，超过什么范围就会受到法律的制裁。根据预测可能性的原理，实施了符合构成要件的违法行为的行为人，如果不具有违法性认识的可能性，就不能对其进行刑法上的非难。如果行为人长期公开实施某一行为，为一般人所认可，行政、司法等机关历来不予制止，行为人就不可能预测到该行为是犯罪行为，也就不能将这种行为当作犯罪处理。

具体到非法采矿问题，如果企业具备办理采矿许可证的条件，但由于非自身的原因无法取得采矿许可证，在此情况下下列因素越多，越会导致企业不太可能预测到无证开采行为构成犯罪：地方政府、国土资源等机关历来允许企业的无证开采行为，地方政府做出了鼓励、支持企业进行生产经营的表示，地方政府承诺为企业办理采矿许可证，各级行政、司法机关进行监督检查过程中从未认为企业无证开采构成非法采矿罪，认定企业构成非法采矿罪的可能性就越小。

河道非法采砂行为的罪与非罪界限辨析

河道砂石既是常见的矿产资源，同时也是河床的重要组成部分。河道采砂管理不仅仅涉及矿产资源管理秩序，同时也关系河道的防洪安全、航运安全、供水安全、水生态保护等内容。为维护河道砂石开发和河道安全方面的平衡，我国法律法规对河道采砂管理作出了有别于其他砂石资源管理的特别规定。2016 年 25 号司法解释也明确规定，在河道管理范围内违法采砂符合条件的，按照非法采矿罪定罪处罚。但在司法实践中，河道非法采砂情形较为复杂，关于如何认定非法采砂行为，如何界定罪与非罪，需要根据河道采砂管理的法律政策，结合河道非法采砂案件的实际情况加以研究认定。

一、河道采砂管理的主要法律制度

（一）河砂属于我国法律规定的矿产资源

《矿产资源法实施细则》第 2 条规定："矿产资源是指由地质作用形成的，具有利用价值的，呈固态、液态、气态的自然资源。矿产资源的矿种和分类见本细则所附《矿产资源分类细目》。新发现的矿种由国务院地质矿产主管部门报国务院批准后公布。"《矿产资源分类细目》将河砂归属为非金属矿产天然石英砂，主要用于建筑用砂、水泥配料用砂、水泥标准砂等用途。

1998 年原国土资源部《关于开山凿石、采挖砂、石、土等矿产资源适用法律问题的复函》（国土资函 190 号）也明确指出："根据《中华人民共和国矿产资源法实施细则》第二条'矿产资源是指由地质作用形成的，具有利用价值的，呈固态、液态、气态的自然资源'的规定，砂、石、粘土及构成山体的各类岩石属矿产资源。"

(二) 我国实行河道采砂许可制度

鉴于河砂在维持河道水沙平衡、保持河势稳定等方面具有重要作用，出于防洪安全、航运安全、供水安全、水生态保护等方面考虑，我国法律法规对河道采砂管理作出了有别于一般矿产资源管理的特别规定。

1988 年颁布的《水法》第 24 条第 4 款规定，在行洪、排涝河道和航道范围内开采砂石、砂金，必须报经河道主管部门批准，按照批准的范围和作业方式开采；涉及航道的，由河道主管部门会同航道主管部门批准。1988 年国务院颁布《河道管理条例》，其第 25 条规定："在河道管理范围内进行下列活动，必须报经河道主管机关批准；涉及其他部门的，由河道主管机关会同有关部门批准：（一）采砂、取土、淘金、弃置砂石或者淤泥；（二）爆破、钻探、挖筑鱼塘；（三）在河道滩地存放物料、修建厂房或者其他建筑设施；（四）在河道滩地开采地下资源及进行考古发掘。"2002 年修订的《水法》明确规定："国家实行河道采砂许可制度。河道采砂许可制度实施办法，由国务院规定。"

在国务院尚未对河道采砂许可制度实施办法作出具体规定的情况下，各地为了规范河道采砂管理工作分别以地方性法规、政府规章等形式出台了河道采砂管理方面的规定，从河道采砂审批机关、河道采砂申请条件、审批发证程序、对非法采砂的处罚等方面，对河道采砂管理作出了具体规定。其中，关于河道采砂需取得的行政许可，绝大多数省份规定只需办理采砂许可证，无须办理采矿许可证；个别省份规定既要办理采砂许可证，也要办理采矿许可证。

(三) 长江河道采砂建立专门管理制度

为了加强长江河道采砂管理，维护长江河势稳定，保障防洪和通航安全，国务院于 2001 年颁布了《长江河道采砂管理条例》，水利部于 2003 年制定了《长江河道采砂管理条例实施办法》，主要确立了以下制度内容：

1. 明确界定"长江河道"的具体范围，主要是指"长江宜宾以下干流河道内"。

2. 长江采砂实行统一规划制度。长江采砂规划由长江水利委员会会同四川省、湖北省、湖南省、江西省、安徽省、江苏省和重庆市、上海市人民政府水行政主管部门编制，经征求长江航务管理局和长江海事机构意见后，报国务院水行政主管部门批准。长江采砂规划应当包括下列内容：（1）禁采区和可采区；（2）禁采期和可采期；（3）年度采砂控制总量；（4）可采区内采砂船只的控制数量。长江采砂规划的修改，由长江水利委员会根据长江河势变化、河道变迁、砂石补给、环境保护的情况以及管理的需要进行，并严格履行报批手续。

3. 长江采砂实行采砂许可制度。河道采砂许可证由沿江省、直辖市人民政府水行政主管部门审批发放；属于省际边界重点河段的，经有关省、直辖市人民政府水行政主管部门签署意见后，由长江水利委员会审批发放；涉及航道的，审批发放前应当征求长江航务管理局和长江海事机构的意见。省际边界重点河段的范围由国务院水行政主管部门划定。

4. 长江采砂实行可行性论证报告制度。采砂可行性论证报告按可采区分区进行，由负责管理可采区的水行政主管部门或者长江水利委员会组织编制。采砂可行性论证报告应当包括下列内容：（1）采砂河段河势、河床演变分析报告；（2）采砂范围图、控制点坐标以及现势性强的水下地形图；（3）采砂对河势、防洪影响的论证分析；（4）开采总量的可行性分析；（5）采砂对通航安全影响的论证分析；（6）采砂对水环境影响的论证分析；（7）采砂对水上、水下重要设施影响的论证分析；（8）论证的主要结论。

5. 长江采砂实行总量控制制度。实际审批的年度采砂总量不得超过长江采砂规划确定的年度采砂控制总量。每一可采区实际审批的年度采砂量不得超过该可采区的年度采砂控制量。长江水利委员会可以依据长江采砂规划，综合河势变化、砂石补给和采砂管理需要等情况，对每一可采区的年度采砂控制量进行调整。

（四）长江河道以外的河道采砂管理职能不断调整变化

《河道管理条例》规定，河道内采砂、取土、淘金等采矿行为，应当由河道主管机关会同有关部门批准。但实践中河道采砂管理职责存在一定争议，各地管理模式有较大差异，有的地方仅是水利部门审批采砂许可，有的地方由水利部门和矿产资源管理部门分配审批采砂许可和采矿许可，现实中甚至有办理采砂许可后因没有采矿许可证被判处非法采矿罪的案例。

1. 2015 年“三部委”文件明确按照是否属于季节性河流对河道采砂管理职责进行了划分

为规范和加强对河道采砂的规范管理，2015 年水利部、原国土资源部、交通运输部联合印发了《关于进一步加强河道采砂管理工作的通知》（水建管〔2015〕310 号），对长江河道以外的河道采砂管理作出了具体规定：

一是水利部会同原国土资源部、交通运输部等部门负责除长江宜宾以下干流河道之外的全国河道采砂监督管理工作。水利部对河道采砂影响防洪安全、河势稳定、堤防安全负责；原国土资源部对保障河道内砂石资源合理开发利用负责；交通运输部对河道采砂影响通航安全负责。各地要根据行政审批制度改革要求和河道径流特点，切实规范采砂许可工作，对同一事项只进行一次许可。

二是非季节性河流的采砂管理由水利部门负责。非季节性河流（常年流水河道），以确保河势稳定、航道稳定和防洪安全、通航安全为主，在科学规划基础上，河道采砂管理作为河道管理的重要内容，依法实行河道采砂许可。在发放采砂许可证前，水行政主管部门应事先征求国土资源等相关部门意见，涉及航道的，由水行政主管部门会同交通运输主管部门批准。

三是季节性河流的采砂管理主要由国土资源部门负责。季节性河流，在保障河势稳定和防洪安全、通航安全、生态安全的前提下，在科学规划的基础上，采砂管理以矿产资源管理为主，依法实行采矿许可。在发放采矿许可证前，国土资源行政主管部门应事先征求水行政主管部门等相关部门意见，涉及航道的应事先征得交通运输部门同意。

四是各地季节性和非季节性河流的划分、河道采砂许可的具体方式、审批程序等由各省级人民政府确定。

2. 随着 2018 年国务院机构改革的实施，由水利部统一行使河道采砂管理职责

笔者虽然没有查询到 2015 年“三部委”文件被废止的通知，但 2018 年《水利部职能配置、内设机构和人员编制规定》明确，由水利部负责监督管理河道采砂管理工作。水利部《关于河道采砂管理工作的指导意见》（水河

湖〔2019〕58 号）要求，各级水行政主管部门要坚持守河有责、守河担责、守河尽责，切实承担起河道采砂管理这项法定职责，加强统一监督管理。2019 年水利部起草并公布的《河道采砂管理条例（征求意见稿）》中载明：“河道采砂实行许可制度。河道采砂许可由县级以上人民政府水行政主管部门或者流域管理机构依照管理权限审批。”由此可见，根据最新的部门职责划分规定，河道采砂管理职责由水利部统一行使。

二、河道非法采砂行为的刑事法律规制

（一）25 号司法解释实施前，关于能否对河道非法采砂行为追究非法采矿罪存在争议

《刑法》第 343 条第 1 款规定：“违反矿产资源法的规定，未取得采矿许可证擅自采矿，擅自进入国家规划矿区、对国民经济具有重要价值的矿区和他人矿区范围采矿，或者擅自开采国家规定实行保护性开采的特定矿种，情节严重的，处三年以下有期徒刑、拘役或者管制，并处或者单处罚金；情节特别严重的，处三年以上七年以下有期徒刑，并处罚金。”最高人民法院《关于审理非法采矿、破坏性采矿刑事案件具体应用法律若干问题的解释》[①]（法释〔2003〕9 号）第 1 条规定：“违反矿产资源法的规定非法采矿，具有下列情形之一，经责令停止开采后拒不停止开采，造成矿产资源破坏的，依照刑法第三百四十三条第一款的规定，以非法采矿罪定罪处罚：（一）未取得采矿许可证擅自采矿；（二）擅自进入国家规划矿区、对国民经济具有重要价值的矿区和他人矿区范围采矿；（三）擅自开采国家规定实行保护性开采的特定矿种。”

根据上述规定，非法采矿罪针对的是“违反矿产资源法的规定”“未取得采矿许可证擅自采矿”的行为。而河道采砂行为主要受《水法》等水事法律法规的规范，通常需要取得采砂许可证。因此，对于非法采砂行为能否适用非法采矿罪追究刑事责任，存在一定争议。司法机关在考虑对河道非法采砂行为追究刑事责任时，出现了三种不同的做法：

---

① 该司法解释自 2016 年 12 月 1 日起失效。

第一种认为河道非法采砂行为即属于非法采矿行为，进而按照非法采矿罪追究河道非法采砂行为人的刑事责任。

第二种认为对河道非法采砂行为追究非法采矿罪不符合罪刑法定原则，因而对非法采砂行为只采取了行政处罚措施。

第三种认为不应对非法采砂行为追究非法采矿罪，但由于非法采砂过程中触犯了其他刑事罪名，进而以其他罪名追究非法采砂行为人的刑事责任，如非法经营罪、寻衅滋事罪、非法占用农用地罪等。

（二）25 号司法解释明确规定对非法采砂行为追究非法采矿罪

为明确非法采砂行为的定性、统一法律适用，最高人民法院决定通过司法解释的形式明确对非法采砂行为的刑事规制。2016 年 12 月 1 日，最高人民法院、最高人民检察院发布 25 号司法解释，明确规定对非法采砂行为追究非法采矿罪。25 号司法解释的规定主要有以下两个方面：

1. 将《水法》等规定纳入“矿产资源法的规定”

根据《刑法》第 343 条的规定，非法采矿罪的前提是“违反矿产资源法的规定”。关于河道采砂行为的管理，主要依据是《水法》《河道管理条例》《长江河道采砂管理条例》等法律法规。

为了避免法律适用漏洞，25 号司法解释第 1 条对“违反矿产资源法的规定”作了扩大解释，规定：“违反《中华人民共和国矿产资源法》《中华人民共和国水法》等法律、行政法规有关矿产资源开发、利用、保护和管理的规定的，应当认定为刑法第三百四十三条规定的‘违反矿产资源法的规定’。”

2. 将采砂许可证涵括到采矿许可证范畴内

开采矿产资源，通常需要取得采矿许可证。《矿产资源法》规定，开采矿产资源，必须依法申请、经批准取得采矿权，并办理登记，由地质矿产主管部门颁发采矿许可证。对于采砂应当取得的许可证，根据《河道管理条例》《长江河道采砂管理条例》及各省关于河道采砂管理的规定，一般需要由水行政主管部门颁发采砂许可证。

为避免法律适用的漏洞，25 号司法解释第 4 条第 1 款规定：“在河道管理范围内采砂，具有下列情形之一，符合刑法第三百四十三条第一款和本解释第二条、第三条规定的，以非法采矿罪定罪处罚：（一）依据相关规定应当办理河道采砂许可证，未取得河道采砂许可证的；（二）依据相关规定应当办理河道采砂许可证和采矿许可证，既未取得河道采砂许可证，又未取得采矿许可证的。”该条款对“采矿许可证”做了扩大解释，将采砂许可证涵括到采矿许可证范畴内。

三、河道非法采砂涉嫌非法采矿罪典型案例分析

在认定河道非法采砂行为构成非法采矿罪过程中，应当根据河道采砂行为的实际情况，对一般违法行为和犯罪行为的区别、正常河道清淤和非法采砂的区别、违法采砂过程中个人责任分担、违法采砂销售收入确认等焦点问题进行认真研究，准确界定罪与非罪及定罪量刑的具体标准。

（一）关于已取得采砂许可证的企业，在禁采期采砂是否应被追究非法采矿罪的问题

案例一

A公司经过依法申请，获得了水行政主管部门审批颁发的河道采砂许可证。该省河道采砂管理办法规定，每年自7月1日至8月15日为禁采期，8月16日至翌年6月30日为可采期；县级以上人民政府水行政主管部门可以按河道管理权限，划定临时禁采区或者规定临时禁采期。A公司于2016年7月至8月，在河道采砂许可证规定的开采范围内开采河砂，违反了该省关于河道采砂禁采期的规定。司法机关认为，A公司在禁采期采砂的行为属于非法采砂，应当以非法采矿罪追究A公司的刑事责任。

笔者认为，《刑法》第343条对非法采矿罪的客观行为方式作出了明确规定，其入罪前提必须是“未取得采矿许可证擅自采矿”。25号司法解释第4条第1款规定：“在河道管理范围内采砂，具有下列情形之一，符合刑法第三百四十三条第一款和本解释第二条、第三条规定的，以非法采矿罪定罪处罚：（一）依据相关规定应当办理河道采砂许可证，未取得河道采砂许可证的；（二）依据相关规定应当办理河道采砂许可证和采矿许可证，既未取得河道采砂许可证，又未取得采矿许可证的。”由于A公司已依法取得河道采

砂许可证，故不属于“未取得采矿许可证擅自采矿”的情形，因A公司在禁采期采砂的行为违反了该省河道采砂管理办法，应根据河道采砂管理办法的规定对其给予行政处罚，但其行为不符合认定非法采矿罪的条件，不构成非法采矿罪。

（二）关于河道清淤工程过程中的采砂行为，是否构成非法采矿罪的问题

案例二

C市水务局为对辖区内某河道进行清淤疏浚，通过公开招标方式选定D公司为河道清淤工程施工单位。C市水务局和D公司签订的河道清淤疏浚项目合同约定，D公司需编制清淤疏浚方案，通过水务局审查批复后方可开工，施工产生的砂石由D公司外运后自行处理。D公司按照合同约定，在C市水务局的监督下实施了河道清淤工程，并将施工产生的砂石外运销售。后，司法机关认定D公司的采砂行为涉嫌构成非法采矿罪，拟追究其刑事责任。

笔者认为，本案中D公司的行为不构成非法采矿罪，理由如下：

第一，D公司实施的河道清淤工程经过了行政机关批准。D公司经过行政机关的公开招标程序合法竞得施工资格，在实施河道清淤工程前，D公司编制了清淤疏浚方案并通过水务局审查批复。假使行政机关的工程招标行为存在违规，其主要责任应由行政机关承担，D公司并无过错。

第二，D公司主观方面不具有非法采砂的目的。河道清淤工程的任务之一便是挖掘出堵塞河道的砂石，开采砂石是河道清淤工程的一部分，河道清淤过程中必然伴随采砂活动。

第三，D公司按照合同约定实施河道清淤工程，且始终处于行政机关监管之下。D公司系根据C市水务局批准的清淤疏浚方案施工并采出砂石，不存在超出清淤疏浚方案范围擅自采砂的行为。

（三）关于受雇佣实施非法采砂作业的，应否被追究非法采矿罪的问题

案例三

自然人甲在未办理采矿许可证的情况下，雇请自然人乙在某河道非法采

砂。双方约定由乙组织工人到甲指定区域施工，甲按照实际开采量，根据双方事先约定价格向乙结算工资。其间，乙先后联系多名工人共同实施非法采砂活动，甲向乙结算完工资后，乙将工资分发给其他工人并从中抽取部分利润。后来，司法机关以非法采矿罪追究甲的刑事责任，同时认为乙的行为也构成非法采矿罪。

笔者认为，本案中乙的行为不构成非法采矿罪，理由如下：

25 号司法解释第 11 条规定："对受雇佣为非法采矿、破坏性采矿犯罪提供劳务的人员，除参与利润分成或者领取高额固定工资的以外，一般不以犯罪论处，但曾因非法采矿、破坏性采矿受过处罚的除外。"

首先，乙的身份为受雇佣提供劳务人员，不具有管理职能。乙虽然受甲委托组织多名工人非法采砂，但开采过程中的具体事项均听从甲的指挥、安排，乙本人对采砂活动不具有自主管理权，乙本身亦和其他工人一起开采砂石。

其次，乙未参与利润分成或者领取高额固定工资。甲以约定的计价方式结合实际开采量向乙结算工资，乙的工资水平与其他人相同，不属于 25 号司法解释中的领取高额固定工资的情形。乙将甲支付的工资分发给其他工人并从中抽取部分利润，属于其招工行为应获取的合理报酬，并非参与非法采砂的利润分成。

（四）关于认定开采的矿产品价值时，是否应以销赃数额为依据的问题

案例四

E 公司在未办理河道采砂许可证的情况下，在某河段进行采砂活动。E 公司使用吸砂船采出砂石后，雇佣自然人丙的货船，将砂石运输至岸上集中进行清洗和分选，然后将分选的砂石按照不同单价进行销售。司法机关在追究 E 公司非法采砂刑事责任过程中，认为应根据销赃数额（销售金额）认定矿产品价值。

笔者认为，本案中不应根据销赃数额认定矿产品价值。理由如下：

第一，25 号司法解释第 3 条明确规定，实施非法采矿行为，开采的矿产

品价值在10万元至30万元以上的，应当认定为“情节严重”。本案中，销赃数额中不仅包含非法开采的矿产品价值，还包含了因运输、清洗和分选行为导致的矿产品价值增值部分，超出了上述司法解释规定的矿产品价值范围。

第二，25号司法解释第13条规定：“非法开采的矿产品价值，根据销赃数额认定；无销赃数额，销赃数额难以查证，或者根据销赃数额认定明显不合理的，根据矿产品价格和数量认定。矿产品价值难以确定的，依据下列机构出具的报告，结合其他证据作出认定：（一）价格认证机构出具的报告；（二）省级以上人民政府国土资源、水行政、海洋等主管部门出具的报告；（三）国务院水行政主管部门在国家确定的重要江河、湖泊设立的流域管理机构出具的报告。”本案中，因销赃数额中包含了运输、清洗、分选导致的增值，根据销赃数额认定矿产品价值明显不合理。应根据非法开采的矿产品价格和数量，通过专业部门出具报告等方式认定矿产品价值。

四、关于认定河道非法采砂构成非法采矿罪的几点建议

（一）坚持罪刑法定原则，准确把握罪与非罪的界限

我国《刑法》第3条规定：“法律明文规定为犯罪行为的，依照法律定罪处刑；法律没有明文规定为犯罪行为的，不得定罪处刑。”罪刑法定原则是我国《刑法》的基本原则，在认定河道非法采砂行为构成非法采矿罪过程中，对于法律和司法解释没有明文规定为犯罪行为的，不能定罪处刑。

25号司法解释颁布前，一些司法机关正是基于罪刑法定原则，认为对非法采砂行为追究非法采矿罪缺乏法律依据，故实践中将非法采砂行为作为行政违法行为进行处罚，直到25号司法解释弥补了这一法律适用的漏洞。

实践中，罪与非罪的界限问题是非法采砂案件首先要解决的问题。上述案例一中，A公司已取得河道采砂许可证，故不具备非法采矿罪的入罪前提。但其在禁采期采砂的行为，因违反了该省河道采砂管理办法，应根据河道采砂管理办法的规定给予行政处罚。该案例反映了非法采砂刑事犯罪和一般违法行为之间的界限问题。案例二中，为进行河道清淤疏浚，D公司经行政机关批准实施河道清淤工程，不存在非法采砂的主观故意，其行为亦未侵害国

家矿产资源保护和管理制度，属于合法民事行为。该案例反映了非法采砂刑事犯罪和合法民事行为之间的界限问题。

笔者认为，为准确把握非法采砂罪与非罪的界限，需要办案机关在正确理解非法采矿罪立法原意的基础上，深入了解我国河道采砂管理制度和行政管理实践，“目光在事实与规范之间穿梭往返”，实现事实判断和价值判断的融合与统一。

（二）认定河道采砂构成非法采矿罪应充分考虑有责性

“没有责任就没有刑罚”，这是现代刑法的一项基本原则。有责性，是指对符合犯罪构成要件的不法行为的非难可能性。具体来讲，即使某种行为符合《刑法》条文规定的构成要件，给法益造成了侵害或危险，但仅依此并不能对行为人科处刑罚，科处刑罚还要求对行为人具有非难可能性。《刑法》第16条规定：“行为在客观上虽然造成了损害结果，但是不是出于故意或者过失，而是由于不能抗拒或者不能预见的原因所引起的，不是犯罪。”

在认定河道采砂构成非法采矿罪过程中，应充分考虑“有责性”，避免片面强调客观违法结果。例如，通常水行政主管部门向采砂企业颁发的河道采砂许可证上，载明了允许开采的砂石数量。但有的水行政主管部门在实际监管中，允许企业超出证载的开采数量进行开采，并按照企业实际开采的数量收取砂石资源费。这种情况下，司法机关在认定行为人非法采砂的法律责任时，应充分考虑采砂企业对行政机关的合理信赖，实事求是地认定采砂企业应承担的法律责任。

笔者认为，办理非法采砂案件时应设身处地考虑案件实际情况，综合判断非法采砂行为的主客观条件、内外部环境及违法后果。对于单纯的非法盗采砂石行为，按照非法采矿罪的定罪量刑标准进行定罪处罚没有争议。但对于政府默许、监管之下甚至授权的非法采砂行为，以及因当地砂石管理政策等原因产生的非法采砂行为，则应充分考虑“有责性”，防止客观归罪。

（三）通过依法鉴定科学认定非法开采的矿产品价值

对于非法采砂罪的定罪量刑，通常应以非法采砂的价值作为标准，故非法采砂的价值认定问题就尤为重要。25号司法解释第13条规定：“非法开采的矿产品价值，根据销赃数额认定；无销赃数额，销赃数额难以查证，或者根据销赃数额认定明显不合理的，根据矿产品价格和数量认定。矿产品价值难以确定的，依据下列机构出具的报告，结合其他证据作出认定：（一）价格认证机构出具的报告；（二）省级以上人民政府国土资源、水行政、海洋等主管部门出具的报告；（三）国务院水行政主管部门在国家确定的重要江河、湖泊设立的流域管理机构出具的报告。”

实践中，由于非法采砂数量难以确认等原因，往往需要由国土资源、水行政主管部门以及专业鉴定机构对非法采砂的价值进行鉴定。鉴定中需要注意的焦点问题包括：（1）鉴定结论中应明确界定涉案赃物是否属于矿产资源，并对矿产品的品质、成分作出认定；对于涉案赃物中不属于矿产资源的部分，司法鉴定时应予剔除。（2）对于非法采砂数量，通常需要进行现场测量。有的案件中鉴定机构仅依据司法机关提供的采砂记录本、讯问笔录、证人证言等对非法采砂数量作出认定，明显缺乏事实依据。（3）矿产品价值应限定为非法开采的矿产品价值，而非经过运输、清洗、分选后的矿产品价值。司法鉴定时，对于运输、清洗、分选等相关费用，应予以扣除。

小水电退出和补偿问题探析

小型水电站（以下简称小水电）清理退出是近几年水电开发领域常见的问题。2015 年“十部门”57 号文件明确规定水电开发活动及取水权要退出自然保护区的核心区和缓冲区。2018 年 12 月 6 日，水利部等四部委发布了 312 号文，要求长江经济带 10 个省份纠正中央环境保护督察、长江经济带生态环境保护情况审计等发现的小水电违规建设、影响生态环境等突出问题，开展长江经济带小水电生态环境突出问题清理整改工作。自此，自然保护区内小水电退出和长江经济带各省的小水电专项整治工作纷纷展开。

我们必须认识到，自然保护区内小水电退出以及长江经济带小水电专项清理整治有着特殊的时代背景。党的十八大确立了“五位一体”总体布局，把生态文明建设放在突出地位，强调要加大自然生态系统和环境保护力度。2016 年年初，中共中央总书记、国家主席、中央军委主席习近平在重庆召开推动长江经济带发展座谈会，提出“生态优先、绿色发展”的新路子和“共抓大保护、不搞大开发”，把修复长江生态环境摆在压倒性位置。造成生态环境破坏的小水电退出自然保护区和长江经济带，符合我国建设生态文明强国的基本要求。

但是，按照目前的政策及实践情况，小水电退出自然保护区和长江经济带是否要搞“一刀切”？小水电退出的应遵循什么程序？小水电项目业主的合法权益如何保护？这些问题已经成为小水电清理整治中政府部门和项目业主最为关心的问题。

一、小水电退出的法律和政策依据

小水电作为一种清洁的可再生能源，自改革开放以来在我国得到快速发展，但与此同时，由于规划和管理的滞后，一些地区不断出现因小水电开发导致生态破坏的现象，小水电发展与生态环境保护之间的矛盾不断凸显。基于此，国家相继出台了一系列法律法规和政策文件，对小水电的发展进行规范和限制。

1994 年颁布的《自然保护区条例》规定，“在自然保护区的核心区和缓冲区内，不得建设任何生产设施。在自然保护区的实验区内，不得建设污染环境、破坏资源或者景观的生产设施；建设其他项目，其污染物排放不得超过国家和地方规定的污染物排放标准。在自然保护区的实验区内已经建成的设施，其污染物排放超过国家和地方规定的排放标准的，应当限期治理；造成损害的，必须采取补救措施”。

2006 年国家环境保护总局发布的《关于有序开发小水电切实保护生态环境的通知》（环发〔2006〕93 号）规定，“对部分生态脆弱地区和重要生态功能区，要根据功能定位，对小水电资源实行限制开发；对国家级自然保护区、国家重点风景名胜区及其他具有特殊保护价值的地区，原则上禁止开发小水电资源”。

2015 年“十部门”57 号文件规定，对在自然保护区核心区和缓冲区内违法开展的水电开发活动，要立即予以关停或关闭，限期拆除，并实施生态恢复；对自然保护区设立之前已存在的合法取水权，以及自然保护区设立之后各项手续完备且已征得保护区主管部门同意设立的取水权，要分类提出差别化的补偿和退出方案，在保护权利人合法权益的前提下，依法退出自然保护区核心区和缓冲区。

2018 年 312 号文规定，长江经济带小水电整治中以下情形属于退出类小水电：一是位于自然保护区核心区或缓冲区内的（未分区的自然保护区视为核心区和缓冲区），但在其批准设立前合法合规建设、不涉及自然保护区核心区和缓冲区且具有防洪、灌溉、供水等综合利用功能又对生态环境影响小的，可以限期（原则上不得超过 2022 年）退出；二是自 2003 年 9 月 1 日《环境影响评价法》实施后未办理环评手续违法开工建设且生态环境破坏严重的；三是自 2013 年以来未发电且生态环境破坏严重的；四是大坝已鉴定为危坝，严重影响防洪安全，重新整改又不经济的；五是县级以上人民政府及其部门文件明确要求退出而未执行到位的。

2020 年 12 月 26 日经全国人大常委会审议通过，于 2021 年 3 月 1 日起施行的《长江保护法》更是将长江流域小水电的清理和整改工作上升到了法律层面。该法第 23 条第 2 款规定："对长江流域已建小水电工程，不符合生态保护要求的，县级以上地方人民政府应当组织分类整改或者采取措施逐步退出。"

二、小水电退出应该科学评估、分类处置

最近几年，随着小水电清理整治工作的开展，我国小水电被某些舆论打上"破坏生态"标签，"一刀切"地被强令关停整改或退出。但这一现象实际上是与我国有关小水电发展的法律政策规定相矛盾的，已在很多地方造成了严重的法律问题和民生问题。

如上所述，因生态环境保护的需要，国家近年来对小水电的发展做了规范和限制，但不可否认小水电作为一种世界公认的清洁的可再生能源，其建设和发展对于解决我国广大农村及偏远地区的用电需求，缓解电力供需矛盾，提高防洪抗旱、调控水资源能力，改善农村生产生活条件，促进当地经济社会发展发挥了重要历史和现实作用。因此，我国法律法规和相关政策对发展小水电总体上还是支持鼓励的。

《水法》第 26 条规定："国家鼓励开发、利用水能资源。在水能丰富的河流，应当有计划地进行多目标梯级开发。建设水力发电站，应当保护生态环境，兼顾防洪、供水、灌溉、航运、竹木流放和渔业等方面的需要。"

《电力法》第 48 条规定："国家提倡农村开发水能资源，建设中、小型水电站，促进农村电气化。国家鼓励和支持农村利用太阳能、风能、地热能、生物质能和其他能源进行农村电源建设，增加农村电力供应。"

《可再生能源法》第 4 条规定："国家将可再生能源的开发利用列为能源发展的优先领域，通过制定可再生能源开发利用总量目标和采取相应措施，推动可再生能源市场的建立和发展。国家鼓励各种所有制经济主体参与可再生能源的开发利用，依法保护可再生能源开发利用者的合法权益。"

国家发改委公布的《产业结构调整指导目录（2005 年本）》[①]《产业结构调整指导目录（2011 年本）》[②] 均规定“水力发电”属于鼓励类项目，并未区分大中型水电站和小水电站。直至《产业结构调整指导目录（2019 年本）》才调整为“大中型水力发电及抽水蓄能电站”属于鼓励类项目，将小水电排除在外。

综上所述，鉴于小水电在发电、防洪、抗旱、供水、生态方面的价值，将小水电发展与环境保护相对立是不可取的，小水电建设和运营中存在的环境污染以及渔业资源的保护问题，完全可以通过管理的、技术的、工程的手段得到解决。而且小水电退出涉及水电开发和生态环境保护政策的执行，牵涉地方政府及各部门、小水电项目业主、用电单位、用水单位等多个主体。在小水电清理整改过程中，要求小水电一律退出，显然既不符合法律政策要求，也不符合实际情况。各地应当严格遵循“一站一策”的原则，对每个小水电进行科学评估、分类管理，并在此基础上做出保留、整改、退出等不同处置。

（一）自然保护区范围内的小水电退出

自然保护区内小水电根据保护区功能分区的不同，可以分为两类，一类是位于核心区、缓冲区范围内的；另一类是位于实验区范围内的。

首先，在实验区范围内的已建成小水电站不需要退出。第一，根据《自然保护区条例》的规定，核心区、缓冲区不能有建设项目，实验区允许建设和保留符合排污标准的建设项目；第二，“十部门”57 号文件仅规定，对在自然保护区核心区和缓冲区内违法开展的水电开发活动，要立即予以关停或关闭，限期拆除，并实施生态恢复，并未要求实验区内小水电退出；第三，2018 年 312 号文亦仅规定核心区缓冲区的小水电必须退出，对实验区的则规定可以限期退出。综上所述，笔者认为，在自然保护区实验区范围内的小水电，并不属于必须强制退出的情形，只要符合排污标准，对生态环境影响小的，可以继续保留运营。

① 该文件自 2011 年 6 月 1 日起失效。
② 该文件自 2020 年 1 月 1 日起失效。

其次，在自然保护区设定之前已经合法存在的小水电，目前处于核心区、缓冲区范围内，可以继续保留不退出。虽然 2018 年 312 号文规定，位于核心区、缓冲区范围内的在自然保护区设定之前已经合法存在的小水电同样需要退出。但 2020 年 2 月 10 日自然资源部、国家林业和草原局发布的《关于做好自然保护区范围及功能分区优化调整前期有关工作的函》（自然资函〔2020〕71 号）规定，自然保护区原核心区和原缓冲区有以下情况，可调整为一般控制区：自然保护区设立之前就存在的合法水利水电等设施；历史文化名村、少数民族特色村寨和重要人文景观合法建筑，包括有历史文化价值的遗址遗迹、寺庙、名人故居、纪念馆等有纪念意义的场所。可见，自然保护区设立之前已经存在合法小水电的，可以将其原来的核心区和缓冲区调整为一般控制区（实验区），按照实验区管理标准，其范围内的小水电不再属于强制退出的情形。

最后，在自然保护区设定之后合法建设的小水电，目前处于核心区、缓冲区范围内，按照政策必须要退出，但应当给予公平合理的补偿。

（二）长江经济带的小水电退出

根据 312 号文的精神，长江经济带小水电的具体整改类型包括退出、保留和整改三类。其中五种情形下的小水电被列入了退出类：自然保护区核心区或缓冲区内的、未办理环评手续违法开工建设且生态环境破坏严重的、自 2013 年以来未发电且生态环境破坏严重的、大坝已鉴定为危坝以及原来明确要求退出而未执行到位的。

首先，长江经济带自然保护区核心区或缓冲区内的小水电退出问题上文已做分析，此处不再赘述。

其次，环评手续缺失的小水电，并不是必须退出。根据 312 号文，环评手续缺失的小水电，只有在同时符合“生态环境破坏严重”的条件下，才属于必须退出的行列。如果小水电本身没有造成生态环境破坏严重的后果，仅仅是缺失环评手续，则应当可以再补办环评手续，完善项目建设审批文件后予以保留。

再次，2013 年以来未实际发电的小水电，并不是必须退出。根据 312 号文，自2013年以来未实际发电的小水电，同样只有在同时符合“生态环境破坏严重”的条件下，才属于必须退出的行列。

又次，大坝已鉴定为危坝，严重影响防洪安全，重新整改又不经济的情形属于基于安全生产管理的要求而退出，即使没有专项清理整治行动，也属于应当退出的情形。

最后，县级以上人民政府及其部门文件明确要求退出而未执行到位的。笔者认为，此种情形属于历史遗留问题，早就应该退出而没有退出，即使没有专项整治行动，也应当执行政府部门文件而退出。

（三）小水电退出中导致“生态环境破坏严重”的认定须经评估鉴定

312号文规定的第二类、第三类需要退出的小水电，均包括“生态环境破坏严重”的条件。笔者认为，要认定小水电是否导致生态环境破坏严重，必须由专业的评估鉴定机构做出评估鉴定结论，而不能由某个机构或者某个个人随意认定。

只有同时满足以下4个条件的小水电可被认定为导致“生态环境破坏严重”：第一，应当由具有相应资质的环境损害司法鉴定机构和鉴定人员出具鉴定意见。

第二，生态环境破坏严重评估鉴定需要按照原环境保护部印发的《生态环境损害鉴定评估技术指南总纲》和《生态环境损害鉴定评估技术指南损害调查》的技术规范进行。

第三，生态环境破坏评估鉴定应当采用原环境保护部印发的《环境损害鉴定评估推荐方法（第Ⅱ版）》推荐的评估方法。

第四，生态环境损害评估鉴定的结论应当是“生态环境破坏严重”。

三、小水电退出行为的法律性质

根据《企业投资项目核准和备案管理条例》和《政府核准的投资项目目录（2016年本）》的规定，我国水电站项目采用的是核准制，经核准机关审批同意后方可进行开发建设。根据《行政许可法》第12条的规定，“有限自然资源开发利用、公共资源配置以及直接关系公共利益的特定行业的市场准入等，需要赋予特定权利的事项”可以设立行政许可。《企业投资项目核准和备案管理办法》第7条第2款规定：“项目核准机关对项目进行的核准是行政许可事项，实施行政许可所需经费应当由本级财政予以保障。”据此，政府机关对于小水电开发建设的审批行为实质上属于行政许可，其依据相关政策规定要求经依法审批建设的小水电予以退出的行为实质上属于消灭依法设立的行政许可。

根据我国《行政许可法》的规定，行政许可消灭的情形主要包括注销、吊销、撤销、撤回等。而结合小水电退出的实践不难发现，小水电退出主要涉及的是行政许可的撤销和撤回两种情形。

所谓行政许可的撤销，是指由于行政许可在其成立时存在违法状态而被有权机关予以废除的情形。根据《行政许可法》和原国务院法制办公室发布的《撤回、撤销、注销、吊销行政许可的适用规则》，其适用的前提是行政机关违法作出行政许可或者行政相对人违法取得行政许可，适用情形主要包括行政机关工作人员滥用职权、玩忽职守、超越职权、违反程序作出行政许可，以及被许可人以欺骗、贿赂等不正当手段取得行政许可。

所谓行政许可的撤回，是指因情势变更，行政机关为了公共利益的需要收回已颁发行政许可的情形。根据《行政许可法》和原国务院法制办公室发布的《撤回、撤销、注销、吊销行政许可的适用规则》，其适用前提是行政相对人合法取得行政许可，适用情形主要包括行政许可所依据的法律、法规、规章修改或者废止，准予行政许可所依据的客观情况发生重大变化，且必须是为了公共利益的需要。

小水电项目开发中，除了项目立项核准属于行政许可外，还涉及取水、环评、安全等行政许可；其中取水行政许可设定的取水权属于用益物权，该行政许可的撤销或者撤回，必然导致取水权的灭失，损害小水电业主的取水权权益。

四、小水电退出的正当程序

如上所述，小水电退出实质上属于行政许可的撤销或撤回。具体而言，若行政机关认为小水电项目业主在取得审批手续的过程中存在违法行为，则小水电退出应适用行政许可撤销的相关规定；若小水电项目业主是合法取得的审批手续，则小水电退出应适用行政许可撤回的相关规定。但遗憾的是，我国《行政许可法》对于行政许可撤销或撤回的程序均未做规定，这使小水电的退出缺少明确的法律程序规定。

但笔者认为，这并不意味着行政机关可以以此为由恣意行政。国务院于2004年发布的《全面推进依法行政实施纲要》明确把“程序正当”作为依法行政的基本要求之一，要求行政机关实施行政管理应当公开，注意听取公民、法人和其他组织的意见，严格遵循法定程序，依法保障行政管理相对人、利害关系人的知情权、参与权和救济权。中共中央《关于全面推进依法治国若干重大问题的决定》和《法治政府建设实施纲要（2015－2020年)》也明确提出，要完善行政执法程序，健全行政执法调查取证、告知、罚没收入管理等制度。可见，无论我国法律有无具体的程序规定，行政机关在实施行政行为时都有程序正当的义务性要求。最高人民法院的相关裁判文书中也体现了这一观点，如（2020）最高法行申7018号、（2017）最高法行申283号、（2016）最高法行申4765号案件中，最高人民法院均认为行政机关在撤回行政许可过程中，应当遵行一定的正当程序，包括告知、听取当事人陈述或申辩、行政听证等。

关于行政机关撤销或者撤回行政许可具体需要遵循哪些正当程序的问题，笔者认为，虽然我国没有统一的行政程序法，但各地在具体实践的基础上早就有大量的行政程序性规定散见于各类法规和规范性文件中，部分省市还结合自身实际制定了详细的行政程序法规或政府规章，如《江苏省行政程序规定》《浙江省行政程序办法》《山东省行政程序规定》《湖南省行政程序规定》等。因此，参考和借鉴这些已有的成熟先例，我国行政许可撤销和撤回的具体程序应包括以下内容：

1. 调查。行政机关拟撤销或撤回行政许可，需要查明事实的，应当合法、全面、客观、及时开展调查，收集相关证据。

2. 告知。行政机关在做出撤销或撤回行政许可的决定前，应当书面告知当事人拟作出行政决定的事实、理由、依据和决定内容，以及其享有的陈述权、申辩权，并充分听取当事人的陈述和申辩。

3. 听证。由于行政许可的撤销和撤回涉及剥夺被许可人的相关权利，且涉及的利益一般较大，因此，应当赋予被许可人要求听证的权利。被许可人在规定期限内提出听证申请的，行政机关应当组织听证，并制作听证笔录。

4. 作出撤销或撤回行政许可的决定。行政机关根据法律和相关证据，认为应当撤销或撤回行政许可的，必须作出书面决定，并且依法送达被许可人。上述决定应当列明作出决定的事实、依据、理由和履行程序的情况，并且明确告知被许可人享有行政复议、行政诉讼的权利。

五、小水电退出的补偿

（一）关于补偿的依据

小水电退出的补偿问题，既有理论依据支撑，也有法律政策的保障。

“信赖保护原则”是小水电退出获得补偿的重要理论依据。信赖保护原则是行政法中的最为重要的原则之一，属于行政法领域的“帝王条款”。具体是指行政相对人基于对行政主体的授益性、合意性、指导性等行政行为的信赖而产生的值得保护的利益，这种行为不得随意撤销或者变更，否则应对行政相对人的合法利益给予补偿。信赖保护原则的基础是公众对自己国家及国家权力的信任，因为行政行为具有确定力和公信力。所以政府要遵循基本的诚信原则，不得随意撤销或者变更原来生效的行政行为，确需撤销或改变行政行为的，对于由此给相对人造成的损失应当给予补偿。

从现有的法律政策来看，我国已经在较为广泛的领域建立了行政补偿制度，比如土地管理、矿业权、防沙治沙、消防、防洪、水资源利用等方面都有行政补偿的法律制度。

2018 年修正的《宪法》第 13 条规定：“公民的合法的私有财产不受侵犯。国家依照法律规定保护公民的私有财产权和继承权。国家为了公共利益的需要，可以依照法律规定对公民的私有财产实行征收或者征用并给予补偿。”

《民法典》第 207 条规定：“国家、集体、私人的物权和其他权利人的物权受法律平等保护，任何组织或者个人不得侵犯。”第 327 条规定：“因不动产或者动产被征收、征用致使用益物权消灭或者影响用益物权行使的，用益物权人有权依据本法第二百四十三条、第二百四十五条的规定获得相应补偿。”第 329 条规定：“依法取得的探矿权、采矿权、取水权和使用水域、滩涂从事养殖、捕捞的权利受法律保护。”

《行政许可法》第 8 条规定：“公民、法人或者其他组织依法取得的行政许可受法律保护，行政机关不得擅自改变已经生效的行政许可。行政许可所依据的法律、法规、规章修改或者废止，或者准予行政许可所依据的客观情况发生重大变化的，为了公共利益的需要，行政机关可以依法变更或者撤回已经生效的行政许可。由此给公民、法人或者其他组织造成财产损失的，行政机关应当依法给予补偿。”第 69 条规定，除被许可人以欺骗、贿赂等不正当手段取得行政许可的情形外，行政机关依法撤销行政许可导致被许可人的合法权益受到损害的，行政机关应当依法给予赔偿。这是行政信赖利益保护原则的重要体现，也是小水电退出自然保护区和长江经济带应当给予补偿的直接法律依据。

“十部门”57 号文件也明确提出，“对自然保护区设立之前已存在的合法探矿权、采矿权和取水权，以及自然保护区设立之后各项手续完备且已征得保护区主管部门同意设立的探矿权、采矿权和取水权，要分类提出差别化的补偿和退出方案，在保障探矿权、采矿权和取水权人合法权益的前提下，依法退出自然保护区核心区和缓冲区”。312 号文规定，对于退出类电站要逐站明确退出时间，制定退出方案，明确是否补偿以及补偿标准、补偿方式等。可以看出，中央层面政策文件对合法小水电项目及合法取水权退出也明确是要给予补偿的。

综上所述，无论是自然保护区成立之前合法建设的小水电，还是自然保护区成立之后，经过合法程序建设的小水电，都是基于对政府信赖形成的值得保护的利益，属于《行政许可法》等法律法规规定的信赖保护利益，因政府原因导致利益受损的，应当给予补偿。

此外，如果小水电项目存在审批和管理中的瑕疵，如没有依法办理环评手续等问题，只要可以通过补办手续、接受处罚的方式弥补瑕疵、承担责任，政府及其部门就不能以此为由直接要求小水电退出。退出属于最不利于小水电项目业主的一种处置方式，直接以此作出决定不符合行政法中的比例原则，由此造成小水电项目业主损失的，行政主体亦应当承担赔偿责任。

（二）关于补偿的原则

国际上关于行政补偿的原则虽然表述有所不同或者不同时期有所变化，但目前主流的补偿原则是公平补偿的原则。我国行政补偿原则没有统一法律规定，不同法律中对补偿原则表述不一，存在“一定补偿”“合理补偿”“适当补偿”等多种叫法。从适应依法行政和建设法治政府的要求来看，公平补偿原则应当作为小水电退出行政补偿的基本原则。所谓的公平补偿原则，又被称为“公正补偿原则”或者“正当补偿原则”，是一个比较抽象，内涵难以界定的概念。笔者认为，对小水电退出的公平补偿原则，主要内涵是指政府及其相关部门出于生态环境保护的需要要求小水电退出，而使小水电项目业主的合法权益遭受了特别损害时，能够依据社会上公认的公平理念对小水电业主进行补偿，在补偿的范围、标准、方式和程序上做到公平合理，能够较好地体现社会公共利益和小水电业主合法权益的平衡的补偿原则。

（三）关于补偿的标准

如上所述，《行政许可法》第 8 条和第 69 条确立了信赖保护原则，明确公民在行政许可中的信赖利益应当予以保护。但遗憾的是，《行政许可法》仅原则性地规定了行政机关出于公共利益需要或自我纠错之目的撤回或撤销公民依法取得的行政许可需要给予补偿。对于补偿的范围和标准没有明确规定。根据最高人民法院《关于审理行政许可案件若干问题的规定》第 15 条之规定，法律、法规、规章或者规范性文件对变更或者撤回行政许可的补偿标准未做规定的，一般在实际损失范围内确定补偿数额；行政许可属于《行政许可法》第 12 条第 2 项规定的情形，即“有限自然资源开发利用、公共资源配置以及直接关系公共利益的特定行业的市场准入等，需要赋予特定权利的事项”，一般按照实际投入的损失确定补偿数额。

经在“中国裁判文书网”检索水电站及矿业权政策性退出的相关案例，笔者发现，在司法实践中，人民法院也多以上述司法解释为依据，认为因行政许可撤销或撤回而给予行政相对人补偿的范围一般应限于实际投入损失，如（2019）最高法行申11845号、（2019）最高法行申1089号、（2020）川行终2079号案件。而从各地政府制定的具体补偿方案来看，目前大多做法也是将小水电退出的补偿限定在实际投入损失范围内，具体补偿金额的确定则是以水电站的资产评估结果作为参考。只有少数地区在制定补偿方案时会对相对人的预期利益加以考量，如福建厦门翔安区提出要根据各电站装机容量、发电量、利润以及电站拦水坝、引水渠道、压力钢管、机电设备、发电厂房、管理房、电力线路等水工部分及机电设备成新率等因素综合确定补偿方案；福建省泉州市永春县委托资产评估公司对拟退出的水电站采用收益法进行评估，并按照水电站装机容量、建设年限、发电量以及水电站渠道长度、灌溉面积、河流脱水情况等因素综合确定补偿方案。

笔者认为，小水电退出的补偿标准应该是水电站资产评估价值加上小水电未来经营期限内的预期利益之和。将行政相对人合法预期利益排除在补偿范围之外的规定与公民获取行政许可的目的不符，违背了我国全面推进依法行政、建设诚信政府的基本要求。

首先，从公民取得行政许可的目的来看，合法的预期利益是其支付对价、投入成本获得并实施行政许可的最终目的。尽管这种预期利益可能会因市场风险、经营管理水平等因素而无法实现，但不能否认，撤回或者撤销行政许可就意味着剥夺了被许可人基于许可获得利益的可能性。而这种可能性恰恰是公民获取行政许可的真正价值所在，如果政府因公共利益需要撤回或撤销依法取得的行政许可而不补偿行政相对人预期利润，那么国家设立行政许可、公民寻求分享公共资源还有何意义？面对市场竞争激烈、资源日益稀缺的现状，基于财产和资源的交换价值而获利的机会已经成为财产权的一部分。因此，从保障公民合法权益的角度来看，政府应当对这种机会的丧失给予公平补偿。

其次，从我国有关依法行政的政策文件来看，建设诚信政府已然成为我国法治政府建设的重要内容。2004年《全面推进依法行政实施纲要》将“诚实守信”作为全面推进依法行政的基本要求之一。2014年党的十八届四中全会指出，要加快建设守法诚信的法治政府。2016年国务院发布的《关于加强政务诚信建设的指导意见》则进一步明确，将公平正义作为政务诚信的基本准则，在行政管理和公共服务的各领域贯彻公平正义原则。而从行政许可的设立目的来看，政府之所以要通过行政许可将自然资源的使用权让渡与被许可人，从某种意义来说是因为政府需要借助社会资本来更加有效地开发利用自然资源。基于此，被许可人通过许可获取利润的权利应当被尊重和认可。因此，将预期利益排除在补偿范围之外显然不符合我国建设法治政府的基本要求。

最后，我国有关征收补偿的相关立法已显示出保护相对人合法预期利益的端倪。如《国有土地上房屋征收与补偿条例》对于房屋的征收补偿，除规定对直接损失予以补偿之外，还规定了对租金、停产停业损失等间接损失以及搬迁补助费等必要费用的补偿；《土地管理法》和《民法典》对于土地征收的补偿，不但规定了直接损失补偿，还规定了对农民社会保障、生活保障以及对居民居住条件的保障。因此，虽然我国现行法律对行政补偿范围缺少统一规定，但上述征收补偿的有关规定，能够为政府机关确定撤回或撤销行政许可的补偿范围提供有益参考。

综上所述，笔者认为，信赖保护原则下仅补偿直接且现实的损失是不合理的。无论是基于公平原则，还是建设诚信政府的需要，政府均应在综合考虑市场风险、经营状况、利润情况等因素的基础上对相对人的合法预期利益给予公平补偿。如果小水电退出补偿纠纷诉至法院，法院判决中应当通过合理论述，突破现有司法解释对行政补偿的掣肘，提升相关权利人救济的空间和水平。

六、小水电项目业主合法权益的维护

小水电被要求退出自然保护区和长江经济带时，其项目业主合法利益可以通过协商、行政复议、行政诉讼等途径来主张和维护自己的合法权益。

按照“十部门”57 号文件和 312 号文的规定，政府有关部门要求合法的小水电退出的，要分类提出差别化的补偿和退出方案。提出补偿方案的过程也是政府部门和矿业权人协商解决的过程。虽然目前没有行政补偿的具体程序性规定，但这一过程应当遵循行政行为的基本程序要求，如政府部门应当履行公开、告知的义务，应当保障小水电项目业主提出陈述意见、申请听证等权利。如果政府部门和小水电项目业主无法就补偿达成一致，政府部门单方面作出补偿方案的，小水电项目业主可以采取行政复议和行政诉讼的手段维护自己的合法权益。

行政复议和行政诉讼是法律赋予行政管理相对人的权利救济手段。目前已经有小水电退出引发的行政复议或者行政诉讼案例，部分小水电项目业主也获得了相应的补偿。2014 年最高人民法院公布的环境保护行政案件十大案例中，“苏某华诉广东省博罗县人民政府划定禁养区范围通告案”为环境管理活动中行政相对人维护自身合法权益提供了很好的借鉴。在这一案例中，被告以划定禁养区公告的方式关闭原告合法设立的畜禽养殖场，并从土地和规划的角度对原告进行处罚。原告提起行政诉讼后经两级法院审判。法院虽然认定政府划定禁养区的公告合法，但通过释明的方式指出原告有获得政府行政补偿的权利。

最高人民法院在公布上述案例作为典型案例时，也明确指出该案例的典型意义在于：人民法院在维护行政机关环境保护监管行为的同时，也注重利益的平衡，较好地诠释了环境行政管理活动中的信赖保护原则。虽然县级以上人民政府有权根据环境保护的需要，划定畜禽禁养区，严禁在畜禽禁养区内从事畜禽养殖业，也可要求已有的畜禽养殖场（点）自行搬迁或清理，即变更或撤回养殖户的生产经营许可。但与此同时，其也应当考虑在此之前合法经营的畜禽养殖户的利益保护问题，应根据《行政许可法》第 8 条体现的信赖保护原则精神，对行政许可因环境公共利益需要被变更或撤回而遭受损失的合法养殖户依法给予补偿。在环境行政管理活动中，政府及环保部门需注重公共利益与私人利益的平衡，不能只考虑环境保护的需要，忽视合法经营者的信赖利益。尤其要防止为了逃避补偿责任，有意找各种理由将合法的生产经营活动认定为“违法”的现象。

该案例的判决及最高人民法院总结的典型意义，对退出的小水电项目业主通过行政复议和行政诉讼方式维护自己的权益，具有较强的参考价值。

新型冠状病毒肺炎疫情下矿业企业所涉法律问题应对指引①

前言

新型冠状病毒肺炎疫情不仅对医疗救治和疫情防护是一次重大考验，而且给社会治理、应急管理、经济发展等方方面面都带来了巨大的考验和挑战。对于包括矿业行业在内的广大企业来说，防疫应急、停产停工给企业带来的压力和困难不言而喻。

疫情发生后，国务院、地方各级人民政府及其相关部门，各级人民法院、各地商事仲裁委员会相继出台了有关政策和规定，这些政策规定对企业生产运营、合同履行等方面法律风险防控将产生重大影响。

笔者作为专业的土地和矿产资源律师服务团队，根据现有法律法规和本次疫情出台的各类政策，参考过往“非典”等疫情经验和裁判案例，梳理诸多机构及法律专家的意见，结合矿业企业特点，出具本指引。

本指引包括矿业企业在合同履行、复产复工与疫情防控、劳动用工管理、争取政策支持、诉讼活动提示五方面的内容，以期对矿业企业在疫情下的风险管理提供帮助。本指引仅供矿业企业参考，不作为本团队出具的具体律师意见。同时，随着研究的深入以及收集到的政府新出台的政策规定的增多，我们将对本指引及时予以更新、修改和完善。

建议矿业企业积极关注疫情发展的形势，认真落实属地政府及主管部门

① 本文写作于2020年2月，在疫情防控初期对矿山企业应对疫情带来的法律问题提出了详细的指引。为了保持文章的完整性，本文所涉法律法规等均为当时有效的法律法规，并以脚注的形式对最新规定作出补充说明。

疫情防控的政策要求，在做好复产复工工作的同时，做好疫情防控工作。

一、合同履行问题

（一）新型冠状病毒肺炎疫情是否构成“不可抗力”

根据《合同法》第117条第2款、《民法总则》第180条第2款的规定①及民法理论，不可抗力是指具有以下特征的客观情况：（1）不可预见，指根据现有的技术水平，一般对某事件发生没有预知能力；（2）不能避免且不能克服，指当事人已经尽到最大努力和采取一切可以采取的措施，仍不能避免某种事件的发生并不能克服事件所造成的后果。2020年2月10日，全国人大常委会法制工作委员会相关人员就新型冠状病毒肺炎疫情防控中的法律问题进行解答时表示：“当前我国发生了新冠肺炎疫情这一突发公共卫生事件。为了保护公众健康，政府也采取了相应疫情防控措施。对于因此不能履行合同的当事人来说，属于不能预见、不能避免并不能克服的不可抗力。”

此外，与新型冠状病毒肺炎疫情相似的是2003年暴发的“非典”疫情，最高人民法院在应对非典疫情期间出台的72号通知第3条“依法妥善处理好与‘非典’防治有关的民事案件”中规定：“因政府及有关部门为防治‘非典’疫情而采取行政措施直接导致合同不能履行，或者由于‘非典’疫情的影响致使合同当事人根本不能履行而引起的纠纷，按照《中华人民共和国合同法》第一百一十七条和第一百一十八条的规定妥善处理。”

笔者认为，在具体合同履行中，能否认定此次疫情构成不可抗力，还应当结合合同签订时当事人的预期、疫情与合同不能履行是否具有因果关系、债务人是否自身有过错、疫情发生前当事人是否存在迟延履行行为、疫情发展阶段等因素综合分析判定。

（二）新型冠状病毒肺炎疫情是否构成“情势变更”

最高人民法院《关于适用〈中华人民共和国合同法〉若干问题的解释

---

① 《民法典》第180条第2款规定，不可抗力是不能预见、不能避免且不能克服的客观情况。

(二)》第26条规定："合同成立以后客观情况发生了当事人在订立合同时无法预见的、非不可抗力造成的不属于商业风险的重大变化，继续履行合同对于一方当事人明显不公平或者不能实现合同目的，当事人请求人民法院变更或者解除合同的，人民法院应当根据公平原则，并结合案件的实际情况确定是否变更或者解除。"① 在应对"非典"期间，最高人民法院印发的《关于在防治传染性非典型肺炎期间依法做好人民法院相关审判、执行工作的通知》② 第3条第3款规定："由于'非典'疫情原因，按原合同履行对一方当事人的权益有重大影响的合同纠纷案件，可以根据具体情况，适用公平原则处理……"

新型冠状病毒肺炎疫情能否构成情势变更，须结合个案情况判断，其中关于不可预见性、可归责性的判断可参考不可抗力的内容，个案判断的重点在于"合同的基础条件发生重大变化"和"继续履行合同对于一方当事人明显不公平"。

（三）矿业企业应如何运用"不可抗力""情势变更"规则应对和规避合同履行风险

（1）未履行义务一方可根据不可抗力事由主张部分或全部免责。《民法总则》第180条第1款规定："因不可抗力不能履行民事义务的，不承担民事责任。法律另有规定的，依照其规定。"③《合同法》第117条第1款规定："因不可抗力不能履行合同的，根据不可抗力的影响，部分或者全部免除责任，但法律另有规定的除外。当事人迟延履行后发生不可抗力的，不能免除责任。"④

（2）双方当事人均可根据不可抗力事由主张解除合同。《合同法》第94条规定："有下列情形之一的，当事人可以解除合同：（一）因不可抗力致使

① 《民法典》第533条规定："合同成立后，合同的基础条件发生了当事人在订立合同时无法预见的、不属于商业风险的重大变化，继续履行合同对于当事人一方明显不公平的，受不利影响的当事人可以与对方重新协商；在合理期限内协商不成的，当事人可以请求人民法院或者仲裁机构变更或者解除合同。人民法院或者仲裁机构应当结合案件的实际情况，根据公平原则变更或者解除合同。"

② 该文件已失效。

③ 《民法典》第180条第1款的规定与此一致。

④ 《民法典》第590条第1款的规定与此一致。

不能实现合同目的……”[①] 第 96 条第 1 款规定：“当事人一方依照本法第九十三条第二款、第九十四条的规定主张解除合同的，应当通知对方。合同自通知到达对方时解除。”[②] 依据上述法律规定，如因不可抗力导致合同目的无法实现，双方当事人都有权主张解除合同。因不可抗力致使合同目的不能实现时产生的解除权属于法定解除权，当事人既可以通知对方解除合同，也可以提起诉讼或仲裁请求解除合同。

（3）及时履行通知义务，采取适当减损措施。《合同法》第 118 条规定：“当事人一方因不可抗力不能履行合同的，应当及时通知对方，以减轻可能给对方造成的损失，并应当在合理期限内提供证明。”[③] 受疫情及相关防控措施影响的合同当事人，应在尽短时间内发出通知。考虑到邮政、快递等业务在春节和疫情期间可能出现暂停、延缓等情况，应及时通过电子通信等手段进行通知。另外，还应及时采取适当减损措施，防止损失扩大。

（4）受疫情不利影响的当事人可基于情势变更事由主张变更或解除合同。《民法典》（草案）第 533 条第 1 款规定，合同成立后，合同的基础条件发生了当事人在订立合同时无法预见的、不属于商业风险的重大变化，继续履行合同对于当事人一方明显不公平的，受不利影响的当事人可以与对方重新协商；在合理期限内协商不成的，当事人可以请求人民法院或者仲裁机构变更或者解除合同。人民法院或者仲裁机构应当结合案件的实际情况，根据公平原则变更或者解除合同。[④] 因此，如果疫情构成情势变更导致合同履行的基础条件发生变化，受影响一方当事人无力继续履行原合同，则该当事人可与对方就变更合同事宜进行重新协商。合理期限协商不成的，可以请求人民法院或者仲裁机构变更或者解除合同。

（5）收集和固定不能正常履行合同的相关证据。一是注意收集和固定疫情造成合同履行困难的证据，如政府部门通知、公告，企业自身受疫情及其防控措施影响而停止生产销售或者经营成本剧增等证据。二是注意收集和固

① 《民法典》第 563 条的规定与此一致。
② 《民法典》第 565 条的规定与此一致。
③ 《民法典》第 590 条规定与此一致。
④ 《民法典》第 533 条内容与此一致。

定合同双方沟通协商的证据（如往来函件、邮件、通话记录）。三是如考虑主张变更合同，应注意固定和收集证明继续履行原合同将导致明显不公的证据，以及能够证明变更后的合同具有公平性的证据。四是对于一些不易固定、容易流失的证据（如工厂停工的场景），以及一些关键证据，可以考虑通过公证方式予以固定。五是对于受疫情影响导致无法如期履行或不能履行国际贸易合同的，应积极向有关部门申请出具证明文件。

（四）矿业企业如何应对销售合同的签订和履行问题

矿业企业对外销售的产品通常有原矿、精矿、尾砂等，面对突发的疫情，矿业企业作为卖方，应立即对照具体销售合同以及自身的生产经营安排，排查是否还能按照合同约定履行产品供应的义务，并按如下原则处理：

（1）受此次疫情影响，企业如果无法按照合同约定供应货物，建议企业立即向客户发送书面告知函，将此次疫情情况、此次疫情对本企业生产经营的影响及其导致无法按约履行的情况明确告知客户，希望按照不可抗力条款处理，并附上政府部门有关延长春节假期通知、延迟复工通知、交通管制措施通知等作为凭证。在可预测和估计的范围内，尽可能提出下一步继续履行合同的具体意见和措施。

（2）受此次疫情影响，企业如果已经完全无法按照合同约定供应货物，建议企业立即向客户发送《解除合同通知书》，将此次疫情、此次疫情对企业生产经营的影响及其导致合同目的无法实现的情况写明，并提出按合同约定或《合同法》《民法典》规定解除合同。

（3）如果企业虽然能够继续履行合同，但因疫情影响导致生产成本剧增，继续按照原合同约定履行将对己方造成明显不公，建议企业向客户发函就合同变更事宜进行协商。

（4）对于处在磋商阶段尚未签署的合同，若企业认为疫情导致目前合同已无签订必要，建议及时发函告知对方并说明理由。

（五）矿业企业如何应对采购合同的签订和履行问题

矿业企业日常生产经营中会采购大量的生产物资，面对突发的疫情，矿业企业作为买方，应当立即排查自身需求，清点核查后，可按如下原则处理：

（1）对于己方亟须使用的物资，建议立即向供应商核实其生产经营是否受到此次疫情影响、是否具备继续履行合同的能力，从而做好从其他渠道采购或者延迟自身生产经营的准备。如果经过与供应商核实，其生产经营受到此次疫情严重影响，已经无法满足矿业企业作为买方的及时性或者其他需求、导致双方合同目的已经无法实现，建议企业立即向供应商发送《解除合同通知书》，将事实理由及解除合同的意思表示写清楚。

（2）排查己方作为买方在疫情影响下能否按约按时收货、付款，如果因为此次疫情影响导致无法按约进行货物接收、付款，建议矿业企业立即向供应商发送《告知函》，将此次疫情、此次疫情对企业接收货物、支付货款的影响及导致无法按约履行的情况明确告知供应商，希望按照合同中的不可抗力条款和法律关于不可抗力的规定执行。在可预测和估计的范围内，尽可能提出下一步如何继续履行合同的具体意见和措施。

（3）对于处在磋商阶段尚未签署的合同，若企业认为疫情导致目前合同已无签订必要，建议矿业企业及时发函告知对方并说明理由。

（六）矿山建设工程合同履行中应注意哪些问题

（1）关于工期延误损失的分担问题。疫情发生后，政府先后采取措施限制人员流动、推迟项目开复工时间，导致一些工程无法按期完成竣工。此种情况下，该工期延误不可归责于施工单位，施工单位可以主张免除违约责任。但是，根据《合同法》第 117 条第 1 款“当事人迟延履行后发生不可抗力的，不能免除责任”[①] 之规定，如果在疫情发生前，由于施工单位自身的原因导致工程未能正常竣工，在工期延误期间发生疫情，该工期延误的过错应当归责于施工单位，施工单位无权主张免除延误责任。在处理此类问题时，应根据具体事实情况进行区分，合同已有约定的，按照合同约定处理；合同没有约定的，可以按照公平原则分担。

（2）关于工程价款问题。在建设工程施工合同履行过程中，随着疫情发展，如果人工成本乃至材料成本大幅上升，且合同约定固定总价或定额计价，能否对人工费、材料费等进行调增，关键要看施工合同条款中是否对费用调

---

① 《民法典》第 590 条第 2 款的规定与此一致。

增有约定，以及疫情影响是否符合费用调增的约定。如果合同明确约定了费用调增的条款，且将不可抗力列为调增费用的情形，则在认定疫情对合同履行构成不可抗力的前提下可依据合同进行调增。如果合同约定为固定总价且没有费用调增条款，根据最高人民法院《关于审理建设工程施工合同纠纷案件适用法律问题的解释（二）》第 9 条[①]的规定，结合司法实践情况，建议分两种情况分别处理：一是对于依法必须招标的建设工程，因合同系根据法律强制性规定招标而签订，双方无权按照“情势变更”原则自行协商变更原来合同主要条款和内容，而应当通过诉讼或者仲裁的途径，请求人民法院或者仲裁机构变更或者解除合同。二是对于依法不属于必须招标的建设工程，即便合同是经过招标程序而签订，因客观情况发生了在招标投标时难以预见的变化，双方可以考虑按照“情势变更”原则协商变更合同价格条款或计价原则。需要注意的是，矿业企业考虑根据“情势变更”原则变更合同时，应综合考量合同履行需要、企业性质及监管要求、协商变更程序等因素。

（七）*矿业企业如何应对融资借款合同的履行问题*

涉及矿业企业的融资借贷类合同主要包括金融借款合同、民间借贷合同、小额贷款合同、典当合同、融资租赁合同、股权性融资的对赌协议等。此类合同通常是债权人先融出资金、企业后还本付息，双方的主要合同义务为金钱给付，新型冠状病毒肺炎疫情及相关的管制措施一般情况下不会直接导致债务人履行不能，仅可能对受波及的债务人履约能力产生影响，这种影响是间接性的，与合同客观无法履行没有直接因果关系，因此，通说认为该类合同无法主张不可抗力之抗辩。

但值得重视的是，新型冠状病毒肺炎疫情会对企业资金链产生重大不利影响。2020 年 1 月 27 日，中国银保监会发布了《关于加强银行业保险业金融服务配合做好新型冠状病毒感染的肺炎疫情防控工作的通知》（银保监办发〔2020〕10 号）。2020 年 1 月 31 日，中国人民银行、财政部、银保监会、证监会、外汇管理局等五部委联合下发了《关于进一步强化金融支持防控新

① 已失效。

型冠状病毒感染肺炎疫情的通知》（银发〔2020〕29 号）。根据上述文件，国家引导各金融机构对受疫情影响较大的行业以及有发展前景但受疫情影响暂遇困难的企业，不得盲目抽贷、断贷、压贷。对受疫情影响严重的企业到期还款困难的，可予以展期或续贷。通过适当下调贷款利率、增加信用贷款和中长期贷款等方式，支持相关企业战胜疫情灾害影响。目前，已有多家银行表示将对因疫情影响经营受困的企业实行特殊政策。建议矿业企业和各自的贷款银行保持充分的沟通，每家银行的具体措施可能会有所不同，矿业企业应当按照贷款银行制定的条件积极争取金融支持。

二、矿业企业复工复产与疫情防控

（一）矿业企业如何做好复工复产前准备工作

目前，多地政府部门下发文件要求矿业企业在复产复工前要做好各项验收准备工作，制订疫情防控期间复产复工验收工作方案，验收过关后方可复产。从政府部门发布的复工复产政策文件来看，既有针对所有行业的政策文件，也有专门针对矿业行业的政策文件。我们建议，矿业企业要注意学习属地政府及相关部门出台的政策，按照相关要求复工复产，特别是要关注有关矿山的专门政策文件。例如，内蒙古自治区应急管理厅《关于切实做好疫情防控期间非煤矿山、冶金等工贸企业安全生产工作的通知》（内应急函〔2020〕11 号）要求："要制定疫情防控期间复产复工验收工作方案，成立复产复工验收领导机构，落实法定代表人或主要负责人安全生产第一责任人和各生产工艺环节验收负责人的责任。……非煤矿山企业要将经复产复工验收合格的书面报告报送具有管辖权的盟市或旗县应急管理部门，由应急管理部门组织专业技术人员或聘请相关专家组成执法检查组，对矿山企业复产复工验收情况进行执法检查，具备复产复工条件的方准予复产复工。"江西省应急管理厅、江西煤监局《关于认真贯彻国家煤监局春节后煤矿复工复产工作部署的通知》（赣应急字〔2020〕14 号）要求："按照'安全生产没把握不复产、疫情防控没把握不复产'的原则和'条件具备一个、严格验收一个、有序复产一个'的要求，做到安全、有序复工复产，绝不能降低标准、放松要求、简化程序、一哄而上。要按照‘谁验收，谁签字，谁负责’的要求，落实复工复产验收责任，严格对照《煤矿复工复产验收管理办法》（煤安监行管〔2019〕4 号）和《江西省煤矿复产复工验收工作实施细则》，严把煤矿复工复产关。”

（二）矿业企业如何做好复工复产后的疫情防控工作

梳理各地政府部门的政策文件，对于矿业企业复工复产后的疫情防控工作，主要做了以下方面的要求：企业成立疫情防控组织机构；取消集体活动，并要严格落实值班值守和人员进出管控制度；所有从业人员必须按要求佩戴防护口罩；精准摸清返岗人员基本情况，及时报备返岗人员基本信息；做好疫情防控期间在岗人员的防疫检测工作，对职工每日进行体温检查和身体状况观察；做好检查登记台账，发现疑似感染人员立即隔离，同时上报卫生部门和行业主管部门；取消集中就餐；加强车间、食堂、宿舍等人员集聚场所通风、消毒工作；积极配备充足的防疫物资和用品，利用各种渠道采购口罩、消毒水、洗手液、酒精和防护服等防疫物资，并及时发放和更换等；疫情期间，煤矿原则上不得进行密闭启封、瓦斯排放、井下煤仓修复、动火烧焊等危险作业，煤与瓦斯突出矿井不得进行揭煤作业，冲击地压矿井不得进行巷道贯通施工，严禁以治理隐患名义进行采掘活动等。

（三）矿业企业如何履行疫情防控期间的应急处置义务

根据《传染病防治法》《突发事件应对法》《突发公共卫生事件应急条例》等法律法规的规定，疫情防控期间矿业企业应在以下方面履行好应急处置义务：（1）配合并接受疾病预防控制机构、医疗机构有关传染病的调查、检验、采集样本、隔离治疗等预防、控制措施，如实提供有关情况。（2）发现传染病病人或者疑似传染病病人时，应当及时向附近的疾病预防控制机构或者医疗机构报告。（3）不得歧视传染病病人、病原携带者和疑似传染病病人。在治愈前或者在排除传染病嫌疑前，不得安排以上人员从事法律、行政法规和国务院卫生行政部门规定禁止从事的易使该传染病扩散的工作。（4）按照政府部门的公告停工、停业，封闭可能造成传染病扩散的场所。（5）服从人民政府发布的决定、命令，配合人民政府采取的应急处置措施，做好本单位的应急救援工作，并积极组织人员参加所在地的应急救援和处置工作。(6) 根据疫情控制需要，县级以上地方人民政府在本行政区域内紧急调集人员或者调用储备物资，临时征用房屋、交通工具以及相关设施、设备时，企业应予配合。(7) 配合疫情防控乡镇、街道、政府部门和有关组织完成其他疫情防控工作。

三、矿业企业劳动用工管理问题

(一) 因受疫情影响职工不能按期到岗或企业不能复工的，企业如何处理，职工工资如何支付

根据人力资源社会保障部、全国总工会、中国企业联合会/中国企业家协会、全国工商联于2020年2月7日联合发布人社部8号意见，对因受疫情影响职工不能按期到岗或企业不能开工生产的，在与职工沟通后，有条件的企业可安排职工通过电话、网络等灵活的工作方式在家上班完成工作任务；对不具备远程办公条件的企业，可与职工协商优先使用带薪年休假、企业自设福利假等各类假。

人社部8号意见同时还明确了在上述延迟复工或未返岗期间，对用完各类休假仍不能提供正常劳动或其他不能提供正常劳动的职工，企业可参照国家关于停工、停产期间工资支付相关规定与职工协商，在一个工资支付周期内的按照劳动合同规定的标准支付工资，超过一个工资支付周期的按有关规定发放生活费。根据《工资支付暂行规定》及各地相关规定，企业停工、停产超过一个工资支付周期的，可根据职工提供的劳动，按照双方新约定的标准支付职工工资，但不得低于当地最低工资标准；若职工没有提供劳动的，应当按照不低于当地最低工资标准的一定比例支付职工生活费，生活费发放至企业复工、复产或者解除、终止劳动关系。

(二) 职工在隔离期间、医学观察期间，工资如何支付

根据《传染病防治法》第41条第2款的规定，隔离期间，实施隔离措施的人民政府应当对被隔离人员提供生活保障；被隔离人员有工作单位的，所在单位不得停止支付其隔离期间的工作报酬。也就是说，隔离期间，用人

单位应当支付其在此期间的工资报酬。人力资源和社会保障部于2020年1月24日发布人社厅5号通知亦明确了该规则。

关于《传染病防治法》及人社厅5号通知规定的“工资报酬”应如何计算的问题，我们认为可以在一定程度上参照《关于贯彻执行〈中华人民共和国劳动法〉若干问题的意见》第53条的规定，正常提供劳动时所发的基本工资、奖金、津补贴都应纳入该“工资报酬”的范围。当然，如果职工的奖金与该职工或单位的业绩相关，则在单位业绩不佳或停工、停产的情形下，按照单位的规章制度不予发放奖金的，单位向职工发放工资不包括相关奖金是合理的。

（三）职工被确诊新型冠状病毒肺炎后，工资待遇如何支付

职工被确诊为新型冠状病毒肺炎或其他疾病需要治疗时，享受医疗期的有关待遇，企业应根据其工龄核定其医疗期，并按当地规定支付医疗期的病假工资。病假工资可按照企业的病假工资制度执行，但根据原劳动部《关于贯彻执行〈中华人民共和国劳动法〉若干问题的意见》第59条的规定，病假工资不得低于当地最低工资标准的80%。职工病假工资待遇从其被确诊为新型冠状病毒肺炎之日起执行。

（四）职工在隔离治疗期间或医学观察期间以及因政府实施隔离措施或采取其他紧急措施期间劳动合同到期的，是否可以终止劳动合同

根据人社厅5号通知的规定，对新型冠状病毒感染的肺炎患者、疑似病人、密切接触者在其隔离治疗期间或医学观察期间以及因政府实施隔离措施或采取其他紧急措施期间，其劳动合同到期的，分别顺延至职工医疗期期满、医学观察期期满、隔离期期满或者政府采取的紧急措施结束。

北京市、江苏省、湖南省、重庆市、四川省、海南省、贵州省、宁夏回族自治区、广东省、浙江省、山东省等地均严格遵照上述通知，通过地方政府发布通知的方式对此问题再次予以明确。

（五）企业复工后职工未及时返回单位上班，企业是否可以单方解除劳动合同

职工未及时返回单位上班的，用人单位应首先核实职工未及时返岗的原

因，根据人社厅5号通知的规定，对于新型冠状病毒肺炎感染患者、疑似病人、密切接触者在其隔离治疗期间或医学观察期间以及因政府实施隔离措施或采取其他紧急措施导致不能提供正常劳动的企业职工，用人单位不得依据《劳动合同法》第40条、第41条的规定单方解除劳动合同，即企业不得以经济性裁员或其他无过失性辞退为由解除与上述职工的劳动合同。

但需要注意的是，若上述职工存在《劳动合同法》第39条规定情形的，企业可根据法律规定立即单方解除劳动合同。例如，职工存在严重违反企业防疫方面规章制度等情形，或因故意编造虚假的疫情信息并在网络上传播、拒绝执行卫生防疫机构依法提出的防控措施构成编造、故意传播虚假信息罪或妨害传染病防治罪被追究刑事责任的。

（六）企业复工后在工作中感染新型冠状病毒肺炎的职工，是否应认定为工伤

2020年1月23日，人力资源社会保障部、财政部、国家卫生健康委共同发布的《关于因履行工作职责感染新型冠状病毒肺炎的医护及相关工作人员有关保障问题的通知》（人社部函〔2020〕11号）规定，在新型冠状病毒肺炎预防和救治工作中，医护及相关工作人员因履行工作职责，感染新型冠状病毒肺炎或因感染新型冠状病毒肺炎死亡的，应认定为工伤，依法享受工伤保险待遇。但该规定应理解为特事特办的特别处理，且仅适用于参与新型冠状病毒肺炎预防和救治工作的医护及相关工作人员。

根据《工伤保险条例》的规定，职工只有在患职业病或在工作时间和工作岗位突发疾病死亡（包括在48小时之内经抢救无效死亡的）才可认定为工伤。因此，非上述医护及相关职业的职工若在复工后感染新型冠状病毒肺炎的或在家中办公感染新型冠状病毒肺炎的，从现行法律规定来看，很难认定为工伤。但需要注意的是，若职工是因为用人单位的特殊工作指令而感染新型冠状病毒肺炎的，则可根据具体案情按照工伤处理。例如，广东省、河南省、四川省、云南省、吉林省等地区有明确规定，单位指派职工到武汉市或其他疫区出差工作，感染新型冠状病毒肺炎的，应认定为工伤。

（七）企业由于受到疫情影响导致生产经营困难，如何降低用工成本

人社厅5号通知规定，企业因受疫情影响导致生产经营困难的，可以通过与职工协商一致采取调整薪酬、轮岗轮休、缩短工时等方式稳定工作岗位，尽量不裁员或者少裁员。

人社部8号意见规定，对受疫情影响导致企业生产经营困难的，鼓励企业通过协商民主程序与职工协商采取调整薪酬、轮岗轮休、缩短工时等方式稳定工作岗位；对暂无工资支付能力的，要引导企业与工会或职工代表协商延期支付，帮助企业减轻资金周转压力。

（八）在疫情防控期间，企业是否可以收集职工及其家属的身份信息、行踪轨迹等信息

《传染病防治法》第12条第1款规定，在中华人民共和国领域内的一切单位和个人，必须接受疾病预防控制机构、医疗机构有关传染病的调查、检验、采集样本、隔离治疗等预防、控制措施，如实提供有关情况。疾病预防控制机构、医疗机构不得泄露涉及个人隐私的有关信息、资料。同时，第31条还规定，任何单位和个人发现传染病病人或者疑似传染病病人时，应当及时向附近的疾病预防控制机构或者医疗机构报告。

根据上述规定，企业可根据政府相关部门的要求对职工相关信息进行收集和监控，职工有义务予以配合。在企业因自身管理需要而收集职工相关信息时，应注意提前与职工进行沟通，且应采取必要措施对收集到的信息加以保护，遵循《网络安全法》规定的“必要”或“最小必要原则”，最大程度避免侵犯职工个人信息进而承担侵权责任、行政责任乃至刑事责任。

（九）疫情防控期间，企业是否可以申请综合工作制

根据《关于企业实行不定时工作制和综合计算工时工作制的审批办法》的规定，法定适用申请综合工作制的情形主要为交通、铁路、地质、建筑等行业的职工。疫情的发生并非企业实行综合工作制的法定情形。但是，在本次疫情期间，北京、苏州、无锡等地区已经发布通知，支持企业在疫情期间申请综合工作制，以达到灵活用工、减少企业损失的目的。因此，矿业企业

可在确认所在地是否有相应政策的前提下，和当地主管行政部门进行沟通确认如何申请综合工作制。

四、矿业企业如何争取政策支持

对疫情影响下的广大企业来说，此时急需国家政策的扶持。截至目前，全国多个省市相继出台了一系列扶持政策，矿业企业应对照自身生产经营的实际困难，积极争取和利用政策支持。

（一）争取资源税等税种减免

《资源税法》第7条第1款第1项规定，纳税人开采或者生产应税产品过程中，因意外事故或者自然灾害等原因遭受重大损失的，由省、自治区、直辖市人民政府酌情决定减税或者免税。此外，针对此次疫情，一些省区出台政策规定，因疫情原因导致企业发生重大损失，正常生产经营活动受到重大影响，缴纳房产税、城镇土地使用税确有困难的，可申请房产税、城镇土地使用税减免。所以，矿业企业可以依据上述规定以及当地政府针对此次疫情出台的税收减免政策申请资源税等税收减免。

（二）申请延期缴纳税款

《税收征收管理法》第31条第2款规定："纳税人因有特殊困难，不能按期缴纳税款的，经省、自治区、直辖市国家税务局、地方税务局批准，可以延期缴纳税款，但是最长不得超过三个月。"针对此次疫情，一些省区出台政策进一步明确：对受疫情影响，不能按期办理纳税申报的中小企业，依法准予延期申报；符合延期缴纳税款条件的，依法准予延期缴纳税款。

（三）申请缓缴社会保险费

针对此次疫情，一些省区市出台了缓缴社会保险费的政策规定。例如，重庆市人民政府办公厅《关于应对新型冠状病毒感染的肺炎疫情支持中小企业共渡难关的二十条政策措施》规定，对受疫情影响面临暂时性生产经营困难，确实无力足额缴纳社会保险费的企业，2020年一季度应缴纳的养老保险、失业保险和工伤保险费征收期可延长至4月底。延迟缴费期间，不收滞纳金，不影响参保人员正常享受待遇，不影响个人权益记录。

（四）申请享受社会保险费返还政策

针对此次疫情，一些省区市出台政策规定，对受疫情影响面临暂时性生产经营困难且恢复有望、坚持不裁员或少裁员的参保企业，享受返还一定社会保险费政策。例如，河北省政府办公厅印发的《关于打好新型冠状病毒感染的肺炎疫情防控阻击战促进经济社会平稳健康发展的若干措施》规定，对不裁员或少裁员的参保企业，可返还其上年度实际缴纳失业保险费的50%。对面临暂时性生产经营困难且恢复有望、坚持不裁员或少裁员的参保企业，返还标准可按6个月的当地月人均失业保险金和参保职工人数确定，政策执行期限至2020年12月31日。阶段性降低失业保险费率、工伤保险费率的政策，实施期限延长至2021年4月30日。

（五）申请缓缴矿业权出让收益

矿业权出让收益是国家基于自然资源所有权，将探矿权、采矿权出让给探矿权人、采矿权人而依法收取的国有资源有偿使用收入。根据《矿业权出让收益征收管理暂行办法》的规定，矿业权人在收到缴款通知书7个工作日内，按缴款通知及时缴纳矿业权出让收益；分期缴纳矿业权出让收益的矿业权人，首期出让收益按缴款通知书缴纳，剩余部分按矿业权出让合同约定的时间缴纳；矿业权人未按时足额缴纳矿业权出让收益的，从滞纳之日起每日加收2‰的滞纳金。虽然各省区为应对此次疫情出台的支持企业政策未针对矿业企业作出缓缴矿业权出让收益的规定，但是矿业企业根据自身实际情况，可参照缓缴税款的政策申请缓缴矿业权出让收益。

（六）捐赠的款物可以在计算应纳税所得额时申请全额扣除

根据《关于支持新型冠状病毒感染的肺炎疫情防控有关捐赠税收政策的公告》（财政部、税务总局公告2020年第9号）规定，企业通过公益性社会组织或者县级以上人民政府及其部门等国家机关，捐赠用于应对新型冠状病毒感染的肺炎疫情的现金和物品；或者直接向承担疫情防治任务的医院捐赠用于应对新型冠状病毒感染的肺炎疫情的物品，允许在计算应纳税所得额时全额扣除。所以，如果矿业企业在本次疫情中捐赠了现金或者物品，符合条件的可以在计算应纳税所得额时申请扣除捐赠的金额。

五、矿业企业办理矿业权登记问题

（一）疫情防控期间矿业企业如何办理探矿权保留、延续登记和采矿权延续登记

按照现行法律政策的规定，矿业权人申请探矿权、采矿权延续登记的，应当在勘查许可证、采矿许可证有效期届满前30日内，到登记管理机关办理延续登记。符合条件的探矿权人申请保留探矿权，应当在勘查许可证有效期届满前的30日内，到登记管理机关办理保留登记。针对出现不可抗力等特殊情况时如何办理探矿权、采矿权延续登记，原国土资源部《关于进一步规范矿产资源勘查审批登记管理的通知》（国土资规〔2017〕14号）规定，探矿权人申请探矿权延续、保留，应当在规定期限内提出申请。因不可抗力或者政府及其有关部门原因，未在规定期限内提出延续申请，或者需要继续延长保留期的，探矿权人应当提交能够说明原因的相关证明材料。原国土资源部《关于完善矿产资源开采审批登记管理有关事项的通知》（国土资规〔2017〕16号）规定，因不可抗力等非申请人自身原因，申请人无法按规定提交采矿权延续申请资料的，在申请人提交能够说明原因的相关证明材料后，登记管理机关可根据实际情况延续2年，并在采矿许可证副本上注明其原因和要求。所以，如果矿业权人因为本次疫情防控措施影响，无法在规定期限内到矿业权登记管理机关申请办理延续、保留登记的，可以在疫情防控措施结束后，向登记管理机关提交受疫情防控措施影响的证明材料，继续申请办理延续或者保留登记。

针对本次疫情，部分自然资源主管部门出台了矿政管理应急措施，对疫情防控期间矿业权延续、保留登记进行了规定。比如，陕西省自然资源厅办公室《关于当前疫情防控期间勘查许可证采矿许可证延续有关事项的紧急通知》中规定，在疫情防控期间，凡持有省级颁发的勘查许可证和采矿许可证，且自2020年2月1日后到期的，矿业权人可通过电话或邮件的方式向市、县级自然资源主管部门简要报告，在按要求报告后其有效期限自动延续至疫情防控解除后3个月。疫情防控解除后，市、县级自然资源主管部门要

及时通知相关矿业权人尽快申请办理延续登记手续。贵州省自然资源厅公告中规定，原则上暂缓受理矿业权延续、转让变更登记申请和延期提交延续登记申请的报件，疫情解除后从速办理。2020年1月24日（含当日）后到期的勘查许可证、采矿许可证（含2020年1月24日前已向我厅提交延期办理延续登记申请且尚未批复的），其许可证有效期在省政府终止公共卫生突发事件一级响应后3个月内均视为有效（此段时限不计入延期申请延续登记次数）。省政府终止公共卫生突发事件一级响应后，申请人要及时提交延续登记申请或延期提交延续登记申请。

（二）疫情防控期间矿业企业如何办理矿业权变更登记

（1）矿业企业因履行矿业权交易合同，需要办理矿业权转让变更登记的，应当事先和登记管理机关进行电话、邮件沟通，在疫情防控期间是否可以办理变更登记、如何办理变更登记？如果登记管理机关明确规定或者答复暂停办理矿业权变更登记的，矿业企业可以将登记管理机关的规定或者答复作为不能按照合同约定期限办理转让变更登记的理由，及时通知合同相对方并协商办理变更登记的期限。受疫情防控措施影响，导致矿业企业自身无法在合同约定期限内履行矿业权转让变更登记义务的，矿业企业可以主张因不可抗力原因导致无法履行合同义务。

（2）矿业企业办理变更采矿权人名称、变更矿区范围、变更开采矿种等其他矿业权变更登记的，应当事先和登记管理机关进行电话、邮件沟通，在疫情防控期间是否可以办理变更登记、如何办理变更登记？如果登记管理机关明确规定或者答复暂停办理矿业权变更登记的，矿业企业可以待疫情防控措施解除之后合理期限内到登记管理机关办理变更登记。受疫情防控措施影响，矿业企业自身无法在规定期限内到登记管理机关办理矿业权变更登记的，矿业企业可以在疫情防控措施结束后，向登记管理机关提交受疫情防控措施影响的证明材料，继续申请办理矿业权变更登记。

（三）疫情防控期间矿业企业如何办理矿业权注销登记

根据现行法律政策的规定，符合条件的探矿权人，应当依法办理探矿权注销登记；采矿权人在采矿许可证有效期内或者有效期届满停办、关闭矿山的，应当自决定停办或者关闭矿山之日起 30 内，向原发证机关申请办理采矿许可证注销登记手续；矿业权人违反矿业权注销登记规定的，登记管理机关可以给予行政处罚。

矿业企业办理矿业权注销登记的，应当事先和登记管理机关进行电话、邮件沟通，在疫情防控期间是否可以办理注销登记、如何办理注销登记？如果登记管理机关明确规定或者答复暂停办理矿业权注销登记的，矿业企业可以待疫情防控措施解除之后合理期限内到登记管理机关办理注销登记。受疫情防控措施影响，导致矿业企业自身无法在规定期限内到登记管理机关办理矿业权注销登记的，矿业企业可以在疫情防控措施结束后向登记管理机关提交受疫情防控措施影响的证明材料，继续申请办理注销登记，且登记管理机关不应给予行政处罚。

六、矿业企业诉讼活动提示

（一）疫情防控期间如何进行立案、开庭等诉讼活动

针对此次疫情，最高人民法院于 2020 年 1 月 30 日发布了《关于新型冠状病毒疫情防控期间诉讼服务和申诉信访工作的通告》，全国各地很多法院也都相继发布公告，主要内容有：一是暂停现场立案、诉讼服务和信访接待工作，立案大厅、诉讼服务大厅和信访接待场所暂时关闭，引导当事人采用网络平台开展诉讼活动，不便网上开展的，建议选择邮寄方式。二是疫情防控期间，法院对相关案件采取延期开庭等措施；当事人、诉讼代理人因新型冠状病毒感染肺炎正在治疗、隔离期间，或身处受疫情影响关停交通的地区，无法到人民法院参加有关诉讼活动或确实无法通过网上开庭、调解的，也可向受案人民法院申请延期审理。三是疫情防控期间法院对强制执行案件重点采取网络查控方式，线下财产查控、处置等措施将受到一定影响；被执行人系涉疾控生产企业或个人的，可以向法院申请暂缓采取执行查控措施。四是疫情防控期间，需要联系法官、递交诉讼材料、查询诉讼进展、咨询诉讼事项等诉讼服务的，通过“12368”热线、法院微信公众号、律师服务平台等线上渠道进行。

（二）矿业企业如何防范诉讼时效风险

《民法总则》第194条规定："在诉讼时效期间的最后六个月内，因下列障碍，不能行使请求权的，诉讼时效中止：（一）不可抗力……自中止时效的原因消除之日起满六个月，诉讼时效期间届满。"① 《突发事件应对法》第13条规定："因采取突发事件应对措施，诉讼、行政复议、仲裁活动不能正常进行的，适用有关时效中止和程序中止的规定，但法律另有规定的除外。"根据上述规定，在诉讼时效期间的最后6个月内，如果企业因受新型冠状病毒肺炎疫情影响不能行使请求权，可依法申请认定为诉讼时效中止。此外，对于请求权时效临近届满的，矿业企业应及时向相对方发出主张权利的通知，以产生中断诉讼时效、诉讼时效期间重新计算的法律效果。

（三）因疫情耽误上诉、开庭、缴纳诉讼费、举证等期限怎么办

《民事诉讼法》第86条规定，当事人因不可抗拒的事由或者其他正当理由耽误期限的，在障碍消除后的10日内，可以申请顺延期限，是否准许，由人民法院决定。诉讼程序中，对于因疫情而耽误期限的，企业要积极依法向人民法院申请顺延期限。比如，企业在举证期限内因受疫情影响客观上无法调查取证的，应当申请顺延举证期限。

另外，需要注意的是，根据《民事诉讼法》第85条的规定，其间届满的最后一日是法定休假日的，以法定休假日后的第一日为期间届满的日期。虽然各地根据自身实际情况规定了不同的复工时间，但根据国务院办公厅相关通知，延长春节假期至2月2日，故相关期限最后一日在2020年1月24日至2月2日期间的，以2月3日为期间届满日。

对于疫情防控期间涉及的相关诉讼问题，由于涉及法律条文的理解及具体政策的落实，我们建议矿业企业及时查询管辖法院发布的通知及公告，或者具体咨询管辖法院。

---

① 《民法典》第194条内容与此一致。

土地篇

我国采矿用地管理制度的改革与完善

矿业用地是矿产资源管理和土地管理的结合部，既涉及矿产开发，又涉及土地利用管理，是土地管理和矿产资源管理中十分重要的内容。矿业企业用地在矿产资源开发中是个“老大难”问题。矿产资源开发不能是空中楼阁，必须占用土地，有的露天开采的矿占地面积还非常大。在计划经济时期，矿业权和土地使用权都是划拨的，问题不是特别明显。随着市场经济体制的建立和完善，矿业权和土地利用管理方式都发生了很大的变化，利益主体也日益多元化，矿地矛盾逐渐突出。笔者拟通过对矿业用地管理制度及其改革成果的梳理和分析，对如何建立差别化的采矿用地管理制度进行探讨。

一、我国现行矿业用地管理制度的主要内容

矿业用地管理可以分为探矿用地和采矿用地。探矿用地属于地质勘查用地，在土地管理的法律中有明确的规定，可以采取临时用地的方式，由探矿权人通过协商的方式和原来的土地权利人签订临时用地协议，报县级国土资源部门批准即可。实践中也存在协商难的现象，但总体来说矛盾不大。我们一般说的矿业用地主要是指采矿用地的问题。

（一）采矿用地属于建设用地管理范畴

按照我国土地用途分类的规定，采矿用地属于建设用地范畴。通常我们会说工矿用地，可以看出采矿用地管理和工业项目建设用地管理是一样的。一般的建设用地管理都是征、转、供、用四个环节。

征，是指征收农民集体土地，也就是通常我们说的征地。2019 年《土地管理法》修订后，删除了原法第 43 条关于“任何单位和个人进行建设，使

用土地的，必须依法申请使用国有土地”的规定，允许集体经营性建设用地在符合规划、依法登记，并经本集体经济组织2/3以上成员或者村民代表同意的条件下，通过出让、出租等方式交由集体经济组织以外的单位或个人直接使用。同时，还进一步缩小了征地范围，明确规定：“为了公共利益的需要，有下列情形之一，确需征收农民集体所有的土地的，可以依法实施征收：（一）军事和外交需要用地的；（二）由政府组织实施的能源、交通、水利、通信、邮政等基础设施建设需要用地的；（三）由政府组织实施的科技、教育、文化、卫生、体育、生态环境和资源保护、防灾减灾、文物保护、社区综合服务、社会福利、市政公用、优抚安置、英烈保护等公共事业需要用地的；（四）由政府组织实施的扶贫搬迁、保障性安居工程建设需要用地的；（五）在土地利用总体规划确定的城镇建设用地范围内，经省级以上人民政府批准由县级以上地方人民政府组织实施的成片开发建设需要用地的；（六）法律规定为公共利益需要可以征收农民集体所有的土地的其他情形。”据此，采矿用地主要通过国有土地出让方式取得的现状将发生改变，通过市场化方式取得集体建设用地使用权将成为采矿用地的主要取得方式，不再需要“先征收后出让”。

转，是指农用地转为建设用地，就是我们通常说的“农转用”。农转用审批涉及土地利用总体规划修改的，还需要先行办理规划修改的论证和审查。农转用审批当中还涉及用地计划指标的问题，用地计划指标是每年逐级下达的，农转用的土地面积必须符合年度计划的控制指标要求。如果占用的是耕地，事先要补划同样面积同等质量的耕地，做到耕地占补平衡，实现耕地保护的目的。农转用当中还涉及缴纳新增建设用地使用费的问题。

供，是指建设用地供应，也就是我们常说的通过什么方式取得土地。根据建设用地供应的政策，首先，要符合产业政策的要求，原国土资源部和国家改委联合制定了《限制用地项目目录（2012年本）》和《禁止用地项目目录（2012年本）》，对于不符合《限制用地项目目录（2012年本）》规定条件和被列入《禁止用地项目目录（2012年本）》或者采用所列工艺技术、装备、规模的建设项目，不予办理相关用地手续。其次，具体供地方式的问题。通常是出让或者划拨，划拨方式供地的要符合《划拨用地目录》的规定，比如石油天然气、煤等能源矿产可以划拨的方式取得土地。最后，供地价格。如果不能划拨的，协议方式出让的，还要符合最低价的要求。即使是划拨用地，也要支付土地取得成本的价款，比如征地费用。

用，是指建设用地开发利用。主要是要遵守供地时相关规定和法律政策的强制性规定，比如，不能闲置、不能擅自改变用途、遵守用地标准，特别强调土地的节约集约利用。

（二）重要地区限制采矿的制度

基于矿产资源开发方式及可能带来的环境污染和地质灾害，法律限制在一些重要地区开采矿产资源。《矿产资源法》第20条规定："非经国务院授权的有关主管部门同意，不得在下列地区开采矿产资源：（一）港口、机场、国防工程设施圈定地区以内；（二）重要工业区、大型水利工程设施、城镇市政工程设施附近一定距离以内；（三）铁路、重要公路两侧一定距离以内；（四）重要河流、堤坝两侧一定距离以内；（五）国家划定的自然保护区、重要风景区，国家重点保护的不能移动的历史文物和名胜古迹所在地；（六）国家规定不得开采矿产资源的其他地区。"这些规定实际上调整的是矿产资源开发和其他建设项目以及环境保护、文物保护发生利益冲突时谁先谁后的问题，表明国家法律对不同权益发生冲突时的价值取向。可以看出，矿产资源开发在地域选择上是受到一定限制的，上述地区不能开采矿产资源，当然更不允许批准采矿用地。

（三）矿业企业必须履行土地复垦义务

按照《土地复垦条例》和自然资源部《土地复垦条例实施办法》的规定，建设毁损土地实行"谁损毁，谁复垦"的原则，无论是露天采矿、地下采矿还是因采矿产生固体废物的堆放，造成土地损毁的矿业企业作为复垦义务人，承担土地复垦义务。编制土地复垦方案、实施土地复垦工程、进行土地复垦验收等活动是土地复垦的必经环节。复垦义务人应当在办理建设用地申请或者采矿权申请手续时，随有关报批材料报送土地复垦方案。复垦方案不合格的，不予批准建设用地手续或者颁发采矿。土地复垦义务人应当按照土地复垦方案开展土地复垦工作，保障土地复垦费用来源，并且每年向自然资源主管部门报告土地复垦实施情况。土地复垦完成后应当向自然资源主管部门申请验收，验收合格的才算完成土地复垦义务。

二、采矿用地的特殊性及当前存在的主要问题

采矿用地的情况很大程度上取决于矿产资源赋存条件，与一般的工业用地相比具有较强的特殊性，采矿用地的特殊性又导致采矿用地管理存在较大的问题。

（一）采矿用地的特殊性

一是地理位置特殊。矿业用地不同于一般工业用地，工业用地都在规划区范围内，属于城镇用地范畴；矿产资源相当一部分都在荒山峻岭、人烟稀少的地方，这些地方的土地本身利用价值并不高，所以说采矿用地一般并不与人们的生产生活用地形成太多竞争。因此，从支持矿产资源开发的角度来说，采矿用地一般只要做好对原土地权利的人补偿，国家不应从土地利用方面收取更多的收益。

二是采矿用地选址具有确定性。采矿用地的选址是由矿产资源赋存决定的，哪里有矿产资源，就要在哪里占地采矿。采矿用地的选址是不可选择、不可替代的，这一点和一般工业用地具有很大的区别。

三是不同的矿山开发对土地利用的方式不同。矿产资源赋存条件和开采方式的不同，对土地利用的方式以及破坏程度也不一样。有的是露天开采，占地面积大；有的是地下开采，相对来讲占用地面的面积不大。从破坏程度和可复垦角度讲，有的对土地破坏不大，容易复垦，恢复原用途；有的对土地破坏很大，比如，造成地面严重塌陷或者土地严重环境污染的，很难恢复原用途。

四是不同的矿山开采使用土地年限不同。根据矿产资源储量和矿山生产能力，不同的矿山生产年限不一样，所以用地期限也不一样，时间短的可能是几年，长的可能是几十年甚至上百年。

（二）采矿用地管理存在的主要问题

采矿用地有这么多的特殊性，但在管理制度上和工业用地是一样的，包

括审批程序、出让年限、出让价格等，这又引发较多的管理难题。

一是矿业企业取得采矿权后，无法取得采矿用地的使用权。采矿企业取得采矿权后，由于土地利用总体规划或者土地利用年度计划指标的原因，无法办理采矿用地手续，取得采矿用地使用权。这反映的实际上是矿产资源管理和土地管理"两张皮"的问题，应该在采矿权出让之前做好矿地的衔接，保证矿业企业取得采矿权后能够依法办理用地手续。

二是取得采矿用地的周期长、成本高。这是由于采矿用地属于建设用地范畴，正如前文介绍的，建设用地"征、转、供、用"的管理流程相对复杂，达到一定条件的还要报国务院办理土地征收和农用地转用手续。在用地成本方面企业要承担征地费用、新增建设用地有偿使用费、耕地占用税、土地复垦费、土地出让金等费用。解决采矿用地取得成本和时限的问题，关键在于推进采矿用地管理制度改革，采取更为灵活的方式供应采矿用地。

三是矿区矛盾、矿地矛盾较为突出。包括采矿用地征收农民集体土地引发的征地矛盾，征地中既有对农民补偿不足的问题，也有农民漫天要价、阻碍矿业企业占地的现象；矿业企业采矿违法用地导致的矛盾，矿业企业与村集体或村民私下签订用地协议，通过"以租代征"方式违法用地；采矿造成矿区的环境污染、地下水污染、道路损坏、地面塌陷较为常见，有的还导致矿区群众的房屋损坏、其他财产损失乃至人身伤害，矿业企业和矿区群众在这方面的纠纷屡见不鲜，有的甚至引发大规模的群体性事件。

四是矿业用地没有退出机制。目前很多老的矿业企业拥有很多不再利用的采矿用地，有的企业出于保护耕地、节约集约用地的社会责任感，将本来属于建设用地的采矿用地又复垦为耕地或其他农用地。复垦后的土地对企业来说意义不大，有时企业还要雇用人员耕种这些土地，甚至变成企业的负担。依照现有的法律政策规定，采矿用地复垦后缺乏退出机制，如何将复垦后土地资产变现，增加企业效益，也是一个必须解决的难题。下一步有必要建立采矿用地复垦后的退出机制，通过有偿归还、土地置换、建设用地指标置换等方式，将矿业企业手中的复垦后采矿用地作为资产盘活，增加企业经济效益，促进土地的节约集约利用。

三、采矿用地改革试点实施情况

2005 年，原国土资源部批准广西壮族自治区原国土资源厅在平果县开展铝土矿采矿用地方式改革试点。在试点实施过程中，原国土资源部和广西壮族自治区原国土资源厅对试点实施给予指导。2009 年，原国土资源部和广西壮族自治区原国土资源厅分别对采矿用地改革方式、试点制度建设情况进行了验收；2010 年上半年，原国土资源部利用司组织了对试点实施的阶段性验收。笔者当时在原国土资源部法律中心工作，有幸全程参与了平果铝土矿采矿用地改革试点实施和验收。应该说平果铝土矿采矿用地改革取得了积极的成效，也得到矿业企业的热烈关注，很多矿业企业都到平果铝业公司学习观摩。

2010 年平果铝采矿用地方式改革试点阶段性验收的意见认为：通过试点工作，提高了耕地质量，有效保护了耕地；减少了失地农民，增加了农民收入；降低了企业运营成本，提高了矿业企业效益；支持了当地经济社会发展，促进了和谐矿区的建设。平果铝采矿用地改革通过临时用地的方式，改变了原来土地征收、转用审批后在出让给企业的模式，极大地降低了企业用地成本。土地临时占用后复垦验收合格再还给农民，减少了失地农民，农民同样拿到了用地补偿，可以是说是政府、企业和农民个人都得利。政府在其中可能没有收到土地出让金，减少了地方财政收入，但同样节省了建设用地指标的占用，降低了征地带来的社会矛盾，也是很划算的。

平果铝土矿采矿用地方式改革试点也存在一定的问题，主要表现为土地复垦速度较慢，真正还地的数量更少，这主要是由于试点实施期限较短，特别是前期实施进度较慢。另外，复垦后的土地面积比原来实际占用的土地面积会减少，原来的土地权属界线消失，在还地过程中如何处理这些技术问题，还需要不断研究探索，实践创新。

在广西平果铝土矿采矿用地改革试点初见成效的基础上，2011 年以后，原国土资源部又陆续批准了云南磷化、山西平朔煤业等十余家矿业企业和内蒙古鄂尔多斯等试点，扩大采矿用地试点范围。

四、建立差别化的采矿用地管理制度

应当根据采矿用地的特殊性，将采矿用地管理方式改革作为我国土地管理制度的突破口，在坚持最严格耕地保护制度和节约用地制度的前提下，赋予农民集体土地更多的权利，制定更为灵活的采矿用地供应政策，适应经济社会发展对土地管理水平不断提升的具体要求，丰富我国土地管理制度的具体内容。正如《关于加强矿山地质环境恢复和综合治理的指导意见》（国土资发〔2016〕63 号）中明确要求的，根据不同矿种和开发方式，建立差别化、针对性强的矿业用地政策。制定差别化的采矿用地管理政策，推进采矿用地管理制度改革，应重点考虑以下几个方面：

一是不征，即推进直接使用农村集体土地进行矿业用地供应。除特殊条件下的采矿用地外，大部分采矿用地占用农民集体土地的，原则上不再办理征收手续，农民集体土地直接进行流转。这符合新修订的《土地管理法》和《土地管理法实施条例》中以国有土地和集体土地“同地、同价、同权”为原则，允许集体经营性建设用地入市的规定，也符合党的十七届三中全会、十八届三中全会决定的要求，推进征地制度改革，缩小征地范围，维护农民土地财产权益，非公益性项目占用规划范围外的农村集体建设用地，农民依法通过多种方式参与开发经营。另外，从土地管理角度来讲，采矿用地大部分位于偏僻地区，如果办理征收手续，相当于在集体土地范围内设定了一块国有“飞地”，对将来土地利用和管理都是比较麻烦的事情。

二是限转，即改革农用地转用审批制度。2019 年修订的《土地管理法》虽然明确了集体建设用地在满足法定条件下可以入市流转，但涉及农用地的，仍然要依法办理农用地转用审批。这对于短期用地的矿业企业而言，仍然会增加其前期审批的时间成本。因此，可以根据不同矿业用地期限的不同，设定采矿用地办理农用地转用审批的条件，比如，采矿用地在 5 年以上或者土地使用后难以恢复原用途的，办理农用地转用手续。采矿用地期限在 5 年以下且土地复垦后能够恢复原用途的，不再办理农用地转用审批手续，土地使用后由矿业企业进行复垦验收，恢复土地原用途。不办理农用地转用手续的采矿用地必须符合规定的条件，并且在实施过程中做到“限期用地、及时复垦、按时还地，保质保量”。

三是变供，即完善集体建设用地供应制度，由国有土地供应转变为农民集体土地流转，这个是和前面征收相对应的。根据新修订的《土地管理法实施条例》，国土空间规划确定为工业、商业等经营性用途，且已依法办理土地所有权登记的集体经营性建设用地，可以通过出让、出租等方式交由单位或者个人在一定年限内有偿使用。并明确集体建设用地的流转应以招标、拍卖、挂牌或者协议等方式确定土地使用者，由双方签订书面合同，载明土地界址、面积、用途、规划条件、使用期限、交易价款支付、交地时间和开工竣工期限、产业准入和生态环境保护要求，约定提前收回的条件、补偿方式、土地使用权届满续期和地上建筑物、构筑物等附着物处理方式。

四是退出，即建立和完善采矿用地退出机制。完善已复垦的采矿用地的退出机制，通过有偿归还、土地置换、建设用地指标置换等方式，逐步将复垦后的国有采矿用地退出来，实现土地的节约集约利用。矿业用地直接使用农民集体土地的，退出机制由流转合同约定。

五、充分利用现有政策降低采矿企业用地成本

当前，全球的矿业经济进入低谷期，我国矿业企业也面临更大的经营压力。矿业企业如何在现行制度下降低采矿用地成本，分享土地管理政策的红利，已经成为很多矿业企业考虑的重点问题。笔者建议，可以在现有政策范围内考虑以下几种途径降低用地成本：

一是符合临时用地试点条件的，可以申请采矿临时用地试点。通过临时用地的方式，避免缴纳征地补偿费用、新增建设用地使用费和土地出让金等，极大降低企业土地取得成本。

二是通过采取租让结合的供应方式降低企业用地成本。按照国务院关于降低实体经济企业成本中土地政策的最新要求，积极推进矿业用地长期租赁、先租后让、租让结合供应，矿业用地的使用者可在规定期限内按合同约定分期缴纳土地出让价款，降低矿业企业用地成本。

三是尝试通过增减挂钩试点的方式，可以使用增减挂钩指标，不必占

用新增建设用地指标。增减挂钩的好处是整体审批，在项目区审批的同时一并办理农转用审批，还可以安排农用地和建设用地的调整、互换、使用等。

四是通过采矿废弃地复垦试点的方式，实现复垦区和建新区的整体报批和建设用地指标折抵，避免了土地农用地转用审批和占用新增建设用地指标等问题。

宅基地使用权不能单独被继承

自然资源部做3226号建议答复中“关于农村宅基地使用权登记问题”的内容被各种媒体广泛转载或者报道。部分媒体对该答复内容的断章取义甚至曲解，可能造成社会公众对农村宅基地管理政策的误读，以致引发农村宅基地更多的矛盾和纠纷。事实上，即使2019年《土地管理法》进行了新的修改，我国农村宅基地管理政策并无实质的变化，宅基地使用权不属于遗产范围，并不能被单独继承，但可以随同农村房屋一并办理继承登记。

一、自然资源部答复是依据现行法律政策规定作出的，并未针对农村宅基地出台新的管理规定

自然资源部在3226号建议答复中涉及农村宅基地继承如何办理不动产登记的问题，具体表述为“六、关于农村宅基地使用权登记问题。农民的宅基地使用权可以依法由城镇户籍的子女继承并办理不动产登记。根据《继承法》[①] 规定，被继承人的房屋作为其遗产由继承人继承，按照房地一体原则，继承人继承取得房屋所有权和宅基地使用权，农村宅基地不能被单独继承。《不动产登记操作规范（试行）》明确规定，非本农村集体经济组织成员（含城镇居民），因继承房屋占用宅基地的，可按相关规定办理确权登记，在不动产登记簿及证书附记栏注记‘该权利人为本农民集体经济组织原成员住宅的合法继承人’”。

上述答复内容并不是自然资源部对农村宅基地继承问题出台新的管理规定，更不是像某些媒体以偏概全解读为“城镇居民可以继承农村宅基地”，

① 3226号建议答复原文引用了已失效法律《继承法》《物权法》《民法总则》等，本文对相关内容进行介绍时保留了该文件原用法，不再对法律时效性做特别标注。——编者注

仅仅是对农村房屋继承后如何办理宅基地使用权转移登记的答复。对于农村房屋作为遗产被继承之后，如何办理房屋对应的宅基地使用权登记，相关政策早已有之。

2011 年，原国土资源部、中央农村工作领导小组办公室、财政部、原农业部印发的《关于农村集体土地确权登记发证的若干意见》（国土资发〔2011〕178 号）第 6 条“严格规范确认宅基地使用权主体”明确规定，已拥有一处宅基地的本农民集体成员、非本农民集体成员的农村或城镇居民，因继承房屋占用农村宅基地的，可按规定登记发证，在《集体土地使用证》记事栏应注记“该权利人为本农民集体原成员住宅的合法继承人”。

2016 年原国土资源部发布的《不动产登记操作规范（试行）》[①] 对宅基地使用权及房屋所有权登记的转移登记也遵循且强调了上述规定。在第 10. 3. 2 条“申请主体”明确，“宅基地使用权及房屋所有权转移登记应当由双方共同申请。因继承房屋以及人民法院、仲裁委员会生效法律文书等取得宅基地使用权及房屋所有权的，可由权利人单方申请”，即在申请继承宅基地使用权时不考虑继承人的户籍问题。第 10. 3. 4 条“审查要点”明确，“受让方为本集体经济组织的成员且符合宅基地申请条件，但因继承房屋以及人民法院、仲裁委员会的生效法律文书等导致宅基地使用权及房屋所有权发生转移的除外”。这进一步明确了农村房屋因继承办理不动产变更登记时，继承人不受本集体经济组织的成员且符合宅基地申请条件的限制。

根据上述规定，关于农村宅基地办理继承登记主要应当掌握以下三点内容：第一，农村宅基地使用权不能单独继承并办理登记；第二，因农村房屋属于遗产范围，农村房屋被继承时，对应的农村宅基地使用权可以一并办理不动产转移登记；第三，农村房屋被继承时，在办理房屋及对应宅基地使用权时，并不区分继承人是否为本村村民，是否符合宅基地管理中“一户一宅”的限制条件。

可见，3226 号建议答复是自然资源部依据《物权法》《继承法》《土地

---

① 该文件自 2021 年 5 月 3 日起失效。后自然资源部发布《关于修改印发〈不动产登记操作规范（试行）〉的通知》，但本文中涉及的条款内容未作修改。——编者注

管理法》《不动产登记暂行条例》等相关法律法规及规范性法律文件作出的，仅是对农村房屋及其对应的宅基地使用权办理继承登记问题的相关政策规定的引用和阐述，并不是针对农村宅基地管理出台新的政策规定。

二、宅基地使用权作为特殊的用益物权并不能被单独继承

（一）宅基地使用权是基于特定身份取得的

《土地管理法》第62条第1款规定："农村村民一户只能拥有一处宅基地，其宅基地的面积不得超过省、自治区、直辖市规定的标准。"国务院办公厅1999年颁布的《关于加强土地转让管理严禁炒卖土地的通知》（国办发〔1999〕39号）规定，"农民的住宅不得向城市居民出售，也不得批准城市居民占用农民集体土地建住宅，有关部门不得为违法建造和购买的住宅发放土地使用证和房产证"。2004年国务院《关于深化改革严格土地管理的决定》（国发〔2004〕28号）则指出，"禁止城镇居民在农村购置宅基地"。2004年原国土资源部《关于加强农村宅基地管理的意见》①（国土资发〔2004〕234号）"严禁城镇居民在农村购置宅基地，严禁为城镇居民在农村购买和违法建造的住宅发放土地使用证"。2007年，国务院办公厅《关于严格执行有关农村集体建设用地法律和政策的通知》（国办发〔2007〕71号）又强调："农村住宅用地只能分配给本村村民，城镇居民不得到农村购买宅基地、农民住宅或'小产权房'。单位和个人不得非法租用、占用农民集体所有土地搞房地产开发。"

根据上述规定，我国在制度设计中明确宅基地使用权是集体经济组织成员享有的权利，与特定的身份相联系，属于成员权，即只有基于本村村民的身份才有权取得宅基地使用权。非本村集体经济组织成员原则上不能取得农村宅基地使用权。通常来讲，宅基地使用权具有典型的人身依附性，即只有基于本村村民的身份才有权取得宅基地使用权；如果失去了本村村民的身份，就无法获得宅基地使用权。

---

① 该文件自2020年3月24日起失效。

（二）宅基地使用权具有典型的社会保障性和福利性

我国农村宅基地使用权实行“一户一宅”原则，主要是为了保障农户都能够享受基本的生活居住权益，具有典型的社会保障性和福利性。法律和司法实践都印证了这一点，这也正是宅基地使用权制度的价值所在。《土地管理法》规定，农村村民一户只能拥有一处宅基地，其宅基地的面积不得超过省、自治区、直辖市规定的标准。人均土地少、不能保障一户拥有一处宅基地的地区，县级人民政府在充分尊重农村村民意愿的基础上，可以采取措施，按照省、自治区、直辖市规定的标准保障农村村民实现户有所居。司法实践中，丁某军诉徐某燕等城镇居民购买农民住宅合同被认定无效判令返还案也认定：“宅基地是农村集体经济组织分配给成员用于建造住宅的土地，根据我国《土地管理法》和《物权法》的规定，宅基地使用权的主体具有特定性即只能是农村居民，具有社会保障和社会福利性质。尽管中央正在研究盘活农民资产推动农村发展问题，但土地问题事关基本国策，若认可城镇居民购买农民房屋和宅基地有效，则势必形成对国家基本国策和战略发展以及社会公平、稳定的冲击。”因此，若宅基地使用权可以单独继承，则宅基地使用权人范围将会无限扩大，不符合农村宅基地保障性和福利性的社会功能，违背了为农村村民“户有所居”的原则。

可见，宅基地使用权是农村村民基于本集体经济组织成员的特定身份取得的，具有较强的福利性和社会保障性。我国民法中关于可以继承的遗产范围，并不包括宅基地使用权。所以，宅基地使用权并不能被单独继承。

三、宅基地使用权可以随同农村房屋一并被继承并依法办理不动产转移登记

《民法典》规定：自然人依法享有继承权。自然人合法的私有财产，可以依法继承。其同时规定，遗产是公民死亡时遗留的个人合法财产，包括“公民的房屋、储蓄和生活用品”。所以，农村宅基地上的房屋属于遗产范围，可以由继承人依法予以继承。在农村房屋继承时，并不区分继承人是否为本村村民，是否符合“一户一宅”的政策规定等，仅是按照遗产继承的相关法律规定确认继承人的权利。继承人继承农村房屋的，按照房地一体的原

则，当然取得房屋所对应的宅基地的实际使用权利，所以，在办理涉及继承农村房屋所有权转移登记时，根据不动产统一登记的规定，一并办理宅基地使用权转移登记。

但必须强调的是，农村宅基地上建造的房屋所有权和宅基地使用权是两个物权，法律规定房屋作为个人合法财产可以被继承，而宅基地使用权是一种特殊的用益物权，系基于本村村民身份取得的，且属于村民家庭集体成员共有，不属于个人财产，因此不能被单独继承。司法实践中也有判例明确上述原则，广东省高级人民法院在莫某与陈某英等继承纠纷再审案中也提及："宅基地使用权人可以将地上建筑物以出租、赠与、继承、遗赠的方式转移与他人，宅基地使用权也随之转移，但宅基地使用权本身不得单独转移且不能用于抵押，包括不能进行继承。"

另外，有人认为非本村村民通过继承取得农村房屋所有权及宅基地使用权后，不允许对房屋修缮、翻建、重建等，以待房屋倒塌后收回宅基地使用权，此种论调纯粹属于僵化教条理解宅基地管理政策，与我国物权保护的基本规定相矛盾。《民法典》规定，所有权人对自己的不动产或者动产，依法享有占有、使用、收益和处分的权利。笔者认为，通过继承取得的农村房屋所有权及宅基地使用权是合法财产权利，房屋所有权人依法对房屋进行翻建、重建乃至扩建，这是房屋所有权的应有之义。当然，如果通过继承取得的宅基地因自然灾害等原因灭失的，其宅基地使用权随之灭失，继承人无权要求重新分配宅基地。

农村集体征地补偿纠纷中的“外嫁女”权益问题分析

随着我国工业化、城镇化进程的推进，大量农村土地被征收，农村集体土地征收补偿纠纷逐渐成为农村矛盾集中的一个领域。在这类案件中“外嫁女”相关权益问题又较为常见。截至2020年3月28日，笔者以“外嫁女”为关键词，以民事、行政案由为范围，在中国裁判文书网共检索到22,610条结果，其中2015年之后有20,579条，且呈现逐年增加的态势。由于该类纠纷案件数量多，又缺乏明确的裁判依据，导致审理难度较大，目前已成为司法实践中的热点和难点问题。笔者将结合山东省高级人民法院（以下简称山东省高院）的一则案例，对农村集体土地征收补偿纠纷中“外嫁女”的相关问题进行分析。

一、案件基本情况及裁判观点

（一）案件基本情况

原告王某红婚前系苏家村集体经济组织成员，成年后结婚嫁至外村，婚后户籍并未迁出。2017年，商河县人民政府城中村棚改指挥部对苏家村进行土地征收，并于2017年4月发布《西城区搬迁补偿方案》。2017年11月15日，苏家村村民委员会及苏家第一村民小组出具证明，载明王某红原有的责任田已由村民小组村民一致表决同意，另行承包给本小组其他成员。王某红不再承担小组成员应承担的义务，已不属于该村民小组成员。2017年11月28日，商河县城中村棚改指挥部与王某红之父签订棚户区改造项目人口安置的房屋拆迁货币补偿协议，但补偿协议中的家庭成员中并不包括王某红。

此后，王某红诉至法院，认为房屋被拆迁，商河县人民政府未对其进行安置补偿，侵害了其依法享有的安置房屋补偿费等各项权利，导致其至今无房可住，请求依法判令商河县人民政府作出补偿和安置决定。

一审法院认为，人民法院不宜径行对王某红是否具有苏家村集体成员资格作出认定。但根据本案现有证据材料，王某红提交的证据无法证实其具有苏家村村集体经济组织成员资格。因此，王某红要求被告商河县人民政府履行对其安置补偿的法定职责，主要理由不成立。判决驳回王某红的诉讼请求。

二审法院认为，原审法院在商河县人民政府没有查清王某红在其他农村集体经济组织宅基地分配使用、安置补偿或者城镇福利性购房情况，以及其是否仍在原集体经济组织实际生产生活，是否仍以原集体经济组织的土地为基本生活保障等问题的前提下，对王某红要求商河县人民政府作出“补偿和安置决定”的诉讼请求理应予以支持。判决撤销原判决，责令商河县人民政府限期对王某红作出补偿和安置决定。

（二）二审法院主要裁判观点

1. 村民自治章程、村规民约以及村民会议或者村民代表会议的决定不得与宪法、法律、法规和国家的政策相抵触，与宪法、法律、法规和国家的政策相抵触，以侵犯妇女权益为代价所作出的村民会议决定，不能作为否认“外嫁女”享受与其他村民同等获得安置补偿待遇的依据。

2. 对“外嫁女”能否享受与其他村民同等获得安置补偿待遇这一直接涉及“外嫁女”切身利益的民生问题，一般应从以下几个方面予以综合考量：一是“外嫁女”的户籍在征地补偿方案确定时是否仍然在原集体经济组织；二是征地补偿方案确定时，“外嫁女”是否仍然在集体经济组织实际生产和生活；三是“外嫁女”是否仍然以原集体经济组织的土地为基本生活保障；四是“外嫁女”所在集体经济组织的村民代表大会讨论决定的意见；五是“外嫁女”在集体经济组织所应履行的村民义务；六是“外嫁女”是否在其他集体经济组织享受了村民待遇。

3. 保障户有所居是行政机关补偿安置所应遵循的原则，行政机关在处理“外嫁女”的安置补偿问题时，不能单纯以婚姻或者户籍情况作为是否给予安置补偿的条件，而是应在综合前述考量因素的同时，以其基本居住权益是否得到保障作为衡量和判断的原则。

4. 商河县城中村棚改指挥部对涉案片区拆迁安置人口界定及标准有明确的细化规定。由此可见，补偿安置对象并非仅限于具有该农村集体经济组织成员资格的人，还应结合王某红的现实情况进行综合判断。

5. 商河县人民政府作为涉案棚户区改造项目的征收主体具有补偿安置的职责，王某红以其作为村民为由要求享受安置补偿待遇，商河县人民政府应进行全面审核，并履行职责，决定是否给予王某红安置补偿。

二、"外嫁女"问题的由来

"外嫁女"并不是法律概念，而是对出嫁到外村的农村女性的一种习惯性称谓。在法律理论和实务界，基于不同情况和研究目的，对"外嫁女"概念的外延界定并不统一。本文所称"外嫁女"，包括出嫁到外村或城镇但户籍未迁出的妇女，出嫁到外村或城镇且户籍迁出的妇女，出嫁到外村但户籍迁出后又迁回的妇女，外村妇女嫁入本村且户口也迁入的妇女；外村妇女嫁入本村户口未迁入的妇女等多种情况。

近年来，"外嫁女"问题产生的纠纷日益增多，其主要原因有以下几点：

1. 传统观念的影响。"从夫居""婚后从夫""嫁出去的女儿泼出去的水"等传统观念在我国农村有根深蒂固的影响。在农村传统观念中女性出嫁后就不再是原有家庭的成员，当然也就不是村集体成员。

2. 村民自治制度下的利益驱动。我国农村采用的是村民自治的治理模式，这种模式在处理股份分红、征收补偿分配等涉及利益的问题时，很容易通过"多数表决"的方式，以牺牲少数人的利益为代价达到多数人能够多分配的目的。

3. 立法缺位，救济途径不畅通。我国立法目前对如何认定"外嫁女"等农村特殊群体的集体经济组织成员资格没有明确规定，对村民自治行为缺乏有效的监督机制和明确的救济途径，导致产生了大量以村民自治为由侵害"外嫁女"权益的现象。

三、“外嫁女”相关问题法律分析

（一）农村集体经济组织成员资格是获得征地补偿和房屋拆迁补偿或者安置的主要标准

结合目前各地法院的审判实务，笔者认为，在征地补偿和房屋拆迁补偿或者安置的权利人认定标准上，应当以集体经济组织成员为原则，以非集体经济组织成员例外。主要基于以下几点理由：

首先，最高人民法院《关于审理涉及农村土地承包纠纷案件适用法律问题的解释》第22条规定，具有本集体经济组织成员资格的人方可请求支付征地补偿。《土地管理法》第47条规定，征地补偿安置方案应听取集体经济组织成员的意见，多数集体经济组织成员认为方案不符合法律、法规规定的，还应依法召开听证会。据此，笔者认为，取得农村集体经济组织成员资格是认定“外嫁女”能否有权获得征地补偿和房屋拆迁补偿或者安置的重要标准。

其次，根据我国《民法典》第261条的规定，农民集体所有的不动产，属于集体成员集体所有，集体成员对财产的使用和分配有知情权和决定权。可见，农村集体经济组织的成员权是享有土地补偿费分配权的权利基础，集体成员才对集体财产经营收益及土地补偿金享有分配请求权。

但是，实践是复杂多变的，农村现实生活存在较多特殊情况，农村集体成员认定标准也存在争议，不可能完全按照一个标准来确定是否能够享有获得征地补偿和房屋拆迁补偿或者安置的权利，所以在个案判断时需要适当地作出变通。

（二）农村集体经济组织成员资格的认定主体

我国法律目前没有明确规定农村集体经济组织成员资格的认定主体。但全国人大常委会法制工作委员会在《对十二届全国人大一次会议第3220号建议的答复》中提出，农村集体经济组织成员资格的认定，可在当地人民政府指导下，根据本地、本村实际情况，由所在村的村集体经济组织依照法定程序予以认定。2019年中共中央、国务院《关于坚持农业农村优先发展做好

“三农”工作的若干意见》指出，要指导农村集体经济组织在民主协商的基础上，做好成员身份确认，注重保护“外嫁女”等特殊人群的合法权利。由此可见，在充分尊重村民自治制度的背景下，我国在政策上倾向于由村集体经济组织作为农村集体经济组织成员资格的认定主体。笔者认为，将村集体经济组织作为认定主体符合我国目前的农村管理现状和实际，但村集体经济组织的认定行为应当依法依规进行。同时，为了保障认定结果的公正性，还应进一步明确村集体经济组织认定行为的监督机制和救济途径。

此外，在上述案例中，山东省高院为确定农村集体土地征收补偿纠纷中农村集体经济组织成员资格的认定主体提供了一种新的思路，即依据《土地管理法》和《土地管理法实施条例》中对征收主体职责的规定，从征收主体具有补偿安置的职责推导出征收主体需要对被补偿安置主体作出认定，进而间接地将征收主体作为农村集体经济组织成员资格的认定主体。这一思路的优势在于征收主体作出的决定属于具体行政行为，其监督机制和救济途径较为明确，能够避免“外嫁女”求助无门困境的发生。

（三）认定“外嫁女”为农村集体经济组织成员资格的标准

关于农村集体经济组织成员资格认定标准，我国法律没有明确规定，各地法院的裁判标准也不统一，导致对这类纠纷的处理经常出现同案不同判的现象。笔者通过对该类纠纷案例的检索和梳理，发现各地采用的认定标准经历了从单一标准到复合标准的转变。目前仅有少数法院仍坚持以户籍作为确定成员资格的唯一标准，大部分法院则是根据自己的理解采用不同的考量因素，形成复合的认定标准。考量要素主要包括户籍、有无承包地、实际生活居住地、村民权利义务履行、在其他地方是否获得过类似福利或者保障等。

笔者认为，为避免出现“外嫁女”……“两头占”……或“两头空”……的现象，根据我国农村管理现状并综合考虑公正性、可操作性，可将具体考量要素分为主要条件（户籍）、补充条件（有承包地或者实际居住）和排除条件（获得他村成员资格待遇或取得城镇其他类似保障待遇），按照先主要后补充，最后排除筛选的顺序来认定集体经济组织成员资格。具体以“外嫁女”的成员资格认定来说：

“外嫁女”出嫁后户籍未迁出的，无论其在本村是否有承包地（外嫁女户籍未迁出的一般情况下在本村应有承包地）、实际是否在本村居住生活，均应认定其集体经济组织成员资格，但已获得他村成员资格待遇或城镇其他类似保障待遇的，则应予以排除。

“外嫁女”出嫁后户籍迁出，但在本村有承包地并且实际居住生活在本村的，应当认定其为本集体经济组织成员，有权获得征地补偿和房屋拆迁补偿或者安置。基于实事求是的原则，“外嫁女”虽然户籍不在本村，但以本村的土地和房屋作为基本生活保障，如果在征地拆迁的时候不做特殊处理，不利于保护这类当事人的基本权利。所以，此种情况应认定其为村集体成员，作为户籍标准之外的一个补充。

“外嫁女”出嫁后户籍迁出，在本村仍有承包地，但不在本村实际生活居住的，不应认定为本村集体经济组织成员。因其承包地在本村，所以有权获得征地补偿，但无权要求获得房屋拆迁补偿或者安置。根据《农村土地承包法》第 31 条的规定，“外嫁女”只要未在他村取得承包地，无论其户籍是否已迁出，是否在原村居住生活，其出嫁前在原村享有的承包地均应予以保留。在原村土地被依法征收时，其理应依法享有获得征地补偿的权利。

“外嫁女”户籍已迁出且在本村无承包地，但实际生活居住在本村的（如“外嫁女”离婚后回娘家生活的），不应认定其为本村集体经济组织成员。此种情形意味着“外嫁女”在其夫家所在村有户籍且有承包地，理应认定其为该村的集体经济组织成员。但正如上述案例中山东省高院所述，“保障户有所居”是行政机关补偿安置所应遵循的原则，行政机关在处理“外嫁女”的安置补偿问题时，应以“外嫁女”的基本居住权益是否得到保障作为衡量和判断的原则。因此，在“外嫁女”未能依法在他村或城镇获得基本居住权益的情况下，其在本村独居或者共居的房屋被拆迁的，应当获得房屋拆迁补偿或者安置，但无权要求分配土地补偿。

“外嫁女”户籍已迁出且在本村无承包地、实际生活居住也不在本村的，不能认定为村集体成员，亦不能获得征地补偿和房屋拆迁补偿或者安置。

此外，关于上述案例中山东省高院提到的“外嫁女”所在集体经济组织的村民代表大会讨论决定的意见，笔者认为行政或司法机关在处理该类纠纷时，不应将其作为考量因素。这主要是因为该类纠纷中村民自治章程、村规民约以及村民会议或者村民代表会议决定本身就是双方争议的核心问题，行政或司法机关处理该类纠纷时，应当对村民自治章程、村规民约以及村民会议或者村民代表会议决定本身是否违反法律的规定，是否侵害“外嫁女”的合法权益作出审查，而不能将其作为认定事实的依据。《妇女权益保障法》规定，任何组织和个人不得以妇女未婚、结婚、离婚、丧偶等为由，侵害妇女在农村集体经济组织中的各项权益。

（四）“外嫁女”权益遭受侵害时的救济途径

“外嫁女”权益遭受侵害时的救济途径主要包括行政救济和司法救济。

在“外嫁女”权益遭受侵害时，其行政救济的法律依据较为明确：根据《村民委员会组织法》的相关规定，村民自治章程、村规民约以及村民会议或者村民代表会议的决定侵犯村民的人身权利、民主权利和合法财产权利的，或村民委员会不依照法律、法规的规定履行法定义务的，由乡级人民政府责令改正。

对于“外嫁女”能否直接寻求司法救济，则存在较大争议：

首先，《村民委员会组织法》《民法典》仅规定集体经济组织、村民委员会或者其负责人作出的决定侵害集体成员合法权益的，受侵害的集体成员可以请求人民法院予以撤销。对于人民法院是否可以对上述决定进行司法审查并予以纠正缺乏明确的法律规定。

其次，虽然在司法实践中部分法院以最高人民法院《关于审理涉及农村土地承包纠纷案件适用法律问题的解释》第 22 条作为依据，主张当事人以农村集体经济组织成员权益受到侵害为由起诉农村集体经济组织，请求分配集体经济组织土地补偿费，符合起诉条件的，人民法院应当受理；但该司法解释第 22 条规定的起诉主体（适格原告）为“征地补偿安置方案确定时已经具有本集体经济组织成员资格的人”，实质上并未明确人民法院可以对农村集体经济组织成员资格的认定进行受理和审查。

由于司法救济的法律依据不明确，在司法实践中，各地法院对于“外嫁女”仅请求人民法院确认其农村集体经济组织成员资格的案件一般不予受理；对于以农村集体经济组织成员权益受到侵害为由请求分配土地补偿费的案件则裁判结果不一，多数法院倾向于受理该类案件，通过土地补偿款分配权主体对农村集体经济组织成员资格作出间接认定。

综上所述，笔者认为“外嫁女”相关权益问题的核心是对其农村集体经济组织成员资格的认定问题。虽然我国法律目前对农村集体经济组织成员资格的认定主体没有明确规定，但结合国家相关政策文件和农村管理实际情况来看，“外嫁女”农村集体经济组织成员资格的认定原则上应由集体经济组织进行。

“外嫁女”认为集体经济组织的决定有误侵犯其合法权益的，可通过以下方式维权：

向相关行政机关请求确认集体经济组织成员资格，由行政机关责令集体经济组织改正其错误行为，对行政机关的决定不服或行政机关不作为的，可提起行政诉讼。

以农村集体经济组织成员权益受到侵害为由向人民法院提起民事诉讼，请求分配土地补偿费。需要注意的是，根据当前的司法审判情况，“外嫁女”不宜直接请求法院确认其农村集体经济组织成员资格。

采用上述案例中山东省高院所提出的思路，直接以征收主体为被告，向法院提起行政诉讼要求征收主体履行补偿安置职责。

土地征收未告知复议权利，如何确定复议期限

《行政复议法》第 9 条第 1 款规定："公民、法人或者其他组织认为具体行政行为侵犯其合法权益的，可以自知道该具体行政行为之日起六十日内提出行政复议申请；但是法律规定的申请期限超过六十日的除外。"《行政复议法实施条例》第 17 条规定："行政机关作出的具体行政行为对公民、法人或者其他组织的权利、义务可能产生不利影响的，应当告知其申请行政复议的权利、行政复议机关和行政复议申请期限。"

根据上述规定，如果行政机关在土地征收过程中告知了被征收人行政复议的权利、行政复议机关和申请期限的，被征收人对征地行为不满的，可依照法律规定的期限和程序申请行政复议，以维护自身的权益。但在实践中也经常存在，政府在作出《征地公告》时并未告知被征收人申请复议的权利，在《行政复议法》和《行政复议法实施条例》无明确规定的情况，此时对被征收人申请行政复议期限如何计算存在不同的认识。

笔者在无讼网案例检索平台以"征地""复议权利""未告知"等关键词进行检索，共检索到涉及行政复议申请期限的裁判文书 144 件。经过对典型案例的分析，笔者发现，针对"未被告知被征地人行政复议权利，被征地人如何确定申请行政复议的期限"这一问题，法院的裁判结果按照时间顺序大致可以分为以下三个阶段：

一、2015 年 5 月 1 日之前，行政复议期限为 2 年

2015 年修正的《行政诉讼法》实施之前，针对上述问题的处理，法院在判决中表现出这样一种共识：政府作出的《征地公告》未告知被征地人行政

复议权利的，申请人提起申请行政复议的期限为2年。

主要依据为《行政诉讼法执行解释》和国务院法制办40号意见。国务院法制办40号意见第6条第1款规定："行政机关在征收土地决定作出后，没有告知被征地农民申请行政复议的权利、行政复议机关或者申请期限的，行政复议申请期限参照《最高人民法院关于执行〈中华人民共和国行政诉讼法〉若干问题的解释》第四十一条办理……"而《行政诉讼法执行解释》第41条又将行政复议的申请期限限定为最长不得超过2年。因此，当被征地人未被告知复议权利时，最长复议期限为2年。

最高人民法院（2018）最高法行申8531号行政裁定书、最高人民法院（2018）最高法行申9201号行政裁定书、最高人民法院（2019）最高法行申2041号行政裁定书均有类似判决。

如在某一实务案例中，某县政府于2010年10月11日作出征地公告，公告载明了《农用地转用、土地征收审批单》的文号及内容，且已在被征地的乡村进行张贴，但未载明公告期限和行政复议权利。可以根据国务院法制办40号意见第2条的规定，认定被征地人于公告期满10个工作日（2010年10月25日）起知道征地公告。可在知道征收土地决定内容之日起2年内（2010年10月25日~2012年10月26日）就征地公告向相应机关提起行政复议。超出2年期限再做申请行政复议的，一般会以超出复议期限为理由不予受理。

二、2015年5月1日~2018年2月7日，行政复议期限为60天

2015年5月1日，修正后的《行政诉讼法》开始实施。《行政诉讼法执行解释》第41条有关2年起诉期限的规定与修改后的《行政诉讼法》第46条规定不一致，故《行政诉讼法执行解释》第41条的规定不再适用，国务院法制办40号意见第6条关于参照《行政诉讼法执行解释》第41条规定执行的内容也同时丧失参照的根据。

在这一时期的法院判决呈现三种观点：

第一种观点认为，参照《行政诉讼法》规定的起诉时效即6个月，确定行政复议申请权限为6个月。最高人民法院在欧某某、广东省人民政府再审审查与审判监督行政裁定案［（2018）最高法行申4937号］中认为：对行政

机关作出涉及当事人重大权益的行政行为，未告知申请复议权利和申请复议期限且公民、法人或者其他组织的确不知道申请复议权利和申请期限又无其他救济渠道的，应当坚持有利于保护行政复议申请权的原则。此时应当兼顾行政复议和行政诉讼的衔接，参照行政行为发生时《行政诉讼法》及司法解释的相关规定来确定行政复议的申请期限。该案中，政府于 2015 年 10 月 29 日张贴公告，欧某某自公告张贴之日起即应当知道涉案征收行为内容，应当在 6 个月内申请行政复议。

第二种观点认为，既然延长行政复议申请期限的依据已经不复存在，应当适用法律规定 60 天的复议期限。段某招、段某荣再审审查与审判监督行政裁定案［（2019）最高法行申 8048 号］中明确适用 60 天的行政复议期限。最高人民法院在说理中认为，自 2015 年 5 月 1 日起，当事人参照《行政诉讼法执行解释》第 41 条规定享有的 2 年申请行政复议期限尚未届满的，最多只能保留《行政复议法》第 9 条第 1 款规定的 60 天复议申请期限。例如，某县政府于 2016 年 1 月 12 日作出征地公告，并在被征地的乡村进行张贴，但未载明公告期限，也未告知申请行政复议的权利和期限。根据国务院法制办 40 号意见第 2 条的规定，可以认定被征地人于 2016 年 1 月 12 日起满 10 个工作日（2016 年 1 月 26 日）起知道征收土地决定。被征地人可在 2016 年 1 月 26 日起 60 天内（2016 年 1 月 26 日 ~3 月 27 日）向相应机关提起行政复议。

第三种观点认为，在相关条款修改之前，仍沿用 2 年的行政复议申请期限。如在应某军、王某莲与河南省人民政府行政复议案［（2018）豫行终 845 号］等案件中，河南省高级人民法院仍沿用国务院法制办 40 号意见第 6 条的规定，认为行政复议申请期限为知道或者应当知道征收土地决定内容之日起最长不得超过 2 年。

可见，从 2015 年 5 月 1 日修正后的《行政诉讼法》实施到 2018 年 2 月 8 日新的司法解释施行之前，在确定行政复议期限方面，司法判例存在不同的观点。

三、2018 年 2 月 8 日起，行政复议申请期限为 1 年

2018 年 2 月 8 日《行政诉讼法适用解释》开始施行，《行政诉讼法执行

解释》同时废止。《行政诉讼法适用解释》第 64 条规定，复议决定未告知公民、法人或者其他组织起诉期限的，起诉期限从公民、法人或者其他组织知道或者应当知道起诉期限之日起计算，但从知道或者应当知道行政行为内容之日起最长不得超过 1 年。

在司法判例中，贵阳市中级人民法院（2019）黔 01 行初 377 号、378 号、379 号、380 号、381 号行政判决书，广西壮族自治区高级人民法院（2019）桂行终 922 号行政判决书，合肥市中级人民法院（2019）皖 01 行初 188 号行政判决书，北京市第一中级人民法院（2019）京 01 行初 128 号行政判决书，都明确适用了 1 年的行政复议期限。

对被征地农民来说，土地是“命根子”，是最基本的生活保障和重要财产权益，但现实中不乏土地征收违法的行为，侵害了老百姓的土地权益。对于政府违法征地，老百姓通过行政复议维护权益的，应当在规定的期限内提出申请，如果申请复议期限超过法律规定的期限，复议机关可能不予受理或者受理后作出驳回的复议决定；对行政复议决定不服向法院起诉的，法院通常也不会支持。法律之所以如此规定，是因为行政行为应当具有公定力和拘束力，不应长时间处于效力未定状态。在权利救济之上设置行使期限，可以维护社会秩序的稳定，防止救济权利被滥用。法谚云：法律不保护躺在权利上睡觉的人。所以，在土地征收中无论是否明确告知行政复议权利，被征收人拟通过行政复议维护权益的，都应当积极主动行使权利，避免因超过申请期限而丧失相应的权利。

强制公证废止，继承登记风险如何防范

现实生活中，因继承、受遗赠发生不动产转移登记的现象非常普遍：当事人父母去世后，拿着父母生前遗嘱及其公证和相关证件要求办理不动产过户手续，但其他兄弟姐妹不愿放弃继承进而引发纠纷。

2016 年 7 月，司法部已正式发布了《关于废止〈司法部 建设部关于房产登记管理中加强公证的联合通知〉的通知》（司发通〔2016〕63 号）。遗嘱公证或协议公证固然可以有效减少纠纷，但依据现行的法律法规和部门规章，因继承、受遗赠办理不动产登记的，公证材料不是必须提交的材料。遗产继承或遗赠涉及被继承人的家庭关系、亲属关系、财产关系等复杂问题与纠纷，不动产登记工作人员有必要熟练运用法律知识，尽到合理的审查和调查义务，强化对登记程序合法性的管控，避免陷入复议诉讼的风险。

一、公证不是不动产继承登记必备条件

基于继承和遗赠案件的复杂性，1991 年，司法部和原建设部下发了《关于房产登记管理中加强公证的联合通知》（司公通字〔1991〕117 号），要求无论是法定继承还是遗嘱继承，都必须办理公证，经过公证的证明文件是办理房屋继承和遗赠登记的必备材料。2009 年中国公证协会公布的《办理继承公证的指导意见》对法定继承和遗赠继承公证作了极其复杂烦琐的规定。

这样的规定虽然一定程度上降低了登记机构的风险，减轻了登记机构的审查义务，但副作用也非常明显：一是加大了不动产登记申请人经济负担。因为办理房屋继承公证需要按照房屋价值收取一定比例的费用，随着房屋价值的增值，登记申请人无法接受高额的公证费用。二是加大了房屋登记申请人办理公证的难度。公证中要求提供的材料，常常是申请人自身无法获取和

提供的，所以目前房屋继承公证可操作性比较差，申请人难以通过公证实现顺利继承的目的。更为重要的是，继承房屋办理登记必须提供公证材料的要求，与《民法典》等法律法规的规定相违背，在法律法规之外对继承房屋的登记申请人增加了新的义务，违反行政机关依法行政的基本原则。

在以往的实践中，房屋登记机构依据上述文件不予办理登记的案例，在司法判例中已多次被判决违法，如《最高人民法院公报》2014 年第 8 期刊登的江宁法院的陈爱华诉南京市江宁区住房和城乡建设局不履行房屋登记法定职责案。

2015 年颁布实施《不动产登记暂行条例》以及 2016 年原国土资源部制定的《不动产登记暂行条例实施细则》没有规定因继承、受遗赠办理不动产登记必须提供公证材料，而是赋予了当事人提供材料的选择权利，申请人可以选择提交当事人之间形成的能够证明合法继承关系的材料，如死亡证明材料、遗嘱或者全部法定继承人关于不动产分配的协议以及与被继承人的亲属关系材料等；也可以提交能够证明继承法律关系的经公证的材料或者生效的法律文书。

二、不动产继承登记法律风险如何化解

一般来讲，涉及复杂纠纷的遗产继承或遗赠，如果登记机构不予登记，申请人可能会认为登记机构不作为而复议或者起诉；如果登记机构经合理审查办理了登记，有利害关系的第三人可能会以登记机构错误登记为由复议或者起诉。为了避免复议或诉讼的风险，不动产登记机构应当从以下几个方面着手谨慎办理。

主动引导当事人先行解决继承纠纷。申请人提交继承不动产登记申请过程中，有利害关系的第三人提出异议的，应当告知申请人先行解决继承纠纷，待法院或仲裁机构出具生效的法律文书后再申请办理登记。申请人不愿意通过法院或仲裁机构先行解决继承纠纷的，如果登记机构能够认定申请登记的不动产存在权属争议的，应当依据《不动产登记暂行条例》第 22 条之规定，书面告知申请人不予登记。虽然有利害关系第三人对被继承的不动产登记提出异议，但如果登记机构不能认定申请登记的不动产存在权属争议的，应当

要求申请人书面承诺提供材料的真实性并承担错误登记的赔偿责任，然后登记机构依法办理登记。也可以建议申请人自愿办理不动产继承和受遗赠的公证，凭借公证材料申请办理继承不动产的登记。

谨慎合理地尽到材料审查和调查义务。按照《不动产登记暂行条例实施细则》第 14 条规定，不动产继承登记原因证明文件包括死亡证明材料、遗嘱或者全部法定继承人关于不动产分配的协议以及与被继承人的亲属关系材料等，对这些材料要尽到谨慎合理的审查义务。

一是确认死亡证明材料的有效性。申请人提供的死亡证明材料可能包括公安机关的证明、医疗卫生机构的证明、民政部门的证明、基层政府或自治组织的证明、火化证明、殡葬证明、证人证言等。这些证明哪些是权威的，哪些需要几个证明互相印证？

二是面对遗嘱的各种复杂情况。按照《民法典》的规定，遗嘱有口头遗嘱、自书遗嘱、代书遗嘱、录音遗嘱和公证遗嘱等。在同一个继承案件中，往往可能出现相同或不同形式的数个遗嘱，如何确定当事人提供的遗嘱的法律效力？

三是认定全部法定继承人的范围。按照法律规定，除一般比较容易认定的父母子女配偶之间的继承人外，可能还包括非婚生子女、继父母继子女、养父母养子女、尽了主要赡养义务的儿媳或女婿，转继承和代位继承，丧失继承资格的继承人的认定等众多因素，都需要仔细审查和甄别。

四是审查被继承人的亲属关系材料。申请人提供的证明亲属关系的材料可能包括公安机关的证明（2015 年 8 月公安部官方微博已公布出具亲属关系证明不属于公安职权范围）、基层政府或自治组织的证明、户口簿、收养证明、证人证言等。一般来讲这些证明材料也无法单独起到证明作用，还需要互相印证。

五是要按照《不动产登记暂行条例》第 16 条规定的内容，重点审查申请人提交的“与他人利害关系的说明材料”，从另外的角度印证上述几项证明材料。从上述分析可以看出，不动产继承的证明材料的审查任务非常繁重，需要登记机构具体审查人员具备专业知识并尽到审查义务。

基于不动产继承可能存在的纠纷的情况，登记机构还应当按照《不动产登记暂行条例》第19条规定，进行实地查看和调查，全面掌握被继承不动产的相关情况，进一步核实申请人提交材料的真实性和有效性。

强化登记申请受理和审查程序合法性的管控。在登记申请受理环节，登记机构应当及时向申请人出具《受理通知书》或《不予受理通知书》；对于申请人未按照《不动产登记暂行条例》第16条和《不动产登记暂行条例实施细则》第14条规定提交证明材料的，应向当事人出具《补正材料通知书》。

在材料审查阶段，一旦发现申请人提交的材料存在矛盾等不符合法律规定的条件，应当书面告知申请人提供材料的补充说明并中止登记办理程序；如果申请人不补充说明或者补充说明材料仍然不符合规定条件的，或者提供的材料自始就属于《不动产登记暂行条例》第22条规定的情形，应当书面告知不予登记。

在出具的书面通知中，登记机构都应当向申请人告知法律依据以及救济权利，并保留好申请人签收书面通知的证据。这样做的目的是严格登记申请受理和审查的程序，固定登记机构程序合法的证据，为可能面临的复议诉讼做好准备。

由于继承、受遗赠办理不动产登记材料审查的专业性和复杂性，目前很多不动产登记机构可能不具备审查能力。为解决上述难题，建议探索在登记机构配备专业人员或加强业务培训，负责办理继承、受遗赠不动产登记的材料审查和调查工作。同时，建议尽快完善相关制度，出台专门文件规范这类不动产登记材料审查和外业调查的具体程序和内容。

第三部分

案例分析

矿业篇

契约型矿业权合作合同生效时间如何认定

企业之间进行矿产资源合作开发时，基于合作背景、合作目的、合作条件等不同的现实情况，选择的合作方式、合作路径也不尽相同。其中，对于不涉及矿业权转让的契约型合作、股权合作等，法律规定不需要进行矿业权审批，充分尊重当事人之间的意思自治，合作合同自成立时生效。对于涉及矿业权转让的合同，法律规定需要经过行政主管机关的审批，合同自批准之日起生效。2016 年最高人民法院发布的矿业权民事纠纷典型案例朗某春与彭某辉、南华县星辉矿业有限公司采矿权合作合同纠纷案，为我们准确辨析矿业权合作合同性质，正确认定合同效力，提供了参考。

一、基本案情

2009 年年底，星辉公司领取由云南省原国土资源厅颁发的采矿许可证，取得南华县兔街长梁子干龙潭锰矿的开采权，有效期自 2008 年 12 月 9 日起至 2014 年 12 月 9 日止。2010 年 5 月 23 日，星辉公司的法定代表人彭某辉与郎某春签订《合同协议书》，约定“彭某辉提供南华县兔街镇长梁子干龙潭矿山与郎某春合作开发，期限四年，自 2010 年 5 月 22 日至 2014 年 12 月 9 日止，彭某辉以矿相关资源作为合作基础获取回报，提供开发矿的权属证明及宗地图，项目日常开发由郎某春成立专门机构实施，彭某辉不参与项目开发。郎某春分两次支付彭某辉 420 万元款项，该款项在由郎某春收回后，由郎某春、彭某辉分别按 51%、49% 的比例进行净利润分成。协议经双方签字且公证后生效”。

合同签订后，郎某春于 2010 年 5 月至 10 月分数次给付彭某辉款项 323

万元，并实施了采矿行为。2011 年，在国土部门进行矿山补充核查过程中，发现星辉公司所属的南华县兔街长梁子干龙潭锰矿存在漂移现象，核准的矿区坐标范围与实际矿山区域不一致，国土部门向星辉公司发出了《停止采矿通知书》。后星辉公司向国土资源部门提交了办理矿区范围变更手续的相关材料。因星辉公司的采矿许可证遗失，变更手续未办理完毕。

郎某春提起民事诉讼，请求确认合作协议未生效，彭某辉返还合作款及占用期间的利息，彭某辉、星辉公司承担连带责任。

二、裁判结果

（一）一审判决

一审法院认为，彭某辉与郎某春签订的《合同协议书》为无效合同。主要理由：星辉公司系经国土资源部门核准的合法的采矿权人。彭某辉系星辉公司的股东及法定代表人，在未获公司其他股东追认的情况下，其以个人名义对外签订的合同也不能对公司其他股东产生约束力。郎某春与彭某辉双方在合同中约定由郎某春出资并负责成立专门机构实施采矿行为，星辉公司作为采矿权人实际已退出矿山的日常经营管理，该约定实际将星辉公司享有的采矿权变相转让给了郎某春，违反了国家法律法规的相关规定，为无效约定。

一审法院认定，合同签订后，因南华县兔街镇干龙潭锰矿存在漂移现象，需办理相应的采矿区域变更手续才能正常进行开采，现变更手续尚未办理完毕，不具备采矿条件。因双方当事人签订的合同无效，郎某春应退出矿山经营，彭某辉应返还合作款，因彭某辉收取该款项后已投入矿山建设，星辉公司作为矿山所有人，应承担连带返还责任。郎某春作为合同当事一方，应当明知其所签合同的内容违反了国家法律法规的强制性规定，其应对合同无效的后果承担一定的责任，故对其主张的资金占用利息不予支持。一审法院据此作出判决，判令由彭某辉返还郎某春合作款，并由星辉公司承担连带返还责任。

（二）二审判决

星辉公司、彭某辉不服一审判决提起上诉。二审法院认为，《合同协议书》为有效合同。主要理由：星辉公司对彭某辉签订合同将其所有的采矿权与他人合作的行为并未提出异议，双方的纠纷进入诉讼程序后，星辉公司亦明确表示对彭某辉签订合同的行为予以认可，且郎某春在签订合同之时对采矿权归属于星辉公司的事实也明确知晓，合作协议主体应为星辉公司和郎某春；星辉公司对矿山经营的财务监督、项目实施等依然进行管理，其只是不参与项目的具体开发，并非完全不参与矿山的经营管理。星辉公司的采矿权主体资格并没有因双方签订合作协议而改变，不构成变相转让采矿权，《合同协议书》是双方当事人的真实意思表示，内容未违反法律法规的效力性强制性规定，且已实际开始履行，为有效合同。

二审法院认定，郎某春至今仍不能正常开采，星辉公司未能按约提供有效的采矿权证而构成根本违约，导致朗某春合同目的不能实现，遂判决解除合作协议并由星辉公司返还郎某春合作款。

三、法律评析

本案争议的焦点问题主要是涉案采矿权合作合同的效力如何认定。

《合同法》[①] 第 44 条规定："依法成立的合同，自成立时生效。法律、行政法规规定应当办理批准、登记等手续生效的，依照其规定。"《探矿权采矿权转让管理办法》第 10 条规定："申请转让探矿权、采矿权的，审批管理机关应当自收到转让申请之日起 40 日内，作出准予转让或者不准转让的决定，并通知转让人和受让人。准予转让的，转让人和受让人应当自收到批准转让通知之日起 60 日内，到原发证机关办理变更登记手续；受让人按照国家规定缴纳有关费用后，领取勘查许可证或者采矿许可证，成为探矿权人或者采矿权人。批准转让的，转让合同自批准之日起生效。不准转让的，审批管理机关应当说明理由。"

矿业权转让是指矿业权人将矿业权转移的行为，核心是矿业权主体发生了变更。契约型合作在未设立合作、合资法人的情况下，仅通过协议对合作

① 案例分析时适用的是判决当时有效的法律，不再对其时效性进行专门注释。全书同。——编者注

各方权利义务进行安排，并无关于变更采矿权人的约定，不存在矿业权人的变更，不应当视为矿业权转让。同时，契约型矿业权合作合同中，矿业权人未放弃矿山经营管理，继续履行其法定义务并承担相应法律责任的情况下，矿业权主体并未发生变更的，不构成矿业权变相转让。本案中，从《合同协议书》的内容来看，不存在矿业权转移的约定，矿业权主体未发生变更；也没有星辉公司将本案所涉矿山直接交由郎某春开采，星辉公司退出矿山，由郎某春独立核算、自负盈亏的约定，星辉公司的采矿权主体资格并没有因签订《合同协议书》而改变，并未变相转让采矿权。

因此，《合同协议书》作为契约型合作合同，不需要以行政机关的审批为生效条件。《合同协议书》是双方当事人的真实意思表示，内容未违反法律法规的效力性强制性规定，且已实际开始履行，为有效合同。

四、借鉴意义

合同性质的认定是判断合同效力的前提，正确认定合同效力是妥当处理合同纠纷的关键。矿业权合同并非全部采取合作转让的方式，而是包括实体性合作和契约型合作两种模式。在矿业权领域契约型合作模式日益增多的态势下，本案判决内容对鼓励矿业权合作依法开展、保障市场主体合法权益、促进矿产资源合理开发利用具有借鉴意义。

矿业企业股权转让能否认定为矿业权转让

矿业企业并购交易过程中，矿业权转让和股权转让都是实现交易目标的重要方式，但是两者的交易主体、交易标的、法律效果、适用法律等均有区别，不能相互混同。2016 年最高人民法院发布的矿业权民事纠纷典型案例薛某懿等四人与西藏国能矿业发展有限公司（以下简称国能公司）、西藏龙辉矿业有限公司（以下简称龙辉公司）股权转让合同纠纷案，为我们辨析矿业权转让和矿业企业股权转让的区别，正确界定涉矿交易合同的法律性质，提供了参考借鉴。

一、基本案情

龙辉公司拥有“西藏阿里地区革吉县折坡铁矿普查”“西藏日喀则昂仁县暗宗多金属矿普查”“西藏阿里地区革吉县黄草东多金属矿普查”三个探矿权。2013 年 7 月 12 日，国能公司与薛某懿、薛某蛟签订《关于西藏龙辉矿业有限公司股权及矿权之合作协议》（以下简称《合作协议》），约定：薛某懿、薛某蛟将其持有的龙辉公司全部股权转让给国能公司，双方同意展开一系列合作。龙辉公司注册资本 5020 万元，薛某懿出资 3012 万元，持有龙辉公司 60% 的股权，以 2749.8 万元转让价转让给国能公司；薛某蛟出资 2008 万元，持有龙辉公司 40% 股权，以 1833.2 万元转让价转让给国能公司，股权总转让价款为 4583 万元。

合作协议签订后，国能公司支付了 1500 万元款项，并对龙辉公司的企业法人营业执照、公司公章、公司财务章、探矿证等资质及财务证照等进行了交接，但未办理股权转让工商变更登记手续。

2013 年 10 月 24 日，薛某懿向国能公司发出终止协议函，称国能公司存在未按照《合作协议》约定履行付款义务、未筹集资金对目标矿权实施地质勘查、未到矿政管理机关办理股权转让审批等违约行为，根据《合作协议》约定特通知国能公司终止《合作协议》的履行，并在3日内退还与龙辉公司有关的材料、公章、营业执照等物品。当日，国能公司法定代表人向薛某懿发出回复，称国能公司已经委托第三方履行了支付义务，国能公司自签订《合作协议》之后，为推进合作事宜做了大量工作等，认为不存在因国能公司原因导致终止《合作协议》事由，要求薛某懿配合完成工商注册变更工作。2013年11月28日，薛某懿、薛某蛟委托律师向国能公司发出《律师函》，载明薛某懿、薛某蛟依照合作协议第13条第2款第2项、第4项的约定和《合同法》第96条的规定解除合作协议，要求国能公司在接到律师函3个工作日内指派专人与薛某懿、薛某蛟协商解除合同事宜。

2013年10月29日，薛某懿、薛某蛟与王某生、薛某琦签订了《探矿权股权转让合同》（以下简称转让合同），将已转让给国能公司的股权再次转让给王某生、薛某琦。2013年10月30日，西藏自治区土地矿权交易和资源储量评审中心就薛某懿、薛某蛟与王某生、薛某琦转让合同所涉矿权，在西藏自治区原国土资源厅官网政务公开界面发布了藏矿交字（2013）032号《西藏龙辉矿业有限公司探矿权转让公告》。11月21日，西藏自治区原国土资源厅以藏国土资复〔2013〕269号西藏自治区原国土资源厅《关于西藏龙辉矿业有限公司变更股权及法定代表人的批复》，批准龙辉公司变更股权及法定代表人。2013年11月28日，薛某懿、薛某蛟以龙辉公司营业执照丢失为由申请补发；同时登报称丢失龙辉公司营业执照、税务登记证、组织机构代码、公司公章等证照，并声明作废。12月9日，薛某懿、薛某蛟与王某生、薛某琦就所转让龙辉公司股权在西藏自治区原工商行政管理局办理了股权变更登记手续，将龙辉公司的股东变更为王某生、薛某琦。

国能公司为维护自身合法权益，遂向人民法院提起诉讼。

二、诉讼双方主张

国能公司认为：其与薛某懿、薛某蛟所签订的合作协议性质应为股权转让协议，国能公司已经支付了1500万元股权转让款，双方已经实际履行了该协议，薛某懿、薛某蛟所提出的协议终止的理由均不成立。薛某懿、薛某蛟在合作协议未终止的情况下即与王某生、薛某琦签订了转让合同，从转让合同签订的背景、主体、转让价格以及付款方式等方面来看，转让合同以及转让款均属虚假，属无效民事行为。故请求：（1）确认国能公司与薛某懿、薛某蛟签订的合作协议合法有效；（2）薛某懿、薛某蛟为国能公司办理股权变更登记手续；（3）确认薛某懿、薛某蛟与第三人王某生、薛某琦签订的转让合同无效。

薛某懿、薛某蛟认为：双方签订的合作协议的形式虽为股权转让及矿权合作，但实质仍然属于探矿权转让合同，其生效条件是获得国土资源管理部门的批准，本案合作协议未经西藏国土资源管理部门批准，协议未生效，国能公司请求确认该协议有效并继续履行缺乏法律依据。并且，根据西藏自治区人民政府《关于进一步规范矿产资源勘查开发管理的意见》[①]，即便是纯粹转让涉矿公司的股权，未获得国土资源管理部门的批准，转让合同亦不能生效。薛某懿、薛某蛟提出反诉，请求国能公司返还相关证照，并支付因《合作协议》未生效给其造成的经济损失。

三、裁判结果

一审法院经审理认为，从国能公司与薛某懿、薛某蛟之间的合作协议内容看，虽包含股权转让和矿权合作两方面内容，但其实质内容是股权转让，故该协议属股权转让协议，符合《合同法》第 8 条、《公司法》第 72 条第 2 款的规定，系合法有效。薛某懿、薛某蛟将其在龙辉公司的全部股权转让给国能公司，并将龙辉公司的营业执照等相关证照依约已交给国能公司的情况下，没有诚信履行对国能公司的合同义务，却向工商行政管理部门提出《申请》谎称丢失龙辉公司营业执照并申请补办，同时登报谎称丢失龙辉公司营业执照、税务登记证、组织机构代码、公司公章等证照并声明作废后，又与第三人王某生、薛某琦签订转让合同，将该股权再次转让给第三人，依照《物权法》第 106 条的规定，该行为属无权处分行为。因此，一审法院认定

① 现已失效。

国能公司与薛某懿、薛某蛟签订的合作协议合法有效，双方应当继续履行合同义务，薛某懿、薛某蛟与第三人王某生、薛某琦签订的转让合同无效。

薛某懿、薛某蛟不服一审判决提起上诉。二审法院经审理认为，案涉合作协议的性质应认定为探矿权转让还是股权转让，主要应取决于探矿权人更名与否的事实以及合作协议约定的内容是否涉及探矿权转让等因素。根据本案查明事实，案涉探矿权系登记在龙辉公司名下，合作协议仅约定由薛某懿、薛某蛟将其持有龙辉公司的股份转让给国能公司，并未涉及探矿权人更名的内容。再者，薛某懿、薛某蛟并非案涉探矿权持有人，无权处置龙辉公司所持有的探矿权；而龙辉公司作为探矿权人，并非案涉合作协议的当事人，亦不可能在该协议中进行探矿权转让。协议中虽包括矿产合作的相关内容，但均属基于股权转让所产生的附随权利义务，探矿权人仍系龙辉公司，该协议的实质仍然属于股权转让。因此，本案国能公司与薛某懿、薛某蛟所签订的合作协议应认定为股权转让协议，而非探矿权转让协议。合作协议属合法有效合同，转让合同因系在无权处分基础上签订，且不符合善意取得条件，属无效合同。

四、法律评析

本案中的一个重要争议焦点是，矿业企业股权转让是否应认定为矿业权转让。笔者认为，公司股权和矿业权是两种完全不同的权利，理由如下：

交易主体不同。股权转让是拥有矿业企业股权的股东，与股权受让人之间的交易行为；矿业权转让是拥有矿业权的矿业企业，与矿业权受让人之间的交易行为。本案中，交易主体为龙辉公司股东薛某懿、薛某蛟，以及股权受让人国能公司。龙辉公司作为矿业权人，并非股权转让交易主体。

交易标的不同。股权转让中，转让标的是矿业企业的股权，是股东在矿业企业的出资份额对应的财产权益。矿业权转让中，转让标的是探矿权和采矿权，属于矿业企业的法人财产权。本案中，薛某懿、薛某蛟与国能公司《合作协议》项下的交易标的为龙辉公司100%的股权，而非龙辉公司拥有的探矿权。

法律效果不同。股权转让的法律效果是受让人成为矿业企业的新股东，享有股东权利；矿业权持有人并未发生变更。矿业权转让则使矿业权持有人发生变更，受让人成为新的矿业权人。本案中，双方履行《合作协议》的法律效果是国能公司成为龙辉公司的新股东，而龙辉公司作为矿业权人的身份并未发生变化。

适用法律不同。股权转让适用《公司法》《公司登记管理条例》[①] 等法律法规，除国有企业、外商投资企业、上市公司股权转让等受特殊审批程序约束外，以股权转让自由为原则。矿业权转让则受《矿产资源法》《探矿权采矿权转让管理办法》等矿产资源管理法律法规的调整，在转让条件、受让人资质等方面设定了相应条件。

综上所述，矿业企业股权和矿业权具有本质区别，正确区分矿业企业股权转让与矿业权转让，是现代公司法律制度的基本要求。矿业企业股东按照公司法规定转让股权的行为，属于当事人意思自治范围内的事项，应得到尊重和保护。即使转让后，矿业企业控股股东发生变化，也应视为正常的经济交易行为。

① 现已失效。

不以转让采矿权为目的的承包协议应当被认定为有效

一、基本案情

1. 宝兴大坪矿是在宝兴县工商行政管理局注册成立的一家联营企业，取得雅安市国土资源局颁发的《采矿许可证》，有效期限自 2010 年 12 月 22 日至 2019 年 12 月 22 日。

2. 2009 年 9 月 22 日，宝兴大坪矿与自然人李某签订《协议书》，约定：宝兴大坪矿提供合法采矿手续，提供采矿现场和电力设施、公路、炸药库房等基础设施；矿区新增林地、公路合作期满后归宝兴大坪矿所有；李某向宝兴大坪矿支付固定数额的费用，享有生产经营自主权，自行组织生产、营销的人员，承担工资费用，照章纳税；如宝兴大坪矿违约，应赔偿李某所有投入的费用。李某按约提供前期投资并进行开采。

3. 李某经营管理《协议书》约定的矿点期间，使用的工作人员除杨某以外，均为宝兴大坪矿原经营管理过程中的人员。

4. 李某在经营管理期间，向政府相关部门申请审批、核准、备案等均以宝兴大坪矿名义实施。有关政府部门在该期间，也均以向宝兴大坪矿发出文件的形式行使对矿山的行政管理职权。

5. 宝兴大坪矿提起诉讼，请求确认《协议书》无效，李某停止生产并退场、返还矿山及相关设备设施。

二、裁判结果

四川省雅安市中级人民法院一审认为：《协议书》因违反法律规定应为

无效。主要理由为：

1. 双方签订《协议书》实质上是以承包为名转让采矿权的行为。因为协议约定的期限为2009年3月1日至2019年3月1日，结合宝兴大坪矿被许可采矿的有效期限为2010年12月22日至2019年12月22日的事实，应当认定宝兴大坪矿将许可有效期间内的采矿权都交由李某行使，《协议书》的目的是转让采矿权。

2. 双方通过《协议书》转让采矿权的行为应当认定为无效。《矿产资源法》和国务院《探矿权采矿权转让管理办法》的规定，采矿权转让必须经过审批并且按照法律规定的条件、程序进行。本案中双方转让采矿权未经有权机关审批，并且李某作为个人不符合规定的受让采矿权的市场主体资格。所以，《协议书》违反《合同法》的相关规定，应当确认无效。

四川省高级人民法院二审认为：双方签订《协议书》的性质为采矿权承包合同，而非采矿权转让合同。

采矿权转让是将采矿权全部权益进行转让，并且要变更采矿权的主体。而《协议书》约定，宝兴大坪矿具备有效的采矿许可证及相关法律规定的证照，负责在法律规定和允许的情况下提供一切合法采矿手续，提供采矿现场和电力设施、公路、炸药库房等基础设施，采矿权的主体不发生变化。在实际履行过程中，对外关系上亦均是以宝兴大坪矿的名义进行。李某向宝兴大坪矿支付固定数额的费用，自行组织生产、营销人员，承担工资费用，照章纳税；享有生产经营自主权，均符合承包合同的特点，而不具有采矿权转让的特点，应认定为采矿权承包合同。虽然《协议书》约定李某的经营期限与宝兴大坪矿现有的采矿许可期限大体一致，但依照相关法律法规的规定，宝兴大坪矿在期满后可申请续期。《协议书》只是合同双方当事人之间权利义务关系的内部约定，不以转让采矿权为合同目的，不违反法律、行政法规的强制性规定，应为有效。二审法院撤销一审判决，驳回了宝兴大坪矿的诉讼请求。

最高人民法院以二审判决认定《协议书》的性质为采矿权承包合同并无不当为由，裁定驳回宝兴大坪矿的再审申请。

三、法律评析

本案的焦点在于如何认定案涉双方签订的《协议书》之性质和效力，具体而言即采矿权转让合同与采矿权承包合同之争。

采矿权系通过行政许可方式取得的物权，法律法规明确规定，采矿权转让必须经有权限的矿产资源主管依照法定的条件和程序进行审批。采矿权承包经营仅通过双方意思表示即可，其实质是采矿权人对开采作业具有选择权，既可以自行进行采掘活动，也可以授权他人与之共同或者单独进行采掘活动，将其开采权所包含的经营管理权一定程度让渡他人。判断一个行为到底是采矿权转让还是采矿权承包经营，其关键是判断双方签订的协议的本质为承包协议还是转让协议，若为承包协议，当事人意思表示真实且不违反法律强制性规定的情况下应为有效。如果被认定为名为承包实为转让的合同，则根据《探矿权采矿权转让管理办法》第 15 条、最高人民法院《关于审理矿业权纠纷案件适用法律若干问题的解释》第 12 条之规定，合同应属无效。

对于如何界定是采矿权转让还是采矿权承包，一般有以下几项标准：(1) 采矿权权利主体是否发生变化；(2) 采矿权人是否还负责采矿许可证和矿业企业其他证照的年检、审核、信息公示、延续登记等事宜的办理；(3) 承包人对外经营及办理相关审批事宜是否以采矿权人名义进行；(4) 采矿权人是否继续承担安全生产、生态环境修复等法定义务；(5) 采矿权人是否实际承担其他矿山管理职责。

如《探矿权采矿权转让管理办法》第 15 条规定："违反本办法第三条第（二）项的规定，以承包等方式擅自将采矿权转给他人进行采矿的，由县级以上人民政府负责地质矿产管理工作的部门按照国务院地质矿产主管部门规定的权限，责令改正，没收违法所得，处 10 万元以下的罚款；情节严重的，由原发证机关吊销采矿许可证。"

最高人民法院《关于审理矿业权纠纷案件适用法律若干问题的解释》第 12 条规定："当事人请求确认矿业权租赁、承包合同自依法成立之日起生效的，人民法院应予支持。矿业权租赁、承包合同约定矿业权人仅收取租金、承包费，放弃矿山管理，不履行安全生产、生态环境修复等法定义务，不承担相应法律责任的，人民法院应依法认定合同无效。”

本案中二审法院正确而适当地区分了承包采矿权与以承包形式转让采矿权，即关键在于采矿权的权利主体实际上是否变更。宝兴大坪矿与李某签订《协议书》后，并未放弃享有采矿权的权利，同时继续履行经营管理义务，不是将采矿权完全交予承包人的。《协议书》明确规定，宝兴大坪矿具备有效的采矿许可证及相关的法律规定的证照，保证在法律规定和允许的情况下的一切合法采矿手续，由宝兴大坪矿提供采矿现场和电力设施、公路、炸药库房等基础设施，采矿权的主体不发生任何变化。在实际履行过程中，对外关系上均是以宝兴大坪矿的名义。虽然《协议书》约定李某的经营期限为10年，与宝兴大坪矿现有的采矿许可期限大约一致，但依照相关法律法规的规定，宝兴大坪矿在期满后可申请续期。因此，《协议书》只是合同双方当事人之间权利义务关系的内部约定，不以转让采矿权为合同目的。所以，只要不违反效力性强制性规定，应当对合同效力予以肯定。

四、借鉴意义

我国矿产资源相关法律、行政法规禁止以承包形式转让采矿权。实践中，应区分以承包形式转让采矿权和采矿权承包两种流转方式。当事人签订采矿权承包合同，约定发包人放弃对矿山的管理，除收取固定费用或者收益外不再履行作为采矿权人的全部法定义务，亦不再承担任何法律责任的，应认定为以承包形式转让采矿权。若当事人签订采矿权承包合同，同意他人与之共同进行采掘活动或者将开采权中所包含的经营管理权属赋予他人，但采矿权的权利主体不发生变更，发包人作为采矿权人不退出矿山管理，继续履行采矿权人的法定义务、承担相应法律责任的，在不违反法律、行政法规强制性规定的情况下，应依法确认其效力。

法院执行通知并非行政机关审查采矿权转让的考量因素

采矿权作为兼具民事物权和行政许可双重属性的一种财产权利，在现行法律框架下受公法和私法的共同规范。人民法院审理采矿权转让合同纠纷，一方面，要依法保护矿业权流转，承认采矿权转让作为矿业权二级市场流转方式的法律效力，尊重当事人基于意思自治作出的利益安排；另一方面，要依法尊重自然资源主管机关的行政审批和行政监管职权，自然资源主管机关对矿业权转让的主体、条件、方式、程序等依法进行审查。

在采矿权转让合同纠纷解决中，如何准确把握司法机关和自然资源主管机关之间的职权界限，司法实践中各地法院和自然资源主管机关的理解和掌握不尽一致。2020 年最高人民法院发布的第二十三批指导性案例之七——于某岩与锡林郭勒盟隆兴矿业有限责任公司执行监督案，为统一采矿权转让合同纠纷中的法律理解与适用，平衡私权保护与行政监管，准确把握司法权和行政权的界限，提供了参考借鉴。

一、基本案情

2008 年 8 月 1 日，锡林郭勒盟隆兴矿业有限责任公司（以下简称隆兴矿业公司）作为甲方与乙方于某岩签订《矿权转让合同》，约定隆兴矿业公司将阿巴嘎旗巴彦图嘎三队李瑛萤石矿的采矿权有偿转让给于某岩。于某岩依约支付了采矿权转让费 150 万元，在接收采矿区后对矿区进行了初步设计并进行了采矿工作。而隆兴矿业公司未按照《矿权转让合同》的约定为于某岩办理矿权转让手续。2012 年 10 月，双方当事人发生纠纷诉至法院。

二、审理和裁判

隆兴矿业公司以于某岩不符合法律规定的采矿权受让人条件直接导致《矿权转让合同》无效等为理由，提出诉讼请求：请求法院确认《矿权转让合同》无效并给付违约金。于某岩提出反诉请求：判令隆兴矿业公司继续履行办理采矿权转让的各种批准手续。

一审法院认为，隆兴矿业公司与于某岩签订的《矿权转让合同》，系双方当事人真实意思表示，该合同已经依法成立，但根据相关法律规定，该合同系行政机关履行行政审批手续后生效的合同，对于矿权受让人的资格审查，属行政机关的审批权力，非法院职权范围，故隆兴矿业公司主张于某岩不符合法律规定的采矿权人的申请条件，请求法院确认《矿权转让合同》无效并给付违约金的诉讼请求，该院不予支持。对于于某岩反诉请求判令隆兴矿业公司继续履行办理采矿权转让的各种批准手续的请求，因双方在《矿权转让合同》中明确约定，矿权转让手续由隆兴矿业公司负责办理，故予以支持。对于于某岩主张由隆兴矿业公司承担给付违约金的请求，因《矿权转让合同》虽然依法成立，但处于待审批尚未生效的状态，而违约责任以合同有效成立为前提，故不予支持。一审法院据此作出民事判决，主要内容为隆兴矿业公司于判决生效后 15 日内，按照《矿权转让合同》的约定为于某岩办理矿权转让手续。

隆兴矿业公司不服一审判决提起上诉。二审法院认为，《矿权转让合同》系隆兴矿业公司与于某岩的真实意思表示，该合同自双方签字盖章时成立。原审法院认定《矿权转让合同》成立，隆兴矿业公司应按照合同继续履行办理矿权转让手续并无不当。如《矿权转让合同》审批管理机关不予批准，双方当事人可依据《合同法》的相关规定另行主张权利。二审法院作出民事判决，维持原判。

三、判决执行

由于隆兴矿业公司未按照判决要求履行义务，于某岩向法院申请强制执行。执行法院向被执行人隆兴矿业公司发出执行通知，要求其自动履行生效法律文书确定的义务。因隆兴矿业公司未自动履行，执行法院向国土资源局发出协助执行通知书，请其根据生效判决的内容，协助为本案申请执行人于某岩按照《矿权转让合同》的约定办理矿权过户转让手续。国土资源局答复称，隆兴矿业公司与于某岩签订《矿权转让合同》后，未向其提交转让申请，且该合同是一个企业法人与自然人之间签订的矿权转让合同。依据法律、行政法规及地方性法规的规定，对法院要求其协助执行的内容，按实际情况属协助不能，无法完成该协助通知书中的内容。

四、法律评析

本案争议的焦点问题主要有两个：一是案涉合同效力如何认定，合同是否应继续履行；二是自然资源主管机关是否应对采矿权转让依法独立作出审查判断。

（一）关于合同效力及继续履行问题

《合同法》第 44 条①规定，依法成立的合同，自成立时生效。法律、行政法规规定应当办理批准、登记等手续生效的，依照其规定。《探矿权采矿权转让管理办法》第 10 条规定，申请转让探矿权、采矿权的，审批管理机关应当自收到转让申请之日起 40 日内，作出准予转让或者不准转让的决定，并通知转让人和受让人。批准转让的，转让合同自批准之日起生效。不准转让的，审批管理机关应当说明理由。最高人民法院《关于审理矿业权纠纷案件适用法律若干问题的解释》第 6 条规定，矿业权转让合同自依法成立之日起具有法律约束力。

本案中，法院认定双方签订的《矿权转让合同》尚未办理批准、登记手续，《矿权转让合同》依法成立，但未生效，判令隆兴矿业公司应按照合同继续履行办理矿权转让手续。同时，法院认为，于某岩是否符合采矿权受让人条件，《矿权转让合同》能否经相关部门批准，并非法院审理范围。判决结果既依法保护了矿业权流转，又尊重了行政机关的行政审批和行政监管职权。

---

① 《民法典》第 502 条的规定与此一致。

（二）自然资源主管机关对采矿权转让的审查问题

《矿产资源法》等法律法规赋予自然资源主管机关对采矿权转让进行审批的法定职权。为了维护国家作为矿产资源所有者的权益，保障有限自然资源的合理开发利用，维护矿产资源开发管理秩序，我国法律规定对采矿权转让进行审批管理。《矿产资源法》第6条规定，已取得采矿权的矿业企业，因企业合并、分立，与他人合资、合作经营，或者因企业资产出售以及有其他变更企业资产产权的情形而需要变更采矿权主体的，经依法批准可以将采矿权转让他人采矿，具体办法和实施步骤由国务院规定。国务院颁布的《探矿权采矿权转让管理办法》对采矿权转让审批机关、转让采矿权应具备的条件、应提交的材料、受让人条件、价款评估等作出了详细规定。

执行法院发出的协助执行通知不影响自然资源主管机关对采矿权转让依法独立作出审查判断。法院判令转让方按照合同约定办理采矿权转让手续，并非对采矿权归属的确定，执行法院依此向相关主管机关发出协助办理采矿权转让手续通知书，只具有启动主管机关审批采矿权转让手续的作用，采矿权能否转让应由自然资源主管机关依法独立作出决定。

本案中，矿权转让合同约定的采矿权受让人为自然人。《矿业权出让转让管理暂行规定》（国土资发〔2000〕309号）第19条第2款规定，采矿权申请人应为企业法人，个体采矿的应依法设立个人独资企业。原国土资源部《关于进一步完善采矿权登记管理有关问题的通知》（国土资发〔2011〕14号）、原国土资源部《关于完善矿产资源开采审批登记管理有关事项的通知》（国土资规〔2017〕16号）进一步明确规定，采矿权申请人应当为企业法人。国土资源部门对案涉采矿权转让行为依法独立审查后，未予批准采矿权转让，具有相应的法律法规及政策依据。

自然保护区内经营者的合法财产权益应得到保护

自然保护区清理关闭探矿权和采矿权，是目前矿产资源开发和环境保护领域备受关注的焦点。自2017年原国土资源部下发《自然保护区内矿业权清理工作方案》以来，已有20多个省份出台了自然保护区内矿业权退出具体实施政策，各地自然保护区内矿业权退出工作如火如荼地开展。从各地出台的政策和工作实践来看，很多地方政府及其部门仅是单方面要求矿业权人退出自然保护区，既没有依照法定程序作出适当的行政行为，也没有主动对矿业权人进行补偿。

面对地方政府及其部门不合法、不合理的行政行为，矿业权人有权采取行政复议、行政诉讼等方式主张和维护自身合法权益。2014年最高人民法院公布的环境保护行政案件十大案例中，苏某华诉广东省博罗县人民政府划定禁养区范围通告案为我们提供了很好的借鉴。

一、基本案情

2006年12月，苏某华（承包方）与博罗县农业科技示范场（发包方）签订了《承包土地合同书》，博罗县农业科技示范场将三百多亩土地发包给苏某华，用于经营益湖养殖场，养殖猪苗。苏某华先后依法办理了《税务登记证》《排放污染物许可证》《个体工商户营业执照》《组织机构代码证》。

2012年3月22日，博罗县人民政府作出博府（2012）32号《通告》（以下简称《通告》），称为优化畜禽养殖业结构，加强重点区域、重点流域的环境保护，减轻畜禽养殖业污染，切实保护饮用水源水质安全，将罗浮山国家级现代农业科技示范园划入畜禽禁养区范围，要求在通告发布之前禁养区内已有的畜禽养殖场（点）必须于2012年6月30日前自行搬迁或清理，违者将依据有关法律、法规进行处理，直至关闭。

此后，博罗县环境保护局根据32号《通告》，对益湖养殖场作出《关于湖镇镇益湖养殖场排污许可证年审不予通过的通知》；博罗县畜牧兽医局以32号《通告》为由，对益湖养殖场报送的《动物防疫合格证》年审材料不予受理；博罗县国土资源局以益湖养殖场未按规定申请办理用地手续，未取得县人民政府批准擅自兴建畜禽养殖房为由，要求养殖场自行关闭并拆除畜禽养殖房，恢复土地原状；县住房和城乡建设局对益湖养殖场发出了《行政处罚告知书》，以养殖场的建筑未取得建设工程规划许可证为由，拟给予限期拆除的处罚。

苏某华对博罗县人民政府作出的《通告》不服，提起行政诉讼，请求法院撤销《通告》。

二、裁判结果

一审法院认为，根据《广东省环境保护条例》《畜牧法》的有关规定，博罗县人民政府有权根据环境保护的需要将其管辖的罗浮山国家级现代农业科技示范园划定为畜禽禁养区，并且博罗县人民政府已经将《通告》告知并送达包括苏某华在内的其他禁养区范围内的畜牧养殖户，在《通告》上也已明确告知当事人应予履行的义务。博罗县人民政府将罗浮山国家级现代农业科技示范园划定为畜禽禁养区完全合乎法律规定。一审法院判决维持《通告》。

苏某华提起上诉后，二审法院经审理认为，罗浮山国家级现代农业科技示范园承担农业科技推广的任务，需要严格的环境保护条件。科技示范园附近河涌连接当地饮用水源地沙河和东江，在科技示范园内进行畜禽养殖有可能造成空气和水质污染。博罗县人民政府有权依据《畜牧法》、《畜禽养殖污染防治管理办法》（已失效）、《广东省环境保护条例》的相关规定，根据环境保护的需要，将罗浮山国家级现代农业科技示范园划定为畜禽禁养区。据此，二审法院判决维持原判，驳回上诉。

但二审法院同时认为，苏某华经营养殖场的行为发生在《通告》作出之前，已经依法领取了《税务登记证》《排放污染物许可证》《个体工商户营业执照》，其合法经营行为应当受到法律保护。根据《行政许可法》第 8 条的规定，虽然博罗县人民政府有权根据环境保护这一公共利益的需要划定畜禽禁养区，但亦应当对因此遭受损失的苏某华依法给予补偿。环保、国土、住建等部门对苏某华及其养殖场作出行政处罚、不予年审等行为的依据均是《通告》，县人民政府不能以此为由否定苏某华的合法经营行为，苏某华可依法另行提起有关行政补偿的申请。

三、法律评析

本案争议的焦点问题有两个：一是博罗县人民政府发布《通告》的行为是否合法，二是苏某华经营的养殖场权益是否应予保护。

（一）关于博罗县人民政府发布《通告》行为的合法性分析

一方面，行政机关实施变更或撤回行政许可的行为要做到实体合法。《行政许可法》第 8 条规定，公民、法人或者其他组织依法取得的行政许可受法律保护，行政机关不得擅自改变已经生效的行政许可。行政许可所依据的法律、法规、规章修改或者废止，或者准予行政许可所依据的客观情况发生重大变化的，为了公共利益的需要，行政机关可以依法变更或者撤回已经生效的行政许可。为了保护环境的公共利益需要，博罗县人民政府有权依据《畜牧法》《畜禽养殖污染防治管理办法》《广东省环境保护条例》的相关规定，将罗浮山国家级现代农业科技示范园划定为畜禽禁养区，该行政行为具备法律依据。

另一方面，行政机关实施变更或撤回行政许可的行为还要做到程序合法。《行政许可法》虽然没有规定变更或撤回行政许可的具体程序，但明确规定“设定和实施行政许可，应当遵循公开、公平、公正的原则”。根据行政许可基本理论和《行政许可法》的原则性规定，同时参考土地征收、房屋征收等程序规定，笔者认为，变更或撤回行政许可应当体现权利保护、程序公正、有效参与等原则，具体应当包括告知、听取被许可人的意见、听证、作出变更或撤回行政许可决定、损失确认、签订补偿协议、作出补偿决定、变更或撤回行政许可决定的实施等环节。根据本案判决书的描述，博罗县人民政府在未履行相应程序的情况下作出《通告》，其行政程序不合法。

（二）关于苏某华经营养殖场权益的保护

根据行政法中的信赖保护原则，行政相对人基于对行政机关的信任而形成的利益应当得到保护。县级以上人民政府有权根据环境保护的需要，划定畜禽禁养区，禁止在畜禽禁养区内从事畜禽养殖业，也可以要求已有的畜禽养殖场搬迁和清理，即变更或撤回养殖户的生产经营许可。但与此同时，也应当考虑在此之前合法经营的畜禽养殖户的利益保护问题。《行政许可法》第 8 条规定，行政机关为了公共利益的需要依法变更或者撤回已经生效的行政许可，由此给公民、法人或者其他组织造成财产损失的，应当依法给予补偿。本案中，对行政许可因环境公共利益需要被变更或撤回而遭受损失的合法养殖户，博罗县人民政府应依法给予补偿。

四、借鉴意义

最高人民法院在公布本案作为典型案例时，明确指出本案的典型意义在于：人民法院在维护行政机关环境保护监管行为的同时，也注重利益的平衡，较好地诠释了环境行政管理活动中的信赖保护原则。在环境行政管理活动中，政府及环保部门需注重公共利益与私人利益的平衡，不能只考虑环境保护的需要，忽视合法经营者的信赖利益。尤其要防止为了逃避补偿责任，有意找各种理由将合法的生产经营活动认定为“违法”的现象。

本案判决内容及最高人民法院的总结点评，对于引导地方政府及其部门依法开展自然保护区内矿业权退出工作，具有很好的教育意义；对于自然保护区内矿业权人通过行政复议和行政诉讼方式维护自己的合法权益，具有较强的参考价值。

认定煤矿地下开采导致地上建筑物损坏责任时应考虑压覆审批

项目建设单位在已设煤炭矿业权范围内开展工厂、大型建筑物等项目建设前，负有办理压覆审批手续的法定义务。如果项目建设单位未办理压覆审批手续即进行项目建设，由于采矿权人仍有权开采建设项目区域下方的煤炭资源，一旦发生煤矿地下开采导致地上工厂、建筑物损坏的结果，则建设单位自身负有重大过错。人民法院审理有关案件时，应充分查明建设项目压覆矿产资源审批有关事实。

一、基本案情

2003 年，A 公司取得案涉煤矿的采矿权。受当地政府招商引资政策号召，B 公司决定到 A 公司煤矿所在区域投资建设工业项目，项目拟占地区域和 A 公司矿区范围存在重叠。

2004 年 3 月，A 公司向国土资源管理部门出具关于同意 B 公司项目压覆该矿井田部分煤炭资源的函。2007 年，B 公司与开发区管委会签订项目协议，将约 420 亩土地有偿出让给 B 公司用于项目建设，并保证地下压煤不再开采。2008 年，开发区管委会向 A 公司发出复函，要求 A 公司不得在 B 公司项目地块进行煤炭开采。经政府相关部门同意，B 公司于 2010 年开工建设工厂，2011 年取得上述土地的《国有土地使用权证》。

2011 年 8 月，A 公司开始在 B 公司所占用的建设用地范围内地下进行煤炭资源的开采。2012 年 3 月，B 公司厂房发生基础下沉下陷、地面断裂、钢结构变形、门窗变形、墙面裂缝等现象。

由于 A 公司和 B 公司之间未能就厂房损坏的责任划分及赔偿问题达成一

致，B公司向人民法院提起民事诉讼。诉讼请求：（1）判令A公司赔偿B公司210亩土地重置损失；（2）判令A公司赔偿B公司厂房等建筑物重建损失；（3）判令A公司赔偿B公司设备损失；（4）判令A公司赔偿B公司抢险救灾、恢复临时生产等费用损失；（5）判令A公司赔偿B公司停工停产损失。

A公司提起反诉称：B公司在其矿区范围内投资建设的厂房未履行压覆矿产资源审批手续，未和采矿权人A公司达成补偿协议，B公司在其矿区范围内建设厂房的行为构成侵权。2012年3月，B公司厂房地面塌陷后，A公司不得已停产、撤离采煤工作面，进而造成重大损失。反诉请求：（1）因压覆区域内煤炭资源无法开采造成的煤炭价值损失；（2）为开采压覆煤炭资源投入的主要设备损毁损失；（3）停产停工损失。

二、裁判结果

一审法院认为，A公司在B公司拥有合法权益的土地范围内进行煤炭开采，是一种违法侵权行为。一审法院经审理判令A公司赔偿B公司各种损失合计2.5亿元，同时驳回A公司的反诉请求。

A公司不服一审判决提起上诉。二审法院认为：A公司煤矿的采矿权成立在先，B公司的建设用地使用权成立在后。根据《物权法》第136条的规定，B公司对于A公司的在先权利具有相应的注意义务。另根据《矿产资源法》第33条、《煤炭法》第62条、原国土资源部《关于规范建设项目压覆矿产资源审批工作的通知》[①] 第5条、原国土资源部《关于进一步做好建设项目压覆重要矿产资源审批管理工作的通知》第4条第3项的规定，建设单位应当在项目可行性研究阶段提出压覆矿产资源申请，报省级以上国土资源主管部门批准同意后，由建设单位或者新的土地使用权人与采矿权人签订补偿协议并报批准压覆的部门备案，采矿权人据此及时到原发证机关办理相应的矿区范围变更手续。B公司在建设案涉厂房的过程中，有无依法办理压覆矿产资源审批手续并与A公司协商变更采矿权范围及补偿事宜，是否已尽合

① 现已失效。

理注意义务，是否取得土地权属及建设许可，其建设行为是否合法，相关基本事实没有查清。因此，对双方责任的认定，需要在查清上述事实的基础上，结合一审法院已查明的其他相关事实综合予以判定。

二审法院经审理认为一审认定基本事实不清，遂裁定撤销一审判决，将案件发回一审法院进行重审。

三、法律评析

《矿产资源法》第 33 条规定：“在建设铁路、工厂、水库、输油管道、输电线路和各种大型建筑物或者建筑群之前，建设单位必须向所在省、自治区、直辖市地质矿产主管部门了解拟建工程所在地区的矿产资源分布和开采情况。非经国务院授权的部门批准，不得压覆重要矿床。”原国土资源部《关于进一步做好建设项目压覆重要矿产资源审批管理工作的通知》规定：“凡建设项目实施后，导致其压覆区内已查明的重要矿产资源不能开发利用的，都应按本通知规定报批。未经批准，不得压覆重要矿产资源。”

根据上述规定，在已设矿业权范围内开展建设项目的，项目建设单位应当依法办理压覆矿产资源审批手续。具体程序包括：

1. 建设单位应申请查询压覆矿产资源情况。建设项目选址前，建设单位应向省级自然资源管理部门查询拟建项目所在地区的矿产资源规划、矿产资源分布和矿业权设置情况，不压覆重要矿产资源的，由省级自然资源管理部门出具未压覆重要矿产资源的证明；确需压覆重要矿产资源的，履行压覆审批程序。

2. 编制评估报告及评审备案。建设单位应根据有关工程建设规范确定建设项目压覆重要矿产资源的范围，委托专业机构编制建设项目压覆重要矿产资源评估报告。评估报告编制完成后，建设单位应提交矿产资源储量评审备案申请、矿产资源储量信息表和建设项目压覆重要矿产资源评估报告，办理压覆资源储量的评审备案程序，取得储量评审意见书及备案证明。

3. 履行压覆报批程序。压覆煤炭资源累计查明资源储量数量达大型矿区规模以上的，或矿区查明资源储量规模达到大型并且压覆占 1/3 以上的，由自然资源部审批，其他由省级自然资源管理部门审批。经自然资源管理部门审查，符合审批条件的，出具建设项目压覆重要矿床（矿产资源）批复文件。如果建设项目压覆已设置矿业权矿产资源的，建设单位还应同时与矿业权人签订补偿协议，作为报批材料之一。

4. 勘查区块或矿区范围变更登记。建设项目压覆重要矿产资源审批通过后，自然资源主管部门应将相关信息录入矿产资源储量数据库，并同时发送建设单位和相关矿业权人。矿业权人应及时到原发证机关办理相应的勘查区块或者矿区范围变更手续。

综上所述，项目建设单位在已设煤炭矿业权范围内开展工厂、大型建筑物等项目建设前，负有办理压覆审批手续的法定义务。如果项目建设单位未办理压覆审批手续即进行项目建设，由于采矿权人仍有权开采建设项目区域下方的煤炭资源，一旦发生煤矿地下开采导致地上工厂、建筑物损坏的结果，则建设单位自身负有重大过错。

本案中，A 公司煤矿的采矿权设立在先，B 公司的建设用地使用权设立在后，B 公司应依法办理压覆矿产资源审批手续。然而，一审法院在未查明上述基本事实、未考虑 B 公司建设项目手续合法性的情况下，即认定 A 公司进行煤炭开采的行为违法，缺乏事实依据。

认定煤矿采区范围内发生塌陷事故的责任时应考虑地质灾害评估

根据《地质灾害防治条例》等规定，建设单位在地质灾害易发区内进行工程建设时，应进行地质灾害危险性评估。建设单位在煤矿采区内进行项目建设的，如未对项目占地区域进行地质调查，未对地质灾害易发区内项目开展地质灾害危险性评估，一旦发生塌陷事故，则建设单位自身负有过错。人民法院审理有关案件时，应充分查明建设项目地质灾害危险性评估有关事实。

一、基本案情

A 矿业公司成立于 2004 年 1 月，2006 年 8 月取得煤矿采矿许可证。

2010 年 1 月，B 养殖合作社经工商登记成立，从事肉牛养殖、牧草种植，占地 208 亩，种植经果林 150 亩，种植牧草 200 多亩。

2016 年 12 月，B 养殖合作社养殖基地办公区域、牛场区域出现裂缝现象，办公室、圈舍、烤酒坊成为危房。2017 年 1 月 10 日，经 B 养殖合作社申请，国土资源管理部门委托地勘单位对 B 养殖合作社养殖基地地面塌陷地质灾害进行现状调查。地勘单位出具的调查报告载明：养殖基地位于 A 矿业公司 2013 年采空区。报告对塌陷形成原因进行分析，根据地面裂缝出现的时间上、空间上以及地面塌陷现状特征、地质环境条件结合煤层开采活动规律分析，认为该地面塌陷系由当地煤矿开采引发的采矿塌陷可能性较大。

2017 年 4 月，国土资源管理部门组织各方召开协调会议，会议要求：（1）A 矿业公司立即停止该地质灾害隐患点方向的采掘活动。（2）B 养殖合作社拿出具体的防治方案和资金预算，进一步和 A 矿业公司进行协商沟通。(3) A 矿业公司及时组织人员到 B 养殖合作社查看情况，与 B 养殖合作社共同制订应急预案，落实各项防范措施。

由于 A 矿业公司和 B 养殖合作社之间未能就地面塌陷的责任划分及赔偿问题达成一致，B 养殖合作社遂向人民法院提起民事诉讼，请求法院判令 A 矿业公司赔偿塌陷事故给 B 养殖合作社造成的经济损失。

二、裁判结果

本案审理期间，法院在对双方提交证据进行审查的基础上，到 C 市矿产资源管理部门调取了《C 市“十三五”地质灾害防治规划》《C 市地质灾害易发分区图》《C 市地质灾害隐患点分布图》《C 市“十三五”地质灾害防治规划图》。上述文件显示，B 养殖合作社养殖基地位于 C 市地质灾害易发区。

法院认为：B 养殖合作社养殖基地涉及土地硬化 1380 平方米，且建有多个厂房及牛棚等，应当需要合法的用地手续。B 养殖合作社未能提交合法的用地手续，依据最高人民法院《关于民事诉讼证据的若干规定》第 2 条的规定，B 养殖合作社应承担举证不能之责任。故 B 养殖合作社没有合法的用地手续而将养殖场修建于地质灾害易发区内，具有一定过错。B 养殖合作社设立的目的在于长期经营，选址时理应调查厂区的地质情况；其负责人作为本地村民，客观上应知所选厂址临近 A 矿业公司矿区，存在地面开裂、塌陷等地质灾害风险。但 B 养殖合作社却未尽到足够的注意义务，也未按照相关行政规章的要求，未履行设施农用地的使用备案义务。因此，对于 B 养殖合作社的损失，应由双方各承担 50%。

三、法律评析

进行地质灾害危险性评估是办理合法用地手续的前置条件。1999 年原国土资源部颁布《地质灾害防治管理办法》①，规定城市建设、有可能导致地质

① 现已失效。

灾害发生的工程项目建设和在地质灾害易发区内进行工程建设，在申请建设用地之前必须进行地质灾害危险性评估。《建设项目用地预审管理办法》第8条规定："建设单位应当对单独选址建设项目是否位于地质灾害易发区、是否压覆重要矿产资源进行查询核实；位于地质灾害易发区或者压覆重要矿产资源的，应当依据相关法律法规的规定，在办理用地预审手续后，完成地质灾害危险性评估、压覆矿产资源登记等。"《建设用地审查报批管理办法》第5条规定："在土地利用总体规划确定的城市建设用地范围外单独选址的建设项目使用土地的，建设单位应当向土地所在地的市、县国土资源主管部门提出用地申请。建设单位提出用地申请时，应当填写《建设用地申请表》，并附具下列材料：（一）建设项目用地预审意见；（二）建设项目批准、核准或者备案文件；（三）建设项目初步设计批准或者审核文件。建设项目拟占用耕地的，还应当提出补充耕地方案；建设项目位于地质灾害易发区的，还应当提供地质灾害危险性评估报告。"

进行地质灾害危险性评估，是建设工程项目审批的前置条件。2003年国务院颁布《地质灾害防治条例》，对建设项目地质灾害危险性评估工作做了进一步明确。该条例第21条第1款规定："在地质灾害易发区内进行工程建设应当在可行性研究阶段进行地质灾害危险性评估，并将评估结果作为可行性研究报告的组成部分；可行性研究报告未包含地质灾害危险性评估结果的，不得批准其可行性研究报告。"第24条规定："对经评估认为可能引发地质灾害或者可能遭受地质灾害危害的建设工程，应当配套建设地质灾害治理工程。地质灾害治理工程的设计、施工和验收应当与主体工程的设计、施工、验收同时进行。配套的地质灾害治理工程未经验收或者经验收不合格的，主体工程不得投入生产或者使用。"2011年国务院《关于加强地质灾害防治工作的决定》强调，在地质灾害易发区内进行工程建设，要严格按规定开展地质灾害危险性评估，严防人为活动诱发地质灾害。

根据上述规定，建设单位在地质灾害易发区内进行工程建设时，应进行地质灾害危险性评估，对经评估认为可能引发地质灾害或者可能遭受地质灾害危害的，应当配套建设地质灾害治理工程。本案中，B养殖合作社养殖基地位于地质灾害易发区，B养殖合作社未对厂区情况进行地质调查，未依法开展地质灾害危险性评估，未依法办理用地手续和工程建设手续。并且，B养殖合作社负责人作为本地村民，客观上应知所选厂址临近 A 矿业公司矿区，存在地面开裂、塌陷等地质灾害风险，却仍然将养殖场建设在该区域内。因此，B 养殖合作社对于损害事实的发生负有明显过失，应承担相应的法律后果。

矿山政策性原因关闭纠纷案例分析

近年来，随着国家和各地矿业管理政策的不断变化，以及党的十八大以来生态文明建设的不断深化，各地矿山因政策性原因被强制关闭的情形屡见不鲜。对于此种情形下如何依法保障矿业权人的合法权益，是当前司法实践重点关切的问题。本文中，笔者拟通过最高人民法院的几则案例，对政府关闭行为的可诉性、补偿义务主体的确定、权利人财产损失的认定等问题予以探讨。

一、案例一：煤矿因政策性原因关闭的，政府关闭决定是否可诉

行政行为是否对行政相对人的权利义务产生实际影响，是确定行政行为可诉性的重要标准，也是衡量行政诉讼中原告是否适格的重要条件。政府对煤炭行业实施行政管理过程中，因政策性原因作出的关闭煤矿决定，直接导致相关煤矿永久性停产停业，政府行为对煤矿企业的权利义务产生了实际影响，属于可诉的行政行为。

（一）基本案情

A矿业公司系一家煤矿生产企业，拥有经政府批准的年产9万吨的煤炭整合主体矿井。

2013年8月，B县人民政府作出《关于关闭B县8处矿井的决定》，强制关停了A矿业公司所属煤矿。

A矿业公司认为B县人民政府作出的关闭其矿井的行政行为从程序到实体均违法，遂向人民法院提起行政诉讼。

A矿业公司提出诉讼请求：撤销B县人民政府作出的《关于关闭B县8

处矿井的决定》中对A矿业公司矿井予以关闭的行政行为。

（二）裁判结果

1. 一审、二审法院均认定煤矿政策性关闭不属于行政诉讼受案范围

一审法院经审理认为，B县人民政府作出的《关于关闭B县8处矿井的决定》涉及省委、省政府关于推进我省煤矿企业兼并重组的产业调整政策，A矿业公司煤矿属政策性关闭。《行政诉讼法》第6条规定，人民法院审理行政案件，对行政行为是否合法进行审查。第63条规定，人民法院审理行政案件，以法律和行政法规、地方性法规为依据。因此，对于本案涉及的政策性关闭问题，不属于人民法院行政诉讼受案范围。据此，一审法院裁定驳回A矿业公司的起诉。

A矿业公司不服一审裁定提起上诉后，二审法院以和一审法院相同的理由驳回上诉，维持一审裁定。

2. 最高人民法院认定政府关闭煤矿行为对采矿权人权利义务产生重大影响，属于可诉的行政行为

A矿业公司不服二审裁定，向最高人民法院提出再审申请。最高人民法院经审理认定：《行政诉讼法》第2条第1款规定，公民、法人或者其他组织认为行政机关和行政机关工作人员的行政行为侵犯其合法权益，有权依照本法向人民法院提起诉讼。第12条第1款第1项规定，人民法院受理公民、法人或者其他组织对行政拘留、暂扣或者吊销许可证和执照、责令停产停业、没收违法所得、没收非法财物、罚款、警告等行政处罚不服提起的诉讼。

本案中，B县人民政府作出的《关于关闭B县8处矿井的决定》，实质是对A矿业公司煤矿等8处矿井永久性停产停业，该决定对A矿业公司的权利义务产生重大影响，属于可诉的行政行为。一、二审法院认定本案涉及政策性关闭煤矿问题，继而认为本案不属于行政诉讼的受案范围，缺乏法律依据。A矿业公司的起诉属于行政诉讼的受案范围，起诉符合法定条件，依法应当继续审理。

（三）法律评析

行政行为，是指具有国家行政职权的机关、组织及其工作人员，与行使

国家行政职权有关的，对公民、法人或者其他组织的权益产生实际影响的行为以及相应的不作为。《行政诉讼法》第2条规定，公民、法人或者其他组织认为行政机关和行政机关工作人员的行政行为侵犯其合法权益，有权依照本法向人民法院提起诉讼。《行政诉讼法适用解释》第1条规定，对公民、法人或者其他组织权利义务不产生实际影响的行为，不属于人民法院行政诉讼的受案范围。

可见，行政行为是否对行政相对人的权利义务产生实际影响，是确定行政行为可诉性的重要标准，也是衡量行政诉讼中原告是否适格的重要条件。本案中，判断B县人民政府作出的《关于关闭B县8处矿井的决定》是否可诉，应看该行政行为对A矿业公司的权利义务是否产生实际影响。

一、二审法院均以本案涉及煤矿政策性关闭为由，回避了政府关闭决定是否对A矿业公司的权利义务产生实际影响这一核心问题，导致作出了错误的裁判结果。最高人民法院再审审查中明确指出B县人民政府关闭矿井的决定对A矿业公司的权利义务产生重大影响，属于可诉的行政行为，并据此认定A矿业公司的起诉符合法定条件。

综上所述，政府对煤炭行业实施行政管理过程中，因政策性原因作出的关闭煤矿决定，直接导致相关煤矿永久性停产停业，政府行为对煤矿企业的权利义务产生了实际影响，属于可诉的行政行为。

二、案例二：煤矿因政策性原因关闭的，政府是否具有补偿的法定职责

因政策性原因导致煤矿关闭的，政府作为实施关闭煤矿行政行为的行政机关，应履行对被关闭煤矿的补偿义务。至于当地政府是否出台了关闭补偿的具体办法、补偿标准是否明确等，是政府作出补偿行为时应考量的因素，而不是判断政府是否应履行补偿义务的依据。

（一）基本案情

A煤矿于1993年取得采矿许可证，开始进行生产经营。

1997年11月，B煤炭公司（中央企业下属公司）与C区政府签订了征地搬迁协议，约定征地范围内所涉及的煤矿（含A煤矿）、粘土矿和黑沙石

矿，根据国家法律、政策规定，占用一个双方协商解决一个。1999 年，C 区政府作出《关于上报关闭矿井和保留矿井名单的通知》，要求对关闭矿井要上报上级关井办，吊销《煤炭生产许可证》《采矿许可证》《营业执照》，A 煤矿被纳入关闭的矿井名单。

2007 年 10 月，C 区政府作出征地搬迁安置补偿意见，规定国家政策性关闭的煤矿、粘土矿、黑沙石矿等，由 B 煤炭公司按国家有关法规政策，占一个协调解决一个。A 煤矿关闭后，被 B 煤炭公司占用。

2010 年 8 月，B 煤炭公司向 C 区政府提出建议，建议 C 区政府对被关闭矿业单位的合法性、关闭原因、权属进行确认，如确属原协议范围内的需补偿矿井，由 C 区政府、B 煤炭公司、矿主共同解决。2012 年 7 月，C 区召开党政联席会议，会议议定前 A 煤矿等十多家已关闭矿井占用补偿问题属于平等民事主体的民事争议，非政府职责范围，建议通过司法途径解决。

2016 年 7 月，A 煤矿在向 C 区政府书面申请解决行政补偿事宜，B 区政府未予答复，A 煤矿遂向法院提起诉讼。

（二）诉讼双方主张

针对本案中 C 区政府是否具有对 A 煤矿进行补偿的法定职责，诉讼双方存在巨大分歧。

A 煤矿主张：国务院《关于关闭非法和布局不合理煤矿有关问题的通知》是本次政策性关闭煤矿的法律依据，该文件明确规定了具体补偿办法由省、自治区、直辖市人民政府制定并实施。由此可见，补偿的主体是相应的各级人民政府。A 煤矿的政策性关闭是由 C 区政府直接实施的，根据行政行为的相对性原则，C 区政府应该是补偿主体。C 区政府与 A 煤矿形成了直接的行政法律关系，A 煤矿要求 C 区政府履行补偿的法定职责符合法定起诉条件。

C 区政府主张，《矿产资源法》第 36 条规定，国务院和国务院有关主管部门批准开办的矿山企业矿区范围内已有的集体矿山企业，应当关闭或者到指定的其他地点开采，由矿山建设单位给予合理的补偿。虽然关闭矿井的行为是政府行为，但根据该规定，国有矿山的建设单位是补偿主体。国务院

《关于关闭非法和布局不合理煤矿有关问题的通知》没有明确补偿主体，不能以该文件的规定要求C区政府履行补偿职责。

（三）裁判结果

1. 一审、二审法院均以国务院文件未明确补偿实施主体为由驳回起诉

一审法院认为，本案争议的焦点是C区政府是否具有对A煤矿进行补偿的法定职责。对于关闭行为，A煤矿和C区政府均认为是基于国务院《关于关闭非法和布局不合理煤矿有关问题的通知》的规定进行的，该通知未明确关闭合法开办小煤矿的补偿实施主体，规定具体补偿办法由省、自治区、直辖市制定并实施。A煤矿主张其关闭系行政行为所致，但未提交C区政府为本案关闭补偿主体的法律依据，故A煤矿请求审查C区政府未履行补偿职责行为的合法性并要求履行补偿职责的理由不能成立。

A煤矿不服一审裁定提起上诉后，二审法院以和一审法院相同的理由驳回上诉，维持一审裁定。

2. 最高人民法院认定C区政府应当对被其关闭的合法矿井承担相应的补偿责任

B煤炭公司不服二审裁定，向最高人民法院提出再审申请。最高人民法院经审理认定：

国务院《关于关闭非法和布局不合理煤矿有关问题的通知》第3条规定："关于关闭合法开办小煤矿适当补偿问题，要区别情况，统筹算帐。具体补偿办法由省、自治区、直辖市人民政府制定并实施……"按照上述规定，对被关闭的合法小煤矿应当进行补偿。虽各方当事人未能提供省政府制定的具体补偿办法，但并不能以此剥夺被关闭合法矿井依法取得补偿的权利。

根据《行政许可法》第8条第2款、最高人民法院《关于审理行政许可案件若干问题的规定》第14条的规定，在没有其他明确法律法规规定的情况下，撤回行政许可的补偿主体一般应认定为撤回行政许可的行政机关。本案C区政府应当对被其关闭的合法矿井承担相应的补偿责任。

（四）法律评析

因政策性原因导致煤矿关闭的，政府作为实施关闭煤矿行政行为的行政

机关，应履行对被关闭煤矿的补偿义务。至于当地政府是否出台了关闭补偿的具体办法、补偿标准是否明确等，是政府作出补偿行为时应考量的因素，而不是判断政府是否应履行补偿义务的依据。

本案中，一、二审法院认为国务院《关于关闭非法和布局不合理煤矿有关问题的通知》未明确关闭合法开办小煤矿的补偿实施主体，当事人未能提供省政府制定的具体补偿办法，以此为理由否定被关闭煤矿申请补偿的权利，回避政府应履行的法定职责，明显是错误的。

由于煤矿关闭问题政策性强、影响涉及面较广，为做好煤矿关闭中的补偿安置工作，国家先后出台了多个政策文件予以规范。例如，1998 年国务院《关于关闭非法和布局不合理煤矿有关问题的通知》规定，关于关闭合法开办小煤矿适当补偿问题，要区别情况，统筹算账。具体补偿办法由省、自治区、直辖市人民政府制定并实施。切实关闭小煤矿后，对财政收入影响较大且地方财政比较困难的地区，由中央财政酌情予以补贴。补贴办法由原国家经贸委商财政部、国家煤炭工业局制定。2009 年国家安全监管总局、国家煤矿安监局、发改委等 14 部委印发的《关于深化煤矿整顿关闭工作的指导意见》规定，各地要制定煤矿关闭的转产扶持、经济补助、就业培训、困难补助等政策措施，探索建立小煤矿正常退出机制。中央财政将根据关闭小煤矿工作情况，对地方政府给予一定财力支持。各地要研究制定关闭小煤矿有关经济政策和配套措施，确保社会稳定。

三、案例三：县政府关闭自然保护区内合法矿山，应履行行政补偿义务

（一）基本案情

A 矿业公司拥有某锑矿采矿权，采矿许可证有效期至 2013 年 12 月 31 日，开采范围与 B 县某省级森林公园有重叠。2015 年 7 月 21 日，B 县经信委向县安监局发函，称根据原环保部等 10 部门联合印发的《关于进一步加强涉及自然保护区开发建设活动监督管理的通知》要求，经请示县政府分管领导，同意 A 矿业公司锑矿依法退出自然保护缓冲区，不再组织生产。2015 年 12 月 25 日，B 县人民政府作出关闭 A 矿业公司锑矿的决定。

2015 年 10 月 30 日，B 县经信委与 A 矿业公司签订补偿协议，约定由县经信委通过招投标形式确定具有原国土资源部颁发资质的评估机构对采矿权进行评估，其他资产由双方共同认可的其他具有相应资质的评估机构进行评估。同年 12 月 30 日，县经信委与矿业权评估机构签订矿业权评估委托合同书，约定在 2016 年 2 月 15 日前向县经信委提交正式评估报告。矿业权评估机构提交采矿权评估报告后，因双方履行补偿协议问题过程中发生争议，县经信委委托律师事务所发函，称对矿业权评估机构出具的采矿权评估报告不予接受。A 矿业公司于 2016 年 5 月单方另行委托具有原国土资源部颁发资质的矿业权评估机构进行了采矿权价值评估。A 矿业公司与 B 县人民政府未能就补偿数额达成合意，A 矿业公司遂向人民法院提起诉讼。

（二）诉讼双方主张

A 矿业公司主张：A 矿业公司拥有合法有效的采矿许可证，投资进行了矿山建设，其合法财产权利应受到保护，B 县人民政府关闭矿山的行为导致其财产受到损失。B 县人民政府授意县经信委与其就补偿方法及途径达成协议，并已委托评估公司开展评估。由于 B 县经信委阻挠矿业权评估机构提供工作成果，A 矿业公司自行委托矿业权评估机构进行采矿权价值评估，出具了采矿权价值评估报告，该报告具备法定效力。为此，A 矿业公司以 B 县人民政府为被告，请求法院判令 B 县人民政府按照评估价值向 A 矿业公司进行补偿。

B 县人民政府主张：根据《关于进一步加强涉及自然保护区开发建设活动监督管理的通知》的精神，对于退出自然保护区的矿山采取差别对待的补偿方式。具体来说，对于采矿权到期的，如果采矿许可证年限和矿产资源开发利用方案确定的服务年限一致，到期依法办理注销登记手续，不需要给予采矿权人补偿。如果采矿许可证年限短于矿产资源开发利用方案确定的服务年限，采矿权人申请延续，因非采矿权人原因不予办理延续登记的，需给予采矿权人补偿。由于不同的技术水平、开发设计方案及实际建设水平等，可能投入经费数额差距巨大，具体数额应当经政府相关部门核定或专业机构审计、评估。A 矿业公司提交的评估报告无论是假设条件还是评估方法等方面，均有违评估的客观、实际、科学原则，故该评估报告不能作为判决依据。

（三）裁判结果

法院经审理认为，B县人民政府作出的关闭矿山决定是直接针对特定对象A矿业公司所作出的关闭决定，对A矿业公司的权利义务产生了实际影响，且通过执行该决定的相关职能部门的执行行为外化，属于对外发生法律效力的行政行为。因该行政行为的执行对A矿业公司的合法财产所造成的损失有作出行政补偿的义务。根据原环境保护部、国家发展和改革委员会等10部委联合下发的《关于进一步加强涉及自然保护区开发建设活动监督管理的通知》的规定，B县人民政府应对关闭在自然保护区内的A矿业公司锑矿作出差别化的补偿和退出方案，在保障合法权益的前提下，A矿业公司锑矿依法退出自然保护区核心区和缓冲区。故A矿业公司请求B县人民政府行政补偿符合上述规定，B县人民政府应依法履行上述规定的职责。

虽然在B县人民政府的授权下，县经信委与A矿业公司签订了补偿协议，但最终未能就补偿达成合意。B县人民政府作为作出关闭决定的行政机关在两年多的时间内未能按照法律规定作出差别化的补偿和退出方案，属怠于履行行政职责，已构成不履行法定职责，依法应予以纠正。作出差别化的补偿和退出方案属于要式行政行为，行政机关应当作出书面决定，不应采用拖延的方式不做决定。据此，一审法院判令B县人民政府对关闭的A矿业公司锑矿作出补偿和退出方案。

（四）法律评析

1. 自然保护区内矿业权退出时，矿业权人的合法权益应受法律保护

《民法典》第329条规定："依法取得的探矿权、采矿权、取水权和使用水域、滩涂从事养殖、捕捞的权利受法律保护。"原环境保护部等十部门联合印发的"十部门"57号文件规定，对自然保护区设立之前已存在的合法探矿权、采矿权和取水权，以及自然保护区设立之后各项手续完备且已征得保护区主管部门同意设立的探矿权、采矿权和取水权，要分类提出差别化的补偿和退出方案，在保障探矿权、采矿权和取水权人合法权益的前提下，依法退出自然保护区核心区和缓冲区。

因此，无论是保护区成立之前设立的矿业权，还是保护区成立之后矿业权人经过合法程序取得的探矿权、采矿权，都是应受法律保护的用益物权。

2. 自然保护区内矿业权退出时，补偿主体如何确定

在自然保护区内矿业权退出过程中，往往由地方政府及其部门作出关闭矿山、责令停产等书面决定，以及通过停止办理用地手续、不予进行项目审批等方式达到关停矿山的目的。本案中，法院认定 B 县人民政府作出的关闭矿山决定对 A 矿业公司的权利义务产生了实际影响，且通过执行该决定的相关职能部门的执行行为外化，属于对外发生法律效力的行政行为。在此情况下，地方政府作为行政主体应依法履行行政补偿义务。

需要注意的是，有些地方的自然保护区内矿业权退出过程中，并非由地方政府作出关停矿山的行政行为，而是通过矿业权发证机关不予办理矿业权延续登记、不予办理探转采手续、注销矿业权等方式实现的，此时对矿业权人进行补偿的行政主体为矿业权发证机关。

综上所述，为保障煤矿企业的合法权益，地方政府在作出关闭煤矿行为的同时，应按照中央政策要求，结合本地实际制定具体的补偿政策，切实履行好对被关闭煤矿企业进行补偿的法定职责。

四、案例四：煤矿因政策性原因关闭的，法院如何认定煤矿企业财产损失范围

合法煤矿企业的财产权益受法律保护，政府因政策性原因对煤矿实施关闭的，应依法保障煤矿企业的财产权益。无论是政府合法关闭行为产生的补偿义务，还是政府违法关闭行为产生的赔偿义务，因关闭煤矿行为具有较强政策性，往往都不是完全按照市场价值弥补企业的财产损失。法院在审理裁判此类案件时，通常会综合考量，特别是参考当地煤矿关闭补偿政策。

（一）基本案情

A 公司为煤矿企业，其所属煤矿采矿许可证有效期为 2011 年 9 月 22 日至 2014 年 12 月 22 日，生产规模为 6 万吨/年。

2013 年 10 月，国务院办公厅下发《关于进一步加强煤矿安全生产工作的意见》（国办发〔2013〕99 号），对 9 万吨/年及以下不具备安全生产条件

的煤矿依法重点关闭，国家安监总局等 12 部门也作出相应部署。

2014 年 9 月，A 公司煤矿被列入当地关闭退出煤矿名单。2015 年 11 月，B 区人民政府对 A 公司煤矿井口实施强制封闭。

A 公司对强制关闭行为不服，遂向人民法院提起诉讼。诉讼请求：（1）确认 B 区人民政府强制关闭 A 公司煤矿的行政行为违法；（2）判决 B 区人民政府赔偿 A 公司投资损失及预期收益损失。

（二）裁判结果

1. 一审裁判

（1）关于 B 区人民政府强制关闭煤矿的行政行为是否违法

一审法院认为，根据国家、省、市有关加强煤矿安全生产以及落后小煤矿关停退出工作的文件精神，A 公司煤矿已被列入应当关闭的煤矿范围。B 区人民政府负有依照法律法规对 A 煤矿进行关闭的职责。省、市两级政府制定的《落后小煤矿关闭退出工作总体方案》均规定对所要关闭的煤矿应当作出关闭决定。B 区人民政府关闭 A 公司煤矿时应当按照法定程序进行，但其在未依照法律规定作出关闭决定的情况下，径直采取封闭矿井等行为，事实上实施了对 A 公司煤矿的强制关闭，该强制关闭的行政行为程序违法。

（2）关于 A 公司财产损失的赔偿问题

一审法院认为，《国家赔偿法》已确定对于侵犯财产权造成损害的，按直接损失给予赔偿，本案争议的焦点是如何确定原告直接损失的项目、范围、数额等。A 公司取得煤矿后，基于对行政许可的信赖进行前期投入，其合法权利应当受到保护。B 区人民政府虽出于政策性原因可以对矿山进行关闭，但未严格依法依程序作出关闭决定并给予相应补偿，其采取强制手段对原告矿山进行关闭，且一直未采取积极措施补救，不仅有违依法行政的原则，也给 A 公司造成难以弥补的损失。因本案涉及大量专业问题，牵扯因素多，相对敏感复杂，在诉讼过程中双方就损失存在重大争议，本院难以就损失的具体项目和金额直接作出认定和判决，应由 B 区人民政府先行处理为宜。

B 区人民政府应充分考虑相关法律、法规和政策规定，在不违反法律、法规禁止性规定的情况下，综合考虑 A 公司的实际情况，尽可能通过协商化解矛盾，以体现对违法行政行为的担当和对被侵权人的体恤。如仍难就赔偿问题达成一致，可以重新启动评估或审计程序，按《国家赔偿法》有关规定确定行政赔偿标准与额度，及时作出赔偿决定。A 公司如不服，仍有权依法寻求司法救济。

一审法院遂判令 B 区人民政府对 A 公司就强制关闭行为造成的直接损失予以合理赔偿。

（三）二审裁判

二审法院认可了一审法院关于 B 区人民政府强制关闭煤矿行政行为违法的认定，二审审理的焦点在于 A 公司的财产损失如何认定。对此，二审法院经审理认为，A 公司的财产损失包括以下几方面：

第一，奖补权益损失。案涉煤矿是在全国性的加强煤矿安全生产工作、关闭退出落后小煤矿的活动中被关闭的，虽然 B 区人民政府未针对涉案煤矿作出关于煤矿关闭退出奖补方案，但根据省、市两级政府制定的《落后小煤矿关闭退出工作总体方案》，以及财政、煤炭管理部门制定的奖补资金管理规定，“关闭退出专项奖补资金”包括奖励、补助关闭煤矿职工安置费、经济损失、实施关闭等费用支出。上述规范性文件在现阶段是有效的，当事人在诉讼中也未提出对上述规范性文件进行审查，故上述规范性文件可以作为确定落后小煤矿关闭退出奖补资金的依据。由于涉案煤矿被列入关闭退出煤矿，根据上述文件的规定，其将获得 1400 万元奖补资金。现 B 区人民政府将煤矿违法关闭且未支付上述奖补资金，上述奖补资金依法属于 A 公司的合法权益损失，B 区人民政府应予以赔偿。

第二，矿井下可移动或重新利用的财产价值。A 公司煤矿被列入关停范围后，如果按照法定程序实施关闭，A 公司可以自行对矿井内原材料及设备等可以移动或重新利用的资产进行处置。因 B 区人民政府采取直接封闭矿井井口的方式违法实施强制关闭，A 公司无法对上述财产及时处置而造成损失，B 区人民政府应当予以赔偿。因 B 区人民政府未提供煤矿矿井下可移动或重新利用的财产价值方面的证据，同时对 A 公司提供的证据又不予认可，故二审法院委托鉴定机构对煤矿矿井下可移动和可再利用的财产价值进行鉴定，结论为井下可移动和可再利用资产账面价值为3,265,935.61元。二审法院认为鉴定结论符合客观实际，予以认可。

第三，采矿权价款损失。在本案中，A公司煤矿被强制关闭时，其尚未行使采矿权益，因此A公司已缴纳的采矿权价款应当返还，但该省《落后小煤矿关闭退出工作总体方案》中明确规定，省国土资源厅原负责研究制定直接关闭矿井剩余资源采矿权价款返还办法，A公司可根据上述规定另行申请返还采矿权价款。

（四）法律评析

《民法典》第3条规定："民事主体的人身权利、财产权利以及其他合法权益受法律保护，任何组织或者个人不得侵犯。"合法煤矿企业的财产权益受法律保护，政府因政策性原因对煤矿实施关闭的，应依法保障煤矿企业的财产权益。煤矿因政策性原因关闭的，无论是政府合法关闭行为产生的补偿义务，还是政府违法关闭行为产生的赔偿义务，因关闭煤矿行为具有较强政策性，往往都不是完全按照市场价值弥补企业的财产损失。法院在审理裁判此类案件时，通常会综合考量，特别是参考当地煤矿关闭补偿政策。以本案为例，法院认定政府应对煤矿企业予以赔偿的范围包括以下方面：

一是参照当地煤矿关闭补偿奖励政策确定的固定资产投入、安置费用等损失。本案中，法院认为地方政府制定的煤矿关闭补偿奖励规范性文件包括了奖励、补助关闭煤矿职工安置费、经济损失、实施关闭等费用支出。该等文件在案件审理时是有效的，当事人在诉讼中也未提出对上述规范性文件进行审查，故该等规范性文件可以作为确定落后小煤矿关闭退出奖补资金的依据。

二是政府违法关停行为给企业造成的财产损失。根据《行政诉讼法》第38条第2款和《行政诉讼法适用解释》第47条的规定，在行政赔偿、补偿案件中，因被告的原因导致原告无法就损害情况举证的，应当由被告就该损害情况承担举证责任。本案中，B区人民政府未提供煤矿矿井下可移动或重新利用的财产价值方面的证据，同时对A公司提供的证据又不予认可，故本院委托鉴定机构对煤矿矿井下可移动和可再利用的财产价值进行鉴定，并根据鉴定结果认定了财产损失金额。

三是退还企业已缴纳的采矿权价款（出让收益）。《矿业权出让收益征收管理暂行办法》第18条规定："因国家政策调整、重大自然灾害和破产清算等原因注销采矿许可证的，采矿权出让收益按照采矿权实际动用的资源储量进行核定，实行多退少补。"本案中，该省《落后小煤矿关闭退出工作总体方案》中明确规定由省原国土资源厅负责研究制定采矿权价款返还办法，因此法院认为企业可另行申请退还采矿权价款，未在裁判中予以解决。

五、案例五：煤矿关闭赔偿纠纷中，财产损失金额难以确定的，法院应酌情裁量

在煤矿关闭赔偿纠纷中，煤矿企业财产损失金额难以通过双方举证、第三方鉴定等方式确定的，法官应结合案件间接证据及其他客观事实，遵循经验法则，运用逻辑推理、生活常识等进行自由心证，在当事人诉请范围内合理酌定行政机关应承担的赔偿金额。

（一）基本案情

A矿业公司成立于2012年11月，拥有某煤矿采矿权，采矿许可证有效期限自2013年1月31日至2014年12月30日。2013年9月，煤炭管理部门作出针对A矿业公司煤矿生产能力核定结果的批复，载明由于矿井生产能力发生变化，依据《煤矿生产能力核定标准》及有关文件规定，核定矿井生产能力为15万吨/年。

2013年10月2日，国务院办公厅下发《关于进一步加强煤矿安全生产工作的意见》。2014年6月，省落后小煤矿关闭退出工作领导小组办公室下发《关于印发〈落后小煤矿关闭退出工作总体方案〉的通知》。2014年7月，市人民政府办公室下发《关于印发〈落后小煤矿关闭退出工作方案〉的通知》，成立全市落后小煤矿关闭退出工作领导小组。同月，市政府办公室下发全市落后小煤矿关闭退出工作方案，A矿业公司被列入《2014年关闭退出煤矿名单》。

2015年11月，B县人民政府组织相关人员对A矿业公司煤矿实施强制封闭。A矿业公司对强制关闭煤矿行为不服，遂向人民法院提起诉讼。诉讼请求：

（1）确认B县人民政府强制关闭A公司煤矿的行政行为违法；（2）判决B县人民政府赔偿A公司各项损失。

（二）裁判结果

1. 一审裁判

（1）关于B县人民政府是否应承担赔偿责任

一审法院认为，《国家赔偿法》第2条规定："国家机关和国家机关工作人员行使职权，有本法规定的侵犯公民、法人和其他组织合法权益的情形，造成损害的，受害人有依照本法取得国家赔偿的权利。本法规定的赔偿义务机关，应当依照本法及时履行赔偿义务。"本案中，B县人民政府在未依照法律规定对A矿业公司煤矿作出关闭决定的情况下，径直采取封闭矿井等行为，事实上对A矿业公司煤矿进行了强制关闭，B县人民政府的行政行为程序违法。该违法行为如给A矿业公司造成了相应损失，B县人民政府依法应当对A矿业公司的损失承担赔偿责任。

（2）关于A矿业公司财产损失的认定

一审法院委托资产评估公司和会计师事务所对A矿业公司的财产损失进行评估审计，因基础材料缺失，无法作出评估审计结论。同时，A矿业公司煤矿井下是否存在可搬移的财产及财产的价值多少，由于存在无现实操作性和专业性极强等因素，一审法院认为难以运用逻辑推理和生活经验、生活常识等酌情确定赔偿金额。

一审法院认定，A矿业公司煤矿在2015年12月30日之前已被关闭，而且应该属于政策性关闭的范畴，根据当时中央、省、市、县有关煤矿关闭退出政策的规定，A矿业公司因此可获得1400万元的奖补资金，但B县人民政府在煤矿被关闭的长达四年的时间内迟迟未予支付。综合本案的实际情况，该部分奖补资金可认定为直接损失。

综上所述，一审法院判令B县人民政府赔偿A矿业公司被强制关闭损失1400万元及利息。

2. 二审裁判

二审法院认可了一审法院关于B县人民政府是否应承担赔偿责任的认

定，二审审理的焦点在于 A 公司的财产损失金额如何确定。对此，二审法院经审理作出如下认定：

第一，由于 A 矿业公司煤矿被列入 2015 年应关闭退出煤矿，根据相关文件的规定，其将获得 1400 万元奖补资金，现 B 县人民政府将煤矿违法关闭且未支付上述奖补资金，上述奖补资金依法属于 A 矿业公司的合法权益损失，B 县人民政府应予以赔偿。

第二，根据中央、省、市、县有关煤矿关闭退出政策的规定，对落后小煤矿的关闭重点在 9 万吨/年及以下不具备安全生产条件的煤矿，故上述奖补资金主要奖励补偿的是 9 万吨/年及以下的小煤矿。A 矿业公司煤矿最终核定的生产能力为 15 万吨/年，如对该煤矿再按照上述奖补资金进行赔偿，未能对 A 矿业公司为扩大产能所进行的投入进行弥补，显失公平。由于各方均未能举证证实 A 矿业公司为扩大煤矿产能的投入损失金额，且一审法院也未能对该损失金额进行评估，本案中 A 矿业公司该部分的损失可以 9 万吨/年的小煤矿为标准，结合涉案煤矿的产能，按照产能比例进行折算来酌定。

第三，A 矿业公司煤矿如依法正常关闭，A 矿业公司还可以将煤矿能够搬迁、移动和再利用的机器设备等财产进行搬移、处理。由于 B 县人民政府违法关闭，导致了 A 矿业公司该部分财产损失，根据全面赔偿与公平合理的理念，B 县人民政府对上述损失依法也应予以赔偿。二审法院在审查相关事实的基础上，酌情确定了该部分的损失金额。

综上所述，二审法院撤销一审判决，判令 B 县人民政府赔偿 A 矿业公司各项损失 2433 万元及利息。

（三）法律评析

本案审理中的难点问题在于，因政策性关闭导致的煤矿企业财产损失金额难以通过双方举证、第三方鉴定等方式确定时，法院应如何认定损失赔偿金额。

《行政诉讼法》第 38 条第 2 款规定："在行政赔偿、补偿的案件中，原告应当对行政行为造成的损害提供证据。因被告的原因导致原告无法举证的，由被告承担举证责任。"

《行政诉讼法适用解释》第47条规定："根据行政诉讼法第三十八条第二款的规定，在行政赔偿、补偿案件中，因被告的原因导致原告无法就损害情况举证的，应当由被告就该损害情况承担举证责任。对于各方主张损失的价值无法认定的，应当由负有举证责任的一方当事人申请鉴定，但法律、法规、规章规定行政机关在作出行政行为时依法应当评估或者鉴定的除外；负有举证责任的当事人拒绝申请鉴定的，由其承担不利的法律后果。当事人的损失因客观原因无法鉴定的，人民法院应当结合当事人的主张和在案证据，遵循法官职业道德，运用逻辑推理和生活经验、生活常识等，酌情确定赔偿数额。"

根据上述规定，在煤矿关闭赔偿纠纷中，煤矿企业具体财产损失金额难以通过双方举证、第三方鉴定等方式确定的，法官应结合案件间接证据及其他客观事实，遵循经验法则，运用逻辑推理、生活常识等进行自由心证，在当事人诉请范围内，合理酌定行政机关应承担的赔偿金额，使被关闭煤矿企业的合法权益得到保障。本案审理过程中，二审法院发挥了司法能动性，在财产损失金额难以举证、评估的情况下，综合考量案件事实情况，酌情确定了赔偿数额。

六、案例六：煤矿政策性关闭的，第三方评估是政府确定补偿金额的主要参考依据

煤矿政策性关闭涉及补偿的，关闭补偿的具体数额往往是煤矿企业和政府关注的焦点。行政机关采取和煤矿企业协商的方式确定补偿金额时，往往行政机关很难自己对煤矿企业的资产损失作出准确的计算，一般均是委托专业机构对煤矿企业资产损失进行评估，并将评估结果作为确定补偿金额的主要参考依据。

（一）基本案情

A矿业公司成立于2006年，拥有某煤矿采矿权。

2010年，市深化煤矿安全专项整治工作领导小组作出《关于进一步完善各县市区煤矿整顿关闭兼并重组整合规划的意见》。B县人民政府作出关于关闭A矿业公司煤矿矿井的通知，决定对A矿业公司煤矿予以关停。

为了对A矿业公司进行行政补偿，B县人民政府通过公开招标方式选定

了资产评估机构，对A矿业公司的煤矿资产损失进行评估。评估机构出具《评估报告征求意见稿》后，B县人民政府将《评估报告征求意见稿》送达A矿业公司征求意见，A矿业公司未予答复。之后，B县人民政府参考《评估报告征求稿》及周边县市政策性关闭煤矿的补偿标准，对A矿业公司作出了关闭补偿决定。

A矿业公司不认可关闭补偿决定确定的补偿金额，遂向人民法院提起行政诉讼。诉讼请求：判决撤销B县人民政府作出的行政补偿决定，责令B县人民政府重新作出行政行为。

（二）裁判结果

1. 一审裁判

一审法院经审理认为，B县人民政府作出关闭补偿决定的主要证据是《评估报告征求意见稿》、煤炭资源市场价和周边县市政策性关闭煤矿补偿标准。但B县人民政府并未提供有关煤炭资源市场价和周边县市政策性关闭煤矿补偿标准的证据，应当认定该行政行为没有相应证据。

而且，本案《评估报告征求意见稿》虽不是正式稿，却是B县人民政府作出被诉行政行为的重要依据，应当具备评估报告的法定要件，但《评估报告征求稿》没有两名以上注册资产评估师签字盖章，没有评估机构盖章，没有评估机构的法定代表人签字；没有明确评估报告的使用有效期；没有说明评估遵循的法律依据、准则依据、权属依据及取价依据等；没有说明所选用的评估方法及其理由；没有说明评估程序实施过程中现场调查、资料收集与分析、评定估算等主要内容，故《评估报告征求意见稿》不具备评估报告的法定要件。

因此，一审法院认为关闭补偿决定的主要证据不足，遂判决撤销关闭补偿决定，责令B县人民政府重新作出行政行为。

2. 二审裁判

A矿业公司不服一审判决提起上诉，二审法院经过审理作出以下认定：

（1）本案属于政策性关闭补偿

B县人民政府对A矿业公司的关闭行为，依据的是国家和地方基于安全生产和环境生态保护等需要制定的相关政策，其关闭行为属于落实上述政策而采取的行政行为，属于政策性关闭。对政策性关闭煤矿的补偿标准、补偿程序，主要体现在相关政策性规范性文件和贯彻政策的具体行政行为中。

（2）评估报告可以作为行政补偿依据

目前，政策性关闭煤矿补偿没有法律规定统一的标准、程序，故对政策性关闭煤矿的补偿应重点审查是否明显不当。本案中，B县人民政府为对A矿业公司进行补偿，采取了委托评估的方式，该方式应属相对客观的补偿方式。只要评估报告独立、客观、真实，就可以作为补偿依据。

（3）B县人民政府委托评估的程序合法

按照评估程序，在评估机构出具《评估报告征求意见稿》后，B县人民政府应向A矿业公司送达《评估报告征求意见稿》并征求其意见。为此，B县人民政府将《评估报告征求意见稿》向A矿业公司送达，并催促A矿业公司协商关闭事宜。上述事实证明B县人民政府在实施补偿行为过程中充分保障了A矿业公司的知情权、协商权和主张权利的机会。在B县人民政府通过多种途径、方式向A矿业公司送达《评估报告征求意见稿》并要求其提出意见或协商关闭事宜后，A矿业公司未曾提出意见或前往协商关闭事宜。A矿业公司的上述情形属于放弃协商、主张权利的情形。

基于上述分析，二审法院认为，虽然《评估报告征求意见稿》欠缺形式要件，存在一定瑕疵，但该报告的评估结论与同县及周边县市政策性关闭煤矿的补偿标准基本相当。B县人民政府参考《评估报告征求意见稿》的评估结论确定的补偿金额没有明显不当。因此，关闭补偿决定事实清楚、程序合法。遂判决撤销一审判决，驳回A矿业公司的诉讼请求。

（三）法律评析

1. 煤矿政策性关闭补偿中，第三方评估是确定补偿金额的重要参考依据

煤矿政策性关闭补偿中，行政机关所作的关闭补偿决定须有充分的证据支撑和事实依据。确定关闭补偿金额时，须以煤矿企业的资产损失为基础，而资产损失的评估计算工作具有很强的专业性，行政机关往往很难自己作出准确判断。为此，有必要委托专业机构对煤矿企业资产损失进行评估，并将

评估结果作为确定补偿金额的重要参考依据。

2. 关于如何确定委托主体

从实践来看，煤矿政策性关闭补偿中涉及委托评估工作的，有的地方是由政府单独委托评估机构；有的地方是由政府和煤矿企业共同委托评估机构；还有的地方由政府作为委托方，煤矿企业作为见证方。各地情形不尽相同。

笔者认为，在煤矿政策性关闭补偿中，只有各方充分进行沟通协商，才可能达成各方一致认可、公平合理的补偿结果。在委托评估过程中，煤矿企业以委托方或见证方的身份参与，有利于保障煤矿企业合法权益，有利于妥善解决煤矿政策性关闭补偿问题。

3. 煤矿企业如不服政府单方委托形成的评估报告，应如何进行权利救济

第一，煤矿企业认为评估报告存在问题的，可以向评估机构提出异议，要求评估机构进行解释并修改评估报告。如果评估机构及评估人员涉嫌违法违规的，可以向有关评估行政管理部门或者行业协会投诉、举报，由有关评估行政管理部门或者行业协会进行调查处理，对评估报告进行纠正。

第二，政府单方委托形成评估报告后，如果因双方存在争议无法推进补偿工作，煤矿企业为了维护自身合法权益，可以单方另行委托评估机构出具评估报告，并依据评估结果向政府提出行政补偿申请。

第三，如果政府拒不作出行政补偿决定，或者仅依据其单方委托形成的评估报告作出关闭补偿决定，煤矿企业可以针对关闭补偿决定提起行政复议、行政诉讼。

矿产资源压覆补偿纠纷案例分析

矿产资源压覆补偿纠纷是最常见的矿业权纠纷，一方面是因为建设项目压覆矿产资源较为普遍，另一方面法律对压覆补偿标准规定不够明确，导致压覆双方认识不一、争议不断。笔者拟通过司法实践中的几则案例对矿产资源压覆补偿纠纷中如何确定管辖法院、压覆事实、补偿主体、压覆范围以及补偿标准等问题予以探讨和分析。

一、案例一：铁路工程压覆矿产资源纠纷如何确定管辖法院

管辖是民事诉讼活动的入口与起点，在建设项目压覆矿产资源纠纷案件中，确定管辖是一项重要问题。司法实践中，建设项目压覆矿产资源纠纷中，根据案件具体情况的不同，管辖法院的认定规则也不尽相同。本案系一则铁路工程压覆矿产资源纠纷管辖权争议案例，笔者结合本案案情及裁判情况，对铁路工程压覆矿产资源纠纷中的管辖问题进行梳理分析。

（一）基本案情

甲矿业公司系某石英岩采矿权人。乙铁路公司为某铁路建设项目业主单位。因甲矿业公司矿区范围全部位于铁路建设工程压覆范围内，导致甲矿业公司采矿权无法进行开发利用。2014 年 6 月，甲矿业公司与乙铁路公司签订《协议书》，约定甲矿业公司同意铁路工程线路在其矿区范围通过，乙铁路公司按政府出台的相关法律法规及有关标准给予补偿。之后铁路工程建设指挥部就压覆矿区的相关补偿事宜与甲矿业公司签订《采矿权补偿协议》，约定聘请专业机构对压覆采矿权价值进行评估，乙铁路公司根据评估结果对甲矿业公司进行补偿。

北京某矿业权评估公司受乙铁路公司委托，提交了压覆石英矿采矿权价

值评估报告。甲矿业公司对该采矿权价值评估报告结果存在异议，由于双方未能就评估结果协商一致，甲矿业公司遂以乙铁路公司、铁路工程建设指挥部为被告，提起民事诉讼。

（二）关于本案管辖权的裁定

甲矿业公司认为，本案系因建设项目压覆矿产资源导致采矿权受损，从而形成项目建设单位对采矿权人的补偿义务。根据《物权法》和《民事案件案由规定》的规定，本案属于物权保护纠纷，因此甲矿业公司向压覆矿产资源所在地人民法院提起诉讼。

乙铁路公司提出管辖权异议，认为本案系各方围绕铁路建设导致的压覆矿产资源补偿协议应否撤销及是否需要重新补偿问题而产生的争议，属于典型的合同纠纷。案涉协议书签订目的、事实和主要内容均与铁路建设施工息息相关，属于最高人民法院《关于铁路运输法院案件管辖范围的若干规定》第3条第6项规定的“与铁路及其附属设施的建设施工有关的合同”，因此本案应属于铁路法院专属管辖。

一审法院经审查认为，根据最高人民法院《关于铁路运输法院案件管辖范围的若干规定》第3条第6项的规定，本案属于铁路运输法院专属管辖，因此裁定移送至铁路运输法院进行审理。甲矿业公司不服一审法院裁定，提出上诉。二审法院经审查认为，各方在履行补偿协议过程中发生纠纷，且根据上诉人的诉请、依据的事实和理由，本案应系由铁路建设所引起的合同纠纷。根据最高人民法院《关于铁路运输法院案件管辖范围的若干规定》第3条第6项“与铁路及其附属设施的建设施工有关的合同纠纷”之规定，原审裁定将本案移送铁路运输法院处理并无不当。

（三）法律评析

1. 建设项目压覆矿产资源纠纷中确定管辖法院的几种情形

司法实践中，人民法院审理建设项目压覆矿产资源纠纷案件，根据案件情况，具体案由通常确定为物权纠纷、侵权责任纠纷或合同纠纷等。

压覆矿产案件被认定为物权纠纷的，根据《民事诉讼法》、最高人民法院《关于适用〈中华人民共和国民事诉讼法〉的解释》、《民事案件案由规定》，应按照不动产纠纷确定管辖，案件应由不动产即矿业权所在地法院专属管辖。

建设项目压覆矿产资源，如果压覆行为构成侵权的，根据《民事诉讼法》的规定，该类纠纷的管辖法院应为侵权行为地或被告住所地人民法院。

建设项目压覆矿产资源，如果建设单位与矿业权人签署了压覆补偿协议，因履行压覆补偿协议产生纠纷，该类纠纷被认定为合同纠纷的，可根据补偿协议中的争议解决条款确定管辖，协议未约定的，按照法律规定由被告住所地或者合同履行地人民法院管辖。其中，铁路建设项目压覆矿产资源纠纷中，实践中有时被认定由铁路运输法院专属管辖。

2. 本案是否应由铁路运输法院专属管辖

（1）本案是否属于合同纠纷。

建设项目压覆矿产资源补偿中，项目建设单位和矿业权人签订压覆补偿协议后产生纠纷，是否属于合同纠纷，应结合案件情况综合判断。具体应考量的因素包括补偿协议的具体约定内容，补偿协议是否生效、是否开始履行、履行程度如何，案件诉讼请求、争议焦点等。本案中甲矿业公司与乙铁路公司签订了《协议书》，后甲矿业公司又与铁路工程建设指挥部签订了《采矿权补偿协议》，就压覆补偿事宜进行了具体约定。本案系各方围绕压覆补偿协议应否撤销及是否需要重新补偿问题而产生的争议，争议焦点为压覆补偿协议的效力等内容。因此，笔者认为，将本案认定为合同纠纷是合理的。

（2）本案是否适用专属管辖规定。

本案作为合同纠纷，是否适用专属管辖规定，涉及对最高人民法院《关于铁路运输法院案件管辖范围的若干规定》第 3 条第 6 项“与铁路及其附属设施的建设施工有关的合同纠纷”的理解。实践中，一种观点认为，应狭义理解“与铁路及其附属设施的建设施工有关的合同纠纷”，即将其含义限定为建设工程施工合同纠纷，与最高人民法院《民事案件案由规定》第 100 条的规定保持一致。另一种观点认为，应做宽泛理解，即只要与铁路施工有连结点的合同，包括压矿、拆迁安置、材料采购、场地租赁等合同，都应视为“与铁路及其附属设施的建设施工有关的合同纠纷”，本案中法院即持此观点。

笔者认为，对“与铁路及其附属设施的建设施工有关的合同纠纷”的含义应进行严格限定，不应宽泛理解。首先，从文义解释角度，最高人民法院《关于铁路运输法院案件管辖范围的若干规定》第3条共列举了11项内容，如果将其中第6项内容做宽泛理解，将会与其他项内容产生重合，因此不符合司法解释条文的本意。其次，民事诉讼中的专属管辖规定属于例外情形，专属管辖具有排他性和强制性，应严格限定适用范围，只有法律作出明确规定时才能适用。在法律条文规定不够清晰的情况下，应按照民事诉讼的一般管辖规定执行。最后，如果对该条款持宽泛理解，实践中会导致铁路运输法院依据最高人民法院《关于铁路运输法院案件管辖范围的若干规定》第3条第6项规定进行专属管辖的案件范围无限扩大，架空最高人民法院对铁路运输法院案件管辖范围的限制规定。

因此，笔者认为，本案作为铁路单位与矿业权人因履行压覆补偿协议发生的纠纷，适用《民事诉讼法》第23条的规定，由被告住所地或合同履行地人民法院管辖更为合理。一审、二审法院认定本案由铁路运输法院专属管辖，其法律依据并不充分。

二、案例二：矿产资源压覆纠纷中，压覆事实如何举证

建设项目压覆矿产资源纠纷中，是否存在建设项目压覆矿产资源的事实，属于案件审理过程中应查明的基本事实。证明压覆事实的存在，通常属于矿业权人的举证责任范围。为实现举证目的，除了在压覆补偿协商沟通中获取的证据以外，矿业权人还需要从压覆调查审批、建设项目用地审批等程序中收集证据材料，必要时应聘请专业机构进行评估鉴定。本案系因水库项目压覆矿产资源引起的纠纷，双方对于是否存在压覆矿产资源事实产生较大争议，法院主要依据专业机构出具的调查报告、国土资源部门出具的证明作出了是否存在建设项目压覆矿产资源的事实认定。

（一）基本案情

A矿业公司拥有某钼矿采矿权，《采矿许可证》载明有效期自2011年9月6日至2018年9月6日；同时拥有周边勘查区块的钼矿探矿权，《勘查许

可证》载明有效期自2013年12月13日至2015年12月13日。自取得矿业权以来，A矿业公司投入大量资金进行钼矿石的开采与加工，同时投资进行资源勘探及配套设施建设。

B水利公司为某水库项目建设单位，该项目经过了相关政府部门规划、立项及审批等程序。2014年8月，B水利公司委托专业机构作出建设用地项目矿产资源分布情况调查报告，确认调查区内无查明矿产资源（甲类）压覆；调查区横跨两个探矿权范围，建议业主在国土资源主管部门的指导下，按原国土资源部和省原国土资源厅的有关规定，与探矿权业主协商处理；调查区内无采矿活动，无采矿权设置。2014年9月，国土资源部门作出水库项目用地范围内矿产资源压覆情况的证明，确认水库项目用地范围内无甲类矿产资源压覆。

2014年8月，B水利公司与A矿业公司签订《建设项目用地压覆矿产资源协议》，约定：由于水库项目的建设造成A矿业公司矿产资源不能开采的，A矿业公司有向B水利公司提出按矿产资源量的市场评估价补偿损失的权利。该水库项目于2015年5月开工建设，2017年8月水库建成并通过蓄水阶段验收，2018年4月开始供水，并于2018年12月通过完工验收。

2018年3月，A矿业公司向国土资源管理部门申请办理矿业权延续过程中，被告知须提交矿业权与国家级和省级自然保护区、县级以上饮用水水源地、自然生态红线区等生态保护区不重叠的证明。A矿业公司向环保部门申请开具证明时，被告知由于矿区涉及饮用水水源保护区，不满足开具此证明的条件，导致A矿业公司无法办理矿业权延续手续。

A矿业公司要求B水利公司履行《建设项目用地压覆矿产资源协议》，对其进行补偿。由于双方未能协商一致，A矿业公司遂向人民法院提起诉讼。

（二）诉讼双方主张

A矿业公司认为：第一，根据《物权法》第123条“依法取得的探矿权、采矿权、取水权和使用水域、滩涂从事养殖、捕捞的权利受法律保护”的规定，矿业权人拥有占有、使用、收益的权利，第三人不得侵犯用益物权人的权利。B水利公司压覆矿产资源的行为直接导致其无法延续矿业权，无法开采矿产资源，侵犯了原告的合法权益。第二，根据《矿产资源法》第33条和原国土资源部《关于进一步做好建设项目压覆重要矿产资源审批管理工作的通知》的规定，未经批准，不得压覆重要矿产资源。建设项目用地范围及其所影响区域内设置有矿业权的，用地单位需与矿业权人先协商并签订准予压覆的协议，对矿业权人进行补偿后，通过办理有关法律手续才能进行建设施工。B水利公司建设水库项目压覆A矿业公司的矿区，没有履行委托地质勘查、含量评估、压覆登记批准、签订补偿协议、备案等手续。《侵权责任法》第2条规定，侵害民事权益，应当承担侵权责任。B水利公司行为导致A矿业公司不能延续矿权，不能进行正常的开采活动，侵害了A矿业公司的探矿权、采矿权，其应当承担相应的侵权责任。第三，B水利公司的侵权行为已给A矿业公司造成重大的经济损失。同时，A矿业公司向法院提交了相关法律法规，欲证明水库项目报批手续违法，行政机关认定该项目未压覆甲类矿产资源的行政行为违法。

B水利公司主张：（1）水库项目建设合法、合规。经当地政府部门规划、立项及审批，决定建设案涉水库项目，B水利公司为该项目法人。2014年8月，发展和改革部门作出《项目受理通知书》，住房和城乡建设局部门作出《建设项目选址意见书》。同时，项目还取得了水库项目用地范围内矿产资源压覆情况的证明、水土保持方案的批复、工程可行性研究报告的批复、工程初步设计的批复等审批文件。（2）水库项目建设未侵害A矿业公司的民事权益。水库项目建设用地未压覆A矿业公司的矿区。水库项目建设用地项目矿产资源分布情况调查报告显示，通过对工程建设用地及其外扩300～500米范围内矿产资源的分布情况进行调查，根据收集资料及现场实地调查访问，调查区范围内未发现矿床、矿点分布。因此，项目用地范围内无查明矿产资源（甲类）分布。调查区无矿业活动，无采矿权设置，没有《矿产资源开采登记管理办法》附表中34个矿种的各类矿床。

（三）裁判结果

一审法院经审理认为，从本案现有证据看，A矿业公司虽主张曾提出过探矿权、采矿权延续，但其是否确定地向有法定职责的行政机关提出过延续申请，并且因为矿产资源被水库项目压覆而导致申请未被许可，证据相应缺乏。B水利公司与A矿业公司签订的《建设项目用地压覆矿产资源协议》，系附条件的补偿承诺，系以水库项目建设用地压覆矿产资源导致不能开采为前提。原告虽提交相关法律法规等欲证明水库项目报批手续违法，行政机关认定该项目未压覆甲类矿产资源违法，但该主张涉及对行政行为合法性的审查，无法在民事诉讼中解决。据此，当事人以其矿产资源被水库项目建设用地压覆为由而提出的诉讼主张，因与现有行政机关的认定不符，在相应的行政行为被撤销前，本院难以支持。一审法院据此驳回了A矿业公司的诉讼请求。

A矿业公司不服一审判决提起上诉。二审法院经审理认为，本案案由为侵权责任纠纷，一般侵权责任的构成要件有四个即主观过错、侵权行为、损害结果、侵权行为与损害结果之间存在因果关系。根据最高人民法院《关于适用〈中华人民共和国民事诉讼法〉的解释》第90条第2款、第91条第1项的规定，本案应由A矿业公司承担B水利公司构成侵权的举证证明责任，如其不能举证证明，应由其承担举证不能的不利法律后果。在A矿业公司提供的证明不足以证明B水利公司压覆了其矿产资源、侵害了其矿业权的情况下，其主张造成了损害结果、应当赔偿相关损失，无事实和法律依据。

（四）法律评析

本案中的焦点问题在于B水利公司实施的水库项目是否存在压覆A矿业公司矿产资源的行为，即水库项目用地范围及其所影响区域是否与A矿业公司探矿权勘查区块、采矿权矿区范围存在重叠。在压覆矿产资源纠纷中，此焦点问题通常属于事实认定问题，系矿业权人的举证责任范围。欲证明压覆事实成立，需要当事人进行充分举证。司法实践中，应重点收集以下几个方面的证据：

1. 建设项目压覆审批有关材料

建设项目选址前，建设单位应向省级自然资源管理部门查询拟建项目所在地区的矿产资源规划、矿产资源分布和矿业权设置情况，不压覆重要矿产资源的，由省级自然资源管理部门出具未压覆重要矿产资源的证明。确需压覆重要矿产资源的，建设单位应根据有关工程建设规范确定建设项目压覆重要矿产资源的范围，委托专业机构编制建设项目压覆重要矿产资源评估报告。评估报告编制完成后，建设单位应提交矿产资源储量评审备案申请、矿产资源储量信息表和建设项目压覆重要矿产资源评估报告，办理压覆资源储量的评审备案程序，取得储量评审意见书及备案证明。建设单位提交报批材料后，经自然资源管理部门审查，符合审批条件的，出具建设项目压覆重要矿床（矿产资源）批复文件。

上述建设项目压覆矿产资源审批管理过程中形成的压覆证明、备案证明、批复文件等行政文件，通常是压覆矿产资源民事纠纷中证明压覆事实的重要证据。矿业权人在诉讼准备过程中，可通过申请信息公开等方式收集上述有关证据。矿业权人如果认为行政机关的有关行政行为违法，可依法提起行政复议、行政诉讼，请求撤销有关行政行为或确认行政行为违法。

2. 建设项目用地审批有关材料

《建设项目用地预审管理办法》规定，建设单位应当对单独选址建设项目是否压覆重要矿产资源进行查询核实；压覆重要矿产资源的，应当依据相关法律法规的规定，完成压覆矿产资源登记。

2012 年原国土资源部《关于进一步改进建设用地审查报批工作提高审批效率有关问题的通知》规定，建设项目用地压覆已设置矿业权重要矿产资源时，对于建设单位与矿业权人在短期内难以签订补偿协议的，建设单位与矿业权人可先签订意向性协议。在省级国土资源主管部门承诺负责按有关规定协调解决压覆矿产补偿等相关事宜后，可以履行压矿审批手续，经批准后可组卷报批用地。用地报批期间，建设单位应与矿业权人具体协商补偿标准并签订协议，按规定办理压覆登记手续。用地批准后，尚未完成补偿协议、办理压覆登记手续的，省级国土资源主管部门不得转发用地批复，市、县国土资源主管部门不得办理供地手续。

2016 年原国土资源部《关于改进和优化建设项目用地预审和用地审查的通知》规定，用地预审阶段，不再对单独选址的审批类建设项目是否压覆重要矿产资源进行审查。在用地报批阶段，建设项目涉及压覆重要矿产资源的，在建设单位说明已与矿业权人就压矿补偿问题进行协商、有关市县人民政府承诺做好压矿补偿协调工作的前提下，可办理用地审批手续；同时，省级国土资源主管部门应督促建设单位与矿业权人签订补偿协议，按规定办理压覆矿产资源审批和登记手续。对未签订补偿协议、未办理压覆矿产资源审批登记手续的，省级人民政府不得转发用地批复、市（县）人民政府不得供地。

可见，建设项目压覆矿产资源相关证明材料、审批手续是项目建设单位办理建设项目用地审批中的支撑性材料。矿业权人在诉讼准备过程中可依法调取建设项目用地审批有关材料。

3. 专业机构出具的评估鉴定等意见

矿产资源勘查、开采具有复杂性、专业性，涉矿领域争议问题的解决，往往需要具有专业技术能力、经验的机构提供技术支撑。在矿产资源压覆纠纷中，对于是否压覆矿产资源、直接压覆区域和影响范围如何确定、压覆资源量是多少等问题，无论是当事人还是法官，往往都难以直接进行举证、认定，而需要通过专业机构提供评估、鉴定、咨询服务等方式，对压覆事实的认定提供参考意见。

从诉讼程序中的举证方式来讲，专业机构出具评估鉴定等意见的方式包括：一是矿业权人为了对压覆事实中的专门性问题进行举证，自行委托专业机构出具测量报告、评估报告、鉴定意见等，作为己方证据提交给法院；二是矿业权人向法院提出司法鉴定申请，由法院委托专业机构出具司法鉴定意见；三是矿业权人聘请具有专门知识的人出庭，对己方提交的证据作出解释，对法院调查、对方提交的证据进行质证，以及对案件事实所涉及的专业问题提出意见。

本案中，专业机构出具的调查报告以及国土资源部门出具的压覆证明，一方面指出调查区横跨两个探矿权范围，建议业主与探矿权业主协商处理；另一方面又确认水库项目用地范围内无甲类矿产资源压覆，其对压覆事实的描述并不清晰，存在一定程度的自相矛盾。因此，从审慎审理的角度出发，法院有必要对案件事实做进一步调查核实，以作出具有说服力和公信力的事实认定。A 矿业公司为了民事诉讼中的举证需要，如果认为国土资源部门作出的行政行为具有违法情形，可通过行政复议、行政诉讼手段予以撤销或认定无效。

三、案例三：矿产资源压覆纠纷中，补偿主体如何确定

建设项目压覆矿产资源纠纷中，项目建设单位与矿业权人之间属于平等民事主体，双方形成的矿产资源压覆纠纷属于民事法律关系，项目建设单位是压覆矿产资源补偿的主体。本案系因高速公路建设项目压覆矿产资源引起的纠纷，双方对于压覆补偿主体应为地方政府还是项目建设单位产生争议，法院认定本案属于民事纠纷而非行政纠纷，项目建设单位为压覆补偿主体，地方政府系协助项目建设单位开展补偿工作。

（一）基本案情

A 石材公司拥有某建筑石料用大理石岩矿采矿权。因高速公路途经 A 石材公司采矿权矿区范围，造成矿区范围内的矿产资源被压覆。

2010 年 8 月，省交通厅与 B 市人民政府签订了框架协议，约定按照法律法规以及相关文件规定，由 B 市人民政府全面负责完成高速公路 B 市至省界的征地拆迁工作。之后，省高速公路管理局与 B 市高速公路建设指挥部签订了高速公路 B 市至省界的征地拆迁及地方工作责任书，约定省高速公路管理局授权省高速公路 B 市段管理处行使该局的职责；由 B 市人民政府全权负责本项目主线除压覆矿产资源及永久性占地范围内包干以外电力、通信拆迁外，其余所有本项目永久性征地范围内的征地拆迁工作，费用包干使用；B 市人民政府负责协助省高速公路 B 市段管理处做好主线压覆矿产资源赔偿及包干外电力通信拆迁赔偿工作。

2010 年 9 月，B 市人民政府与 C 县人民政府签订了高速公路 C 县段征地拆迁及地方工作责任书，约定由 C 县人民政府具体负责征地拆迁工作。2013 年 8 月，A 石材公司和 C 县人民政府通过召开压覆资源补偿协调会的方式协商确定了压覆资源补偿方案。

2014 年 6 月，经 C 县高速公路指挥部办公室委托评估机构进行评估，确定了 A 石材公司的资产评估价值。此后，A 石材公司多次找 B 市人民政府、C 县人民政府及省高速公路 B 市段管理处，要求按照评估价值予以补偿。2018 年 9 月，B 市高速公路指挥部办公室向省高速公路 B 市段管理处报送了

关于高速压覆资源补偿遗留问题的报告，建议拨付压覆资源补偿款。省高速公路B市段管理处接报告后一直未拨付款项。A石材公司遂向人民法院提起诉讼。

（二）诉讼双方主张

A石材公司主张：根据2010年省高速公路管理局与B市高速公路建设指挥部签订的征地拆迁及地方工作责任书，压覆矿产资源补偿费用由省高速公路管理局按照实际发生支付，省高速公路管理局授权省高速公路B市段管理处行使本责任书中的高速公路管理局职责。征地拆迁及地方工作责任书明确约定了省高速公路B市段管理处为赔偿义务主体。为此，A石材公司以省高速公路B市段管理处为被告，提出诉讼请求：判令被告赔偿原告压覆矿产资源损失及利息。

省高速公路B市段管理处主张：（1）本案应适用行政诉讼程序，原告提起民事诉讼，程序错误。本案是因原告对C县人民政府确定的压覆矿产资源补偿对象、补偿范围有异议而引发的纠纷，C县人民政府的行为属于行政行为，根据《行政诉讼法》第2条的规定，本案应属于行政诉讼受案范围，应当适用行政诉讼程序审理。（2）省高速公路B市段管理处不是本案的适格被告。C县人民政府是高速公路压覆矿产资源的补偿主体，压覆矿产资源的补偿对象、补偿标准、补偿范围均由C县人民政府确定和实施。省高速公路B市段管理处既无权确定补偿对象，也无权确定补偿标准，不是补偿主体，当然不是本案的适格被告。

（三）裁判结果

一、二审法院经审理均认为，本案涉及高速公路压覆矿产资源赔偿问题，按照省高速公路管理局与市高速公路建设指挥部签订的征地拆迁及地方工作责任书的约定，B市人民政府负责协助业主做好主线压覆矿产资源的赔偿工作，因此虽然在压覆矿产资源的赔偿问题上市、县两级政府做了大量工作，但这些工作均为协助高速公路业主作出的，其性质不属于具体行政行为。因压覆矿产资源的赔偿问题未得到解决，权利人按照民事法律规定向高速公路的业主省高速公路B市段管理处主张权利并无不当。一审法院进而判令被告省高速公路B市段管理处给付A石材公司压覆补偿款。

A石材公司不服二审判决提出再审申请。再审法院经审查认为，根据征地拆迁及地方工作责任书的约定，B市高速公路建设指挥部负责协助省高速公路B市段管理处做好压覆矿产资源补偿工作，压覆矿产资源补偿费由省高速公路B市段管理处按实际情况进行支付，因此省高速公路B市段管理处负有支付补偿费用的义务。故一审、二审认定市、县两级政府所做工作是协助高速公路业主作出的，并无不当。

（四）法律评析

建设项目压覆矿产资源，通常体现为矿业权人先设的矿业权与项目建设单位后取得的建设用地使用权之间在一定空间和时间范围上形成的冲突。此时项目建设单位与矿业权人之间属于平等民事主体，双方形成的矿产资源压覆纠纷属于民事法律关系，项目建设单位是压覆矿产资源补偿的主体。137号文规定："建设项目压覆已设置矿业权矿产资源的，新的土地使用权人还应同时与矿业权人签订协议，协议应包括矿业权人同意放弃被压覆矿区范围及相关补偿内容。"

在铁路、公路等项目建设过程中，有时由地方政府或者其成立的项目指挥部、办公室等承担具体压覆补偿工作，此时地方政府及其临时机构的角色是民事主体，并非履行行政管理职责，其实施的行为当然是民事行为，不属于行政行为。多数情况下，地方政府系协助项目建设单位开展压覆补偿工作，不改变项目建设单位的补偿主体地位。笔者也注意到，个别判例中将行政机关负责压覆补偿工作时产生的矿产资源压覆纠纷作为行政诉讼案件进行审理和判决，这实质上混淆了行政机关履行行政管理职责和协助项目建设单位实施民事法律行为的关系，错误认定事实和适用法律，不利于平等保护矿业权人的合法权益。

四、案例四：铁路建设项目压覆矿产资源如何认定压覆范围

建设项目压覆矿产资源纠纷中，压覆区域范围包括实际压覆区域和压覆影响区域。压覆影响区域，是指为确保工程建设和探矿、采矿活动互不影响，

在实际压覆区域周围外推一定的保护距离。司法实践中，人民法院对于压覆范围的认定尚未形成统一裁判规则，需要根据个案情况具体认定。本案系因铁路建设工程压覆探矿权引起的纠纷，法院以《铁路安全管理条例》为依据，结合案件事实，将安全影响评估报告结论确定的安全距离认定为压覆范围。

（一）基本案情

A 地勘单位系某金矿探矿权人，因 B 铁路公司负责修建的铁路穿越 A 地勘单位的勘查区块范围，2012 年 11 月，B 铁路公司（甲方）与 A 地勘单位（乙方）签订协议，约定如甲方施工阶段实施的项目确实压覆了乙方矿产，乙方同意甲方进行相应补偿后放弃该矿压覆区的探矿权，具体补偿费用按照国土资发〔2010〕137 号通过第三方评估确定，并签订补充协议。2012 年 11 月 11 日，B 铁路公司将项目建设用地压覆矿产资源《评估报告》报送省原国土资源厅，经专家组论证审查，并获得省原国土资源厅批复。上述《评估报告》的审查意见载明，“本次评估区范围为该铁路线两侧各 1000 米以内的区域，面积约 652 平方千米”。

2013 年该铁路建设项目取得初步设计批复，2014 年取得控制性工程开工建设的批复。2014 年 4 月，A 地勘单位、B 铁路公司及属地政府、铁路建设项目部各方经过协商，签订了协商纪要，载明：目前需要首先根据相关规范进行影响及安全区域界定，尽快进行现场踏勘并邀请相关专家开展安全评估论证。待安全评估论证后，对探矿权人所造成经济损失委托相应评估机构进行评估。B 铁路公司于 2014 年 11 月委托勘察设计单位就金矿开采对新建铁路项目影响进行评估，并提出合理的安全保护距离。2015 年 4 月，安全影响评估报告获专家评审通过，确认：金矿拟采用地下充填法开采，已查明矿体形成的采空区、开采爆破施工和开采排水不会影响铁路工程结构的安全；在《铁路安全管理条例》第 34 条的基础上，已查明金矿体采用地下开采时，金矿段允许开采的安全距离建议为 654 米。2016 年 3 月，A 地勘单位向当地县政府发出请求同意在铁路外侧 654 ~ 1000 米范围内开展金矿勘查开发的请示，B 铁路公司向县政府发出关于明确金矿对铁路安全影响范围的函。2016 年 4

月，县政府作出回复函，同意A地勘单位在铁路外侧654~1000米范围内开展金矿勘查开发作业。

在双方就压覆补偿问题进行协商过程中，A地勘单位认为，经过评审备案的项目建设用地压覆矿产资源《评估报告》确认，评估区范围为该铁路线两侧各1000米以内的区域。在此之后，当事人双方在就压覆补偿一事的多次磋商过程中，主观上、客观上均是以1000米标准作为协商的主要内容。2014年4月签署的协商纪要也达成共识。因此，应依据2004年制定的《铁路运输安全保护条例》第18条的规定，认定压覆区域为铁路中心线两侧各1000米范围。B铁路公司单方委托勘察设计单位所作的安全影响评估报告，认定允许开采的安全距离建议为654米，没有法律效力。

由于A地勘单位、B铁路公司之间对金矿探矿权与铁路建设项目是否存在压覆、压覆面积、造成的损失金额未协商一致，A地勘单位向法院起诉。

（二）裁判结果

一审法院认为，本案的争议焦点如下：一是压覆区域的认定，即压覆区域是按铁路中心线两侧各1000米还是654米计算；二是压覆损失的计算。关于压覆区域的认定，一审法院认为，根据2014年1月1日施行的《铁路安全管理条例》第34条第2款“在铁路线路路堤坡脚、路堑坡顶、铁路桥梁外侧起向外各1000米范围内，以及在铁路隧道上方中心线两侧各1000米范围内，确需从事露天采矿、采石或者爆破作业的，应当与铁路运输企业协商一致，依照有关法律法规的规定报县级以上地方人民政府有关部门批准，采取安全防护措施后方可进行”的规定，在铁路中心线两侧各1000米范围内，并非一律严禁采矿等作业。本案中，B铁路公司委托勘察设计单位作出了安全影响评估报告，经专家评审认定，确定了铁路中心线两侧各654米为安全距离，作为铁路运输企业的B铁路公司同意A地勘单位在采取相应的安全措施后，在铁路中心线两侧各654~1000米范围内进行勘察开发作业；双方经报请当地县政府批准，同意在铁路中心线654~1000米范围内开展金矿勘查开发作业。故A地勘单位在铁路中心线654~1000米范围内开展勘查开发作业符合《铁路安全管理条例》的规定，符合铁路安全距离，压覆区域确定为铁路中心线两侧各654米。一审法院以此压覆区域为基础，对压覆补偿金额作出了认定。

A地勘单位不服一审判决提起上诉。二审法院认为，B铁路公司于2014年5月取得铁路项目控制性工程开工建设的批复，至此工程才开工建设，此时保护条例已失效。本案双方就压覆补偿协商过程中在勘察设计单位已评估确定并经专家评审通过的允许开采的安全距离为654米，且A地勘单位就在铁路外侧654～1000米范围内开展勘查开发作业已向县政府提出申请并获批准的情形下，原审认定压覆区域为铁路中心线两侧各654米，符合《铁路安全管理条例》第34条第2款的规定，可以用于界定本案中实际被压覆矿权及相关损失的区域范围。

（三）法律评析

本案中，在专业机构已作出安全影响报告，对安全距离作出结论的情况下，法院审理过程中主要解决的是法律适用问题，进而根据法律规定分析认定安全影响报告中的安全距离是否应作为本案压覆范围。

1. 关于本案应适用《铁路运输安全保护条例》还是《铁路安全管理条例》

2004年《铁路运输安全保护条例》第18条规定："在铁路线路两侧路堤坡脚、路堑坡顶、铁路桥梁外侧起各1000米范围内，及在铁路隧道上方中心线两侧各1000米范围内，禁止从事采矿、采石及爆破作业。在前款规定的范围内，因修建道路、水利工程等公共工程，确需实施采石、爆破作业的，应当与铁路运输企业协商后，采取必要的安全防护措施。"

2013年国务院颁布《铁路安全管理条例》，同时废止《铁路运输安全保护条例》。《铁路安全管理条例》第34条规定："在铁路线路两侧从事采矿、采石或者爆破作业，应当遵守有关采矿和民用爆破的法律法规，符合国家标准、行业标准和铁路安全保护要求。在铁路线路路堤坡脚、路堑坡顶、铁路桥梁外侧起向外各1000米范围内，以及在铁路隧道上方中心线两侧各1000米范围内，确需从事露天采矿、采石或者爆破作业的，应当与铁路运输企业协商一致，依照有关法律法规的规定报县级以上地方人民政府有关部门批准，采取安全防护措施后方可进行。”《铁路安全管理条例》第 34 条改变了《铁路运输安全保护条例》第 18 条关于铁路中心线两侧 1000 米范围内一律禁止从事采矿作业的规定。

针对 A 地勘单位认为本案应适用《铁路运输安全保护条例》的主张，铁路项目自 2014 年 5 月 B 铁路公司取得控制性工程开工建设的批复时才开工建设，压覆事实才最终形成，此时《铁路运输安全保护条例》已失效，因此本案应适用《铁路安全管理条例》。

2. 认定压覆范围为铁路中心线两侧各 654 米的依据是否充分

根据《铁路安全管理条例》第 34 条第 2 款，在铁路中心线两侧各 1000 米范围内并非一律严禁采矿等作业，确需从事露天采矿等作业的，应符合三个条件：第一，与铁路运输企业协商一致；第二，报县级以上地方人民政府有关部门批准；第三，采取安全防护措施后方可进行。本案中，勘察设计单位经 B 铁路公司委托作出了安全影响评估报告，经专家评审认定，确定了铁路中心线两侧各 654 米为安全距离，作为铁路运输企业的 B 铁路公司同意 A 地勘单位在采取相应的安全措施后，在铁路中心线两侧各 654 ~ 1000 米范围内进行勘查开发作业；A 地勘单位、B 铁路公司经报请当地县政府批准，同意 A 地勘单位在铁路中心线 654 ~ 1000 米范围内开展金矿勘查开发作业。因此，法院根据《铁路安全管理条例》的规定，采信安全影响评估报告结论，认定压覆范围为铁路中心线两侧各 654 米，具备事实依据和法律依据。

压覆范围认定事关后续压覆补偿的多少，所以在矿产资源压覆纠纷中关系重大。合理认定压覆范围，一方面要依据法律法规，特别是建设项目安全保护距离的政策规定；另一方面应当在压覆补偿沟通中积极作为，争取通过签订协议、专业机构认定、政府会议纪要等形式确定压覆范围，为下一步争取合理补偿奠定基础。

五、案例五：认定建设项目压覆矿产资源范围，法院具有裁量权

建设项目压覆矿产资源纠纷诉讼过程中，压覆区域范围往往需要审判人员根据相关法律政策规定、技术规范等，结合被压覆矿产资源的开发方式等，

参考相应专业机构的专业意见，综合衡量予以认定。本案系因高速公路项目压覆探矿权引起的纠纷，法院根据案件事实，结合公路保护、矿产资源压覆管理法律政策，通过行使裁量权对压覆区域范围作出了认定。

（一）基本案情

2007 年，自然人甲取得某钼多金属矿探矿权。2010 年 4 月，A 矿业公司受让取得该钼多金属矿探矿权，有效期限自 2010 年 4 月 12 日至 2012 年 1 月 16 日，到期后该探矿权又延续至 2014 年 1 月 16 日。

2009 年 7 月，省发展和改革委员会通过了省高速公路管理局作为建设主体的某高速公路项目可行性研究报告。省住房和城乡建设厅批准了省高速公路管理局提出的项目建设项目选址申请，并核发了建设项目选址意见书。

2009 年 8 月，省高速公路管理局委托设计单位出具了高速公路建设项目线路两旁 300 米范围内用地压覆矿产资源的《调查评估报告》，该评估报告结论未提及 A 矿业公司的探矿权被压覆问题。市国土资源局作出了建设项目压覆矿产资源批复，明确了该项目压覆的涉及探矿权及设置的有 9 处，没有 A 矿业公司的探矿权。对此，A 矿业公司向市国土资源局提出异议。

C 市国土资源局到现场进行实地勘查，确认高速公路征地路桩距离 A 矿业公司探矿区范围内最近的钻孔小于 300 米，并分别向省原国土资源厅和省高速公路管理局出具建设项目用地压覆钼多金属矿普查项目的说明，明确了压覆的情况，并提出：A 矿业公司探矿权暂不能转为采矿权，为保障探矿权人的权益，建议建设项目单位修改高速线路或与探矿权人签订相关协议。

2011 年 3 月，高速公路正式开工建设，省高速公路管理局成立高速公路管理处，负责高速公路建设事宜。针对高速公路项目压覆探矿权事宜，A 矿业公司与省高速公路管理局、高速公路管理处进行了多次协商，但始终未达成协议，A 矿业公司遂向人民法院提起诉讼。

（二）诉讼双方主张

A 矿业公司主张，《省矿产资源总体规划（2008～2015 年）》规定，铁路、高速公路两侧 1000 米，禁止采矿（包括地下），禁止开采区内不再新设采矿权，已有开发活动要逐步有序退出。A 矿业公司探矿权区域主要位于高速公路的1000米范围内，依据省矿产资源总体规划属于被禁止开采，将无法转为采矿权，故要求省高速公路管理局、高速公路管理处给予补偿。A矿业公司提出诉讼请求：（1）省高速公路管理局、高速公路管理处立即停止在A矿业公司所拥有的钼多金属矿详查探矿区的侵害行为；（2）省高速公路管理局、高速公路管理处共同赔偿A矿业公司损失11,000万元（具体数额以评估报告为准）。

省高速公路管理局、高速公路管理处主张，省矿产资源总体规划只是一个"规划、纲要或者远期计划和目标"，本身不具有可操作的实际意义，需要有后续配套的法律法规来进行具体的贯彻实施。省原国土资源厅作出的矿产资源总体规划实施管理办法，是针对省矿产资源总体规划制定的具体实施办法。该实施管理办法具体规定了"铁路、高速公路、国道、省道两侧1000米可视范围内，原则上不再新设露天采矿权"，该规定禁止的是新设露天采矿权，而对于地下采矿权只要"符合铁路、公路相关安全规程的要求"即可，没有禁止性规定。省原国土资源厅制定的建设项目压覆矿产资源管理办法规定，"建设项目压覆矿产资源的评估范围应不小于用地边界外推300米，行业规定保护范围大于300米的，按行业规定评估"。本案探矿权相应权益损失的评估范围在法律适用上应优先适用该管理办法，即评估范围应确定为"高速公路用地边界外推300米范围内"，而不是"高速公路用地边界外推1000米范围内"。

（三）裁判结果

一审法院经审理认为，2010年原国土资源部批准的由省人民政府颁布实施的《矿产资源总体规划（2008~2015年）》，明确"铁路、高速公路两侧1000米、禁止采矿（包括地下）"。对于赔偿的范围是1000米范围内还是300米范围内，主要应当看本案涉及的高速公路修建是影响到300米范围内矿业权，还是影响到1000米范围内的矿业权。依据省《矿产资源总体规划（2008~2015年）》的规定，高速公路的修建，使其1000米范围内探矿权已经不可能转为采矿权。因此，应认定按1000米范围内确定损失。

省高速公路管理局、高速公路管理处不服一审判决提起上诉。二审法院经审理认为，鉴于《矿产资源法》第20条仅规定非经国务院授权的有关主管部门同意，“铁路、重要公路两侧一定距离内”不得开采矿产资源，并没有规定具体范围，故对“一定距离内”的确定应参照我国保护公路安全的法律及条例的相关规定。《公路法》《公路安全保护条例》规定的安全范围均小于300米。本案是因高速公路建设压覆探矿权而发生的纠纷，省《矿产资源总体规划（2008—2015年）》仅是计划性规定，具体实施中应以矿产资源规划实施管理办法、原国土资源厅建设项目压覆矿产资源管理办法为依据。原市国土资源局两次向省原国土资源厅和省高速公路管理局出具的说明，仅能证明该高速公路路桩在A矿业公司探矿区范围内，并没有确定A矿业公司位于该高速公路1000米范围内的探矿权已经无法行使。根据前述法律法规、管理办法的规定以及市国土资源局出具的批复，本案A矿业公司探矿权相应权益补偿范围确定为“高速公路用地边界外推300米范围内”为宜。

（四）法律评析

本案争议焦点是高速公路建设项目压覆矿产资源的压覆区域范围如何确定。

人民法院审理压覆矿产资源纠纷过程中认定压覆区域范围的方式通常有三种：一是诉讼前项目建设单位与矿业权人已委托专业机构出具压覆影响评估报告，一方在诉讼中作为证据向法院提交，法院基于评估机构系双方共同委托、评估机构具备法定资质等事实，对压覆影响评估报告的结论予以采信。二是诉讼过程中，法院委托专业鉴定机构对压覆区域范围进行鉴定，根据鉴定意见认定压覆区域范围。三是法院根据相关法律法规政策规定，基于案件事实情况，行使自由裁量权，自行认定压覆区域范围。

关于如何认定压覆区域范围，目前缺乏统一的法律规定和行业规范，实践中不同建设项目类型对应的“保护法”、“保护（管理）条例”或“管理办法”的引用和使用尺度上也不尽相同，法官在审理案件中具有自由裁量权。同时，由于压覆区域范围问题具有较强的专业性，法官往往需要参考具有相应地质勘查资质的单位所作出的评估调查报告，并且依据法庭查明的案件事实及法律规定，最终作出判决。本案中，二审法院根据压覆事实情况，结合《公路法》《公路安全保护条例》对于“安全范围”的规定和矿产资源管理部门对于“评估范围”的规定，确定压覆区域范围应为建设项目边界外推300米，属于法院行使自由裁量权的结果。

六、案例六：建设项目压覆矿产资源的补偿标准如何认定

矿产资源压覆的补偿标准问题是建设项目压覆矿产资源纠纷中的核心问题。以往司法判例对压覆矿产资源补偿标准的认定虽不完全一致，但以矿业权价值为补偿标准是最为主要的观点。本案系一则最高人民法院审理的铁路建设工程压覆探矿权纠纷案件，最高人民法院认定，对侵害探矿权的损害赔偿，应是对探矿权作为用益物权财产价值的赔偿，而不是仅对探矿权人实际投入的直接损失赔偿。

（一）基本案情

2004年，A地勘单位取得某银多金属矿详查探矿权，并在勘查区块范围内开展地质勘查工作。2008年，B铁路公司在A地勘单位拥有的上述探矿权区块范围内修建铁路，对A地勘单位的探矿权区产生了压覆。

A地勘单位于2009年7月向B铁路公司发出了索赔函。2010年3月，双方对压覆上述银多金属矿赔偿事宜进行了协商，形成了会议纪要，约定共同委托矿业权评估机构对银多金属矿进行储量核查和矿权价值评估。

根据双方委托，矿业权评估机构于2010年7月出具了探矿权评估咨询报告书，评估采用勘查成本效用法，评估结论为探矿权评估价值7889.16万元。

2010年10月，A地勘单位、B铁路公司签订《压覆矿产资源补偿合同书》，约定：为补偿A地勘单位银多金属矿被压覆所产生的经济损失，B铁路公司同意在评估咨询报告书的评估结果基础上补偿A地勘单位7380万元。B铁路公司在支付完补偿款后，有在A地勘单位被压覆矿区内建设铁路的权利。

因B铁路公司未按照双方约定对A地勘单位进行补偿，A地勘单位向法院提起诉讼。

（二）诉讼双方主张

A地勘单位认为，B铁路公司在未经国土资源管理部门批准的情况下，

擅自在A地勘单位拥有的上述探矿权区范围内修建铁路，对于上述压覆行为，A地勘单位多次向B铁路公司提出异议，并要求赔偿，但该公司以各种理由予以推脱，且继续在上述探矿权区施工至今。故请求：（1）B铁路公司立即停止在A地勘单位拥有的银多金属矿详查探矿权区域的侵害行为；（2）B铁路公司赔偿A地勘单位损失约12,000万元（具体数额以评估报告为准）。

B铁路公司主张：（1）该公司修建铁路的行为并未对A地勘单位诉称的探矿权区构成侵权。在上述探矿区和调查区修建铁路是经行政机关批准的，且A地勘单位已和其签订《补偿合同书》，同意在上述地区修建铁路。（2）A地勘单位请求的损失依法不能成立，其所有的银多金属矿详查探矿权目前不具备补偿的实质要件。（3）补偿合同确定的补偿金额，不符合原国土资源部〔2010〕137号规范性文件的要求，应只补偿勘查投资的开采设施投入和搬迁相应设施等直接损失。

（三）裁判结果

一审法院经审理认为，B铁路公司因修建铁路压覆并导致案涉银多金属矿详查探矿权不能继续开发和利用，造成相应经济损失的事实清楚。B铁路公司未按照相关法律规定履行压覆重要矿产资源的报批手续，其行为具有违法性，构成侵权。因案涉铁路现已修建，救济的方式以赔偿损失为宜。关于案涉探矿权的价值，因双方当事人在诉前已共同委托评估机构进行了评估，并在此基础上签订了《补偿合同书》，补偿协议约定的数额7380万元既体现了案涉探矿权的经济价值，也符合双方当事人各自的预期，故对该数额予以确认。

B铁路公司不服一审判决提起上诉。二审法院经审理认为，B铁路公司在建设案涉铁路时并未向省级国土资源管理部门了解铁路线所经过地区矿产资源分布和开采情况，由省级原国土资源厅出具是否压覆重要或非重要矿产资源的评估报告，并报原国土资源部批准，具有过错。《物权法》第123条规定，依法取得的探矿权受法律保护，从而将探矿权规定为用益物权的一种。《侵权责任法》第2条第1款规定，侵害民事权益的，应当承担侵权责任。

故根据上述法律的规定，对于侵害探矿权的行为，应承担相应的侵权责任。案涉探矿权作为一种用益物权，具有财产价值，根据《侵权责任法》第19条的规定，侵害探矿权的财产损失应按照损失发生时的市场价格或者其他方式计算，故B铁路公司关于案涉探矿权价值仅应赔偿勘查投资的开采设施投入和搬迁相应设施等直接损失的主张，不予支持。鉴于《评估报告》系由双方委托评估机构作出，且B铁路公司无证据推翻上述《评估报告》所确定的评估结果，故《评估报告》所确定的评估结果可以作为案涉探矿权市场价值的参考；而双方签订的《补偿合同书》中关于案涉探矿权补偿费用的约定，说明该7380万元补偿数额已经得到了B铁路公司的认可，且该数额并未超过《评估报告》确定的评估价值。故一审判决以B铁路公司在《补偿合同书》中认可的探矿权补偿数额作为其承担侵权赔偿责任的参考，并无不当，予以确认。

（四）法律评析

本案中存在两个焦点问题，一是B铁路公司的行为是否构成压覆侵权，二是压覆探矿权的补偿标准如何认定。

1. B铁路公司的行为是否构成压覆侵权

根据《矿产资源法》、137号文等规定，建设项目压覆矿产资源，导致其压覆区内已查明的重要矿产资源不能开发利用的，应由省级以上国土资源管理部门进行审批，具体包括以下程序：一是申请查询压覆矿产资源情况。建设项目选址前，建设单位应向省级国土资源管理部门查询拟建项目所在地区的矿产资源规划、矿产资源分布和矿业权设置情况。二是编制评估报告及评审备案。建设单位应委托专业机构编制建设项目压覆重要矿产资源评估报告，办理压覆资源储量的评审备案程序，取得储量评审意见书及备案证明。三是履行压覆报批程序，经国土资源管理部门审查，符合审批条件的，出具建设项目压覆重要矿床（矿产资源）批复文件。四是办理勘查区块或矿区范围变更登记。

本案中，B铁路公司在铁路项目建设前并未向省级国土资源管理部门了解铁路线所经过地区矿产资源分布和开采情况，未履行建设项目压覆矿产资源审批程序，一、二审法院据此认定 B 铁路公司具有过错，压覆行为构成侵权。

2. 压覆探矿权的补偿标准如何认定

《物权法》第 123 条规定，依法取得的探矿权受法律保护。《侵权责任法》第 2 条规定，侵害民事权益的，应当承担侵权责任，本法所称民事权益包括用益物权。第 19 条规定，侵害他人财产的，财产损失按照损失发生时的市场价格计算。因此，探矿权作为一种用益物权，对探矿权的损害赔偿责任，应基于用益物权的财产价值来确定，并不能限于探矿权人对探矿权的投入。

对于探矿权价值的确定，在评估鉴定过程中，评估机构、鉴定机构根据专业方法，考虑到了不同阶段探矿权的具体特点，能够对探矿权价值作出公允的评价。本案中，对探矿权价值所做的评估报告系双方当事人委托作出，双方又基于该评估报告签订了补偿协议，一审法院将该补偿协议所约定的赔偿数额作为侵害探矿权的损失赔偿依据，具有法律依据和事实依据。

土地篇

约定“现状交付”情形下，净地交付≠合同义务

在国有建设用地出让中，原国土资源部出台的相关供地政策明确要求，建设用地使用权实行“净地”出让，禁止“毛地”出让。因“净地”出让会大大增加政府出让土地的成本，延长土地出让周期，实践中，出让方往往会在招拍挂出让文件或合同中约定“现状交付”的条款，并要求受让方在参加招拍挂时签署书面文件承诺其知悉拟出让宗地现状。上述做法在因土地现状交付的因素导致受让方无法实现其合同目的时，极易引发土地出让纠纷。笔者拟结合最高人民法院的一则案例对相关问题进行分析，以供读者参考。

一、基本案情

2018年9月7日，A市自然资源局发布拍卖公告及《拍卖须知》，以网上拍卖方式出让位于A市X地块的国有建设用地使用权（以下简称案涉土地）。拍卖公告及拍卖须知明确了案涉土地的基本情况及使用条件、竞买保证金及土地成交价款的缴付、成交确认及合同的签订等内容。其中，《拍卖须知》第3条第11项载明：“土地开发程度：宗地红线外三通（通路、通电、通水），宗地红线内为现状。”

竞买前，B公司对案涉土地进行了实地踏勘，并于2018年9月25日向A市土地交易管理中心提交了《国有建设用地使用权竞买申请书》，载明：“经认真阅读X地块拍卖出让文件及相关资料，我方完全接受并愿意遵守该文件的规定和要求，且对该文件及相关资料均无异议。”

2018 年 10 月，B 公司通过网上公开拍卖竞得案涉土地，双方签订了《成交确认书》，约定签订《成交确认书》后 10 个工作日内与出让方签订《国有建设用地使用权出让合同》。此后，因案涉土地地上尚有水塘、菜地、坟地、输电线等未进行处置，且规划的七里路、七姑路、吉甫路、梅林路、忠甫路尚未修建竣工，双方就土地交付事宜发生争议，未在约定时间内签订《国有建设用地使用权出让合同》。

2018 年 12 月，B 公司发出《关于解除〈国有建设用地使用权成交确认书〉的函》，通知 A 市自然资源局解除《成交确认书》。随后 B 公司又向法院起诉请求确认解除《成交确认书》，并要求返还已支付的竞买保证金、交易服务费及资金占用期间的同期贷款利息和赔偿有关损失。

2019 年 4 月，A 市自然资源局作出《没收 X 地块竞买保证金的处理决定》，以 B 公司不按规定签订《国有建设用地使用权出让合同》为由，视作 B 公司放弃案涉土地，对于其缴纳的 7350 万元竞买保证金予以没收，并明确将对案涉土地重新组织实施公开出让活动。

二、诉讼双方主张

B 公司主张：第一，现有证据足以证明案涉土地并未达到“净地出让”标准，存在严重瑕疵。A 市自然资源局属于严重违约，其违约行为导致 B 公司合同目的无法实现。第二，“宗地红线内为现状”的约定不能成为 A 市自然资源局免责的抗辩理由。“现状交付”的约定不得违反法律、行政法规的强制性规定，否则根据《合同法》第 52 条的规定应认定合同无效。第三，B 公司基于对政府的信任，认为约定的“土地现状”应当是符合相关“净地出让”标准的。

A 市自然资源局主张：第一，B 公司提交的证据不能证明案涉土地不符合“净地出让”标准。第二，B 公司在竞买申请之前已经到案涉土地现场了解，对案涉土地内遗留鱼塘、菜地等现状均知情。双方当事人就案涉地块约定的“宗地红线内为现状”的出让方式不违反法律、法规规定，合法有效。第三，B 公司签署《成交确认书》后丧失履约诚意，无故拒绝签订《国有建设用地使用权出让合同》和缴纳土地出让金，属于恶意违约。

三、裁判结果

一审法院经审理认为：

第一，在土地使用权出让合同关系中，受让方的合同目的是以支付出让金为对价取得土地使用权，通过对土地进行开发、使用和经营等活动，实现一定的经济利益。因此，确保用于出让的土地符合现行法律和政策规定、不存在不利于合同目的实现的障碍和瑕疵，是提供土地使用权一方当事人的基本合同义务。而且，国务院相关部门多次发文对“净地”出让提出明确要求。A 市自然资源局作为当地负责土地开发建设与管理的政府职能部门，理应了解并严格遵守相关政策和法律要求。据此，B 公司基于对政府的信任，认为有关文件中所指的土地现状应当是符合相关规定的“净地”的理解，符合常理。A 市自然资源局未保障案涉土地为净地出让，违反了应尽的合同义务，经 B 公司多次催促仍未解决，已经构成违约。B 公司提出解除《成交确认书》，符合《合同法》第 94 条第 4 项“当事人一方迟延履行债务或者有其他违约行为致使不能实现合同目的”的规定情形，其要求确认该解除行为效力的诉讼请求依法应当予以支持。

第二，本案中 B 公司对土地状况未尽到充分、谨慎的审查义务，其对导致本案合同无法继续履行也存在过错，对于因此遭受的损失应承担相应责任。

据此，一审法院判决确认解除《成交确认书》，A 市自然资源局向 B 公司返还 7350 万元竞买保证金并支付利息。

A 市自然资源局不服一审判决，向最高人民法院提起上诉，最高人民法院经审理后认为：

第一，B 公司发出的《关于解除〈国有建设用地使用权成交确认书〉的函》、A 市自然资源局作出的《没收 B 公司 A 地块竞买保证金的处理决定》等证据，表明 A 市自然资源局与 B 公司均具有解除《成交确认书》的意思表示，一审判决确认解除《成交确认书》符合双方的真实意愿，并无不妥。

第二，B 公司在竞拍案涉土地前进行了现场踏勘，对电线杆、坟墓等案涉土地的现状已了解，并在此情形下提交了竞买申请书，这表明双方就案涉土地以“宗地红线外三通（通路、通水、通电），宗地红线内为现状”方式交付达成了一致。合同双方当事人在合同履行过程中应遵循诚实守信原则，促进合同目的顺利实现。B公司作为竞拍人，理应在竞拍前了解案涉土地现状并对竞拍土地后的风险进行评估。但B公司对案涉土地状况未尽到充分、谨慎的审查义务，对《成交确认书》的解除，B公司存在过错。

第三，现有证据表明，A市自然资源局在出让案涉土地时，案涉土地内有多处水塘、菜地未填平，电杆电线在正常使用，坟墓未拆除，不符合净地标准。同时，案涉土地在出让时亦不符合双方关于土地开发程度为“宗地红线外三通”的约定。因此，A市自然资源局并未在约定的履行期限内向B公司交付符合拍卖须知约定的土地，对本案合同关系的解除亦有过错。

据此，最高人民法院判决驳回上诉，维持原判。

四、法律评析

本案的主要争议焦点问题有两个：一是当事人约定的“现状交付”条款是否有效；二是未约定“净地交付”的情形下，国家相关政策文件规定的“净地出让”义务，能否被认定为出让方的合同义务。

（一）“现状交付”条款的效力问题

“意思自治原则”是我国私法领域的一项基本原则，其核心即为“契约自由”。国有土地使用权出让合同的性质虽然在学界和司法实践中一直存在争议，但多数学者和法官均认为根据最高人民法院《关于审理涉及国有土地使用权合同纠纷案件适用法律问题的解释》的相关规定，国有建设用地出让合同应为民事合同。因此，在我国现行法律和行政法规未对土地出让方交付土地的方式作出禁止性规定的情形下，当事人可以自由约定交付土地的方式，包括现状交付。原国土资源部、原国家工商行政管理总局发布的《国有建设用地使用权出让合同》示范文本中，也在第6条关于土地交付条件的选项中列明了“现状交付”这一选项。

此外，虽然原国土资源部《关于加大闲置土地处置力度的通知》（国土资电发〔2007〕36号），原国土资源部、住房和城乡建设部《关于进一步加强房地产用地和建设用地管理调控的通知》（国土资发〔2010〕151号）以及原国土资源部发布的《闲置土地处置办法》(国土资源部令第53号)等政策文件中均明确要求“净地”出让,但上述文件在性质上属于部门规章或规范性文件,其位阶较低,根据《民法典》第153条的规定,违反上述规定并不影响合同效力。最高人民法院近年来的裁判也体现这一观点,如(2020)最高法民申4269号、(2019)最高法民申4488号、(2017)最高法民终888号等案件中最高人民法院均是此种观点。

(二)净地交付是否属于土地出让方合同义务的问题

如上所述,我国目前关于净地出让的规定仍停留在部门规章或规范性文件中,尚未进入法律或行政法规的层面。笔者认为,现有政策文件中关于净地出让的要求,更多的是从行政管理的角度对作为土地管理部门的出让方提出的要求,其在法律性质上应属于行政机关的行政职责。在土地出让合同没有明确约定净地交付的情况下,该行政职责并不能被当然地认定为土地出让方的合同义务。

本案中,最高人民法院实际上就采用了这一观点。最高人民法院在二审判决中虽然维持了原判决,但其裁判观点与一审法院的裁判思路有本质区别。一审法院的基本思路是,首先通过法理和政策规定推导出“净地交付”是土地出让方的基本合同义务,然后认定A市自然资源局未按净地要求交付土地构成违约,且该违约行为导致合同目的无法实现,因此,B公司依法享有法定解除权。但最高人民法院的裁判思路则完全摒弃了这一逻辑,而是从双方当事人均有意解除的角度确认合同解除,并不认为B公司享有法定解除权。而且,在认定A市自然资源局的过错责任时也是以其交付的土地不符合双方关于土地开发程度为“宗地红线外三通”的约定为由,并未将其违反“净地交付”的政策规定作为认定依据。由此可见,最高人民法院的裁判观点中实际上包含了一个基本的法律判断,即土地出让方根据政策规定所负有的“净地交付”义务并不能直接等同于其合同义务。

但需要注意的是,“现状交付”的约定对于土地出让方而言也并不等于免责条款。当事人若仅在土地出让合同中简单地约定按照现状交付土地,但对土地现状未进行充分说明的情形下,该约定仍存在被法院认定为约定不明的可能。根据《民法典》第510条和第511条的规定，当事人对于履行方式约定不明的，可以协议补充；不能达成补充协议的，按照合同相关条款或者交易习惯确定；依据合同相关条款或者交易习惯仍然不能确定的，则按照有利于实现合同目的的方式履行。据此，在相关政策已明确规定土地出让方应当交付净地的情形下，将“现状交付”理解为净地交付显然更符合交易习惯且更有利于合同目的的实现。

土地出让合同中违约金约定过高，能否予以调整

违约金是合同当事人针对合同违约行为的重要救济手段，我国法律明确规定当事人可以在合同中自由约定违约金。但为了避免当事人自由约定的违约金数额过高而导致双方利益的过分失衡，我国《民法典》第 585 条（原《合同法》第 114 条）中规定了违约金的调减规则，允许法院依据当事人的请求突破意思自治原则对当事人达成的协议予以干预。但在土地出让领域，国务院办公厅 2006 年发布的国办发 100 号文明确规定，土地出让合同、征地协议等应约定对土地使用者不按时足额缴纳土地出让收入的，按日加收违约金额 1‰的违约金。这就导致司法实践中对于法院能否依据《民法典》之规定调减此种违约金存在不同观点。笔者拟结合最高人民法院的一则案例对相关问题进行分析，以供读者参考。

一、基本案情

2014 年 2 月 28 日，A 市国土局与甲公司签订《国有建设用地使用权网上挂牌出让成交确认书》，甲公司竞得案涉国有土地建设使用权。

2014 年 3 月 4 日，A 市国土局（出让人）与甲公司（受让人）签订了《国有建设用地使用权出让合同》，合同约定案涉土地成交总价款为 4956 万元，定金为 2000 万元，定金抵作土地出让款。同时约定受让人于合同签订之日起 30 日内，支付总出让价款的 50%，60 日内，一次性付清国有建设用地使用权成交价款；受让人不能按时支付国有建设用地使用权出让价款的，自滞纳之日起每日按迟延支付款项的 1‰向出让人缴纳违约金。

合同签订后，甲公司依约向 A 市国土局缴纳 2800 万元出让金，尚欠

2156万元土地出让金未付。A市国土局两次发通知向甲公司催缴欠付土地出让金及违约金。甲公司于2015年11月12日向A市土地储备交易中心提交了《土地出让金缴纳计划》，承诺将于2016年3月底把欠付的土地出让金缴纳完毕。

2016年7月29日，A市国土局向甲公司再次发函催缴土地出让金，但甲公司仍未依约缴纳。后A市国土局将甲公司诉至法院，要求其支付欠缴的土地出让金及违约金。

二、诉讼双方主张

A市国土局主张：根据双方签订的《国有建设用地使用权出让合同》，甲公司应当按照合同约定，按时支付国有建设用地使用权出让价款。不能按时支付国有建设用地使用权出让价款的，自滞纳之日起每日按延迟支付款项的1‰向A市国土局缴纳违约金。合同签订后，甲公司仅支付了2800万元出让金，尚欠2156万元至今仍未支付。因此，根据合同约定，甲公司应支付拖欠的土地出让价款及延迟付款的违约金。

甲公司主张：涉案地块属于B区棚户区改造项目，且与另一地块C村项目属于捆绑开发，政府要求甲公司要先保证安置工作全部进行。因棚户区改造的特殊因素，导致甲公司资金周转困难，故甲公司不应当承担违约金。即使甲公司违约，也仅应承担A市国土局的实际损失，A市国土局诉请的违约金过高，请求依法予以减免，按照人民银行同期存款利息计算。

三、裁判结果

一审法院认为，依法成立的合同受法律保护。根据该案情况，A市国土局要求的违约金计算方法折算为年利率为36.5%，明显高于其实际损失，甲公司请求对未付2156万元土地出让金的违约金予以调低，依法予以支持，该违约金计算应按照中国人民银行同期贷款利率计算为宜。

二审法院认为：（1）国办发100号文中关于违约金标准的规定系从行政管理角度规范国有土地出让收入的缴纳，属于行政规章，在调整平等民事主体之间的法律关系中不宜直接作为计算违约金的依据。双方当事人作为民事平等主体，有权请求人民法院对于过分高于实际损失的违约金予以适当减少，人民法院可以进行调整。（2）从违约金的目的看，违约金既有补偿性，亦有惩罚性。一审判决以中国人民银行同期贷款利率计算案涉违约金只能体现违约金的补偿性，未体现其惩罚性，显属不当，应予纠正。综合案涉合同履行情况、双方过错程度以及A市国土局的损失情况，根据公平原则和诚实信用原则，应以中国人民银行同期贷款利率的2倍计算案涉违约金。

再审法院认为：（1）《合同法》第114条规定，违约金过分高于损失的，当事人可以请求调整。但这并非意味着只要过分高于损失就必须调整。（2）国有建设用地使用权出让的方式、程序、权利、义务由《物权法》《土地管理法》《城市房地产管理法》等法律、行政法规明确规定，受到严格限制，并通常由国家根据具体情况予以严格的政策调控。因此，合同中的诸多重要条款必须符合法律和政策规定，除经特殊程序合同主体一般无权作出变更和另行协商。国办发100号文等文件明确规定，对国有土地使用权人不按土地出让合同及时足额缴纳土地出让收入，按日加收违约金额1‰的违约金。其目的不仅在于弥补损失，更在于通过惩罚性加强土地市场调控。而且，甲公司对违约金条款是竞拍前就知晓的，不存在超出当事人预期或显失公平之情形。A市国土局在合同履行过程中没有违约行为，且甲公司在实施棚户区改造项目时享受了棚户区改造的相关优惠政策。在此情况下，若对违约金予以调整，既不符合有关政策规定，也有悖公平和诚信原则。因此，A市国土局主张按照每日1‰支付违约金的请求，符合国家相关规定及双方合同约定，依法予以支持。二审判决适用法律有误，依法应予改判。

四、法律评析

本案的争议焦点为，对于土地出让合同项下的逾期支付违约金是否应予以调减。笔者认为，这一问题实质上包含两个层面：首先是土地出让合同项下的逾期支付违约金能否调减，即能否适用违约金调减规则的问题；其次才是应否依据违约金调减规则予以调减的问题。

（一）关于能否适用违约金调减规则的问题

国办发100号文等政策文件明确规定，对国有土地使用权人不按土地出让合同及时足额缴纳土地出让收入的，按日加收违约金额1‰的违约金。因此，司法实践中对于国有土地出让合同中依据上述文件规定约定的违约金能否适用调减规则存在两种截然不同的观点：

一种观点认为，国有土地出让合同与普通的民事合同相比有其特殊性，其合同条款和内容要受到相关法律、行政法规和规范性文件的约束。国办发100号文等规范性文件中关于土地出让合同违约金标准的规定，系针对国有土地交易市场作出的政策性规定。对于该类条款，双方不能任意更改，若其不存在违反法律、行政法规强制性规定的情形，原则上不宜以私法判决的方式否定其效力，亦不宜依职权作出相应调整，而应以此为依据确认各方当事人的民事权利义务。如（2019）最高法民申308号民事裁定书、（2017）最高法民终561号民事判决书以及本案中最高人民法院均持该种观点。

另一种观点认为，我国《合同法》第114条（《民法典》第585条）明确规定，当事人约定的违约金低于或者过分高于造成的损失的，人民法院可以根据当事人的请求予以适当调整。国办发100号文等政策性文件中关于违约金标准的规定并不能阻碍对上述法律规定的适用。如（2019）最高法民申3073号民事裁定书、（2016）最高法民终59号民事判决书中的最高人民法院以及本案中二审法院均持该种观点。

笔者倾向于第二种观点，主要理由如下：

第一，土地出让合同项下的逾期付款违约金属于约定违约金的范畴，不能排除《合同法》第114条（《民法典》第585条）的适用。首先，我国《土地管理法》《城市房地产管理法》等土地管理法律法规中并没有关于土地出让合同违约金标准的强制性规定。因此，对于土地出让合同中的逾期支付违约金，当事人可以自由约定。原国土资源部、原国家工商行政管理总局发布的《国有建设用地使用权出让合同》示范文本中，违约金条款也是采用的填充式，具体标准由双方当事人协商确定。其次，每日1‰的标准仅出现于国办发100号文、《国有土地使用权出让收支管理办法》等规范性文件或部门规章中，由于其属于向下级行政单位提出的要求，且效力位阶较低，并不能直接作为认定违约金标准的法定依据，同样也不能作为法院拒绝适用违约金调减规则的依据。

第二，在民事诉讼中不能以土地出让合同系行政协议或者具有行政协议属性为由不予适用违约金调减规则。根据我国行政诉讼的基本法理，土地出让方作为土地管理部门无法作为原告提起行政诉讼诉请受让方履行合同义务并承担违约责任。因此，土地出让方如果选择以诉讼方式解决受让方逾期付款的问题，只能选择民事诉讼的路径。而只要土地出让方提起民事诉讼，就意味着其是基于土地出让合同的民事合同性质而主张权利，能够适用《合同法》（《民法典》）关于违约金调减之规定。

（二）关于是否应当予以调减的问题

在确定国有土地出让合同中关于违约金标准的约定能否适用违约金调减规则后，才会产生是否应当调减的问题。关于这一问题，笔者认为其实质上是要求人民法院在公平和诚信两种价值之间作出衡量和取舍，需要根据个案的不同情况予以判断。

最高人民法院发布的《民商事合同指导意见》规定，人民法院适用调减规则调整过高违约金时，应当根据案件的具体情形，以违约造成的损失为基准，综合衡量合同履行程度、当事人的过错、预期利益、当事人缔约地位强弱、是否适用格式合同或条款等多项因素，根据公平原则和诚实信用原则予以综合权衡。最高人民法院《关于印发〈全国法院民商事审判工作会议纪要〉的通知》（法〔2019〕254号）中也做了类似规定。

具体而言，司法实践中对于应否调减所考量的因素主要包括以下几点：

（1）当事人的实际损失。此处的损失，根据《民法典》第584条（《合同法》第113条）的规定，应包括合同履行后可以获得的利益，即可得利益。而根据《民商事合同指导意见》的规定，非违约方对于其遭受的可得利益损失总额、必要的交易成本等应承担举证责任。

（2）合同的履行情况。一般而言，合同履行的程度、数量、情节、后果等不同，违约方的违约行为对非违约方利益的影响也会有所差异。比如，尚未履行的合同和几乎履行完毕的合同，违约所造成的结果必然存在较大区别。因此，违约金是否调整、调整多少应与合同的履行状况相关联。本案中，再审法院就将A市国土局的履约情况和甲公司在合同履行中享受了相关优惠政策的情况作为不予调整违约金的考量因素。

（3）当事人的过错程度。我国民事法律所规定的违约金兼具赔偿性和惩罚性，对于惩罚性违约金而言，一般认为其不需要以存在实际损失为适用前提，但要求违约方具有过错。因此，违约方在主观上是否具有恶意，决定着能否适用惩罚性违约金。而这会对违约金是否过高的判断产生直接影响。在国有土地出让合同的情形下，逾期履行时间的长短往往是判断违约方主观恶意程度大小的重要因素。如（2019）最高法民申3073号民事裁定书中，最高人民法院就以违约方逾期付款最长未超过38天为由，认定其违约情形较轻、主观恶意不大。

笔者认为，具体到国有土地出让合同而言，国有土地出让合同属于民事合同，其违约金条款应当适用《民法典》第585条（《合同法》第114条）中规定的违约金调减规则。但不可否认的是，国有土地出让合同与一般民事合同相比，确实有其特殊性。因此，在判断其约定的违约金是否应予以调整时，不但要综合考量上面提到的合同履行程度、当事人的过错、预期利益等因素，还要兼顾土地出让合同的特殊性，结合土地出让程序、交付土地情况、规范土地一级市场秩序等具体因素，综合评判是否应该调减违约金。

行为人对占用土地属于农用地缺乏认知，不构成非法占用农用地罪

自党的十八大以来，生态文明建设被放在突出地位，全国上下对生态和环境保护的意识不断加强。在此背景下，非法占用农用地罪作为破坏土地资源、损害生态系统的犯罪，难免会成为刑法打击的重点对象，导致近年来涉嫌非法占用农用地罪的案件数目呈现激增趋势。但正如德国著名学者耶林所言："刑罚如两刃之剑，用之不得其当，则国家与个人两受其害。"因此，司法机关在认定非法占用农用地罪的过程中，应秉承谦抑性理念，关注出罪事由的适用，合理控制刑事处罚范围。

一、基本案情

2004 年 1 月和 8 月，A 嘎查委员会、B 嘎查委员会与陈某签订承包合同，以荒地承包的形式分别将本村 500 亩土地和 600 亩土地发包给陈某，用于植树造林，承包期限为 50 年。此后，陈某在承包土地上开垦草原植树造林，林间空地种植农作物。

2005 年 4 月，C 嘎查委员会与陈某签订承包合同，以荒地承包的形式将本村 1600 亩土地发包给被告人陈某，用于植树造林，约定承包期限 50 年。此后，陈某雇用周某、李某、孙某、潘某在承包土地上开垦土地 663.5 亩。

2014 年 4 月和 2014 年 9 月，旗国土资源局分别出具了两份情况说明，确定案涉土地的地类性质为天然草原。2015 年 11 月，旗检察院以陈某犯非法占用农用地罪向法院提起公诉。

二、辩护意见

陈某的辩护人认为：（1）A 嘎查委员会、B 嘎查委员会、C 嘎查委员会

分别与陈某签订了植树造林合同，陈某在荒地造林是履行合同的行为；(2) 陈某的造林行为并未改变土地用途；(3) 陈某主观上不知道涉案土地是草原；(4) 公诉机关指控陈某犯非法占用农用地罪的证据不足。

三、裁判观点

一审法院认为：(1) 土地管理部门认定 2012 年涉案土地地类性质属天然草原，而陈某于 2014 年开始对已确定的天然草原开垦造林，其行为属改变土地用途；(2) 陈某虽经签订有效土地承包合同得到土地使用权，但经营管理中应保持原有用途，如果将承包土地改变为林地、耕地需相关管理部门批准，其审核批准权属行政管理权，不能以承包合同约定的权利义务替代；(3) 陈某开垦造林时多次被草原管理部门、D 镇工作人员阻止，而其仍未停止，主观上具有非法占用农用地的故意。因此，陈某违反土地管理法规，在明知是草原又未经相关部门批准的情况下，非法占用天然草原并挖坑栽树，改变草原用途，其行为构成非法占用农用地罪。

二审法院认为：(1) 陈某与三个嘎查签订的《荒地造林协议》均约定土地属原生产队时的集体土地，所有权归嘎查，并未明确土地性质是草原。而且，《荒地造林协议》约定土地用途是绿化造林，允许林田兼种。上述协议已被旗人民法院生效判决确认为有效合同。(2) 旗草原监理站在现场勘查笔录中注明“地类待定”。(3) 旗国土资源局出具的《地类情况说明》与其此后出具的《说明》相矛盾，《地类情况说明》不能作为定案依据。因此，公诉机关指控陈某明知涉案土地是草原，而非法占用草原，改变草原用途的相关证据未能形成完整证据链条。原审法院认定陈某具有非法占用农用地的犯罪故意，构成非法占用农用罪的证据不足。

四、法律评析

“没有责任就没有刑罚”是近代刑法的一个基本原理，因此，不能仅以行为人实施的某行为符合刑法条文规定的构成要件，就认为行为人构成犯罪。行为人是否构成犯罪，还要看其是否具有非难可能性。

根据《刑法》第 342 条之规定，非法占用农用地罪，是指自然人或者单位违反土地管理法规，非法占用耕地、林地等农用地，改变被占用土地用途，数量较大，造成耕地、林地等农用地大量毁坏的行为。本罪属于故意犯罪，即行为人明知自己的行为会发生危害社会的结果，并且希望或者放任这种结果的发生。此处的明知应是一种现实的认识，即行为人已经知道某种事实的存在或者可能存在，而不包括应当知道某种事实的存在。虽然我国有部分司法解释中将“应当知道”规定为“明知”的一种情形，但笔者认为，此处的“应当知道”应理解为根据相关证据能够推定行为人知道的情形，否则便会混淆故意和过失的认定，不当地扩大刑罚的适用。

具体到本案中，旗国土资源局出具的两份说明内容上存在矛盾，无法作为认定案涉土地属于草原的证据使用；陈某与三个嘎查签订的承包协议中又明确载明案涉土地属于集体所有的荒地。因此，根据现有证据无法作出陈某明知案涉土地属于草原的认定。二审法院本着“疑罪从无”的刑法谦抑思想，作出了有利于被告人的推定，即陈某对案涉土地属于农用地缺乏认知，并据此认为陈某没有非法占用农用地的故意，不构成该罪。

行政机关关停小水电，应当遵循正当程序

近年来，随着我国生态文明建设的不断深入，国家相关部委一直在推进自然保护区内小水电的清理和整治工作。但由于国家层面对于小水电退出的程序、补偿标准等缺乏具体规定，各地在小水电的退出实践中违反依法行政的程序要求的现象屡见不鲜。笔者认为，小水电退出实质上属于行政许可的撤销或撤回，虽然我国法律层面没有明确的法律程序以供遵循，但政府机关仍应遵守依法行政的基本要求，依法保障行政管理相对人、利害关系人的知情权、参与权和救济权。

一、基本案情

A 公司所有的甲水电站位于 B 县。1992 年 9 月 14 日，原 B 县计划经济委员会作出《批复》，同意修建甲水电站二期工程。1994 年甲水电站投产发电。之后，A 公司先后取得了相关国有土地使用证、电力业务许可证、取水许可证。

2017 年 12 月 27 日，B 县发改局等部门联合发出《关于开展自然保护区水电站综合整治工作的通知》，该通知附件记载：甲水电站位于自然保护区核心区；综合整治时间要求为，2018 年 3 月 31 日前关停，2018 年 6 月 30 日前完成综合整治。

2018 年 3 月 14 日，B 县农业和畜牧局作出《告业主书》，载明将在 2018 年 3 月 31 日 12 时对甲水电站实施关停、对电站相关设施设备进行查封。A 公司于同日签收上述《告业主书》。

二、诉讼双方主张

A 公司主张，A 公司所有的甲水电站先后取得了相关批复、电力业务许

可证、取水许可证和国有土地使用证。1994年，甲水电站投产发电，甲水电站在2002年省政府批准设立某自然保护区前十年就已存在。对在自然保护区设立前已合法存在的生产设施，法律没有明确规定必须关停。遂请求法院撤销B县农业和畜牧局于2018年3月14日向A公司发出的《告业主书》。

B县农业和畜牧局主张：(1)《告业主书》不具有可诉性，《告业主书》针对的是保护区内所有水电业主，内容均是一致的，具有普遍性，并不是针对某一业主的具体行政行为。同时，送达该告业主书是履行《自然保护区条例》规定的贯彻执行国家有关自然保护的法律、法规和方针、政策，对于贯彻执行行为同样不具有可诉性。(2)《自然保护区条例》规定：禁止在自然保护区内进行砍伐、放牧、开矿、采石等活动，同时规定在自然保护区的核心区和缓冲区内不得建设任何生产设施。《关于进一步加强涉及自然保护区开发建设活动监督管理的通知》等通知均要求对位于保护区核心区域内的设施予以关停。A公司的生产设施建设在保护区核心区域，依照以上法律、法规、政策依法应当关停。(3) A公司已经依政策将电站关停，同时对企业依法退出核心保护区的赔偿事宜正在商讨过程中，没有撤销通知的必要。

三、裁判结果

法院经审理认为：

(1)《行政诉讼法》第2条第1款规定，公民、法人或者其他组织认为行政机关和行政机关工作人员的行政行为侵犯其合法权益，有权依照本法向人民法院提起诉讼。本案中，B县农业和畜牧局向A公司发出《告业主书》，告知A公司将会同相关部门对其电站实施关停、对电站相关设施设备进行查封并对所发电量不予计量计费等内容，其行为实质上已经侵犯了A公司的自主经营权和财产权，A公司有权提起行政诉讼。

(2)《行政强制法》第18条第6项规定，行政机关实施行政强制措施应当听取当事人的陈述和申辩。因B县农业和畜牧局作出的《告业主书》决定对甲水电站实施关停、对电站相关设备进行查封、对所发电量不予计量计费，直接关系A公司重大利益，其作出告业主书前，应当按照《行政强制法》第18条第6项规定听取A公司的陈述申辩，但B县农业和畜牧局在作出《告业主书》之前，未依法告知A公司享有陈述和申辩的权利，其行政行为违反程序正当原则，系程序违法。

四、法律评析

（一）小水电退出行为的法律性质

本案中，法院认为，B县农业和畜牧局对水电站实施关停、对相关设备进行查封的行为，属于行政强制措施，应当遵循《行政强制法》规定的法定程序。但根据《行政强制法》第2条第2款的规定："行政强制措施，是指行政机关在行政管理过程中，为制止违法行为、防止证据损毁、避免危害发生、控制危险扩大等情形，依法对公民的人身自由实施暂时性限制，或者对公民、法人或者其他组织的财物实施暂时性控制的行为。"据此，行政强制措施具有暂时性的特征。而B县农业和畜牧局要求关停甲电站并不是一种暂时性的限制措施，因此，其不属于行政强制措施的范畴。

根据《企业投资项目核准和备案管理条例》和《政府核准的投资项目目录（2016年本)》的规定，我国水电站项目采用的是核准制，经核准机关审批同意后方可进行开发建设。《行政许可法》第12条规定，"有限自然资源开发利用、公共资源配置以及直接关系公共利益的特定行业的市场准入等，需要赋予特定权利的事项"可以设立行政许可。《企业投资项目核准和备案管理办法》第7条第2款规定："项目核准机关对项目进行的核准是行政许可事项，实施行政许可所需经费应当由本级财政予以保障。"据此，政府机关对于小水电开发建设的审批行为实质上属于行政许可，而要求小水电退出的行为在法律性质上应属于行政许可的撤销或撤回。

（二）小水电退出的正当程序

虽然我国《行政许可法》对于行政许可撤销或撤回的程序未做规定，但笔者认为，这并不意味着行政机关可以以此为由而恣意行政。国务院于2004年发布的《全面推进依法行政实施纲要》中明确把"程序正当"作为依法行政的基本要求之一，要求行政机关实施行政管理应当公开，注意听取公民、法人和其他组织的意见，严格遵循法定程序，依法保障行政管理相对人、利害关系人的知情权、参与权和救济权。中共中央《关于全面推进依法治国若干重大问题的决定》和《法治政府建设实施纲要（2015—2020年）》也明确提出，要完善行政执法程序，健全行政执法调查取证、告知、罚没收入管理等制度。可见，无论我国法律有无具体的程序规定，行政机关在实施行政行为时都有程序正当的义务性要求。

在参考和借鉴各地有关行政程序相关规定的基础上，笔者认为，我国行政许可撤回的具体程序应包括以下内容：

（1）调查。行政机关拟撤销或撤回行政许可，需要查明事实的，应当合法、全面、客观，及时开展调查，收集相关证据。

（2）告知。行政机关在作出撤销或撤回行政许可的决定前，应当书面告知当事人拟作出行政决定的事实、理由、依据和决定内容，以及其享有的陈述权、申辩权，并充分听取当事人的陈述和申辩。

（3）听证。由于行政许可的撤销和撤回涉及剥夺被许可人的相关权利，且涉及的利益一般较大，应当赋予被许可人要求听证的权利。被许可人在规定期限内提出听证申请的，行政机关应当组织听证，并制作听证笔录。

（4）作出撤销或撤回行政许可的决定。行政机关根据法律和相关证据，认为应当撤销或撤回行政许可的，必须作出书面决定，并且依法送达被许可人。上述决定应当列明作出决定的事实、依据、理由和履行程序的情况，并且明确告知被许可人享有行政复议、行政诉讼的权利。

不动产重复登记应如何解决

在2013年党中央、国务院作出建立和实施不动产统一登记制度重大改革决策之后，我国才逐步建立和完善不动产统一制度。在此之前，由于各种历史和制度原因，实务中经常会遇到同宗用地出现重复登记的情况。本文中，笔者将结合一则案例，对于此类问题解决路径予以探讨。

一、案件基本情况

甲乙为夫妻，育有一儿子丙。1984年10月，城建部门为甲颁发了土地使用证，用地面积为270平方米，建筑面积为68平方米。1992年4月，国土部门为丙办理了同一宗国有土地使用权登记，用地面积270平方米，建筑面积76.07平方米，土地权属来源资料为甲的土地使用权证，但该土地使用证未在该档案中存档，且档案中无相关转让、赠与等其他方面的材料。其后甲死亡，2002年10月，国土部门又为乙办理了同一宗国有土地使用权登记，用地面积为270平方米，建筑面积为111.23平方米，土地权属来源资料也为甲的土地使用证，该证在此档案中存档，并有基层组织出具的关于甲乙为夫妻关系、甲已死亡的证明材料，但没有丙关于放弃继承方面的材料。2016年，乙发现丙竟然另有一份土地使用权证，遂发生争议，要求国土部门予以解决。

二、法律分析

乙和丙产生争议的直接原因是该宗土地目前办理了两次土地登记，颁发了两个权利主体不同的国有土地使用权证，属于同一宗土地重复登记发证的情况，所以关键是解决土地重复登记的问题。笔者认为可以通过以下途径解决重复登记的问题：

（一）通过更正登记的方式解决重复登记问题

《民法典》第220条第1款规定，“权利人、利害关系人认为不动产登记簿记载的事项错误的，可以申请更正登记。不动产登记簿记载的权利人书面同意更正或者有证据证明登记确有错误的，登记机构应当予以更正”。《不动产登记暂行条例实施细则》中对不动产的“更正登记”做了更为明确的规定。

能否通过更正登记来解决重复登记的问题？实践中有两种观点：

第一种观点认为，重复登记的问题不能通过更正登记的方式解决。理由是：“登记错误”与“登记簿记载错误”不是同一概念，前者范围大于后者。不动产登记应该是“一宗地对应一个不动产登记簿”，重复登记则存在两个或两个以上不动产登记簿，属于登记错误，已经超出登记簿记载错误的范围。更正登记中“更正”只能是登记簿记载的错误内容，不能更正登记行为本身，而重复登记是至少其中一宗登记是错误的，所以无法通过更正登记的方式来解决。解决重复登记必须通过复议、诉讼、仲裁等方式，确定不动产的权利归属或者撤销原来错误登记行为。

第二种观点认为，更正登记包括对重复登记的更正。不动产登记簿记载的事项错误，既包括权利归属的错误也包括登记内容的错误。重复登记属于权利归属记载错误，可以通过更正登记的方式予以纠正。比如，某不动产的权利主体本来应该是张三，但被错误登记为李四，此时张三可以就权利归属错误提出更正登记申请，只要张三提交符合《不动产登记暂行条例》及其实施细则规定的资料，李四出具同意更正的证明，登记机关经审查确认确有错误的，就可以予以办理更正登记。本案中虽然就同一宗土地办理了两次登记手续，颁发了两个权利证书，仍然属于登记簿记载错误的范畴，在相互矛盾的两个登记簿中，至少有一个登记簿记载是错误的，可以通过更正登记的方式予以更正。

笔者同意第二种意见。重复登记在理论上可以通过更正登记的方式加以解决。具体到本案中，乙和丙任何一方均可以提出更正登记的申请，假如一方提出更正登记申请，另一方书面同意更正的，登记机关经过审核认为确有错误的，应当予以更正。登记机关应当依职权办理注销登记的手续，注销错误的土地登记，收回错误的土地权利证明。通过更正登记解决重复登记问题的好处在于，易于操作，成本较低，但仅限于重复登记的一方当事人同意更正的前提下。

（二）通过异议登记的程序解决重复登记的问题

《民法典》第220条第2款规定："不动产登记簿记载的权利人不同意更正的，利害关系人可以申请异议登记。登记机构予以异议登记，申请人自异议登记之日起十五日内不提起诉讼的，异议登记失效。异议登记不当，造成权利人损害的，权利人可以向申请人请求损害赔偿。"《不动产登记暂行条例实施细则》第83条规定："不动产登记机构受理异议登记申请的，应当将异议事项记载于不动产登记簿，并向申请人出具异议登记证明。异议登记申请人应当在异议登记之日起15日内，提交人民法院受理通知书、仲裁委员会受理通知书等提起诉讼、申请仲裁的材料；逾期不提交的，异议登记失效。异议登记失效后，申请人就同一事项以同一理由再次申请异议登记的，不动产登记机构不予受理。"

本案中，乙和丙因登记争议要求国土部门予以解决的，在一方提出更正登记、另一方不同意的情况下，国土部门应当建议一方办理异议登记，然后通过诉讼和仲裁程序解决双方的权属争议，确定该不动产最后的权利归属。按照《不动产登记暂行条例》第14条、《不动产登记暂行条例实施细则》第19条之规定，注销原来的错误登记，重新办理争议不动产的登记。本案中，若因登记机构的错误登记给乙或丙一方造成损害的，还应当依法承担赔偿责任。

需要特别指出的是，本案在一方不同意进行变更登记时，登记机构不能依据《不动产登记暂行条例实施细则》第81条之规定，依职权对该宗不动产进行更正登记。不动产登记本身亦是不动产登记机构将不动产权利归属记载于不动产登记簿的行为。不动产登记依当事人的申请办理为原则，登记机构依职权办理登记是例外。登记机构依职权进行的更正登记应当仅限于在登记程序和登记记载形式错误方面，对不动产登记实体权利方面应当特别慎重。本案出现的重复登记问题，正是由于登记机构在办理前述登记时存在程序错误、登记申请材料未尽审查义务所致，导致该宗不动产存在权属争议。乙和丙对该宗不动产的权属争议，已经属于实体的民事法律关系，登记机构无权作出权利归属的认定，只能交由法院或仲裁机构作出最终裁决。

跋

我国《矿产资源法》于1986年颁布施行，1996年、2009年进行了修正，基本适应当时我国社会经济发展和矿产资源管理的需要。但由于长期采取矿业权行政审批方式，《矿产资源法》对于矿业权的规定相对原则，对矿业权属性是私权还是公权还存在认识上的分歧。我的老师江平先生一直认为，矿业权应定性为私权，即用益物权。说它是私权，是因为权利的取得与行使全凭当事人的意思自治，而不像公权力的行使需要国家强制力来予以实施。但同时矿业权又是带有浓厚公法色彩的私权，在它的行使过程中要受到公权力严格的规制，这是由于矿业权制度的本质就是“公法的私法化”。

由于现行《矿产资源法》受传统计划经济的影响，往往重视矿产资源的资源性却忽视了其财产性，法律关系的调整重行政管理轻民事规则，公权严重制约私权的享有和行使，现实中矿业权被公权侵害、剥夺的事件时有发生。所以，本次修正《矿产资源法》，要强化矿业权的私权属性，实现矿业权的市场运作；同时，也要实现矿产资源开发和环境保护、安全生产、耕地保护的相互协调，实现矿业权人和中央政府、地方政府、当地群众等社会各方利益的平衡，这自是通过公法规制，实现人民群众的最长远的最大利益。

《土地管理法》虽然较矿产资源法律制度较为完善，但仍然存在农用地保护和建设用地扩展的矛盾，土地权利私权属性和国家对土地公权管理的冲突，土地管理和土地权利保护需要依赖大量政府部门制定的部门规章和规范性文件。

在此背景下，精通矿业、土地领域业务的法律专家对于法律政策的梳理和解读，能够综合地、系统地去理解和适用法律政策，就显得十分重要，能够有针对性地避免行政管理人员和司法工作人员对政策产生的片面的、错误的理解。我认为吴永高律师是这样的合适人选。

我和永高认识多年，永高1999年毕业于中国政法大学，和我关系亦师亦友，之前在我承担的国土资源课题研究过程中，得到过永高的大力支持，使我的研究团队能够快速将法学理论与土地矿产领域实务有效结合起来。我也多次听到永高在各种研讨会上的发言，他的发言切中肯綮、言之有物，提出的观点和主张既能考虑法律基本原则，又能兼顾土地矿产资源管理实际。

永高曾在原国土资源部法律中心工作多年，参与过多个土地矿产管理方面的法律法规和规范性文件的制定和修改工作，在土地矿产管理领域有扎实的理论功底，现在他又投身律师行业，从事土地矿业领域法律实务工作。他和他的团队在办理案件的同时，直击土地矿业领域热点、焦点、难点问题，将理论研究和实务操作结合起来，以政策解读、实务指引和案例分析方式形成文章，汇编成本书，体现了永高及其团队的敏锐度和问题意识。

德国法学家卡尔·拉伦茨曾说过："法律解释者都希望在法律中寻获其时代问题的答案。"我相信，无论是对自然资源领域立法者、执法者、裁判者还是土地矿业领域的权利人，本书的观点和解读都具有很好的借鉴意义。

2022年3月15日